Gestalten und Geschichten

Jerusalemer Texte
Schriften aus der Arbeit der Jerusalem-Akademie

herausgegeben von
Hans-Christoph Goßmann

Band 13

Verlag Traugott Bautz

Hans-Christoph Goßmann
Joachim Liß-Walther
(Hrsg.)

Gestalten und Geschichten
der Hebräischen Bibel
im Spiegel der Literatur
des 20. Jahrhunderts

Verlag Traugott Bautz

Bibliografische Information
Der Deutschen Bibliothek
Die Deutsche Bibliothek verzeichnet diese
Publikation in der Deutschen Nationalbibliografie;
detaillierte bibliografische Daten sind im Internet
über http://dnb.ddb.de abrufbar.

Verlag Traugott Bautz GmbH
99734 Nordhausen 2015
ISBN 978-3-88309-963-7

Inhaltsverzeichnis

Hans-Christoph Goßmann / Joachim Liß-Walther
Vorwort   7

Joachim Liß-Walther
„Der Weg der Verheißung". Ein szenisches Oratorium von
Franz Werfel mit der Musik von Kurt Weill   9

Monika Schwinge
„Der kleine und der große Bruder".
Drei Erzählungen zu `Kain und Abel´ von Peter Schneider,
Michael Schneider und Alfred Neumann   77

Frauke Dettmer
„Ararat". Ein Roman von Arnold Ulitz (1920) nach Motiven
der biblischen Sintflut-Geschichte   95

Dietrich Heyde
„Wo alle Nächte sind wie ein feuriger Sinai". Gestalten
der Hebräischen Bibel im Werk von Nelly Sachs   115

Jörgen Sontag
Elie Wiesel über die Opferung Isaaks und Jakobs Kampf   143

Joachim Liß-Walther
„Jaákobs Traum". Das dramatische Vorspiel zur
„Historie von König David" von Richard Beer-Hofmann   169

Klaus-Dieter Kaiser
Mutmaßungen über Jakob. Eine biblische Besinnung zu 1. Mose
32,23-30 mit Bezug auf den Roman von Uwe Johnson   236

Hans-Christoph Goßmann
„Rahel rechtet mit Gott". Eine Legende von Stefan Zweig   244

Philipp David
„Zelebrant des Lebens". Joseph als ethisch-ästhetische Figur
in Thomas Manns `Joseph und seine Brüder´   263

Hans-Jürgen Benedict
„Moses hat den Juden gemacht." Der Gottesmord als historische
Wahrheit der Religion? Freuds These dargestellt und kritisch
betrachtet   294

Frauke Dettmer
Hiob in der großen Stadt. „Berlin Alexanderplatz" von
Alfred Döblin   322

Dieter Andresen
„… heilig ist nur das Leben". Das Drama „Jeremias" von
Stefan Zweig   348

Hans-Jürgen Benedict
Warnung in letzter Stunde. Franz Werfels Jeremias-Roman
„Höret die Stimme"   382

Hans-Jürgen Benedict
„Eine knochige Jüdin mit schwer zu bändigendem Wollhaar".
Jüdische Gestalten und Karikaturen im Werk von
Thomas Mann   411

Die Autorinnen und Autoren   430

Vorwort

Hiermit legen wir unter dem Titel „Gestalten und Geschichten der Hebräischen Bibel im Spiegel der Literatur des 20. Jahrhunderts" einen zweiten Band zu diesem Thema vor. Der erste erschien im Jahr 2011 in derselben Reihe und umfasste Vorträge, die zunächst vom 4. bis 6. Dezember 2009 in der Akademie Sankelmark/Europäische Akademie Schleswig-Holstein und anschließend im Laufe des Jahres 2010 in der Jerusalem-Akademie in Hamburg gehalten und für die Veröffentlichung teilweise erheblich überarbeitet und erweitert wurden. Die Beiträge behandelten Werke von Elie Wiesel („Adam und das Geheimnis des Anfangs"), Ernst Barlach („Die Sündflut"), Stefan Andres („Die Sintflut"), Thomas Mann („Das Gesetz"), Joseph Roth („Hiob"), Herbert G. Wells („Unsterbliches Feuer"), Lion Feuchtwanger („Jefta und seine Tochter"), Stefan Andres („Der Mann im Fisch") und Stefan Heym („Der König David Bericht").

Dieser zweite Band versammelt die Beiträge, die ebenfalls in der Akademie Sankelmark/Europäische Akademie Schleswig-Holstein vorgetragen wurden, und zwar auf der Tagung „Isaak und Jakob, Jeremia und andere" vom 18. bis 20. März 2011 und während der Tagung „Kain und Abel, Rahel, Saul und andere" vom 2. bis 4. Dezember desselben Jahres. Mehrere dieser Vorträge sind 2012 und 2013 in der Jerusalem-Akademie in Hamburg wiederholt worden, einige auch in Kiel und Schleswig. Neu hinzugekommen ist eine anregende biblische Besinnung von Klaus-Dieter Kaiser über die Jakobsgestalt mit Bezug auf den Roman „Mutmaßungen über Jakob" von Uwe Johnson.

Wieder handelt es sich bei einigen der vorgestellten Romane und Erzählungen, Dramen und poetischen Texte um zu Unrecht fast vergessene Werke, die nicht selten von heute nahezu unbekannten Autoren verfasst wurden – man denke etwa an den Roman „Ararat" von Arnold Ulitz, an „Jaákobs Traum" von Richard Beer-Hofmann, an die Erzählungen zum `Kain und Abel´-Problem von Alfred Neumann, Peter und Michael

Schneider, aber auch an das Drama „Jeremias" und die Legende „Rahel rechtet mit Gott" des weltberühmten Stefan Zweig oder an das höchst ungewöhnliche Bibelstück „Der Weg der Verheißung" des ebenfalls weltbekannten Franz Werfel sowie an die durchaus ambivalenten Töne eines Thomas Mann zum Komplex `Juden und Judentum´.

Bestimmend für eine Reihe von Vorträgen war, das jeweilige Werk möglichst ausführlich vorzustellen und dabei selbst zu Sprache kommen zu lassen, also gewissermaßen eine Verbindung von Lesung und Kommentar anzustreben. Manche der Beiträge atmen noch den Geist des mündlichen Vortrags, andere hingegen sind durch die nachträgliche Überarbeitung teilweise erheblich erweitert und auch aktualisiert worden.

Die Vorträge tragen ihr je eigenes Gesicht und Gewicht und lassen auch nicht ihre Eigenheiten verkennen. Die Redaktion beschränkte sich darauf, lediglich manche stilistische Unsauberkeit auszugleichen, die Schreibweise der Auszüge und Zitate aus den besprochenen Werken nicht der gegenwärtig herrschenden zu unterwerfen und Satzzeichen stillschweigend zu korrigieren. Für Fehler, die uns gewiss unterlaufen sind, bitten wir um Nachsicht.

Wir danken allen Autorinnen und Autoren dafür, dass sie ihre Beiträge für die Publikation in diesem Sammelband zur Verfügung gestellt haben.

Hans-Christoph Goßmann
Joachim Liß-Walther

„Der Weg der Verheißung"
Ein szenisches Oratorium von Franz Werfel mit der Musik von Kurt Weill

Joachim Liß-Walther

Einleitung

„Was mich nun bei dem, was er[1] jetzt mit seinen künstlerischen Freunden machen wird, am meisten freut, das ist, dass er die Bibel zum Gegenstand seiner Darstellung macht. Denn dieses große Werk ist nicht nur eines der (...) Hauptsäulen unserer Kultur, es ist die Basis unseres ganzen moralischen Lebens und eines großen Teils der Kunst in den letzten tausend Jahren. Die Bedeutung aber einer künstlerischen Vorführung der Bibel, im Lichte der modernen künstlerischen Auffassung, liegt darin, dass die Basis unseres gesellschaftlichen Lebens, das in der Bibel verkörpert ist, durch die Bedrohung der politischen Verhältnisse unserer Zeit ein ganz besonderes, tiefes Interesse bekommen hat. Und ich glaube, dass es ein großes Werk ist, das damit getan ist, um das Bewusstsein dieser, der herrlichen Bibel, in uns zu vertiefen. Möge dieses gelingen und mögen alle diejenigen, die wirkliche Freunde unserer Kultur sind, in dieser Bestrebung zusammenwirken."[2]

Diese kurze Rede hielt Albert Einstein im Herbst 1935 während eines Banketts zu Ehren des großen deutschen Regisseurs Max Reinhardt im

---

[1] Gemeint ist Max Reinhardt.
[2] In: Der Weg der Verheißung (The Eternal Road), Programmheft Internationale Koproduktion der Oper Chemnitz mit Brooklyn Academy of Music New York – New Israeli Opera – Tel Aviv – Opera Krakow und dem Kulturprogramm Der deutsche Pavillon EXPO 2000 Hannover, zum Kurt-Weill-Jahr 2000, 1999, S. 56.

New Yorker Hotel Waldorf-Astoria, um damit auch die kostspielige szenische Uraufführung des Werkes `Der Weg der Verheißung´ zu fördern. Nicht umsonst hob Einstein – im Beisein des Komponisten Kurt Weill – die grundlegende Bedeutung der Bibel und deren Vergegenwärtigung in einem Bühnenstück angesichts der aktuellen politischen Entwicklungen und Bedrohungen hervor. Bis zur Uraufführung allerdings mussten enorme Schwierigkeiten überwunden werden, von denen wie von der Uraufführung selbst wegen ihrer ungewöhnlichen Umstände ausführlich berichtet werden soll.

Der Anstoß, das künstlerische Quartett und die Vorbereitungen bis zum Tag der Uraufführung des Bibel-Oratoriums

Es war Meyer Wolf Weisgal, der den Anstoß zum `Weg der Verheißung´ gab und fortan den Weg bis zur Uraufführung durch alle Höhen und Tiefen erkämpfte.

MEYER WOLF WEISGAL - Bioskizze
Weisgal, geboren am 10. Dezember 1894 in Kikol in der polnischen Provinz Plozk, stammte aus einer jüdischen Familie, die mit ihm 1905 nach New York ging, wo er nach seiner Schulausbildung Journalismus studierte. Ab 1915 engagierte sich Weisgal in der zionistischen Bewegung, gab ab 1917 die Zeitschrift `Maccabean´ und deren Nachfolgerin `The New Palestine` heraus, wirkte von 1921 bis 1930 als Sekretär der Zionistischen Organisation von Amerika, wurde 1940 persönlicher Referent von Chaim Weizmann und anschließend bis 1946 Generalsekretär der amerikanischen Sektion der Jewish Agency. Ab 1944 beteiligte er sich maßgeblich am Aufbau des bald weltweit renommierten Chaim Weizmann Institute of Science in Rehovot, als dessen Direktor er ab 1949 in Israel tätig war. Immer erneut mit politischen und repräsentati-

ven Aufgaben für Israel betraut, starb Weisgal am 29. September 1977 in Rehovot.

Vor allem aber wurde Weisgal über die genannten Tätigkeiten hinaus bekannt als Theatermanager und Theaterproduzent, der 1932 im Rahmen der Weltausstellung in Chicago für den palästinensischen Pavillon zuständig war und mit großem Erfolg ein jüdisches Theaterstück, `Romance of a People´, ein alttestamentliches Lehr- und Unterhaltungsstück, auf die Beine stellte.

*Weisgal hatte Blut geleckt. (...) Aber Weisgal ist kein Mensch der abstrakten Ideale. Er braucht konkrete Projekte und leibhaftige Persönlichkeiten, um sich zu entzünden. (...) Da erreichte ihn die Nachricht, May Reinhardt sei aus Deutschland vertrieben worden. Er sandte sogleich ein Telegramm: WENN HITLER SIE NICHT HABEN WILL, ICH NEHME SIE ! Die Adresse lautete: MAX REINHARDT, EUROPA. Antwort blieb aus. Aber nicht etwa, weil das Kabel nicht zugestellt worden war. Vielmehr lockte meinen Vater weder die eine noch die andere Alternative. Indes, wenn er gemeint hatte, Herr Weisgal sei nun abgewimmelt, so unterschätzte er den Glaubenseifer und die Energie dieses Mannes. Weder Ablehnungen noch Entfernungen sind für ihn in Hinderni*s.[3]

---

[3] Gottfried Reinhardt, Der Liebhaber. Erinnerungen seines Sohnes Gottfried Reinhardt an Max Reinhardt, München/Zürich 1973, S. 206. Diese Erinnerungen an seinen Vater sind fast vergessen, aber nachhaltig zu empfehlen, da sie auch eine Fundgrube von köstlichen Anekdoten, psychologischen Einsichten, erhellenden Personenbeschreibun-gen bilden. Zum Beispiel bietet G. Reinhardt im Anschluss an die eben zitierte Passage über die für Weisgal kein Hindernis bildenden Entfernungen folgende Anekdote: „Ins Schlafzimmer von Chaim Weizmann in Londons Hotel Dorchester schallte einmal aus dem Salon die böllernde Suada Weisgals und störte Weizmann beim Diktat. Der fragte den Sekretär nach dem Grund des exzessiven Stimmaufwandes. `Er spricht mit Palästina´, war die Erklärung. Weizmann: `Warum

Selbst Gottfried Reinhardt scheint hier anzunehmen, dieses Telegramm hätte Reinhardt erreicht oder überhaupt erreichen können, was zwar zum Mythos des großen Meisters beitragen würde, doch ins Reich der Fabel zu verweisen ist. Da Weisgal keine Antwort erhielt, erhalten konnte, fuhr er im November 1933 nach Europa, suchte Max Reinhardt in Paris auf, um ihn persönlich für seine Idee, ein groß angelegtes alttestamentliches Panorama als Schaustück mit durchaus aktuellen Bezügen zur Unterdrückung der Juden in Nazi-Deutschland von Reinhardt inszenieren zu lassen, zu gewinnen.

MAX REINHARDT - Bioskizze
Max Reinhardt, weltberühmt, gefeiert als Genie des Theaters, wie Thomas Mann als `Der Zauberer´ bewundernd genannt, als Mann, der die bislang eher als Handwerk angesehene Regiearbeit für das Theater zur Kunst erhob und veredelte, die Aufführungen der von ihm inszenierten Schauspiele in einen Rausch der Sinne und des Genusses verwandelte - Max Reinhardt, geboren am 9. September 1873 in Baden bei Wien, stammte aus der Ehe des Kleinhändlers Wilhelm Goldmann mit Rosa, geb. Wengraf, aus verarmten bürgerlichen Verhältnissen. Nach einer Banklehre betätigte sich Max Goldmann als Schauspieler, nahm den Künstlernamen Reinhardt an, wurde von dem Leiter des Deutschen Theaters in Berlin, Otto Brahm, engagiert, betätigte sich als Organisator, Autor und Kabarettist, wird Direktor des Kleinen und des Neuen Theaters, inszeniert Wedekind, Wilde, Strindberg, Hofmannsthal, erlebt seinen Durchbruch mit dem `Sommernachtstraum´, wird Direktor des Deutschen Theaters und kurz darauf dessen Eigentümer, realisiert epochemachende Darbietungen der Weltliteratur, gewinnt für seine Vorstellungen die bedeutendsten Malern und Komponisten, übernimmt die Volksbühne, lässt den Zirkus Schumann zum Großen Schauspielhaus

---

benützt er nicht das Telefon?´". Im Folgenden abgekürzt als: Der Liebhaber.

umbauen, erwirbt das Schloß Leopoldskron in Salzburg[4], siedelt nach Wien über, gründet die Salzburger Festspiele, die mit Hofmannsthals ´Jedermann´1920 eröffnet werden, übernimmt das Theater in der Josefstadt, kehrt wieder nach Berlin zurück, weil die Bühnen ohne ihn nicht überleben können, die Komödie sowie das Theater am Kurfürstendamm werden auf- und umgebaut, der Reinhardt-Konzern gebietet in Berlin und Wien über zehn Häuser, Gastspiele in Europa und in den USA werden gegeben; anlässlich seines 25-jährigen Jubiläums als Direktor des Deutschen Theaters werden ihm 1929 Ehrendoktorate der Universitäten Frankfurt und Kiel verliehen. 1932 gibt Reinhardt die Leitung seiner Berliner Häuser ab, muss 1933 Deutschland verlassen und verliert sein Vermögen, das von den Nationalsozialisten eingezogen wird. 1934 dann schließlich emigriert er in die USA, erlebt rauschende Erfolge und deprimierende Misserfolge und stirbt am 31. Oktober 1943 in New York.

Reinhardt lehnte das Ansinnen von Weisgal zunächst ab, besann sich dann aber doch und schrieb seinem Sohn, als der ihm Vorhaltungen gemacht hatte:

Die Bibelrevue .. hätte mir wahrscheinlich Geld gebracht und das habe ich notwendiger denn je. Aber Kommer verlangt meine Entscheidung

---

[4] Man lese nur in: Der Liebhaber, was Gottfried Reinhardt über seinen Vater und dessen Beziehung zu seinem Schloss schreibt, etwa: „Er w a r Leopoldskron", „Mein Vater liebte das bunte Treiben auf Leopoldskron, diese Mischung von Society und Bohème, Politik und Kunst, Geld und Talent, Intellekt und Sex. Hier kreuzten sich die verschiedensten Wege, inmitten herrlicher Landschaft und Architektur und eines weltweiten Verkehrs. Zwischen den zwei Weltkriegen gab es in Mitteleuropa kaum einen zweiten ähnlichen Sammelpunkt." Und: „Leopoldskron war seine Lieblings p r o d u k t i o n, bei der Phantasie und Realität vollkommen verschmolzen, ein Ziel, das er in allen seinen Produktionen verfolgte." Zitate auf S. 41f.

ohne daß ich das Werk kenne, das, wie ich höre, mit dem Einzug der Juden in Amerika schließt und vorher von der Erschaffung der Welt über den Tanz um das Goldene Kalb zu allen Gipfelpunkten der oft bestiegenen Kitschgebirge führt... Sei doch nicht so töricht, zu glauben, daß mir das Bekenntnis zum Judentum dabei im Wege ist. Ich bin seit jeher ein überzeugter und sogar frommer Jude und ich wäre glücklich, wenn ich meinen Glaubensbrüdern mit meinen bescheidenen Kräften helfen könnte...
Werfel macht jetzt auf meine Anregungen ein Oratorium und Kurt Weill soll es komponieren. Wenn es wirklich zur Aufführung kommt, wird es ein Kunstwerk sein.[5]

Damit also wäre das `Literarische Quartett´ beisammen, denn Reinhardt ließ sich durch die Zusagen von Werfel und Weill und die Entstehung und Entwicklung des `Oratoriums´ zur Mitarbeit, zur späteren Regiearbeit motivieren und verpflichten. Mit Franz Werfel war er immerhin seit vielen Jahren bekannt und vertraut, hatte bereits auch Werke des Schriftstellers und Dichters aus der Taufe gehoben, und schließlich hätte Werfel mit seinem Roman `Die vierzig Tage des Musa Dagh´, der im `neuen´ Deutschland bereits verboten sei, sich bereits mit der Verfolgung und Zerstörung eines Volkes, des armenischen Volkes durch die Türken im Ersten Weltkrieg, auf eine unübertroffene und international beachtete Weise auseinandergesetzt. Es war schließlich kein Wunder, dass Werfel auf die Idee einging, hatte er doch mit seinem Drama `Paulus unter den Juden´ vor nicht allzu langer Zeit einen biblischen Stoff erfolgreich auf die Bühne gebracht; zudem war der musikbegeisterte und sangesfreudige Werfel von der Vorstellung angetan, eine Art Oratorium zu entwickeln, für das der Komponist Kurt Weill, der im Exil in Paris lebte, die Musik schreiben sollte. Seine Zustimmung wurde auch dadurch begünstigt, dass er die Nachricht erhielt, das Filmstudio Metro Goldwyn Mayer in Hollywood hätte die Rechte an der Verfilmung des `Musa Dagh´ erworben und zahle ihm zwanzigtausend Dollar. Seinen Depressionen, in die

---

[5] Der Liebhaber, S. 208.

ihn die wüsten Artikel in der deutschen nationalsozialistisch beherrschten Presse über ihn und seine Werke gestürzt hatten, versuchte er nun durch die neue Aufgabe zu begegnen.[6]

FRANZ WERFEL - Bioskizze
Franz Werfel wurde am 10. September 1890 in eine wohlhabende jüdische Familie in Prag hinein geboren; der Vater hatte eine Handschuhmanufaktur aufgebaut und auch die Mutter stammte aus guten Verhältnissen; erzogen wurde Franz von der liebevollen, streng katholischen Kinderfrau Barbara Simunkova, der er in seinem großen Erinnerungsroman `Barbara´ ein unvergessliches Denkmal setzte. 1909 lernte Werfel Max Brod und Franz Kafka kennen, mit denen ihn Freundschaften und viele gesellige Abende im legendären Café Arco verband. Werfel gilt als einer der, wenn nicht *der* Begründer des lyrischen Expressionismus mit den beiden frühen Gedichtbänden `Weltfreund´ 1911 und `Wir sind´ 1913. Diese `neue Stimme´ wurde bald über die engen Grenzen Böhmens bekannt, vor allem durch expressionistische und symbolistisch aufgeladene Schauspiele und sozialkritische erste Erzählungen. Während des Krieges – vor allem im Kriegspressequartier – lernte er Alma Mahler-Gropius, seine spätere Frau, kennen. Aufenthalte in Venedig (ver)führen Alma zum Kauf des Palazzo `Casa Mahler´ und zu dem ersten Roman des musikbegeisterten und in Verdis Werk verliebten Werfel: `Verdi. Roman der Oper´, erschienen 1924. Eine Reise im Nahen Osten, vor allem in Palästina 1925 lösten bei Werfel Identitätskrisen aus und führten dazu, dass er, der katholische, christusgläubige Jude sich intensiv mit dem jüdischen Erbe zu befassen begann – eine Frucht davon ist das `schon

---

[6] Über Werfel informiert auf beste Weise das Buch von Peter Stephan Jungk, Franz Werfel. Eine Lebensgeschichte, Frankfurt/Main 1987/1994. Jungk lässt die Leser in besonderen Berichten im Anhang zu den einzelnen Kapitals sozusagen an seinen biographischen Forschungsreisen und -recherchen teilnehmen.

erwähnte Schauspiel ´Paulus unter den Juden´. Anfang 1926 hatte das Drama ´Juarez und Maximilian´ in der Inszenierung von Max Reinhardt in Berlin triumphale Premiere. Bis 1934 entstehen das Schauspiel ´Das Reich Gottes in Böhmen´, ein wichtiger Novellenzyklus mit dem Abgesang auf ein bekanntes Prager Freudenhaus: ´Das Trauerhaus´, Neufassungen der deutschen Libretti der Verdi-Opern ´Simon Boccanegra´ und ´Don Carlos´, die Romane ´Der Abiturientagtag´, ´Die Geschwister von Neapel` und ´Barbara oder die Frömmigkeit´, erschienen 1929. 1933 landen bei den Bücherverbrennungen in vielen Städten des ´Dritten Reiches´ Werke von Werfel auf dem Scheiterhaufen. – Im amerikanischen Exil verfasste Werfel den Roman ´Das Lied von Bernadette´ – als Dank für seine Rettung vor dem Tod durch die NS-Vernichtungspolitik –, der zu einem sensationellen Erfolg in Amerika wurde. Sein Lebenswerk beendete Franz Werfel mit dem utopischen, faszinierenden Reiseroman ´Stern der Ungeborenen´. Das Ende des Zweiten Weltkrieges konnte Werfel noch erleben, aber auch die höllisches Feuer verursachenden ersten Atombomben in Hiroshima und Nagasaki: Er starb am 26. August 1945 in Beverly Hills, Los Angeles.

Anfang März 1934 schrieb Werfel aus Santa Margherita an seine Frau in Wien einen Brief, in dem er von seinen ersten Ergebnissen und Mühen an dieser Bibelarbeit spricht. Dem Brief beigelegt ist ein ´Begleitwort zum Weg der Verheißung´, das Werfel wohl plante, dem Text zur Aufführung des dramatischen Oratorium beizugeben, in dem er seine Hauptintention zum Ausdruck bringt:

Der vorliegende Versuch will keine Dichtung sein, sondern ein dienendes Werk. Es wurde unternommen, um Gott durch sein eigenes Wort zu loben und vor der Welt den ewigen Plan darzustellen, der Israel auferlegt ist. Zu diesem Zwecke war es notwendig, im Bibelspiel das biblische Wort selbst und keine erfundene Poesie sprechen zu lassen. In der Hauptsache wurde dieses Vorhaben streng erfüllt. An gewissen Stellen

aber verhinderte es die dramatische Aufteilung der Dialoge, der Zwang zur Verkürzung und Steigerung, dass die biblische Rede in ihrer reinen Gestalt übernommen werden konnte; dann aber handelte es sich stets nur um kleine Zufügungen, um Auslegungen, Umstellungen, Mischungen des Wortlauts, die nirgends das Geschehen, geschweige denn den Sinn verändern.
Auch die beiden nicht-biblischen Szenen, Moses Tod und Rahels Klage sind rechtmäßig, das heißt der talmudischen Legendenwelt entnommen. Der Zuschauer erlebt somit im `Weg der Verheißung´ keine willkürliche Bibeldichtung, sondern die Tatsache dieses Weges selbst, der sich von Abrahams Berufung bis zur Zerstörung des Tempels erstreckt. Er erlebt diesen Weg der Geschichte wie ihn ein für allemal und immer wieder das Volk des Bundes durchläuft, jenen Weg des Geheimnisses, der auch heute noch unverwandelt als lebendiges Zeichen des göttlichen Planens mitten durch unsere sinnblinde Zeit führt.[7]

Produktive Rückbesinnung also auf die göttlichen Wurzeln jüdischen Glaubens und jüdischer Geschichte und darin zugleich ein Aufruf, `unserer sinnblinden Zeit´ entgegenzutreten, dem im Nationalsozialismus wieder aufbrechenden, jetzt aber staatlichen induzierten antisemitischen Hass und der erneuten Verfolgung entschieden und aufrecht zu widerstehen.

In dem Brief entwirft Werfel in Stichworten die inhaltliche Gliederung des Bibelspiels, die er auch in der Endfassung beibehält, allerdings mit zwei Ausnahmen: Im Davidskreis `Die Könige´ verzichtet er auf die Darstellung von Absaloms Aufstand und Davids Tod und im `Prophetenkreis´ auf die Geschichten von und um Elias. Außerdem skizziert er den künftigen und höchst komplizierten Aufbau der Bühne.

---

[7] Werfel, Dramen II, Frankfurt/Main 1959, S. 509

Weisgals und Reinhardts Angebot erreichte Kurt Weill Anfang 1934 in Paris in einer Situation, in der Weill dringend auch auf Aufträge angewiesen war. Er sagte daher sofort zu, zumal ihn die Vorstellung reizte, die zentralen Grundstoffe der Geschichte des jüdischen Volkes, seines Volkes in Töne zu setzen. Für ihn war es daher eine auch tief betreffende Angelegenheit, war er doch eben als Jude gezwungen worden, das Land zu verlassen, in dem seine Familie lebte und sich zurückverfolgen ließ bis ins 14. Jahrhundert.

KURT WEILL - Bioskizze

Kurt Julian Weill[8] wurde am 2. März 1900 in Dessau geboren. Sein Vater war einer der beiden Kantoren der jüdischen Gemeinde von Dessau, die mit dem Namen des bedeutenden und einflussreich Gelehrten und Religionsphilosophen Moses Mendelssohn untrennbar verbunden bleibt; Albert Weill war darüber hinaus ein guter Pianist und veröffentlichte eine selbst komponierte Sammlung von Synagogengesängen. Seine Frau Emma entstammte einer süddeutschen Familie von Rabbinern und Kantoren. Für streng jüdische Erziehung des Sohnes und musikalische Erfahrung in jüdischer Tradition war also gesorgt. Früh begann Kurt bereits zu komponieren; er studierte an der Staatlichen Hochschule für Musik in Berlin unter anderem bei Engelbert Humperdinck, engagierte sich aber auch Ende 1919 im revolutionären Studentenrat, brach das Studium ab und nahm eine Stelle als Korrepetitor in Dessau an, um seine Familie nach der Entlassung seines Vaters zu unterstützen. Da der Vater eine Direktorenstelle am jüdischen Waisenhaus in Leipzig annehmen und dorthin ziehen konnte, war es Kurt Weill möglich, eine Spielzeit am Theater in Lüdenscheid als Kapellmeister zu arbeiten – „Dort lernte ich alles, was ich über Theater weiß", sagte er später. Von 1920 bis 1923 studierte er wieder in Berlin, als einer der wenigen Meisterschüler bei

---

[8] Die folgende biographische Skizze beruht auf: Jürgen Schebera, Kurt Weill. Leben und Werk. Mit Texten und Materialien, Leipzig 1984.

dem berühmten Busoni, schloss sich der ˋNovembergruppe zur Erneuerung der Kunst und der Politik´ an, verbarg seine sozialistische Einstellung keineswegs, ließ sich aber nicht zu politisch radikalen Aktionen verleiten. Im Unterschied etwa zu seinem Kollegen Eisler wollte Weill keine Musik eigens für den Kampf der Arbeiterklasse schreiben, sondern als linker Bürger komponieren. In seinen frühen Kompositionen, vor allem in der 1. Sinfonie und in der ˋSinfonia sacra´ drückt sich Weills Religiosität in der Musik aus. Erste Erfolge stellen sich ein. Und: „Alles drängt bereits zu einem anderen Ausdruck, zur Expressivität der Vokalkomposition."[9] Ein großer A-capella-Chorzyklus ˋRecordare. Klagelieder Jeremiae V. Kapitel, op.11´ leitet diese neue Phase ein. Die Zusammenarbeit mit dem bedeutendsten Dramatiker des deutschen Expressionismus, mit Georg Kaiser, führte mit dem Einakter ˋDer Protagonist´ zu einem gelungenen Start als Opernkomponist. Dabei lernte er seine spätere Frau, die Sängerin Lotte Lenya kennen und lieben. Ab 1925 arbeitete Weill für vier Jahre als Musikredakteur der Zeitschrift ˋDer deutsche Rundfunk´ und verfasste in dieser Zeit fast vierhundert Artikel und brilliante Kritiken und Aufsätze über den Tag hinaus. Aus der Zusammenarbeit von Kaiser und Weill erwuchsen weiter Werke: die Opera buffa ˋDer Zar lässt sich photographieren´ – bis 1933 an über achtzig deutschen und europäischen Opernhäuser aufgeführt –, sowie die Oper ˋDer Silbersee´, allerdings erst nach einer Zeit von vier Jahren, die die bedeutendste Phase im Schaffen von Weill ausmachte: Die fruchtbare Kooperation mit Bertolt Brecht. Es entstanden gesellschaftskritische Songspiele wie ˋMahagonny´, für das Weill aus seinen bisherigen Erfahrungen durchgreifende Neuerungen etablierte,
die hier, am Beginn der Zusammenarbeit mit Brecht, in seine Partitur eingeführt werden: eine neue Zusammensetzung des Orchesters aus zehn Musikern (zwei Violinen, zwei Klarinetten, zwei Trompeten, Altsaxophon, Posaune, Klavier und Schlagzeug), ein neuer Gesangsstil, der sich aus Elementen der populären Musik ableitet (Jazz, Schlager) und hier

---

[9] Ebd. S. 41.

Weills Songstil kreiert, sowie die in sich geschlossenen, eigenständigen musikalischen Nummern.[10] Die Uraufführung spaltete das Publikum, einige der anwesenden Kritiker erkannten, dass es hier „etwas ganz Neues gab: einen reinen Ausdruck des Heutigen, vielleicht des Jahrhunderts."[11] Für Brecht und Weill war klar, dass sich aus diesem Songspiel ein entschiedener Angriff auf die herkömmliche Oper durch eine neue Art ʻOperʼ entwickeln ließe. Der Titel war rasch gefunden: ʻAufstieg und Fall der Stadt Mahagonnyʼ, die Realisierung musste warten, da sich neue Projekte und Aufträge in den Vordergrund schoben. Das Wichtigste war nach der Vorlage der alten englischen ʻBeggarʼs Operaʼ von John Gay und John Pepusch die moderne Neufassung als ʻDie Dreigroschenoperʼ[12], deren Uraufführung am 31. August 1928 in die Geschichte der Musik- und Bühnenkunst des 20. Jahrhunderts eingehen sollte. Wort und Musik entsprechen sich genau: Wie Brecht ein wuchtiges Lutherdeutsch mit umgangssprachlichen Klischees und vulgärem Jargon zusammenmixt oder kontrastiert, nutzt Weills Partitur *barocke Elemente, schäbige Floskeln der Unterhaltungsmusik, Moritatformen – dies alles verschmolzen mit den starken Erfindungen Weills. Hauptmerkmal seiner Harmonik (...) ist die Rückkehr zu einer auf freier Tonalität basierenden Sprache, Elemente populärer Gebrauchsmusik einbeziehend. (...) „Die Harmonien, die fatalen verminderten Septimakkorde, die chromatischen Alterationen von diatonisch getragenen Melodieschritten, das Espressivo, das nichts ausdrückt, sie klingen uns falsch – also muß Weill die Akkorde selber, die er da herholt, falsch machen, zu den Dreiklängen einen Ton hinzusetzen, muß die Melodieschritte verbiegen ... oder muß, in den kunstvollsten Stellen der Partitur, die modulatorischen Schwer-*

---

[10] Ebd. S. 77f.
[11] Ebd. S. 82.
[12] Den Titel hatte übrigens Lion Feuchtwanger vorgeschlagen.

gewichte so verschieben, daß die harmonischen Proportionen umkippen."[13]

'Die Dreigroschenoper' wurde ein sensationeller Erfolg und machte Weill schlagartig über die Grenzen Deutschlands hinaus bekannt: „Bereits ein Jahr nach der Premiere hatten über fünfzig Theater das Stück mehr als viertausendmal aufgeführt, und das war nur der Beginn riesiger Aufführungsserien überall in Europa."[14] Nach dem 'Berliner Requiem', nach dem Bühnenwerk 'Happy End' und nach der Bühnenmusik für 'Die Petroleuminsel' von Lion Feuchtwanger folgte endlich das Hauptstück der Zusammenarbeit zwischen BB und KW: Die Mahagonny-Oper. Die Premiere am 9. März 1930 in Leipzig löste einen ungeheuren Tumult aus, verursacht durch konservative Opernfreunde und organisierte Nazi-Störtrupps. Die Hetze in den NS-Presseorganen gegen Brecht und Weill nahm zu und begleitete in den nächsten drei Jahren die neuen 'undeutschen' Werke des jüdischen Komponisten, der noch mit Brecht die Lehr- und Schuloper 'Der Jasager' schuf, aber nach Differenzen mit ihm wieder eigene Wege ging. Die letzten Jahre Weills im NS-Deutschland waren mit der Komposition vor allem der Oper 'Die Bürgschaft' und der Musik zum Wintermärchen 'Der Silbersee' von Georg Kaiser ausgefüllt. 'Der Silbersee' hatte kurz nach Hitlers Machtübernahme am 18. Februar Premiere – eine letzte Demonstration dessen, was Kunst und Musik zu leisten vermochten, ehe sie im ruchlosen Treiben und Brüllen der Barbarei mit den Stiefeln zertreten wurden. Die Drohungen gegen Weill nahmen zu und am 21. März 1933 verließ er mit Lotte Lenya seine Heimat, die ihm nie wieder Heimat sein konnte. Während seine Partituren und Schriften in Deutschland der Bücherverbrennung zum Opfer fielen, komponierte Weill in Paris - es entstanden 'Die sieben Todsünden' und die 2. Sinfonie sowie zahlreiche Chansons auf Bestellung. 1935 emigrierten Kurt und Lotte in die USA, wo Weill sich

---

[13] Jürgen Schebera, Kurt Weill, S. 89. Das Zitat im Zitat stammt von Theodor W. Adorno, in: Die Musik 21/ 1929, S. 425.
[14] Ebd. S. 94f.

nun nicht mehr als Deutscher verstehen wollte, die amerikanische Staatsbürgerschaft beantragte – die er 1943 erhielt[15] –, sich auf die amerikanische Musik und Tradition einließ, große Erfolge am Broadway mit einigen Musicals – etwa 1936 `Johnny Johnson´, 1941 `Lady in the Dark´ und 1949 `Lost in the Stars´´ – erringen konnte. Als sein wichtigster Beitrag für die Musikszene in den USA gelten allerdings seine beiden `amerikanischen Opern´, in denen Weill eine Synthese von europäischer Oper und amerikanischem Musical präsentiert: 1947 `Street Scene´ und ein Jahr später `Down in the Valley´. Nach einer schweren Erkrankung starb Kurt Weill am 3. April 1950 in New York.

Die erste Niederschrift `Der Weg der Verheißung´ wurde im Frühjahr 1934 noch fertig gestellt und im Juli bei Reinhardt auf Schloss Leopoldskron in Salzburg von Werfel in Anwesenheit von Kurt Weill vorgetragen und im Trio debattiert. Im August dann konnte wie verabredet das gemeinsame Treffen mit Weisgal, der von New York angereist war, am gleichen Ort stattfinden. Meyer Weisgal erzählt in seinen Erinnerungen:

Drei der bekanntesten un-jüdischen jüdischen Künstler, versammelt am ehemaligen Wohnsitz des Erzbischofs von Salzburg, mit einem Ausblick nach Berchtesgaden, jenseits der bayrischen Grenze, auf Hitlers späteren `Berghof´, verpflichten sich, die Bedeutung ihres Volkes, das sie scheinbar vergessen hatten, bis Hitler an die Macht kam, in einem hochdramatischen Werk zum Ausdruck zu bringen ... Unsere Diskussionen kreisten um das Stück, und von Anfang an gab es Meinungsverschieden-

---

[15] 1947 wurde Weill vom Magazin Life als deutscher Komponist bezeichnet, was er sich in einem Offenen Brief verbat: „Although I was born in Germany, I do not consider myself a `German composer´. The Nazis obviously did not consider me as such either and I left their country (…) in 1933. I am an American citizen and during my dozen years in this Country have composed exclusively fort he American stage." In: Life Magazine vom 17. März 1947, S. 17.

heiten zwischen Werfel und Weill über die Frage, ob ein musikalisches Drama oder ein Schauspiel mit Musik zu schaffen war.[16]
Wichtiger, weil die inhaltliche Intention des zu schaffenden Bibeloratoriums betreffend, dürfte allerdings die Intervention Weigals gewesen sein:

Meyer Weisgal (...) zeigte sich von dieser ersten Fassung des Stücks allerdings eher enttäuscht. Vor allem der Schluß konnte ihn nicht überzeugen, das Auftreten einer messianischen, christusähnlichen Figur, die, nach der Zerstörung des jüdischen Tempels, aus den rauchenden Ruinen hervortrat, um dem Volk Israel Trost zuzusprechen. Bliebe das Finale unverändert, würde die jüdische Gemeinde New Yorks zu einer großzügigen finanziellen Unterstützung des Mammutprojektes wohl kaum zu bewegen sein, warnte der Theatermanager. Und bat Werfel, bei der Neufassung des `Volks der Verheißung´ auf christliche Assoziationen möglichst zu verzichten.[17]

Bei Meyer Weisgal klingt es erheblich emotionaler: „Ich schrie, Weill schrie, Werfel schrie. Schließlich schrie auch Reinhardt. Erst danach wußte ich, daß uns etwas gelungen war."[18]
Am Ende dieser entscheidenden Auseinandersetzung gab es die erwünschte Übereinstimmung und ein Vertrag über das große Projekt wurde unterzeichnet, der die Vollendung des Zuges durch die biblischen Stationen bis Mitte 1935 vorsah und die Uraufführung in New York noch für Ende des gleichen Jahres vereinbarte.

Trotz schwerer Schicksalsschläge – im März 1935 starb Barbara Simunkova, seine geliebte Kinderfrau, am 22. April schied Manon

---

[16] Meyer Weisgal, So Far, New York 1971, S. 114.
[17] Jungk, Franz Werfel, S. 224. Der zukünftige Titel des Werkes unterlag manchen Schwankungen.
[18] Meyer Weisgal, So Far, S. 121.

Gropius, Werfels Stieftochter, aus dem Leben, weswegen Alma und Franz ihren Palazzo `Casa Mahler´ in Venedig verkauften, der mit Erinnerungen an Manon zutiefst verknüpft war – hatte Werfel verabredungsgemäß die neue Fassung des Bibelspiels erstellt. Die in Paris von Weill komponierte Partitur lag ebenfalls vor und in New York war es Weisgal gelungen, zahlreiche und zahlungspotente jüdische Bürger zur Finanzierung des Projektes zu gewinnen. Die Uraufführung des Werkes war zwar zunächst - unter dem Titel `Eternal Road´ - in einem riesigen, fünftausend Menschen fassenden Zelt im Central Park, das dem im Alten Testament beschriebenen Stiftszelt nachempfunden sein sollte, geplant gewesen, da aber die Herstellungskosten die vorhandenen Mittel weit überstiegen, wurde ein leer stehendes Theater, das Manhattan Opera House, angemietet und Weisgal traf sich noch einmal mit Reinhardt in Salzburg, um zu berichten, dass das angemietete Opernhaus bereits für das ungewöhnlich bedeutende Ereignis umgebaut werde. Mit Meyer zusammen reisten Kurt und Lotte, die ihre Wohnung in der Nähe von Paris aufgelöst hatten, in die Neue Welt, wo sie am 10. September die Freiheitsstatue, das verheißungsvolle Symbol, erregt und erwartungsvoll erblickten und amerikanischen Boden betraten, ein Land, in dem Weill trotz aller europäischen Erfolge nahezu unbekannt war, in dem er sich daher auch mit dem `Weg der Verheißung´ den Weg zum erfolgreichen Komponisten zu bahnen beabsichtigte.

Im Herbst 1935 überquerten Franz und Alma ebenfalls den Atlantik, um bei der Premiere des Werkes dabei zu sein. Obwohl zum ersten Mal in den USA, war Werfel dort kein Unbekannter, hatte doch vor einem Jahr sein Armenier-Epos `Die vierzig Tage des Musa Dagh´ in englischer Übersetzung wochenlang die Bestsellerliste angeführt, mit über hundertundfünfzigtausend verkauften Exemplaren.

In New York lebende Exil-Armenier luden ihr Idol, den Verfasser ihres Nationalepos, nun von einer Dinner-Veranstaltung zur nächsten, nie zuvor war Werfel ähnlich stürmisch gefeiert worden, man sah in ihm gar den 'gottgesandten Freund' des armenischen Volkes, dem es gelungen war, wie keinem vor ihm, die Tiefe der armenischen Seele auszuloten.[19]

Werfel besuchte die Oper und Theateraufführungen, traf sich mit Wissenschaftlern und Künstlern, sprach vor jüdischen Auditorien und betonte, dass er sich unter ihnen in einem tieferen Sinn zu Hause fühle als zuhause, sprach davon, dass er nun aus dem Judentum nicht mehr heraus geworfen werden könne, weder durch Christen noch durch Juden, und bekannte, dass selbst angesichts der Verfolgung der Juden durch die Nationalsozialisten er der Überzeugung sei, dass „Israel durch keine Verfolgung vernichtet werden kann."[20] Im Dezember erreichte Werfel die traurige Nachricht, dass, erst fünfzig Jahre alt, der Freund Alban Berg verstorben sei, der sein letztes Werk, das Violinkonzert, 'Dem Andenken eines Engels': der verstorbenen Manon Gropius gewidmet hatte.

Es zeichnete sich jedoch ab, dass der ins Auge gefasste Termin der Uraufführung nicht gehalten werden konnte: Umfängliche Bau- und Renovierungsarbeiten im Manhattan Opera House, die zum Teil mit hohem Aufwand wieder zurück gefahren werden mussten, verschlangen bedeutende Summen und die Ansprüche an die Inszenierung stiegen im Laufe der Zeit ins fast Unermessliche. Der von Reinhardt engagierte bekannte Bühnenbildner Norman Bel Geddes, ein Genie in seiner Kunst, zugleich antisemitischer Gesinnung, ließ die Proszeniumslogen, also die ersten vier oder fünf Sitzreihen, herausreißen, um genügend Raum für das groß

---

[19] Jungk, Franz Werfel, S. 229. An dieser Stelle sei betont, dass jedes Jahr, wenn die heute lebenden Armenier auf dem Musa Dagh an ihre von den Türken während des ersten Weltkrieges betriebene Vertreibung und Vernichtung erinnern, sie Abschnitte aus 'ihrem' Nationalepos feierlich verlesen. Bis heute ist der Plan, den Roman zu verfilmen, wegen der zu befürchtenden Schwierigkeiten mit der Türkei nicht realisiert worden.

[20] Zit. bei Jungk, Franz Werfel, S. 230.

geplante Bühnenbild der Synagoge, der unteren Ebene, zu gewinnen. Um die für Szenenwechsel erforderlichen Kulissen überhaupt auf die fünf Spielebenen der Gesamtbühne herauf und herab bewegen zu können, mussten eigens hinter der Bühne mehrere Aufzüge installiert werden, Proben in einem anderen Theater durchgeführt werden – die Proben litten zudem darunter, dass zunächst lediglich mit einer englischen Zusammenfassung von Werfel gearbeitet werden musste, ehe die Übersetzung des Textbuches durch Ludwig Lewisohn – der sich nach Vermont zurückgezogen hatte und für Rückfragen kaum erreichbar war – vorgelegt werden konnte.

Ein Wassereinbruch, der bei Bohrarbeiten für die Unterbühne das Theater überschwemmte, trieb Weisgals M.W.W. Productions, Inc. nahezu in den Ruin; die ohnehin sehr hohen Kosten für die Produktion stiegen durch dieses Vorkommnis um weitere 200 000 Dollar. Die Premiere des Stücks wurde zunächst auf den 4. Januar und dann auf den Februar 1936 verschoben, doch am 10. Februar untersagte die Schauspielergewerkschaft den weiteren Probenbetrieb, weil Weisgal die Gagen nicht mehr bezahlen konnte. Werfel reiste daraufhin nach Wien ab, Reinhardt nach Hollywood, wo er Filmverpflichtungen hatte. Die Uraufführung der Eternal Road wurde auf den nächsten Winter verschoben.[21]

---

[21] Dies ist eine kurze Zusammenfassung, zu finden unter http://de.wikipedia.org/wiki/Der_Weg_der_Verheißung S. 3. Dort wird auch ein Artikel zusammengefasst, der von John Rockwell - in The New York Times am 5. Oktober 2003 – unter dem Titel „´The Eternal Road´, An Endless Quest of a Stage" verfasst wurde:
„Neben 14 Chorsängern, 100 singenden Statisten und 35 Tänzern traten 59 Hauptdarsteller in dem Stück auf, deren Rollen zum großen Teil prominent besetzt waren: Den Moses spielte Samuel Goldenberg, Lotte Lenya spielte die Miriam, Sam Jaffe den Widersacher, Rosamond Pinchot die Bathseba, Florence Meyer die Priesterin, die ums goldene Kalb tanzt. Neben den Darstellern waren 159 weitere Kräfte wie Bühnentechniker, -arbeiter und Verwaltungsangestellte beschäftigt, 1772

Weisgal schaffte es dennoch, neue Koproduzenten und wichtige Unterstützer wie etwa Albert Einstein zu gewinnen, so dass die Uraufführung für den 4. Januar 1937 angekündigt werden konnte. Allerdings wurde erneut, diesmal wegen konkurrierender Veranstaltungen, ein endgültig nächster Termin, der 7. Januar festgesetzt. Mit Produktionskosten von inzwischen 463 000 Dollar war `The Eternal Road´ das bis dahin teuerste und aufwändigste Werk, das je am Broadway inszeniert wurde – und dennoch in einer gekürzten Version.

Kostüme wurden benötigt, und obwohl der Orchestergraben durch Umbaumaßnahmen beseitigt worden war und die Musik deshalb in einer Aufnahme des Philadelphia Orchestra unter Leopold Stokowski vom Band abgespielt werden musste, wurden auf Verlangen der Gewerkschaft auch noch 16 Musiker engagiert, deren Spiel in einem Nebenraum stattfand und live in den Zuschauerraum übertragen wurde. 757 Scheinwerfer wurden für die 200 verschiedenen Lichtstimmungen des Stücks benötigt. Die Kosten dafür betrugen 60 000 Dollar."
Ausführlich und zwar en gros und en detail, daher in mancher Hinsicht mit einer gewissen Vorsicht zu genießen (im doppelten Sinn zu verstehen), erzählt von den delikaten, abenteuerlichen und anekdotenreichen Vorbereitungen Gottfried Reinhardt in: Der Liebhaber, S. 206-224.

„Der Weg der Verheißung"

Zum Bühnenaufbau

„Ich sage nicht zu viel, wenn ich behaupte, dass hier ein vollkommen neuer Bühnenstil entsteht, der nie zuvor versucht worden ist", hatte Werfel einem Journalisten gegenüber geäußert, der ihn 1935 in Salzburg zu seinem Bibeldrama interviewte.[22]

Werfel bezeichnet sein Stück als 'Ein Bibelspiel in vier Teilen', um den besonderen Charakter des auf der Grundlage und Lesung biblischzentraler Abschnitte komponierten Werkes zu betonen. Ein Spiel ist es nur insofern, als es auf einer Bühne spielt, der Inhalt selbst ist aufrüttelnder und wuchtiger Ernst.[23] Am Besten scheint mir nach wie vor, es als ein 'Biblisches Opernoratorium' zu begreifen, weil durch die Musik von Weill neben seinem eigenen Stil - der sich in der Zusammenarbeit mit Georg Kaiser und vor allem Bertolt Brecht herausgebildet hat - durchaus Einflüsse nicht nur der großen Oratorien, sondern auch der italienischen Oper spürbar sind – ein Sonderfall bleibt dieses Musikschauspiel auf jeden Fall.

Auch wenn selbstredend aktuelle Anspielungen auf die Verfolgung der Juden durch den Nationalsozialismus jedem zuschauenden und zuhörenden Zeitgenossen erkennbar waren, betont Werfel in seiner Titelunterschrift „Dieses Bibelspiel ereignet sich unter einer *zeitlosen Gemeinde*

---

[22] Zit. bei Jungk, Franz Werfel, S. 228.
[23] Kritiker haben sich nach der Premiere gefragt, wie denn dieses Bibelspiel einzuordnen sei – als 'Historienspiel' oder 'Biblisches Mysterienspiel', als 'Jüdisches Moralstück' oder 'Oper im Gewand eines Oratoriums', als 'extravagantes Musical'? Vgl. Programmheft S. 68 (s. Anm. 1).

Israel [24] in einer zeitlosen Nacht der Verfolgung", spielt also an auf die immer wieder Pogromen ausgesetzten jüdischen Gemeinden durch die Jahrhunderte – ein organisiertes Verbrechen wie die Reichspogromnacht vom 9. auf den 10. November 1938 in Deutschland wurde vielleicht schon vorgeahnt und auch ein neuer Krieg, aber die untermenschliche Vernichtungsmaschine Auschwitz sich auch nur gedanklich zu imaginieren und antizipieren, war selbst einem Dichter wie Werfel unmöglich.

Der Aufbau des Bühnenszenarios war denkbar aufwendig. Werfel gibt die Anweisung:

Das Schaugerüst besteht aus fünf stufenweise übereinander gelagerten Bühnen.
Die erste, unterste Bühne stellt ein B e t h a u s, eine Synagoge, vor. In der Mitte erhebt sich, ein wenig erhöht, die Gebet- und Lesekanzel (...) in die Mauer eingelassen, die heilige Nische für die Gesetzesrollen.
Die zweite Bühne erhebt sich in Form einer leicht ansteigenden Straße über der ersten, und zwar dergestalt, dass die niedrige Hintergrundmauer des Bethauses ihr Fundament bildet,. In der eigenen Hintergrundmauer der Straße, dem Unterbau der nächsthöheren Bühne, klafft eine H ö h l e.
Die dritte Bühne verkörpert eine aufwärts führende Windung derselben Straße. Doch hier erweitert sie sich zu drei Schauplätzen, einem großen mittleren und zwei erhöhten Plattformen zu beiden Seiten. Sie werden als M i t t e l s c h a u p l a t z und als R e c h t e r und L i n k e r S e i t e n s c h a u p l a t z bezeichnet.
Die vierte Bühne baut sich auf drei Stufen über dem Mittelschauplatz auf. Hier beginnt der sakrale Spielraum, denn in Laufe des Spiels versinnbildlicht diese Bühne den Opferfels Moriah, den Aufstieg zum Sinai und den Altarplatz des Tempels, weshalb sie kurz die A l t a r b ü h n e genannt wird.

---

[24] Hervorhebung von mir.

Die fünfte Bühne erhebt sich als die H i m m e l s t r e p p e über dem Altarplatz. Hier ist die Sphäre der Engel und des göttlichen Wortes. Die Himmelstreppe (...) ist von einem mächtigen Felsentor umrahmt und durch fernende Schleier dem irdischen geschehen entrückt.[25]

Das Vorspiel

Die untere Bühne stellt eine Synagoge dar, in der sich zitternd und angstvoll die jüdische Gemeinde versammelt hat, um ihren Rabbi zu erwarten, der sich `beim König´ bemüht, die befürchtete Drangsal und Verfolgung von der Gemeinde abzuwenden. Personen unterschiedlicher Art kommen zu Wort, der Vorsteher, ein Ängstlicher, ein Reicher, ein Frommer, besonders hervorgehoben der Widersprecher, Stimmen von Frauen und Männern.

VERSCHIEDENE STIMMEN Unsre Gemeinde wohnt seit Jahrhunderten in dieser Stadt. ... Warum sollten sie uns töten oder verjagen? ... Der König wird Israels Feinden verbieten, den Pöbel weiter aufzuhetzen ...
DER WIDERSACHER Dieses Volk kommt nie zur Vernunft... Immer wieder wird es geschlagen und immer wieder betrügt es sich selbst mit der Erlösung. Seht mich an, i c h sorge für Israels Erlösung, denn ich hab kein Weib und keine Kinder.
DER FROMME Es ist die Strafe des Abfalls! Jammert nicht, hört nicht auf die Reden der Unwissenden, lasst uns keine Zeit verlieren... Die Nacht hat noch kaum begonnen. Wir wollen beten, den Ewigen bestürmen, den Barmherzigen erschüttern...[26]

Kurz darauf erscheint der Entfremdete mit seinem dreizehnjährigen Sohn:

---

[25] Werfel, Die Dramen II, S. 94.
[26] Ebd. S. 96.

DER ENTFREMDETE Längst hatte ich euch, die Gemeinde meiner Geburt, schon vergessen. (...) Denn ich war aufgegangen im Volke draußen. Ich lebte zufrieden und wollte nicht gemahnt sein an euch, an das Vergangen-Dunkle. Lasst mich offen sein! Ich wäre nicht zurückgekehrt, wenn Das Volk draußen mich nicht an meinem Gesicht erkannt hätte. Nun muss ich Schutz suchen in dem vergessenen Hause, für mich und meinen Sohn...[27]

Der dreizehnjährige Sohn, dessen Fragen wie etwa „Warum werden wir verfolgt? Warum hast du nie gesprochen? Warum habe ich nicht gewusst?" implizit Bezug nehmen auf die Fragen, die ein Sohn jedes Jahr am Pessach-Abend dem Vater stellt, woraufhin der Vater von der Fron in Ägypten und vom Exodus unter der Führung Moses erzählt, ist im Verlaufe des ganzen Bibeloratoriums immer wieder ein Fragender, der dadurch die Entfremdung seines Vaters und sein eigenes Unwissen langsam aufhebt.

DER RABBI tritt ein, geht zum Lesepult, zunächst wortlos und betend, ohne frohe Kunde, und antwortet, gefragt danach, was die Gemeinde tun solle:
DER RABBI Was wollt ihr? Um Abwendung beten? Den Herrn bestürmen, beschwören, erschüttern, den Unwandelbaren in seinem Plan belästigen? ... Nein, nein, nein! Wir wollen uns e r i n n e r n ...(...) Bringt die heilige Lehre!

Und nachdem die Ältesten die Thorarolle dem Schrein entnommen und vor den Rabbi auf die Lesekanzel ausgebreitet haben, spricht er:
DER RABBI Ich will mit euch noch einmal den Weg gehen, den unsre Seelen, Israels Seelen, gegangen sind von Anfang der Zeiten bis hierher ... Und der alte Weg soll uns kräftigen für den neuen Weg, der morgen beginnt...[28]

---

[27] Ebd. S. 97.
[28] Ebd. S. 99.

Erster Teil
DIE ERZVÄTER

Der erste Teil des Bibelspiels nimmt seinen Anfang nicht mit der Urgeschichte, mit den ersten 11 Kapiteln der Genesis, des 1. Buches Mose. Den erinnernden Weg der Verheißung für das Volk Israel beginnt der Rabbi, indem er aus der Rolle die Eingangsworte des 12. Kapitels rezitiert: „Und der Herr sprach zu Abraham: Geh aus deinem Vaterland, aus deiner Vaterstadt, aus deinem Vaterhaus in ein Land, das ich dir zeigen werde." Die Geschichte also der Erzväter und Erzmütter, Abrahams und Saras, Isaaks und Rebekkas, Jakobs und Rahels und die Erzählung von Josef und seinen Brüdern werden gerafft vor Augen und Ohren geführt. Und dabei kommen nun die verschiedenen Bühnenstufen ins Spiel, indem sie ins Licht gerückt werden. Der Gegenwartsbezug bleibt das ganze Stück hindurch erhalten, auch wenn die Synagogenebene zeitweise ins Dunkel getaucht wird, die Stimmen der Gemeindemitglieder oder der ganzen Gemeinde als kommentierende Einwürfe, manchmal als Verstärkung oder Wehklagen zur Geltung kommen. Die Figur des Widersachers kommt - von Werfel pointiert – nicht nur als Opposition in der Synagoge zu bitter-zynischem Wort, sondern wechselt als einzige auch in die Bibelszenen hinein – also durch die verschiedenen Ebenen der Handlung. Das ganze Werk lebt als szenisches Oratorium von der Beleuchtung, von der Lichtregie: Die Handlungen, die sich auf den fünf, mit den Seitenbühnen: sieben Ebenen ereignen, werden jeweils `erleuchtet´.
Nachdem der Rabbi die ersten Worte verlesen hat, verändert sich die Szenerie:

Das Bethaus verdämmert: Man sieht nur die hochragende Gestalt des Rabbi mit der Rolle. Die Himmelstreppe schimmert allmählich auf.
LESUNG DES RABBI *„Und ich will dich zum großen Volke machen und dir einen hohen Namen geben und du sollst ein Segen sein…"*

Die Himmelstreppe liegt nun im vollen Licht. Auf ihren Stufen baut sich in starrer, dichter Ordnung der Chor der Heerscharen,[29]

die den Segensspruch aufnehmen und singen. Sodann verlischt die Glorie langsam, der Himmel bleibt allerdings erkennbar, während die Straßenbühne beleuchtet wird, auf der Abraham mit Sara und seinem Gefolge entlang geht. Von der Lesung des Rabbis geführt, erbaut Abraham auf der Altarbühne einen Altar und eine Stimme, die Stimme Gottes kündigt Abraham die Geburt eines Sohnes an. Von Werfel ausgestaltet wird daher die biblische Erzählung von dem Besuch der drei Engel mit der Verheißung des Sohnes, sodann der Dialog, in dem Abraham Gott erweichen kann, auf die Vernichtung Sodoms und Gomorrhas zu verzichten, wenn statt fünfzig lediglich zehn Gerechte in diesen Orten zu finden wären –
allein, wir wissen, wie die Geschichte ausgeht, Werfel erzählt es nicht, sondern verlagert das Gewicht:

ABRAHAM *Ergrimme nicht, Herr ... Ich rede noch einmal ... Wenn nur zehn leben...*
DER STRAHL *verlöschend Auch dann noch Vergebung.*[30]

Dramatisch entlang des biblischen Berichts entworfen ist die Szene der von der Stimme verlangten Opferung Isaaks. Und als Isaak vom Opferaltar in die Arme seines Vaters springt, jubeln in der nun aufleuchtenden Himmelstreppe die Engel des Chores, in deren Mitte ein strahlender Knabe steht, der Isaak ähnlich einen großen Spiegel hochhält:

EIN ENGEL *Gott schuf im Anfang Himmel und Erde.*
EIN ANDERER *Er schuf den Menschen zu Seinem Bilde.*

---

[29] Ebd. S. 100.
[30] Ebd. S. 105; Gottes Stimme, die hier wie durch einen Lichtstrahl zu sprechen scheint.

DER GANZE CHOR Er schuf ihn zum eignen Ebenbild.
Abraham hebt den Knaben Gott entgegen. Die Vision erlischt.[31]

Mit diesen Worten schlägt Werfel den Bogen nach rückwärts zum großen Schöpfungsbericht 1. Mose 1, feiert also mit der von Gott selbst verlangten und sodann verhinderten Opferung Isaaks die erneute Inkraftsetzung des Menschen zu seinem, Gottes Ebenbild. Und zugleich darf an dieser Stelle mit Recht vermutet werden, dass Werfel den Blick voraus wirft, wenn er die Zuschauer einen Isaak ähnlichen himmlischen Knaben erblicken lässt, der zumindest die Vorstellung erlaubt, es handle sich hier um eine Vorschau auf den Messias, christlich gesprochen: auf Jesus den Christus. Diese Szene bleibt also genuin Jüdisch, sofern diese Vision auf den erwarteten Messias deutet, öffnet sich aber zugleich der Möglichkeit einer christlichen Interpretation – man darf schließlich nicht vergessen, dass Werfel sich selbst als christusgläubig verstand, ohne getauft zu sein.
Nimmt man das Bild des Isaak-ähnlichen himmlischen Knaben ernst, dann ist es nur folgerichtig, wenn Werfel auf seiner Tour d'Horizon die biblischen Abschnitte über Isaak und Rebekka, auch über Jakob und Esau, die Erschleichung des Erstgeburtsrechtes Esaus durch Jakob übergeht und sofort mit Jakobs Traum von der Himmelsleiter fortfährt.
„Jakob aber war ein Träumer der Nacht. Denn er war der erste Verfolgte unter uns" sagt der Rabbi und der Dreizehnjährige, die Himmelstreppe, auf der die Engel mit leuchtenden Kugeln auf und absteigen, in Jakobs Traum betrachtend, fragt: „Sind es Sterne?", worauf der Rabbi antwortet: „Es sind die Völker der Erde. Sie steigen auf und gehen unter wie Sterne." Und als ein Engel mit blutroter Kugel erscheint, Jakob im Schlaf sich unruhig wälzt, und der Rabbi dem Dreizehnjährigen erklärt, dass es sich um das Volk des Krieges, Edom, Israels Feind
handle, da ertönt eine ferne Stimme von oben in Jakobs Traum hinein:

---

[31] Ebd. S. 109.

Dein Feind wird herrschen ... Doch ich bin bei dir... Der Traum verglimmt. JAKOB erhebt sich, noch traumestrunken Wenn du bei mir bist... Wenn du bei mir bist...[32]

Hirtenglocken und Hirtenmusik läuten die nächste Szene ein, in der im Dialog zwischen Jakob und Rahel die Geschichte ihrer Liebe und ihrer Schmerzen beschworen wird, bis Rahel in der Höhle verschwindet, womit ihr Tod angedeutet wird. Zum ersten, nicht zum letzten Mal gestaltet Werfel in seinem Bibelspiel eine Begegnung in gereimter Form. Wichtig war für Werfel weder der biblische Bericht von der großen Versöhnung zwischen Jakob und Esau noch die archaisch anmutende Schilderung des Kampfes, den Jakob mit Gott in Gestalt eines Mannes ausficht, sondern die Fortsetzung der Geschlechtergeschichte mit Josef und den Brüdern. Dramatisch in Szene gesetzt wird die Überheblichkeit des jungen Josef, der vor seinen Brüdern mit seinen Träumen prahlt, in denen sie sich vor ihm verneigen müssen, und die erregte Auseinandersetzung zwischen den Brüdern darüber, was mit diesem Hochnäsigen zu geschehen habe. Im Ergebnis stoßen sie Josef in die Höhle, wollen ihn aber auf Ratschlag von Juda nicht verhungern lassen, sondern verkaufen ihn an vorüber ziehende Händler – um den Gang der Verheißung zu unterstreichen, lässt Werfel die Kaufleute als verkleidete Engel auftreten, was allein von dem Dreizehnjährigen bemerkt wird: „Vater! Siehst du nicht, es sind Engel..."[33]

---

[32] Ebd. S. 110. Außerordentlich beeindruckend dramatisierte Richard Beer-Hofmann zentrale Szenen der biblischen Überlieferung der Jakobs-Geschichte in seinem `Jaàkobs Traum` - dem `Vorspiel´ zur geplanten, unvollendet gebliebenen `König David Trilogie´ -, verfasst während des ersten Weltkrieges und uraufgeführt 1919 in der Inszenierung von Max Reinhardt.
[33] Ebd. S. 115

LESUNG DES RABBI „*Und die sieben Jahre der Hungersnot kamen, Hunger war in allen Ländern, und nur das Land Ägypten hatte Brot…*"[34]

Josef war bekanntlich zum zweiten Mann nach dem Pharao aufgestiegen und verwaltete die reich gefüllten Kornkammern Ägyptens. In geraffter Form werden die in der Bibel ausführlich geschilderten Begegnungen Josefs mit seinen Brüdern, die um Lebensmittel zu kaufen aus ihrem Hungerland gekommen sind, bühnenwirksam ins Licht gestellt, bis Josef sich den Brüdern zu erkennen gibt. Am Schluss dieses ersten Teiles wird ein Doppelgeschehen aufgeblendet, das Wirkung auf die Gemeinde in der Synagoge ausübt.

Doppelgeschehen

Palast	*Straße und Höhle*
Die Brüder stürzen vor Josef zu Boden und stecken die Arme in einer dichten Gruppe zu ihm empor, der weinend den Kopf Benjamins an seine Brust gepresst hält..	*Jakob liegt im Eingang der Höhle. Zwei weiß gewandete Engel stehen neben ihm.*
	ERSTER ENGEL *Auf, Vater Jakob! Dein Josef ruft dich.*
	JAKOB *So ruft mich die Nacht und Der Tod…*
	ZWEITER ENGEL *Nein, der Tag Und das Licht und die Krone Des Lebens rufen.*
	JAKOB *Unfassbarer Gott, gib Zeit, daß ich's fasse…*
	ERSTER ENGEL *Die Zeit ist um, Deine Reise beginnt.*
	JAKOB *Mir taumeln die Sinne…*
JOSEPH *Stehet auf und leidet an Reue nicht mehr!*	BEIDE ENGEL *Wir werden dich Führen.*

---

[34] Ebd. S. 117

Ich bin unter Gott. Ihr erdachtet
  das Böse,
Doch Er erdachte das Gute
  durch euch.
Nicht ihr, Er sandte mich nach
  Ägypten,
Damit ich bereite Sitz und
  Geschick
Für Jakobs Haus ... Nun
  schart euch um mich.
Mein Herz hört den Vater.
  Wir gehen ihm entgegen.

Die Engel stützen Jakob rechts und links und geleiten ihn langsam die Straße empor.

Feierlicher Marsch – Joseph und seine Brüder wenden sich langsamen Schrittes nach links – In der linken Vorhalle erscheint Jakob mit den beiden Engeln. – Vater und Sohn gehen aufeinander zu, schwebend – Lange stumme Umarmung.

RUFE IM BETHAUS Alles zum Guten! Alles zum Guten! Alles zum Guten!

JAKOB Nun will ich sterben Ich habe gesehen
  Dein Antlitz... Kind Rahels... und daß du lebst...

Er gleitet in Josephs Armen zur Erde.

DER DREIZEHNJÄHRIGE Ich bin Joseph...

Bei diesem verzückten Ruf verlischt die Bibelbühne – Das Bethaus wird ein wenig heller.

DER FROMME Ganz Israel ist Joseph. Nach bitterer Trennung wird es den Vater wieder umarmen.

DER RABBI Füllet eure Seelen mit Jakob und Joseph! Sie geben uns Kraft, die lange
Trennung zu ertragen.

DER DREIZEHNJÄHRIGE Laß uns zu jenen Männern treten, Vater, aus deren Stimmen all die herrlichen Bilder kommen...

DER ENTFREMDETE Geh du allein zu ihnen, mein Kind. Ich habe so vieles vergessen. Vielleicht bringst du es mir wieder zurück.
<small>Der Dreizehnjährige betritt zaghaft die Lesekanzel.</small>
DER FROMME <small>auf der Lesekanzel</small> *Was will dieser Junge? ... Kennt man ihn? ... Es ist der Sohn des Abgefallenen ... Fort mit ihm ...*
DER RABBI Könnt ihr wissen, wer dieser Knabe ist ...
DER WIDERSPRECHER Wer er ist? Ein neuer Träumer ...
DER RABBI <small>legt dem Dreizehnjährigen einen Gebetsmantel um</small>
Komm und hör und sieh![35]

Zweiter Teil
MOSE

Der Rabbi verliest den Beginn des 2. Buches Mose:
„*Joseph starb und all seine Brüder und das ganze Geschlecht. Die Kinder Israel aber waren fruchtbar und mehrten sich. Das ganze Land war ihrer voll. Da kam ein neuer König auf über Ägypten, der von Joseph nichts wusste, und er sprach zu den Seinen: Die Kinder Israels sind allzu viel .. Wohlan, lasset sie uns klug dämpfen, damit sie nicht weiter vordringen ... Und sie setzten Fronvögte über sie ... (...) und machten ihnen das Leben sauer mit Arbeit in Ziegeln und Lehm... Und der Pharao gebot den Seinen: Jeglichen erstgeborenen Sohn Israels werft in den Fluß...*"[36]

Die Szene ist bevölkert mit den schuftenden Arbeitssklaven, während im Eingang der Höhle unter einigen israelischen Frauen auch Mirjam, die Schwester Moses sichtbar wird und das Schicksal ihres Bruders singt:

MIRJAM Die Königstochter sah unten im Rohr

---
[35] Ebd. S. 122f.
[36] Ebd. S. 124f.

Den Korb, aus Schilfgras und Weiden.
Sie beugte sich nieder, da hörte ihr Ohr
Ein weißes und winziges Weinen.
Das Kindlein war rein und fein wie das Licht
Und Pharaos Tochter ließ von ihm nicht.
Mein Bruder ist groß in Ägypten.

Während dieses Liedes ist Mose, als ägyptischer Prinz gekleidet, auf dem Mittelschauplatz erschienen. Er schreitet allein, in tiefen Gedanken, seinem goldenen Stabe nach. Plötzlich bleibt er stehen.

MOSE *Ein Fremder ward ich im fremden Land...*[37]

Wir kennen die Fortsetzung des biblischen Berichtes, den Werfel nun vor dem Publikum aufblättert: Wie Mose einen Fronvogt ermordet und flieht, wie er Gottes Stimme im brennenden Dornbusch erfährt mit dem Auftrag, Israel aus dem Sklavenhaus Ägypten zu befreien, wie er mit seinem Bruder Aaron vor Pharao den Auszug des Volkes verlangt und nach den zehn Plagen der Exodus angekündigt wird. Und wie sehr sich die Ältesten Israels fürchten, als Pharaos Streitmacht sich rüstet, sie zu verfolgen und zu vernichten:

DIE ÄLTESTE aufjammernd *Pharaos Heer wider uns?*
   Weh! Sind nicht Gräber genug in Ägypten?
   Entführst du uns deshalb aus seiner Pracht,
   Damit uns Schilfmeer und Wüste verschlingen?
   Wie oft mit Tränen beschworen wir dich:
   Hör auf! Und laß uns Ägypten dienen!
   Besser ein Knecht sein und dienen, als tot.
DER DREIZEHNJÄHRIGE *Warum jammern jene erbärmlichen Männer?*
   Gott wird sie doch retten...
DER WIDERSPRECHER mit großer Schärfe *Jene Männer haben recht!*

---

[37] Ebd. S. 125.

STIMMEN IN DER GEMEINDE *Der Narr soll schweigen!*
DER WIDERSPRECHER *Reden will ich, endlich reden!* Er schwingt sich auf eine Bank. Alles Licht liegt auf ihm. Die Bibelbühne ist erloschen.
Was können jene Männer für ihr Elend? Was kann ich für meines? Ich habe Gott um seine Verheißung nicht gebeten. Sie liegt mir bleischwer in den Gliedern seit Jahrtausenden. Er reißt mich aus Abrahams Heimat und wirft mich nach Kanaan. Er reißt mich aus Kanaan und wirft mich nach Ägypten. Er reißt mich aus Ägypten und wirft mich in die Wüste. Und so bis auf den heutigen Tag. Denn bei Sonnenaufgang werden sie mich töten oder aus der Stadt jagen. Und dies alles wegen seiner Verheißung. Wohin ich komme, dort klafft das ewige Nichts. Und meine Zeit ist das ewige Nie. Die anderen Menschen werden geboren, leiden und sterben. Nur ich muss zu allem noch Gott auf dem Rücken tragen wie einen Berg. Ich werfe ihn ab. Ich habe ihn satt...
DIE MÄNNER DER GEMEINDE schon während der Rede
Reißt ihn herab... Stopft ihm den Mund... Schlagt ihn tot... Gott wird uns um seinetwillen strafen...
DER VORSTEHER *Nein, schlagt ihn*
Nicht!... Die Tür auf... Hinaus mit ihm... Stoßt ihn aus der Gemeinde, aus dem Haus der Lehre, die er beleidigt hat...
DER WIDERSPRECHER *Ich gehe selbst... (...) Aber meine Stimme sollt ihr ewig hören...*[38]

Der Rabbi bestimmt, da das Bethaus wegen dieser Lästerung verunreinigt ist, dass nun der Leiden gedacht werden soll, die das Volk seinem Gott am Berg Sinai bereitet hatte. Dabei taucht der Widersprecher im Bibelgeschehen selbst auf, um das Volk aufzupeitschen, sich einen neuen Gott aus Gold zu schmieden, da Mose nach bereits über vierzig Tagen auf dem Berg wohl verschwunden oder anderweitig tätig sei. Das Goldene Kalb wird gegossen und in einem weiteren Doppelgeschehen steigt Mose, von Engelstönen begleitet, mit den Gebotstafeln die Him-

---

[38] Ebd. S. 130f.

melstreppe herab, während unten auf der Straße das Volk, von einem scharfen und ehernen Rhythmus, der die Engelstöne unterbricht, aufgepeitscht um das Goldene Kalb tanzt.
Mose zerschmettert bei diesem Anblick die Gesetzestafeln, der Tanz endet, das Volk wirft sich zu Boden, der Abgott fällt – und Mose ruft gebieterisch:

MOSE *Heran zu mir, all, was noch Gottes ist!*
Aaron und Mirjam stürzen zu Mose. Weißgekeidete Leviten folgen. Allmählich kriecht das ganze Volk auf Knien zu ihm.
MOSE zu Aaron *Was hat dir, Aaron, mein Volk getan,*
Daß du die Schuld in ihm hast entzügelt?
AARON *Dein Volk liegt im Argen ... Nicht zürne du mir ...*
Du hast mich verlassen ...
MOSE *Groß ist die Sünde, Herr,*
Gib mir Kraft, daß ich Dich versöhn!
Alles wird rasch finster, bis auf die Altarbühne. Mose besteigt sie und wirft sich, Gott rufend, hin. (...)
DER STRAHL bricht durch die Schleier der Himmelstreppe. (...)
Lasse mir meinen Zorn!
MOSE *Dein Zorn entbrennt, das Volk zu verderben.*
Hast Du uns nur aus Ägypten geführt,
Damit Dich die fremden Völker dann höhnen:
Der Herr errettet, damit er vertilgt?
DER STRAHL *Aus dir will ein neues Volk ich mir gründen.*
MOSE *Aus mir ... aus mir... was ist mein Verdienst?*
Und Abraham, Isaak und Jakob sind gar nichts? (...)
Der Herr bricht den gläubigen Toten Sein Wort?
Er reckt die Arme hoch
Ich will diese beiden Arme nicht senken,
Bis Du meine Wahrheit erkennst und vergibst!
Auch der Rabbi im Bethaus reckt seine Arme mit der Thorarolle hoch.

Die Frommen stützen ihn.
DR FROMME *Stützet die Arme unseres Lehrers! In diesem Augenblick kämpft er in Mose für uns.*
MOSE *Doch schweigt die Gnade, so lösche mich aus,*
In Ewigkeit lösch mich aus Deinem Buche,
Daß Israel lebe für seinen Weg.
DER STRAHL *Gelöscht wird, wer sündigt.*
MOSE *Dann häufe die Sünde*
Des Volkes auf mich. Ich trag sie allein.
Auf mich alle Sünde!
DER STRAHL nach einer langen Pause, sehr weich
Mose, steh auf!
Um deinetwillen hab ich vergeben.
Der Strahl verlischt."[39]

Die Klage des Volkes über die verlorenen Fleischtöpfe Ägyptens und die verzehrende Wüste brechen erneut auf. Die ausgesandten Kundschafter kehren zurück und berichten vom verheißenen Land, in dem allerdings ein unüberwindlich-riesiges Volk lebt. Stöhnen und Sehnsucht nach Ägypten ertönen erneut. Der die Murrenden anführende Widersprecher schreit:
„Wir wollen das Land der Verheißung nicht schaun!"[40]
Dem Wunsch konnte entsprochen werden, denn das biblische Urteil Gottes durch den Mund Moses lautet bekanntlich, dass erst ihre Kinder das Land betreten und bewohnen werden. Es geht ans Sterben, der große Tod Moses endet den Zweiten Teil und sei ausführlich wiedergegeben.

MOSE auf der Altarbühne, zum Volk
Dies hier, mein Volk, ist das Buch deiner Lehre!

---

[39] Ebd. S. 134.
[40] Ebd. S. 137.

Er hebt die Gesetzesrolle hoch. Der Rabbi im Bethaus, das nun auch von Licht durchflutet wird, hebt die seine hoch.
Höre Israel, der Ewige ist unser Gott, der Ewige ist einzig.
DAS BIBELVOLK, DER RAT UND DIE GEMEINDE
Höre Israel, der Ewige ist unser Gott, der Ewige ist einzig.
MOSE Und du sollst den Herrn, deinen Gott, lieb haben...
DER RABBI Liebhaben von ganzem Herzen, von ganzer Seele, mit allem Vermögen!
MOSE Liebe deinen Nächsten wie dich selbst...
DER RABBI Denn Kinder seid ihr des Herrn, eures Gottes.
MOSE Sieh, dieses Gesetz ist nicht verborgen, nicht fern, nicht im Himmel. Nein, es ist hier, ganz nahe bei dir, in deinem Munde und Herzen...
DER RABBI Und geschieden vor dir liegen fortan das Leben und das Gute, der Tod und das Böse...
MOSE Das Geheimnis gehört dem Ewigen, unserm Gott, doch die Offenbarung ist unser für ewig...
BIBELVOLK, RABBI UND GEMEINDE Unser für ewig!
MOSE *übergibt dem neben ihm knienden Josua die Rolle*
Nimm hin die Lehre! Halte sie rein! *Er legt ihm die Hände auf*
Was des Herrn in mir ist, fortan sei es dein.
Zum Volk Nun ziehet getrost und unverzagt,
lebt wohl, ins Land, das ich schaue...
Eine leise Marschmusik beginnt. Der Zug des Volkes ins Gelobte Land setzt sich in Bewegung.
CHOR DES VOLKES
Wir zagen nicht und wir fürchten uns nicht.
Der Herr ist treu und geht vor uns her,
ins Land, leb wohl, das wir schauen...
Der Zug auf der Straße und Lager-Bühne verdämmert allmählich, so daß man sein Ende nicht sieht. Auch Josua reißt sich von Mose los. Vor der dritten Strophe des folgenden Liedes ist nur noch die Altarbühne hell.

MOSE während das Volk an ihm vorüberzieht und verschwindet
Merket auf, ihr Himmel, denn singen will ich,
Du, Erde, hör meines Mundes Wort!
Es fließe Lehre wie milder Regen
Und Rede tropfe wie Tau aufs Gras.
Des Ewigen Gut ist Sein Volk
Und Jakob Sein einziger Erbe.
In der Wüste, in dürrer Einöde,
Wo der Wind heult, da fand er ihn,
Und umfaltete ihn wie ein Adler
Und sein Fittich trug Israel heim.
Jauchzet auf, ihr alle, die ihr Sein Volk seid!
O Israel, Sohn, wie hat Er dich lieb!
Es sinken dahin seine grimmigen Feinde,
Doch du wandelst weiter auf ewigen Höhn.
Er macht mit ausgebreiteten Armen einige sehnsüchtige Schritte, als wolle er den Entschwundenen folgen
Mein Land... Noch darf ich dich schauen...
EINE LEISE STIMME *tritt ihm mahnend entgegen*
Mose...
MOSE *wendet sich fliehenden Schrittes in die entgegengesetzte Richtung*
DIE LEISE STIMME *tritt ihm mahnend entgegen*
Mose...
MOSE *tritt unter die Himmelstreppe, in deren Tiefe ein großer Stern aufgeht*
DIE STIMME VON DER HIMMELSTREPPE
Du hast das Land mit Augen geschaut...
LESUNG DES RABBI „Also starb Mose, der Knecht Gottes. Und niemand hat sein Grab erfahren bis auf den heutigen Tag..."
DER FROMME *flüsternd* Unsre Weisen aber haben die ganze Wahrheit gewusst und sie weiter gegeben von Geschlecht zu Geschlecht. Als er nämlich die Stimme des Beschlusses hörte, zog er einen Kreis um sich und stellte sich in die Mitte.

MOSE hat mit seinem Stab einen feurigen Kreis um sich gezogen
Herr! König der Welt! Die Plage war groß,
Mit der ich Dein störrisches Volk bekehrte.
Ein einziger Trost erhielt mir die Kraft:
Wie ich die Qual sah, so werde ich einst
Auch die Erfüllung selig erblicken.
Sieh, Herr! Dort ziehn sie in Scharen dahin
Und bauen schon Brücken über den Fluss...
Und Du, Du willst mich jetzt töten!?
Steht nicht geschrieben in Deinem Gesetz:
„Bezahle den Werkmann vor Abend noch,
Damit sein Herz nach Lohn nicht verschmachte!?"
Und mich, den Werkmann an Deinem Wort,
Mich läßt Du am Abend verschmachten??
Zwei hohe weiße Engel sind rechts und links neben Mose aufgetaucht
ERSTER ENGEL Dein Beten ist scharf wie ein schneidendes Schwert.
ZWEITER ENGEL Doch der große Beschluß ist noch schärfer.
MOSE Seht her... Seht mich an...
Die Engel wenden sich ab – Die Höhle glüht violett auf
                              Ihr weint... Ihr weint...
BEIDE ENGEL Mann Mose... Der Todesengel!
Unter dumpfer Pauken und Trommelmusik ist der Todesengel, das Richtschwert mit beiden Händen überm Kopf haltend, aus der Höhle getreten und bewegt sich in violettem Licht gleichmäßig und unüberwindlich auf die Altarbühne zu. Mose ergreift mit wilder Gebärde seinen Stab.
MOSE Steh und erzittre!
DER TODESENGEL In meiner Hand
Sind die Seelen der Weltbewohner.
MOSE Nicht die meine. Sie ist zu mächtig für dich.
DER TODESENGEL Was ist deine Kraft?
MOSE   Ich hab Wunder getan.
DER TODESENGEL Die Wunder tat Gott. Was ist deine Kraft?

MOSE *Das Gesetz empfing ich im Feuergewühl.*
DER TODESENGEL *Das war Seine Gnade. Was ist deine Kraft?*
Er hat Mose erreicht und schwingt das Richtschwert über sein Haupt. Die beiden weißen Engel treten etwas zurück.
MOSE triumphierend
Ich habe mit Gott einen Krieg geführt
Um Sein Volk und für Seine Lehre!
Er schlägt mit seinem Stab dem Todesengel das Schwert aus der Hand. Der Stab verwandelt sich in eine Schlange, die den Todesengel umwindet und in die Finsternis reißt.
MOSE bricht in tiefster Erschöpfung keuchend in die Knie
Herr, König der Welt… Tu den Mose von mir…
Und laß mich hinüber… als niedrigen Mann,
Im Land meiner Väter zu leben… Immer schweratmiger
Und willst Du das nicht… so mach mich zum Tier…
Laß mich ein Vogel, ein Vogel sein,
Der im Blau sich wiegt überm Libanon… Mit letzter Kraft
Und ist das zuviel… so mach mich zum Gras,
Das im Wind spielt… am Ufer des Jordans…
DIE STIMME VON DER HIMMELSTREPPE tief und weich
Mußt du, zu erwachen in meiner Welt,
Nicht in der deinen entschlafen?
MOSE hinsinkend
O Fels ohne Wanken… O Gott ohne Falsch…
Dein Beschluß ist gerecht und unfehlbar…
Die Himmelstreppe beginnt langsam aufzustrahlen. Sie ist von den Heerscharen der Herrlichkeit erfüllt, die in dichter Ordnung die Stufen herabsteigen. Die beiden Dienstengel
Beugen sich über den hingesunkenen Mose.
ERSTER ENGEL *Senke die Lider und schließe sie zu.*
ZWEITER ENGEL *Kreuze die Arme auf deiner Brust.*
BEIDE ENGEL *Schlafend harr der Herabkunft…*

Die Heerscharen haben die Himmelstreppe verlassen und überströmen die Altarbühne, sich dem Todeslager nähernd.
DIE STIMME *unsichtbar unter den Engeln*
Tochter Seele... Fahr aus.... Verlaß den Leib...
DIE SEELE DES MOSE
Dieser Leib ist mir traut... ich lasse ihn nicht...
DIE STIMME *Tochter Seele... Liebst du ihn mehr als mich?*
DIE SEELE *Nein, Vater... Nut Dich... Nur Dich hab ich lieb...*
DIE STIMME *So komm... damit ich dich küsse...*
Die Heerscharen haben Mose vollkommen eingeschlossen – Das Bild verbleicht.
DER FROMME IM BETHAUS *Im Kuß nahm der Herr seine Seele zu sich.*
LESUNG DES RABBI *„Und es steht hinfort kein Prophet in Israel auf wie Mose."*
DER FROMME *Bis zu den Tagen des Messias...*[41]

Exkurs

Der Abschied Moses von seinem Volk umfasst in der hebräischen Bibel das Kapitel 32 mit dem umfänglichen Lied des Mose - aus dem Werfel einige Strophen entnimmt - und die Rede Gottes, in der er Mose gebietet, auf den Berg Nebo zu steigen, um von dort einen Blick auf das verheißene Land Kanaan zu werfen und zu sterben: „Denn du sollst das Land vor dir sehen... aber nicht hineinkommen." (5. Mose 32,52) Doch vor seinem Aufstieg erteilt Mose den zwölf Stämmen Israels, im 33. Kapitel, den großen Segen, der sich auf den Segen Jakobs gegen Ende des 1. Buches Mose (1. Buch Mose 49) rückbezieht und durch die Erfahrungen des Exodus erweitert in die Zukunft weist. Auf dem Gipfel des Nebo lässt Gott Mose das ganze Land erschauen und: „So starb Mose, der Knecht des Herrn, daselbst im Lande Moab nach dem Wort des

---

[41] Ebd. S. 138-142.

Herrn. Und er, Gott selbst, begrub ihn im Tal, im Lande Moab gegenüber Beth-Peor. Und niemand hat sein Grab erfahren bis auf den heutigen Tag." (5. Mose 34, 5f)
Vom Tod des Mose berichtet die Bibel nüchtern-kurz, von seinem Wunsch, doch auch mit seinem Volk ins Land der Verheißung hineinzuwandern, kein Wort. Einem solchen höchst nachvollziehbaren Sehnsuchtswunsch – wie sollte Mose nicht von ihm erfüllt sein? – haben die Weisen Israels später in einer Legende Wort und Wahrheit eingehaucht, wie sie hier bei Werfel dramatisch zum Leben wiedererweckt wird. Werfel hatte sich mit dieser legendarischen Überlieferung bereits lange Zeit vor seinem Bibelspiel beschäftigt: 1914 entstand in Prag sein Fragment gebliebenes Schauspiel `Esther, Kaiserin von Persien´, in dem kurz nach Beginn Mordechai der jungen Esther und Joseph von Sehnsucht und Tod des Mose erzählt.[42] An den Rand des Dramenmanuskriptes hatte Werfel notiert: „Die Legende natürlich viel zu lang und nicht für das Stück."[43] Für den `Weg der Verheißung´ beschränkte sich Werfel auf das Wesentliche; eine Lektüre der selbständigen Einzelerzählung lohnt aber allemal, denn schon der Beginn der Auseinandersetzung setzt die Elemente in Bewegung:
Als Mose auf seinem Berge sah, daß der Beschluß des Gerichtes über ihn gefaßt sei, tat er sich in Sack und Asche, zog ringsum einen kleinen Kreis, stellte sich hinein und sprach:
`Nicht weiche ich von dieser Stelle, bis der Beschluß aufgehoben ist.´
Und er fastete und hub ein großes Flehen und Beten an, daß die Festungen des Himmels und die Ordnungen der Schöpfung erbebten und er-

---

[42] Werfel, Die Dramen II, S. 349-352. In kaum veränderter Form erschien die Erzählung in: `Die Erhebung. Jahrbuch für neue Dichtung und Wertung´, hrsg. von Alfred Wolfenstein, Berlin 1920 und auch im ersten Band der `Erzählungen aus zwei Welten´. Vgl. auch `Der Tod des Mose´ in: Franz Werfel, Gesammelte Werke in Einzelbänden, Die Erzählungen I: `Die schwarze Messe´, 1989, S. 50-55.
[43] Werfel, Die Dramen II, S. 513f.

schüttert waren. Und aus diesem Gebet kam über Himmel und Erde ein Sturm, daß beide gedachten, der Wille des Herrn sei gekommen über die Welt, sie zu zerbrechen und zu erneuern. Da donnerte die himmlische Stimme: `Noch ist nicht gekommen Gottes Wille, seine Welt zu zerbrechen und zu erneuern.´

Die Engel kommen namentlich ins Wort – Michael, Gabriel, Sagsagel und der furchtbare Samael, der ist Satan, der von Mose geschlagen wird: „Fahr hin Satan, was vermöchtest Du gegen mich?" und heulend flieht.

`Herr der Welt´, sprach Mose vor Gott, `gedenke des Dornbusches und der vierzig Tage und Nächte von Sinai und gib mich nicht in die Hand des Todes-Engels.´ Und die himmlische Stimme sprach: `Fürchte dich nicht, ich selbst werde mich mit Dir und Deinem Begräbnis beschäftigen.´ Und nachdem Gott den Leib des Mose geküsst und ihm damit die Seele vom Munde genommen hatte, heißt es:

Und Gott weinte und sprach: `Wer erhebt sich für mich gegen die Bösen?
Wer steht für mich gegen die Übeltäter?´

Dieses fast resignative Schlusswort Gottes, der zu befürchten scheint, dass, nach dem Tod seines Mose, kaum einer mehr wird für ihn und seinen Wunsch und Willen einstehen gegen die Barbarei und das Schlachten – der erste Akt des dramatischen Gedichtes `Esther´ entstand im November 1914 -, ersetzte Werfel in seinem Oratorium durch das hoffnungsschwangere „Bis zu den Tagen des Messias" des Frommen – vermutlich, weil im nächsten, dem dritten Teil `Die Könige´ auf dem Weg der Verheißung weiter schreiten.

Dritter Teil
DIE KÖNIGE

Man könnte über diesen Teil sagen, dass es ein Festakt sei. Festlich-feierliche Musik ertönt des Öfteren. Werfel greift die Begegnung und

Verbindung zwischen Ruth und Boas auf, mit Ruth die aus Moab stammende Urgroßmutter Davids. Szenen aus der Herrschaftszeit des ersten Königs Israels, Saul, werden lebendig: Der Gesang und das Harfenspiel Davids, der Kampf mit Goliath wird hinter der Bühne angedeutet, die Liebe zwischen David und Jonathan, die Verfolgung Davida durch Saul, Sauls Besuch bei der Zauberin von Endor und sein und Jonathans Tod in der Schlacht. David als König in Jerusalem begehrt Bathseba, die Frau seines Vasallen Uriah, den er töten lässt. Die Erscheinung des Dunklen Engels, der mit dem Gleichnis: Ein Reicher entwendet einem Armen dessen einzigen Besitz, ein Lamm, um damit seinen Gast zu bewirten, David den Tod seines Kindes mit Bathseba voraussagt.
Mit Bathseba wandert David aus der Bühnengeschichte hinaus und die Erscheinung Ruths schwebt von der Altarbühne herab und geht, während sie spricht, dem Paar hinterher:

RUTH David, mein Kind, der Herr bleibt dir treu.
Er spendet Vergebung dem Gram und der Reu.
Seinen Tempel zu baun, schickt Er dir den Sohn,
Für deinen Thron, für den Weltenthron.
Ein Sohn der Verheißung wird niedergesandt
Und Friedensfürst sei sein Name genannt.
Die ganze Bibelbühne ist dunkel.
DER DREIZEHNJÄHRIGE Wer ist der Sohn Davids, von dem Ruth, die Ährenleserin, sprach?
DER FROMME Friedensfürst, das ist König Salomo, und das ist auch König Messias...
STIMMEN IN DER Gemeinde Messias ... Wo bist du ... Es ist Zeit.. Sieh deine Gemeinde hier ... Was zögerst du ...
Inzwischen erhebt sich auf der dunklen Bibelbühne ein dumpfes Gedröhn von Arbeitslärm und Stimmengewirr.
Hört ihr ... Hört ihr ... Lärm wie von viel tausend Arbeitern ... Was bedeutet das?

DER FROMME Sagt es euch nicht die Freude im Herzen, was es bedeutet? Unser Lehrer wendet die Blätter um... Die Jahre des Tempelbaus vergehen...
LESUNG DES RABBI „Und König Salomo vollendete das Haus des Herrn nach sieben Jahren..."
Die vier Bibelbühnen leuchten auf, eine nach der andern...[44]

Der Tempel in seiner ganzen Pracht: Auf den Seiten-Türmen der Mittelbühne stehen Priester mit Posauen. Salomo residiert inmitten seines Hofstaats auf dem Plateau dieser Bühne. Die Altarbühne symbolisiert nun das Heilige des Tempels, mit dem Brandopferaltar und der großen Menora. Die Himmelstreppe stellt das Allerheiligste dar, das Felsportal ist zum Eingangstor verwandelt, auf dessen Vorhang die beiden Cherubim mit mächtigen Flügeln abgebildet sind. Auf der untersten Bibelbühne, der Straße bewegt sich das Volk mit Blick auf den Tempel.
Die Gemeinde im Bethaus begeistert sich ebenfalls an der Schau des Tempels, und Salomo spricht das große Dankgebet. Die Opferflamme springt auf, die Lichter de Siebenarmigen Leuchters werden entzündet und der Lobgesang ertönt:

Ihr Völker klatscht in die Hände
Und weiht dem Herrn euren Jubel.
Er ist der König der Erde,
Er unterwirft sich die Stämme
Und wird die Heiden bekehren,
Drum jubelt mit Klang und mit Feuer![45]

In der Synagoge ganz unten werden Kerzen angemacht und hat die Gemeinde begonnen, sich in den Lobgesang des Bibelvolkes einzustimmen und sich in eine ekstatische Erregung zu steigern. Mitten hinein fahren

---
[44] Ebd. S. 159.
[45] Ebd. S. 161.

donnernde Schläge und die Tempelvision verschwindet abrupt. Voller Angst und Entsetzen löschen die Gemeindemitglieder die Kerzen und verkriechen sich in den Keller des Bethauses. Lediglich der Rabbi bleibt am Lesepult zusammen mit dem Dreizehnjährigen, der die Hand seines entfremdeten Vaters nimmt und sagt:
„Komm, mein Vater! Wir wollen uns nicht verstecken, wir wollen bei unserem Lehrer ausharren!"[46]

Vierter Teil
DIE PROPHETEN

Die Herrschaft Davids und der Glanz Salomos ist erloschen. Das Reich wurde unter Salomos Nachfolgern in einen Nordteil `Israel´ und den Südteil `Juda´ zerteilt. Israel ist bereits von den Assyrern erobert und zerstört worden. Nun geht es darum, ob überhaupt das wankende Juda mit Jerusalem als Zentrum noch dem Würgegriff der neuen Macht, des Königs Nebukadnezars, dessen Truppen bereits Jerusalem eingeschnürt haben, entgehen kann. Eine Zeit also der großen Mahnung durch Propheten, der Klage über die Not der jüdischen Bevölkerung und der Anklage gegenüber einer verfehlten staatlichen Politik, des königlichen Trotzes und der Mutlosigkeit, besser: Haltlosigkeit, auch im Hinblick auf mangelndes Gottvertrauen, eine Zeit aber auch, in der so benannte falsche Künder oder Lügenpropheten das Wort ergreifen und der Führung raten, sich dem babylonischen Heer und Herren entgegen zu stellen – „Gott ist mit uns" tönt es selbstüberheblich aus unberufenem Munde.

Werfel lässt zunächst den Rabbi aus dem Buch des Propheten Jesaja die berühmte `Vision´ aus dem 11. Kapitel verlesen:

---

[46] Ebd. S. 162.

DER RABBI „Es keimt ein Reis aus Isais Stamm und ein Sprößling aus seinen Wurzeln ... Auf ihm wird ruhen der Geist des Herrn, der Geist der Weisheit und Einsicht, der Geist des Rates und der Stärke, der Geist der Erkenntnis und der Gottesfurcht..."
DER DREIZEHNJÄHRIGE Ich sehne mich nach Messias ... Ist es schon seine Stimme?
DER RABBI Es ist die Stimme Jesajahs, des Künders ...
Der Prophet Jesajah tritt auf der Spitze des linken Turmes ins Licht.
JESAJAH Wächter! Wie weit in der Nacht schon?
Wächter! Wie viel noch des Dunkels?
DER DREIZEHNJÄHRIGE Noch eine andre Stimme hör ich klagen.
DER RABBI Es ist Jeremiah, der Künder ...
Der Prophet Jeremiah tritt auf der Spitze des rechten Turmes ins Licht.
JEREMIAH Wehe, wehe Jerusalem,
Zum Steinbruch geworden, / zur Wohnung des Schakals!
Der Tod steigt ins Fenster / der hohen Paläste,
Er metzelt die Kinder / auf Straßen und Plätzen.
Die Leichen verwesen / wie Dung auf den Äckern,
Wie faulende Garben, / vom Schnitter vergessen.
Warum, warum nur / gebar mich die Mutter ...
Warum nicht wurde / ihr Schoß mir zum Grab!
JESAJAH Tröste, tröste mein Volk, spricht der Herr.
Einst brechen die Völker der Erde auf
Und sprechen: wir ziehen zu Israel hin.
Denn von Zion allein geht die Lehre aus,
Und das göttliche Wort von Jerusalem.
Dann werden sie schmieden die Schwerter um
Und Lanzen zu Sichel und Pflugschar.
Die Türme verblassen ...[47]

---

[47] Ebd. S. 163f

Die in weite Zukunft hinein entworfene Vorausschau schwebt über den Abgründen der Verhältnisse in Juda, in die hinein Jeremiah seine Warnungen und seine Wut, seine Klagen und Entsetzensschreie stöhnt. Werfel dramatisiert „Das ganze Volk versank in Sünde" und die Rufe des Widersprecher: „Kauft Götter! Kauft Götter! Beelim, Theraphim! Hilft der g r o ß e Gott nicht, so helfen die k l e i n e n !"[48] Nach der Auseinandersetzung Jeremiahs mit dem falschen Heilspropheten Chananjah legt Werfel den Schwerpunkt dieses letzten Teils auf den leidenschaftlich geführten Konflikt zwischen Jeremiah und seinem König Zedekiah; dieser Konflikt wird durch eine eindrucksvolle kurze Szene eingeleitet und beleuchtet:

Zedekiah sinkt brütend auf seinen Sitz, nachdem ihm aus den Aufzeichnungen des gefangenen Jeremiahs vorgelesen wurde, dass

Zur Fremde wandert / in Fron und Fesseln
Das Volk von Zion...
Der König flüchtet / wie ein scheues Wild....
Der Vorhang des Allerheiligsten erschimmert zart. Zwei weiße und ein dunkler Engel treten vor. Die weißen halten je eine verlöschte, der dunkle eine brennende Fackel in der Hand.
DER DUNKLE ENGEL *Der Herr allein kann Sein Haus vernichten. Ich habe Auftrag: Entzündet den Brand!*
DER ERSTE WEISSE ENGEL *Ich habe Auftrag: Noch wartet die Gnade.*
DER ZWEITE WEISSE ENGEL *Ich habe Auftrag: Es entscheide der Mensch.*
DER DREIZEHNJÄHRIGE *König Zedekiah ... Sieh dich um ... Engel sind über dir ... Du hast die Entscheidung ...*
DER FROMME *Unser Schicksal hängt an deinem Mund, König ... Verstell dich nicht, als ob du uns nicht hörtest ... Du hörst uns ... Entschei-*

---

[48] Ebd. S. 164

de anders ... Denk an den Morgen, der bald heraufkommt .... Denk an die Jahrtausende der Qual, die mit ihm beginnen ...
DER RABBI Auch ich schreie zu dir, Zedekiah ... Du weißt noch nicht, was das Exil ist ... Um deines, um unseres Hochmuts willen wurde das Exil verhängt ... Denn im Hochmut sind alle anderen Sünden ...[49]
Und Jeremiah kündigt dem König an, dass die Stadt, das Volk und auch der Tempel mitsamt dem Allerheiligsten durch Nebukadnezar vernichtet werden würde, es sei denn, Zedekiah würde sich barfüßig in Lumpen gehüllt und mit aschebedecktem Haupt ins Lager der Babylonier begeben und vor Nebukadnezar sich beugen und um Gnade bitten.
ZEDEKIAH Und wenn ... ich gehe ...
JEREMIAH Dann leben in Frieden
Der Tempel, die Stadt, das Volk und dein Haus[50]
Doch die falschen Prediger zusammen mit ihren Volkshaufen dringen auf den König ein, der sich verzweifelt krümmt und schließlich überwältigt, die Verfluchung durch den Widersprecher, Chananjah, Pashur und das Volk im Ohr, seinen Entschluss stockend verkündet:
ZEDEKIAH Ich k a n n mich nicht beugen ...
JEREMIAH Dies Wort ist nur ein Hauch
Und nicht die Entscheidung ...
ZEDEKIAH Es ist die Entscheidung.
DER WIDERSPRECHER Lang lebe der König! Sein Wille ist unser!
ZEDEKIAH (...) Nun tue der Herr nach Seinem Beschluß!
Der Palastsaal verdunkelt sich – Der Belagerungsdonner wächst aufs äußerste – Der dunkle Engel hebt seine Fackel hoch über den Kopf und berührt mit ihr den Vorhang des Allerheiligsten, der sofort mit einer riesigen Flamme verlodert – Zugleich schleudern die beiden lichten Engel rechts und links ihre Fackeln in die Tiefe – Feuer schießt auf – Qualm erfüllt die Bibelbühnen – Donnernder Einsturz der Tempelsäulen, des Palastes, der Türme – Dann ein kurzes helles Geschmetter – Tiefe Stille[51]

---

[49] Ebd. S. 171
[50] Ebd. S. 172
[51] Ebd. S. 174

In der Synagoge ersticktes Weinen und Schluchzen, der Rabbi singt von Rahel, die um ihre Kinder klagt, Rahel selbst erscheint und erhebt Anklage gegen Gott, den König der Welt und der Dreizehnjährige ruft flehend nach dem ausbleibenden Messias und verzweifelt nach dem Sinn: „Warum erleben wir nichts als Leid … Immer, immer nur Leid … Warum w i r …"[52]

Und Werfel versucht eine Antwort, oder: sucht die Möglichkeit einer Antwort, indem er die Himmelstreppe noch einmal - wie bei der Verheißung an Abraham - , aber noch vom verschwimmenden Rauch des Brandes verschleiert, aufstrahlen und die fast unkörperliche Gestalt des Engels der Endzeit aufsteigen lässt.
DER ENGEL DER ENDZEIT
Ihr Schläfer des Schmerzes! Kein Zeitengericht
Kann Israel löschen und machen zunicht.
Der ewige Bund, die Verheißung des Herrn
Wird währen länger als Sonne und Stern.
Seid dankbar dem Leid! Denn was euch geschieht,
Ist göttliche Kraft, die euch höher zieht.
Seid dankbar dem Feuer, weil's läuternd euch zwingt,
Daß mit Gottes Liebe die Welt ihr durchdringt.
Mein Volk, vernimmst du im Traume den Laut,
Des Bräutigams Stimme, die Wonne der Braut?
Er zieht dir entgegen. Nun wandre zugleich
In Seiner Arme harrendes Reich.[53]

Trompeten erschrecken die zusammengesunkenen, resignierten Gemeindeglieder, die Türen der Synagoge werden aufgerissen, Bewaffnete stürmen herein und ein Bote des Königs liest:

---

[52] Ebd. S. 175
[53] Ebd.

BOTE Befehl unseres Allergnädigsten Königs: „Wir verfügen, daß diese Gemeinde Israels das Herrschaftsgebiet unserer Stadt bei Strafe des Lebens bis Sonnenuntergang verlasse ..."
DER RABBI die Gesetzesrolle hochhebend *Wir sind bereit für den Weg ...*
DIE GEMEINDE aufklagend *Gott Abrahams, Isaaks und Jakobs ...*
DER DREIZEHNJÄHRIGE Warum klagt ihr? ... Seid ihr müde nach dieser Nacht? ... Ich bin nicht müde ... Komm, Vater ... Kommt alle mit unserem Lehrer ... Ich weiß die Antwort ... Er ist schon auf dem Weg ... Wir müssen ihm entgegengehn ...[54]

Gleichsam utopisch soll die ganze Bibelbühne voll aufleuchten, während die Synagoge, das Bethaus verdunkelt wird. Die Bibelstraße empor bewegen sich alle erschienenen Gestalten von Abraham und Sara, über Mose und Aaron, Ruth und David, Jesajah und Jeremiah und Zedekiah bis hin zu der Zeitlosen Gemeinde, vom Rabbi an der Spitze bis zum Dreizehnjährigen, der für die Zukunft steht. Während der Engel der Endzeit mit den goldenen Heerscharen dem Bibelvolk entgegen geht, ertönt im Schlussgesang der Engel und des Volkes der Psalm 126:

Wenn der Herr die gefangenen Zions erlöst,
Dann werden wir sein wie die Träumer.
Ein Lächeln auf unseren Lippen erblüht
Und Lob strömt von unserer Zunge.
Der Herr hat Großes an uns vollbracht.
Wer Tränen gesät, erntet Freuden.
Wir streuten weinend den Samen aus,
Nun binden wir selig die Garben.[55]

---

[54] Ebd. S. 176.
[55] Ebd. S. 176f.

Einige Anmerkungen zur Musik von Kurt Weill

Das Angebot, den Stoff der biblischen Geschichte des jüdischen Volkes zu vertonen, erreichte Weill in einer Zeit, als er – bereits im Exil - dabei war, aufgrund der Vorgänge im `Dritten Reich´ sich selbst als Teil dieser Geschichte zu verstehen und sich seiner jüdischen Wurzeln zu vergewissern. In gewisser Weise sah er sich gezwungen, sich selbst neu zu erfinden, indem er auf alte Quellen zurückgriff, die sich bislang in seiner Musik nur wenig bemerkbar gemacht hatten. Gewiss hat ihn auch die Arbeit an der Komposition des Bibeloratoriums beeinflusst, einen völligen Bruch mit Deutschland zu wagen.

Form und Inhalt des `Opern-Oratoriums´ waren in den ersten Jahrzehnten des 20. Jahrhunderts durchaus nicht selten, man denke nur an Arthur Honeggers `Roi David´ von 1921 oder an Schönbergs Oratorium `Die Jakobsleiter´, sein Sprechdrama `Der biblische Weg´ von 1926/27 und an seine spätere Oper `Moses und Aaron´, an Willy Burkhards `Das Gesicht Jesajas´ oder auch an Paul Dessaus `Hagadah shel Pessach´.

Indem sich Weill dem `Weg der Verheißung´ zuwandte, rückte er von seinem bislang dominierenden `Weill-Idiom´ zwar nicht radikal ab, schmolz ihn aber in die Tradition der großen Oratorien ein, sodass ein Werk entstand, das – wie Weill formulierte – ganz `im Geiste eines populären Oratoriums´ empfunden war – es sollte schließlich das amerikanische Publikum ansprechen und für die Verfolgung der Juden in Nazi-Deutschland sensibilisieren.
Eben weil es um biblische Tradition, um die Geschichte seines Volkes durch die Zeit ging, konnte und durfte und musste Weill nicht der neuesten Musikmode folgen, sondern sich auch der Sprache der in der Vergangenheit gebildeten Formen bedienen.

Paul Bekker hat in seinem Essay `Weills `Eternal Road´´ bereits Anfang 1937 darauf hingewiesen, dass das Oratorium dem Typus des alten Melodramas am nächsten käme:
Treibend ist in allen Fällen der alte Melodram-Gedanke, Musik und Szene so ineinander zu binden, daß beide eine gewiße Selbständigkeit bewahren, zum mindesten die Führung wechseln und der Zuschauer bald von der einen, bald von der anderen Wirkung gepackt wird. (...) Es liegt darin außerdem für den Musiker der Vorzug, daß er die verschiedenen Naturen der Musik, die gefühlsmäßige, die illustrativ beschreibende, die abstrakte, die rein rhythmische, nach Belieben anwenden kann, ohne befürchten zu müssen, die stilistische Haltung zu verlieren.[56]

Die Komposition ist, bedingt durch Aufbau und Handlung des `Weges´, in ihrer Faktur vielfältig, umfasst großes Orchestertutti wie kammermusikalische Intimität, Sprechrollen, Sprechgesang und ariose Gebilde, in sich geschlossene Formen wie auch Erinnerungsmotive.
Man wird in der gesamten musikalischen Gestaltung drei Arten unterscheiden können, die – wie das Schauspiel selbst – gleichsam auf verschiedenen Ebenen angesiedelt sind und agieren.

Ganz `unten´ – wenn man so will: also an den Grund des Stückes, die Synagoge, gebunden – ertönt jeweils der psalmodierende Gesang des Rabbi, dem die Stimme des Herrn – wenn sie erklingt – von `oben´ zugeordnet zu sein scheint. Mit diesem synagogalen Sprechgesang knüpft Weill an die ihm aus dem Elternhaus und der Synagoge gehörten und noch vertrauten Töne an – hier klingt nicht nur antrainierte Kunstgewandtheit, sondern erfahrenes Erbe. Weill hat mit Sicherheit liturgische Vorlagen gekannt, doch auf seine Weise zu neuer Melodiebildung genutzt, „die unmittelbar aus dem Stoff herauswächst, und Natürlichkeit

---

[56] Paul Bekker, Weills `Eternal Road´, Erstdruck: New-Yorker Staatszeitung und Herold v. 31.1.1937; abgedruckt in: Jürgen Schebera, Kurt Weill, S. 322-325 (s. Anm. 13).

der Deklamation des Wortes mit gesanglichem Reiz zwanglos zu verbinden weiß. Die deklamatorische Behandlung des Wortes ist überhaupt ein besonders bewunderungswürdiger Zug des Ganzen."[57] Die ganze musikalische Einrichtung der Synagoge ist auf den Kammerton gestimmt und bildet daher den größten Kontrast zu der auf den Bibel-Bühnen spielenden Musik.

Eine zweite Schicht der Komposition umfasst vor allem die großen Formen, die sich zumeist als Chöre oder Ensembles darbieten, als Engelschöre oder als Volksauftritte. Hier vor allem macht sich die Oratorientradition bemerkbar: Anklänge an Händelsche und Mendelssohnsche Oratorien wie an Bachsche Passionen werden hörbar. Zu dieser Schicht gehören auch die symphonischen Märsche, mit denen Weill etwa die Fronarbeit des israelitischen Volkes in Ägypten charakterisiert oder auch den beschließenden Marsch-Schritt, mit dem das israelitische Volk nach Moses Tod in das Gelobte Land einzuziehen beginnt.

Märsche in einem der biblischen Geschichte gewidmeten Oratorium? Man wird dabei nicht an Militärmärsche denken müssen, sondern an die Vielfalt marschartiger Formen – wie etwa Trauermärsche, Festmärsche, Arbeits- und Volksmärsche. Die Aufnahme von Marschrhythmen in den `Weg der Verheißung´ symbolisiert im Kontext des ganzen Stückes eben den Weg des durch die Zeit wandernden, `marschierenden´ Gottesvolkes. Bei der Komposition dieser Märsche wird der Einfluss auch des von Weill verehrten Gustav Mahler wirksam, dessen marschartige und Märsche ironisierende, zerfetzende und/oder banalisierende Rhythmen in seinen Symphonien häufig Anlass zu Irritationen und Verkennungen geführt haben. Max Brod war wohl der erste, der auf den jüdischen Charakter der Marschmusik bei Mahler hingewiesen hat, dessen Wahrnehmung zum Verständnis der Musikwelt Mahlers unerlässlich sei. „Die erwähnten Marschrhythmen sind nicht einförmig, sondern Ausdruck der

---

[57] Ebd. S. 324. Allerdings verwendet Weill auch innerhalb des Bühnengeschehens an besonderer Stelle das ehrwürdige `Kol Nidre´, indem er Mose die Gebote vom Sinai verkünden lässt.

verschiedensten Seelenstimmungen", die ein „Paradigma jüdischer Musik, tiefjüdischer Schöpferkraft" bieten.[58]
Bekker meint allerdings, dass gerade diese Massenszenen, etwa der Schlussmarsch und besonders der Tanz um das Goldene Kalb, zu den schwächsten der Gesamtpartitur gehören: „Der Tanz um das goldene Kalb etwa, eigentlich für den Musiker eine lockende Aufgabe, entbehrt des großen fanatischen Zuges, den man hier erwartet. Die Musik wird dünn, die Inspiration überzeugt nicht und reißt nicht mit."[59] Dagegen wäre zu fragen, ob Weill - der das Beispiel einer fanatischen Musik, das Baccanale aus Saint-Saens Oper `Samson und Dalila´ kannte – überhaupt solches im Sinn gehabt hätte. Die Szene selbst ist von Werfel derart konzipiert, dass es eine Wechselwirkung ergibt zwischen der `englischen Sphärenmusik´ zu den Gesetzestafeln, die Moses vom Sinai herabträgt, und dem Tanz um das Goldene Kalb – zweimal ertönen die Engelstimmen, zweimal unterbricht der Tanz. Weill komponiert den Tanz nicht überwältigend, tobend, außer Rand und Band, sondern gewissermaßen in ehernen Tönen, wie in toten Stein gemeißelt, Anbetung eines toten Götzen – nicht für die Oper, sondern einem Oratorium angemessen. Der besondere Klang der Engel wird nicht durch eine wollüstige Musik erschlagen, sondern als Kontrasterfahrung gehört.

---

[58] Dazu siehe Max Brod, Die Musik Israels, Tel Aviv 1951, abgedruckt in: Max Brod, Die Musik Israels. Revidierte Ausgabe mit einem zweiten Teil `Werden und Entwicklung der Musik in Israel´ von Yehuda Walter Cohen, Kassel 1976, S. 30- 38, hier S. 34 und S. 30: „Das Wichtigste, das im folgenden dargelegt werden soll, ist der Nachweis, daß Mahler auch da, wo er im Gewand des deutschen Spätromantikers, des Bruckner-Adepten, des Symphonikers der großen Form (und all das in voller Ehrlichkeit) einherschreitet, – daß er auch da und gerade da das hervorragendste Paradigma jüdischer Musik, tiefjüdischer Schöpferkraft bietet."
[59] Paul Bekker, S. 324 (s. Anm. 56).

Die dritte Schicht der Komposition bilden die kleinen Abschnitte, ariose Gebilde, instrumentale Einschübe, kleine Chorstückchen – für Weill Gelegenheit, sich in musikalisch reizvollen Erfindungen in die Szenen einzuschmiegen. Dafür können die Schauspielmusik zur Pantomime, in der Joseph von seinen Brüdern verkauft wird, wie auch der Traum Jakobs von der Himmelstreppe stehen. Bekker schließt seine Betrachtungen mit der Bemerkung:
„Die Musik, ursprünglich gehorsame Dienerin aller anderen Faktoren, wächst in der Wirkung über sie hinaus und erst durch sie kommen die anderen zur vollen Entfaltung. Das ist das besondere Geheimnis des großen Melodrams."[60]

Die eindrücklich-ausdrucksstarke Musik des Bibeloratoriums erhält ihre Charakteristik auch dadurch, dass Weill Klangfarben des Jazz und der Neuen Sachlichkeit sowie aus dem vorderasiatisch und jüdisch geprägten Idiom in das klassische Sinfonieorchester transponiert. So verzichtet er auf die Hörner – und damit auf die mit diesen meist verbundene `romantische Stimmung´ – und verlangt fünf Klarinetten, eine Hammondorgel, eine Gitarre, zwei Klaviere, Erweiterung des Schlagzeugs, dazu drei Tom Toms, die besonders beim Tanz um das Goldene Kalb einzusetzen sind. Der Orchesterklang insgesamt wirkt meist hell, nicht selten grell und scharf, klar und durchsichtig, selbst bei dumpf-brütenden Szenen, an manchen Stellen ergreifend, fast überirdisch. „Ich glaube, dass es die schönste Musik wird, die ich bisher geschrieben habe", meinte Weill 1934, als er an seiner umfangsreichsten Partitur arbeitete.[61]

---

[60] Ebd. S. 325.

[61] Mittlerweile liegen zwei unterschiedliche Fassungen von `Der Weg der Verheißung´ vor, die bei Schott Music eingesehen werden können: Unter http://www.schott-musik.de/shop/show,160219.html `Der Weg der Verheißung (The Eternal Road). Biblical Drama in four parts by Franz Werfel. Englische Textfassung by Ludwig Lewisohn, Schott Music, Mainz. Es handelt sich dabei um die Partitur der Uraufführung am 7. 1. 1937.

Die Uraufführung

Gottfried Reinhardt, der Sohn von Max Reinhardt, hat eindrucksvoll in seinen Erinnerungen vom Tag der Uraufführung der `Eternal Road´ berichtet. Am Vormittag kam er beim Manhattan Opera House an und gewann

*alles andere als den Eindruck, daß heute abend hier eine Uraufführung stattfinden würde. Die Eingangshalle lag voller Schutt; keine Einrichtung weit und breit, die an einen Kassenflur erinnert hätte. Infolge Flug und Taxifahrt mußte ich dringend eine Toilette aufsuchen. Ich vermutete sie im Souterrain, glaubte auch einen Raum für diesen Zweck zu identifizieren, nur fehlten jegliche Installationen. Ich kam zu dem Schluß, daß die Premiere verschoben worden sei und man versäumt habe, mich-rechtzeitig zu benachrichtigen. Im Gang um den Zuschauerraum, wo Teppiche gelegt wurden, stieß ich auf Weisgal, der gleichfalls nicht so aussah, als fände unter seiner hastenden Ägide heute abend eine Vorstellung statt. Bald dämmerte mir jedoch, daß der Schein trog: Die Premiere war ausnahmsweise **nicht** verschoben worden. Meinen Hinweis auf das Fehlen sanitärer Anlagen wehrte er unwirsch mit der Versicherung ab, daß diese Nebensächlichkeiten im Anmarsch seien.*
Ich schämte mich meiner prosaischen Bedürfnisse, als er mir seine Sorgen mitteilte: Sie galten weniger den Begleitumständen als der Aufführung selbst. Trotz allen Theaterglaubens habe ihn die gestrige Generalprobe bedrückt. Daß nichts, aber auch überhaupt nichts klappen wollte,

---

Unter http://www.schott-musik.de/shop/products/show,315560.html Weill, Die Verheißung. Oratorium nach `Der Weg der Verheißung´ (1934/1936), eingerichtet von Ed Harsh, 2012, European American Music Corporation, Schott Music, Mainz.
Allerdings gibt es m. W. lediglich eine auf CD eingespielte Aufnahme, die `Highlights´ aus den vier Teilen, etwa 70 Minuten umfassend, bietet: In der Reihe `American Classics´ erschien 2003 Kurt Weill, The Eternal Road (highlights), Milken Archive (American Jewish Music), Naxos 8.559402 (www.milkenarchive.org, www.naxos.com).

sei nicht das Ausschlaggebende gewesen. Zutiefst erschreckt habe ihn der Schluß oder vielmehr das Nichvorhandensein eines solchen. Ich versuchte, Weisgal mit der Versicherung zu trösten, daß meines Vaters Generalproben häufig Katastrophen gewesen seien, daß er manchmal fast vorsätzlich Katastrophenstimmung erzeuge, damit gleichsam das berühmte Reinhardtsche Wunder geschehen und alle zu Höchstleistungen beflügeln könne. Meyer zuckte fatalistisch die Achseln: „Heute abend **brauchen** *die Juden ein Wunder!" und eilte weiter. Er hatte nicht unrecht. Es gab kaum einen New Yorker Juden mit ein paar Dollar in der Tasche, dem nicht die zionistische Pistole auf die Brust gesetzt und sein Obolus abgefordert worden war. Weisgal hatte über die Stadt eine Art Sondersteuer verhängt. Jeder, der sie gezahlt hatte, brauchte heute abend ein Wunder. Weisgal vor allem. Das größte brauchte mein Vater.*[62]

Der Abend des 7. Januar 1937 wurde ein höchst denkwürdiger und ein in der an Seltsamkeiten und Überraschungen nicht eben armen Theatergeschichte besonders markanter.

Lassen wir gleich noch einmal Gottfried Reinhardt zu seinen im nachherein amüsant formulierten Erinnerungen zurückkehren. Hatte Gottfried Reinhardt am Morgen noch an ein Wunder kaum glauben wollen, so war es am Abend wunderbarer Weise fast vollbracht:

Als ich mit Eleonore an der festlichen Auffahrt vor dem Manhattan Opera House teilnahm, bot sich mir eine angenehme Überraschung: Der Kassenflur sah aus wie ein Kassenflur. (In der Pause hatte ich auch Gelegenheit, festzustellen, daß die Urinbecken in den von mir für diesen Zweck erratenen Räumlichkeiten installiert worden waren.) Programme fehlten allerdings. Von der Kenntnis einer weiteren Bedrohung blieb ich gottlob vorläufig verschont (auch davon erfuhr ich erst in der Pause): Eine halbe Stunde vor Beginn - der sich deswegen um eine ganze Stunde

---

[62] Der Liebhaber, S. 215.

verspätete – war die Feuerpolizei erschienen und hatte die Veranstaltung wegen gravierender Verstöße gegen die Sicherheitsvorschriften verboten. Die Hiobsbotschaft erreichte Weisgal in seinem für diesen Abend gemieteten Hotelzimmer. Es gelang ihm, keinen geringeren als Bürgermeister Fiorello La Guardia (...) binnen einer halben Stunde in der Riesenstadt aufzutreiben und samt dem Chef der Feuerpolizei McElliot von einem Großbrand weg ins Theater zu lotsen. Nach vielem Hin und Her entschied La Guardia in Anbetracht der kulturellen Bedeutung des Anlasses gegen die Bedenken der Branddirektoren: Solange vierzig Feuerwehrmänner auf dem Posten seien, dürfe die Aufführung vonstatten gehen – was eine empfindliche Erhöhung des Tages-Etats für die Dauer der Spielzeit bedeutete.[63]

Das war am 7. Januar der Auftakt, sozusagen das Vorspiel zu einem Wechselbad, einem Auf und Ab der widerstreitendsten Empfindungen im Kontext der folgenden Entwicklungen, die der Kronzeuge Gottfried Reinhardt erzählt.

Das Premierenpublikum, so glanzvoll, wie man es sich nie hätte ausdenken können, wartete mehr oder weniger geduldig auf das Hochgehen des Vorhangs. Ich wartete keineswegs geduldig, aber auch nicht ungeduldig auf das Desaster. Eleonore wartete fromm auf das Wunder. Und siehe da, inmitten anhaltender Hustenanfälle – zum Überfluß grassierte in New York eine Grippe – und nach höflich drängenden Applausrunden geschah es: Der Vorhang lüftete sich. Das Wunder dauerte drei ganze Akte. (Das Stück hatte vier.) Sie waren von außergewöhnlicher Macht und Poesie, bewegend und erhebend. Das jüdische Schicksal war im Kern getroffen, und doch blieb die Gesamtwirkung universal. Unergründlicherweise passierte keine einzige Panne, nicht einmal ein Versprecher. Obwohl das Orchester in einem Nebenraum weit ab und außer Sicht der Bühne untergebracht war und der Dirigent nur durch ein

---

[63] Ebd. S. 224.

hochkompliziertes Stafetten-Signalsystem Verbindung mit den Darstellern unterhielt, arbeiteten Mensch und Maschine mit unübertrefflicher Präzision. Den Höhepunkt bildete der dritte Aktschluß: Moses führt sein Volk in das Gelobte Land – es schien, in den Himmel. Es war atemberaubend, das Publikum so gefesselt, daß es die Stunde vergaß. Es war Mitternacht, als die Große Pause anhob.[64]

Nach der Pause, in der sich das Publikum wie über den Wolken in einem Wunschtraum zu ergehen schien, trotz der Unruhe, die sich bei denen bemerkbar machte, die von den obersten Rängen aus die Szenen in der Synagoge nicht sehen und verfolgen konnten – ein Problem, das sich auch in den folgenden Aufführungen nicht beheben ließ – ereignete sich anderes als zuvor und ist, wie Reinhardt gesteht,

schwerer zu schildern. Nicht allein, daß mit einem Mal überhaupt nichts mehr klappte – die Handlung, die sich über die Bühne schleppte, entbehrte plötzlich jeder Kontur. Stück und Aufführung zerrannen in einer Art Nebel. Die Auftritte schienen nicht mehr beleuchtet, die Schauspieler nicht mehr lebendig, das Geschehen nicht mehr sinnvoll, und doch ging es unerbittlich weiter. Bühne und Zuschauerraum befanden sich in einem Koma, aber widersetzten sich einer Erlösung durch den Tod. Der Wunschtraum war zu einem Alptraum geworden. Was ihn beendete, ist mir entfallen. Irgendwann versandete das Stück, und der letzte Zuschauer verflüchtigte sich. Hinter der Bühne sprach keiner mit dem anderen. Auch mein Vater und ich schwiegen, als ich ihn abholte. Weisgal stand inmitten der Trümmer des zweiten Tempels, den das Publikum nie zu Gesicht bekommen hatte.[65]

---

[64] Ebd. S. 225 Wenn G. Reinhardt hier vom ʼdritten Aktschlußʼ spricht, dann wird er vermutlich das Vorspiel als eigenen Akt mitzählen. Die Bemerkung, dass das Stück vier Akte hätte, bezöge sich dann auf die vier Teile – ohne das Vorspiel. Jedenfalls weist die Fortsetzung des Berichts auf einen längeren, die beiden letzten Teile umfassenden Zeitraum nach der Pause hin, auch wenn die eine oder andere Szene fehlen oder gestrichen sein mochte.
[65] Ebd. S. 225f.

Das geplante Feiernachtmahl geriet zum Leichenbittermahl, das kaum angerührt wurde. Die Hochstimmung stürzte ins Jammertal und trunkenen Schlaf. Um vier Uhr morgens wurde Reinhardt vom penetranten Läuten des Telefons aus dem Schlaf gerissen und hörte Weisgal trompete: „Komm herüber ins New Yorker, Gottfried. Wir sind alle hier, auch dein Vater! Wir feiern!" Im New Yorker wurde Gottfried von allen und vor allem von Weisgal empfangen: Er hielt

beide Arme hochgestreckt, in jeder Faust ein Bündel Zeitungen, mit denen er wild in der Luft fuchtelte. Man sah, daß er immer noch brüllte, aber man hörte es nicht mehr: Diesmal streikte sogar seine Stimme. Jedes Morgenblatt brachte eine Lobeshymne.[66]

Und Reinhardt berichtet, dass etwa die Daily News ihre höchste Auszeichnung – vier Sterne – der Aufführung gewidmet hätte und er bringt den Großteil der hymnischen Rezension, die einer der einflussreichsten Literatur- und Theaterkritiker der USA, Brooks Atkinson, für die New York Times verfasste; es lohnt, die wesentlichen Passagen, unwesentlich gekürzt, hier zu zitieren:

Es soll sogleich gesagt werden, daß die zehn Verschiebungen verstanden und vergeben sind. Aus den heroischen Geschichten der alten jüdischen Historie hat Max Reinhardt mit seinen vielen Assistenten ein glorioses Festspiel geschaffen von großer Kraft und Schönheit. Man nenne es Festspiel, wenn man will, oder Oper, Schaustück, Phantasmagorie oder profundes religiöses Lehrstück, denn es ist alle diese Dinge zugleich. Es ist im Grunde die mystische Geschichte vom Erbe des Menschen unter den Gesetzen des Allmächtigen Gottes. Stets ein Anhänger grandioser Theaterkonzeptionen, hat Dr. Reinhardt in den biblischen Geschichten ein Thema gefunden, das seiner Hand liegt. Franz Werfel hat die bedeutungsvollen Episoden der frühen jüdischen Historie zu einem großangelegten Skript geformt. Nachdem das traditionsreiche Manhattan Opera

---

[66] Ebd. S. 226.

House fast zur Hälfte niedergerissen worden war, haben Dr. Reinhardt und Norman Bel Geddes, der ein Übermensch eigener Prägung ist, eine gewaltige Reihe von Rampen und Podesten errichtet, die sich in Demut zu den Toren des Himmels erheben. (...) Dr. Reinhardt hat schon früher sein Genie, mit Massen umzugehen, in Mammutvorstellungen bewiesen. Aber meines Wissens hat er nie zuvor Kurt Weill an seiner Seite gehabt, um seinen Massen gesanglichen Auftrieb zu geben, und das ist ein Privileg, für das man sich nicht genug bedanken kann. (...)
Jedermann ist mit den Geschichten vertraut, die Herrn Werfels Zusammenfügung heiliger Urkunden durchwirken. (...) Aber erst dadurch, daß die `Eternal Road' alle technischen Probleme meisterte, hat man diese Geschichten im Theater durch Tanz und Farbe und Ritual so phantasievoll verklärt gesehen. (...) Obwohl das Ereignis ursprünglich politische Motive gehabt haben mag, ist es jetzt die Geschichte aller Zeiten, erzählt mit großer Würde, Kraft und Schönheit.[67]

Wie dieser dritte Wunderteil zustande kam, ist leicht erklärt: Die wichtigen Theaterkritiker waren, um ihre Beurteilungen für die Morgenausgabe ihrer Zeitung noch zu Papier bringen zu können, in der Pause in ihre Redaktionen geeilt und hatten daher das Unheil nicht mehr miterleben müssen. Die Rezensionen ihrer Kollegen von den Wochenzeitschriften waren weit weniger günstig gestimmt, zerrissen gleichsam zwischen Gut und Schlecht, neigten zum Teil gar zu Verrissen, konnten jedoch den günstigen ersten Eindruck – Siehe, es war sehr gut – nicht verwischen und daher keinen weiteren Schaden anrichten. Allerdings hat in den weiteren Aufführungen niemand mehr den letzten Teil des Stückes erblickt, auf wessen Befehl auch immer.

Denn weitere Aufführungen dieser gekürzten Version des Bibeloratoriums gab es – nämlich insgesamt bis zum 16. Mai 1937 nicht weniger als 153, und alle waren ausverkauft. Max Reinhardt musste bereits im Janu-

---

[67] Ebd. S. 226f.

ar nach Hollywood zurück und hatte daher die Leitung Francesco von Mendelssohn übergeben, der sich bald über mangelnde Disziplin der Sänger und Schauspieler beklagte, die auch dadurch verursacht wurde, dass Weisgal eine 33-prozentige Kürzung der Gagen forderte und immerhin eine 12,5-prozentige durchsetzen konnte und auch nicht davor zurück schreckte, vierzehn Darsteller zu entlassen. Das war der deutlichste Hinweis darauf, dass nicht so sehr die Differenzen in der Leitungsebene das Bild bestimmten, sondern die Finanzierung der Aufführungen des Werkes.
Zwar wurde bei neun fast ausverkauften Vorstellungen pro Woche eine durchschnittliche Einnahme von 22.000 Dollar erreicht, die Ausgaben hingegen beliefen sich im gleichen Zeitraum auf jeweils 29.312 Dollar.[68] Alle Sparmaßnahmen konnten keine bemerkenswerte Wirkung entfalten. Der unermüdliche Weisgal versuchte auch auf ungewöhnlichster Weise, Investoren zu bewegen, bei der Stange zu bleiben. Gottfried Reinhardt erzählt drei, vier Beispiele, die zum Lächeln reizen, wenn dahinter nicht die verzweifelte Sorge zu verspüren wäre, die Weisgal, der bereits die meisten seiner privaten Dingen und Sammlungen geopfert und sich darüber hinaus tief verschuldet hatte, für seine ureigene Sache im Dienst an seinem Volk umtrieb. Ein Beispiel sei hier notiert:

Neue Besucher. Zur Abwechslung Abgesandte einer jüdischen Organisation. Sie brachten ihm eine schwere Bronzeplatte zu Ehren seiner Leistung für das Volk Israel. Diesmal waren seine Anweisungen präziser: Er teilte den Boten unmißverständlich mit, was sie ihm und mit der Plakette tun könnten. Doch die Konsternation der Gekränkten brachte den Geehrten sogleich wieder zur Besinnung. Sich entschuldigend, rief er einen seiner verärgerten Geldgeber, einen Mr. Levin, an und beglückwünschte

---

[68] Diese Angaben finden sich bei http://de.wikipedia.org/wiki/Der_Weg_der_Verheißung, S. 4. Die Zahlen bei Gottfried Reinharst weichen davon etwas ab, bestätigen aber die Differenz im Verhältnis von Ausgaben und Einnahmen, s. Der Liebhaber, S. 230.

ihn zum Erhalt der Plakette. Mit dem Geschmeichelten setzte er Ort und Zeit der feierlichen Übergabe fest sowie den Betrag des nun fälligen Schecks. Darauf nahm er Kontakt mit dem Chef der Organisation auf, die ihn mit der Plakette ausgezeichnet hatte, und erreichte, daß sie auf den Namen Levin umgeschmolzen wurde. Eine weitere Vorstellung war gerettet.[69]

Als selbst Weisgal kein Geld mehr auftreiben konnte, denn jeder dritte New Yorker gehörte zu seinen Gläubigern und jeder fünfte hatte eine Klage gegen ihn angestrengt, als also Weisgal ruiniert war, wurde von seinen Freunden, den Mitwirkenden, vielen Bekannten eine Benefizvorstellung veranlasst: Zu Gunsten von Meyer Weisgal, den man, obwohl gegen ihn prozessierend, nicht fallen lassen und sehen wollte. Diese letzte Vorstellung

endete mit einer Ovation. Weisgal wurde vor den Vorhang gerufen. Die Rufe, der Beifall, die Vorhänge nahmen kein Ende. Ein Inspizient brach-

---

[69] Der Liebhaber, S. 231. Ein weiteres köstliches Beispiel sei hier wenigstens in den Anmerkungen wiedergegeben: „Da gab es zum Beispiel Mr. Strelsin, einen reichen Hypochonder. Der, wenn er, was er oft tat, im Bett lag, Meyer fast jeden Wunsch zu erfüllen versprach. Doch kaum war er auf seinen zwei Beinen, was auch hie und da geschah, trat bei ihm regelmäßig Gedächtnisschwäche ein. Meyer formulierte es so: `Horizontal ist der Mann eine Million wert. Vertikal keinen Cent.´ Glücklicherweise wurde er in seinen waagerechten Phasen von auffallend schönen jungen Damen betreut, deren Ambitionen, in einer Broadway-Show aufzutreten, von Meyer leicht in klingende Münze umgesetzt werden konnte. Und Strelsin ließ sich dies auch etwas kosten. Andererseits traf Weisgal da auf Widerstand bei meinem Vater, der den attraktiven, aber durch die Bank talentlosen Geschöpfen die ohnehin überfüllte Bühne sperrte. Weisgal fand einen Ausweg: Männer und Frauen sind ja in einer orthodoxen Synagoge durch ein Gitter streng voneinander getrennt. Warum also nicht Strelsins Harem hinter diesem weithin undurchsichtigen Gitter unterbringen? Weisgals Antwort auf die erboste Frage, wo sich denn seine Schützlinge in der Premiere befunden hätten, befriedigte Strelsin nicht." - Der Liebhaber, S. 230.

te ein Telegramm auf die Bühne. Der Absender war sein Gläubiger und Prozeßgegner Max Reinhardt. Nach einem Tränenwasserfall schickte sich Weisgal an, das Telegramm zu verlesen, als – der letzte Haken – alle Lichter im Haus erloschen. Nur einer wußte, daß es sich nicht um einen Kurzschluß handelte: Weisgal. Das Elektrizitätswerk hatte lange genug gemahnt, geklagt, nun war es aus mit Geduld und Strom. Einer der Schauspieler auf der Bühne zündet ein Streichholz an, reichte es dem nächsten und dieser wieder dem nächsten, es wurde eine Kette von aufleuchtenden und weitergegebenen Flämmchen, bei deren Schein Weisgal dem mucksmäuschenstillen Theater folgendes mit erstickender Stimme vorlas:

MEIN LIEBER FREUD, DAS GROSSE WERK, DAS SIE UND ICH INS LEBEN RIEFEN, LIEGT NUN STARR UND STUMM AUF EINER DUNKLEN BUEHNE. ES IST IHNEN GELUNGEN, WENN AUCH NUR ZEITWEILIG, DEN TANZ UM DAS GOLDENE KALB ZU UNTERBRECHEN UND DIE GESETZESTAFELN ERNEUT ZU ERHEBEN. DOCH JETZT MUESSEN WIR UNS FUEGEN. DAS LICHT, DAS WIR ZUSAMMEN ANGEZUENDET HABEN IM MANHATTAN OPERA HOUSE, WIRD UNVERMINDERT IN DER GESCHICHTE DES THEATERS UND DES JUEDISCHEN VOLKES WEITERSCHEINEN. FREUNDSCHAFTLICH – MAX REINHARDT[70]

Schlussbemerkungen

Eine am 12. April 1937 angekündigte Tournee mit der `Eternal Road´ durch die USA und nach London konnte nicht realisiert werden – die rechtlichen Auseinandersetzungen und Prozesse, in die Produzenten und Beteiligte verwickelt waren, zogen sich bis 1942 hin. Das enorme Defizit der Produktion in der damals rekordverdächtigen Höhe von etwa

---

[70] Ebd. S. 231f.

500.000 Dollar und die Irrungen und Wirrungen bei der Vorbereitung führten dazu, dass sich kaum jemand mehr traute – über 60 Jahre lang - eine Neuinszenierung ins Auge zu fassen oder gar zu stemmen. Zu hoch wären Aufwand und Risiko gewesen. Hinzu kam gewiss, dass nach der Shoah und dem Grauen des Zweiten Weltkrieges eine andere Bewältigung der unfassbaren, aber doch zur Wirklichkeit geronnenen Verbrechen gegen die Menschlichkeit in Form und Inhalt sich aufdrängte als die Reproduktion der Produktion von 1937, die sich Auschwitz und damit den Blick in den höllischen Abgrund der Annihilation damals wohl nicht einmal vorzustellen in der Lage gewesen sein konnte.

Mittlerweile im geschichtlichen Abstand zum Holocaust können wir, ohne im geringsten die menschenvernichtende Terrorherrschaft des Nationalsozialismus zu verharmlosen, die Bedeutung auch der Werke und Schöpfungen wieder würdigen, die das Schicksal, die geschichtlichen Leidenserfahrungen des jüdischen Volkes, die Pogrome und Ausgrenzungen vor Auschwitz thematisierten und vor Augen führten. Wir können dann lernen, dass wir uns nicht immer erneut bannen lassen von der ach so unvollkommenen Welt, uns abfinden müssen mit Hunger und Elend, den Gewalt und Gewissenlosigkeit, Antijudaismus und Antisemitismus. Wir können dann erkennen, dass wir der Bibel, den Heiligen Hebräischen Schriften - des von uns so genannten Alten Testaments - Bilder und Vorstellungen, Hoffnungen und Ermutigung entnehmen dürfen, die über das Gegebene und von uns Erzeugte, über die Macht des Faktischen weit, weit hinausgehen und als eine uns vorangehende, antreibende und anziehende Vision leuchten – Vorschein eines noch utopischen Ortes, der auf dem `Weg der noch unabgegoltenen Verheißung´ im gloriosen Schlussbild aufglüht, eingehüllt, gezeichnet noch mit den Spuren der geschichtlichen Brände, vom göttlichen Segen.

Im Abstand von über 60 Jahren[71] und überzeugt von der Bedeutung des Bibeloratoriums wagte die Oper Chemnitz, den `Weg der Verheißung´ zum ersten Mal in der deutschen Originalfassung, wenn auch in einer verkürzten Version, am 13. Juni 1999 in Szene zu setzen; dies geschah in internationaler Kooperation anlässlich des hundertsten Geburtstages von Kurt Weill im Jahre 2000 – in Verbindung mit einer wissenschaftlichen Konferenz über ihn. Die Regie führte Michael Heinicke, die musikalische Leitung lag in den Händen von John Mauceri, das Bühnenbild wurde von David Sharir realisiert.

Nach zwölf Aufführungen in Chemnitz wurde Heinickes Inszenierung, für die Richard Weizsäcker die Schirmherrschaft übernommen hatte, auch in New York, Tel Aviv, Krakau und im Rahmen der Expo 2000 in Hannover gezeigt. Damit erfüllte man die Forderungen der Kurt Weill Foundation for Music in New York, der Lotte Lenya die Rechte an Weills Werken übertragen hatte.[72] Die Kritiken beurteilten die Produktion unterschiedlich, die Aufnahme war eher zwiespältig und verhalten, es war wohl eher so, dass die Regie unter den Möglichkeiten des Werkes geblieben, seine Potentiale nicht auszuschöpfen in der Lage gewesen ist.

Der erste Teil des Stückes, nämlich `Die Erzväter´ wurde im Jahre 2006 im Halberstädter Dom aufgeführt. Und Solisten, Chor und Orchester der Universität Bremen unternahmen es, während des Evangelischen Kirchentages in Bremen 2009, die beiden mittleren Teile `Mose´ und `Könige´ in konzertanter Form zu Gehör zu bringen, auch diese Darbietung dauerte bereits zwei Stunden. Und unter der Überschrift „Die Suche nach dem Messias – Erstmals in Europa: Im Anhaltischen Theater erklingt die neu erarbeitete Oratorienfassung des Bühnenwerkes `Der Weg

---

[71] Im Jahre 1998, am 26. Juli, muss es die Präsentation einiger Abschnitte des Bibeloratoriums in London, in der Albert Hall, (BBc Proms) gegeben haben, wie die Aufführungsliste bei Schott Music ausweist. (s. Anm. 61).
[72] http://de.wikipedia.org/wiki/Der_Weg_der_Verheißung, S. 5

der Verheißung'" berichtet die `Mitteldeutsche Zeitung´ von einer Aufführung am 28. Februar 2013 in Dessau – in einer von Ed Harsh besorgten und auf zwei Stunden verkürzten Version des Stückes, das mit langem und herzlichem Beifall aufgenommen wurde.

Die letzteren Vorstellungen haben zumindest dafür geworben, konzertante Vorführungen zu wagen, wenn denn schon heutzutage ein an die Maßstäbe der New Yorker Produktion heranreichendes Unternehmen selbst von großen Häusern nicht mehr bewerkstelligt werden kann. Vielleicht aber gibt es doch in nicht allzu ferner Zeit die Möglichkeit zu einem Kraftakt, vergleichbar jenem, dem es gelang, das lange Zeit als unspielbar geltende - und deswegen von seinem Autor „einem Marstheater zugedacht"[73] – Drama `Die letzten Tage der Menschheit´ von Karl Kraus grandios in und um einen Bunker aus dem Zweiten Weltkrieg in Bremen in Szene zu setzen.

Gewiss wollte Werfel mit seinem Schlussbild, dem `Zueinander-auf-dem-Weg´, dem kein `Von-einander-weg´ mehr entsprechen soll, Mut machen und auch durch die stärkend wirkende Verheißung zur Geduld rufen, zum Durchhalten in allem Leid trotz allen Leides, zum Ertragen der Last des Segens.[74]

Erinnert sei zum Abschluss noch einmal daran, dass Werfel sein Bibelspiel in einer *Zeitlosen Gemeinde* ansiedelt, die als solche – stellvertretend für die meisten jüdischen Gemeinden – in den verschiedenen Zeiten und Orten immer wieder Pogromen ausgesetzt gewesen ist und zu der Zeit des Exils von Werfel, Weill, Weisgal und Reinhardt auf altneue

---

[73] Karl Kraus, Die letzten Tage der Menschheit. Tragödie in fünf Akten und Epilog (Ausgewählte Werke Bd. 5,1), Berlin 1978, S. 5

[74] Zur Bedeutung und Ausdeutung des Motivs `Segen als Last´ ist nachdrücklich die Lektüre des dramatischen Gedichts `Jaákobs Traum´ von Richard Beer-Hofmann empfohlen; dazu ausführlich auch in diesem Band mein Aufsatz zu diesem Werk von Beer-Hofmann.

Weise im Nazideutschland ausgesetzt war und zur Auswanderung gezwungen und vertrieben wurde – wie es in der Schlussszene anschaulich wird. Wir werden Werfel nicht missverstehen, wenn wir zu dem Schluss kommen, dass er durch die Kategorie der Zeitlosigkeit das Leiden und die Verfolgung der Juden und ihrer Gemeinden gleichsam in den geschichtlichen Leib des Volkes als konstitutiven Indikativ eingezeichnet hat.

So ließe sich `Der Weg der Verheißung´ auch begreifen als eine erinnernde Fortschreibung einiger Sätze des berühmtesten Rabbiners der Prager Geschichte, Rabbi Jehuda ben Bezalel Löw, besser bekannt unter dem Namen Rabbi Löw, der in den Legenden als Schöpfer des Golem vorgestellt wird, obwohl er damit nicht das Geringste zu tun hat. Der `Hohe Rabbi Löw´, auch der Erhabene Maharal genannt, geboren um 1520 in Posen und verstorben 1609 in Prag – dessen Grabmal auf dem alten Prager Judenfriedhof allen Besuchern als wichtigstes gezeigt wird -, war nicht nur der für die jüdische Bevölkerung in Böhmen und Prag beste Vermittler ihrer Angelegenheiten gegenüber Kaiser Rudolph II., der in Prag bis zu seinem Tod 1612 regierte, sondern Rabbi Löw war zugleich scharfsinniger Denker in der orthodoxen Tradition, der in seinen Schriften kaum zur Mystik und Schwärmerei neigte, vielmehr zu einer eigenständigen Verbindung von Exegese, Ethik und Religionsphilosophie. Zu seinen Schriften gehören Kommentare zum biblischen `Buch Esther´, zu den `Sprüchen der Väter´ (Pirkej awot) und zu manchen Geschichten des Talmuds. In seinem 1599 erschienenen Buch `Israels Bestand´ (Nezach Jisrael) geht es Rabbi Löw vor allem darum, seinen jüdischen Zeitgenossen, die mit der bangen Frage leben mussten, ob denn die Verfolgungen und Übergriffe niemals aufhören würden, Trost zu vermitteln und sie in ihren messianischen Hoffnungen zu bestärken. So schreibt er,
obwohl das jüdische Volk oft nahe am Verschwinden zu sein scheint, kann es doch nie soweit kommen, daß es durch die Verfolgungen, die es zu ertragen hat, tatsächlich zugrunde geht. Denn deshalb werden sie

(die Juden) mit dem Staub der Erde verglichen (Genesis 28,14), weil der Staub der Erde das denkbar Niedrigste ist, auf das alles tritt, aber doch länger Bestand hat als alles andere, ja sogar imstande ist, Eisen aufzureiben. Ebenso werden die Verfolgungen und Leiden, die über Israel kommen, es nicht nur nicht zugrunde richten, sondern geradezu seinen Bestand sichern, genau wie (um ein anderes Gleichnis zu gebrauchen) das Gold im Feuer von Schlacken gereinigt wird, so daß seine Verbrennung identisch ist mit seiner Erhaltung.[75]

Im gleichen Kontext dieses 14. Kapitels führt Rabbi Löw weiter aus, dass die Erwählung Israels aus allen Völkern keineswegs einer moralischen Überlegenheit gegenüber allen anderen Völkern geschuldet sei. Deshalb sei auch gewiss, dass die Erwählung und die damit intimst gekoppelte große messianische Verheißung selbst bei aller Schuld und Verfehlung des jüdischen Volkes, bei aller Untreue Gott gegenüber, ihre Gültigkeit behalten auf dem `Weg der Verheißung`.

---

[75] Rabbi Jehuda ben Bezalel Löw, Nezach Jisrael, zit. in: Kindlers Neues Literatur Lexikon, hrsg. von Walter Jens, Band 10, 1988/1998, S. 538.

„Der kleine und der große Bruder"
Drei Erzählungen zu `Kain und Abel´ von Peter Schneider, Michael Schneider und Alfred Neumann

Monika Schwinge

Die Geschichte von Kain und Abel gehört zu den bekanntesten biblischen Geschichten. Immer wieder haben Schriftsteller im Laufe der Jahrhunderte bis in die Gegenwart hinein das Motiv der Bruderrivalität und des Brudermordes aufgenommen und in Gedichten, Erzählungen und Romanen behandelt.

Kain und Abel sind keine historischen Figuren; sie sind nicht fixierbar auf einen historischen Zeitpunkt oder einen geographischen Raum. Kain und Abel sind Prototypen für Menschen überall und zu jeder Zeit. Es geht daher in der biblischen Erzählung von Kain und Abel und in allen darauf fußenden Erzählungen darum, dem Phänomen und Rätsel des Bruderzwistes und des Brudermordes nachzugehen und auf den Grund zu gehen.

Ich werde im Folgenden so vorgehen, dass ich zunächst eine Interpretation der biblischen Geschichte mit all den Fragen, die sie aufwirft, gebe und danach die drei literarischen Neugestaltungen aus dem 20. Jh. Vorstelle: Die Erzählung von Peter Schneider „Der kleine und der große Bruder", die Novelle „Das Spiegelkabinett" von Michael Schneider und die Erzählung von Alfred Neumann „Viele heißen Kain".

Die biblische Geschichte (1. Buch Mose/Genesis 4, 1-12)[1]

Die Geschichte von Kain und Abel steht im Zusammenhang der Urgeschichte (Gen 1-11), also der Geschichte, die von der Schöpfung, dem Sündenfall, der Sintflut und dem Turmbau zu Babel erzählt. Alle diese Erzählungen sind keine historischen Geschichten und erheben auch nicht den Anspruch, das zu sein. Sie sind Mythen, Sagen, mit Hilfe derer menschliche Grunderfahrungen im Licht des Glaubens an Gott dargestellt und gedeutet werden.

Gemeinhin herrscht ein gewisses Misstrauen gegenüber Mythen und Sagen. Man hält sie für ein reines Produkt menschlicher Phantasie und stellt deshalb ihre Wahrheit in Frage. In der Tat, der Mythos ist das Ergebnis einer anderen Geistesbeschaffenheit als die Historie. In dem Mythos, der Sage, versuchen die Menschen aller Zeiten, auf die Grunderfahrungen, die sie in der Wirklichkeit machen, erzählend einzugehen und diese zu deuten.

Geschichten von der Schöpfung, von der großen Flut, von dem wachsenden Bösen unter den Menschen gibt es in allen Kulturen. Man geht davon aus, dass diese Mythen schon lange vor ihrer Niederschrift im Umlauf waren und mündlich weitergegeben wurden.

Die in Kapitel 2 -11 des 1. Buches Mose überlieferten biblischen Geschichten, also von der Paradiesgeschichte an bis zu derjenigen vom Turmbau zu Babel , sind, so nimmt man heute an, im 8. Jh. von einem Verfasser, welcher der Jahwist genannt wird, zusammengefügt und niedergeschrieben worden. Die Erzählung im ersten Kapitel von der Schöpfung der Welt in sieben Tagen hingegen ist zeitlich sehr viel später, im 6. Jh. v. Chr., anzusetzen und ist von Priestern verfasst worden. In den Geschichten vom Paradies, dem Sündenfall, von Kain und Abel, der

---

[1] Im Folgenden beziehe ich mich auf Gerhard v. Rad, Das erste Buch Mose. Genesis. Übersetzt und erklärt. Das Alte Testament Deutsch, Teilband2/4, 9. Aufl., Göttingen 1972; Claus Westermann, Genesis 1 – 11, Darmstadt 1976; Jan Chr. Gertz, Tora und Vordere Propheten, in: Ders. (Hrsg.), Grundinformation Altes Testament, Göttingen 2010

Sintflut und dem Turmbau zu Babel geht es dem Jahwisten darum, auf der Grundlage des Glaubens an den Gott, der als Helfer und Befreier des Volkes Israel erfahren wurde, in bildhafter, erzählender Darstellung der Frage nachzugehen: Wie konnte in einer von Gott gut gewollten Schöpfung das Böse Raum gewinnen und immer weiter anwachsen? Zugleich kommt es dem Jahwisten in diesen Geschichten darauf an, das Vertrauen auf Gottes bewahrendes und erhaltendes Handeln zum Ausdruck zu bringen.

Die Geschichte von Kain und Abel (Kap. 4) steht in einem engen Zusammenhang mit der Sündenfallgeschichte (Kap. 3). In der Sündenfallgeschichte wird am Beispiel Adams und Evas bildhaft dargestellt, wie sich das Misstrauen Raum schafft: nämlich als Misstrauen gegenüber Gott. Der Mensch, so wird erzählt, misstraut Gott und seinem Gebot; er will alleine und frei entscheiden über das, was für ihn gut ist. Dieses Misstrauen hat zur Folge, dass auch das Vertrauen der Menschen zueinander und zur Welt einen Riss bekommt. Aber Gott lässt seine Menschen nicht fallen, auch wenn die Menschen die Folgen des Misstrauens tragen müssen und mit Mühsal, Leiden und Tod leben müssen. Wie sehr die Gemeinschaft von Menschen untereinander durch das Misstrauen gestört wird, wird in der Geschichte von Kain und Abel zur Sprache gebracht.

In wenigen, geradezu dürren Sätzen am Anfang der Geschichte wird bereits Wesentliches gesagt: „Und Adam erkannte sein Weib Eva, und sie ward schwanger und gebar den Kain und sprach: `Ich habe einen Mann gewonnen mit Hilfe des Herrn´. Danach gebar sie Abel, seinen Bruder. Und Abel wurde ein Schäfer, Kain aber wurde ein Ackermann" (Gen 4,1f). Die Namensgebung besagt viel. Der Name Kain bedeutet Lanze, und der Ausruf Evas ist eine Umschreibung dessen. Abel heißt übersetzt „Hauch, Nichts". Der Erstgeborene, das zeigt sich schon hier, steht im Licht, der Zweitgeborene im Schatten. Dies wird weiter deutlich an den Berufen beider: Kain wird Ackerbauer, er lebt als Erstgeborener mit der Aussicht auf das Erbe. Abel wird ein Hirte, hat einen Beruf, der nicht das gleiche Ansehen hat wie der des Ackerbauern.

Beide sind also von früh an ungleiche Geschwister. Damit verweist der Erzähler auf ein durchgehend menschliches Phänomen: Geschwister wachsen auf in ungleicher Familiensituation, mit ungleichen Entwicklungen, Fähigkeiten und Begabungen. Und dies wirkt sich immer auch auf die Beziehungen zwischen ihnen aus. Mag die Liebe der Eltern ihnen auch in gleicher Weise gelten, aufgrund ungleicher Entwicklungen, ungleicher Verhältnisse und Erfolge stellt sich unter Geschwistern leicht das Gefühl ein, benachteiligt zu sein, weniger angesehen zu sein als der Bruder oder die Schwester und damit weniger wertvoll zu sein.

Von der Beziehung der beiden Geschwister wird in der Geschichte allerdings nichts entfaltet, also nichts davon, ob Abel auf den Erstgeborenen neidisch war, nichts davon, ob Kain selbst immer die herausgehobene Rolle suchte und es nicht ertragen konnte, wenn Abel einmal im Licht stand. Aber das, was sich dann später zwischen den Brüdern ereignet, zeigt, dass Rivalität in der Beziehung der Brüder verwurzelt ist.

Eines Tages, so wird erzählt, bringen Kain, der Ackerbauer, und Abel, der Hirte, Gott Opfer dar: Kain die Früchte des Feldes, Abel Erstlinge seiner Herde. „Und der Herr", so heißt es, „sah gnädig an Abel und sein Opfer, aber Kain und sein Opfer sah er nicht gnädig an. Da ergrimmte Kain sehr und senkte finster seinen Blick" (Gen 4,4f). Die Frage stellt sich: Warum, nach der Erzählung des Jahwisten, diese Entscheidung Gottes? Ist Gott nicht der eigentlich Schuldige an dem Bruderkonflikt? Eine Antwort in der Auslegungsgeschichte war: Gottes Entscheidung hat ihren Grund in einer bösen Gesinnung Kains, ist also als Strafe Gottes anzusehen. Davon wird aber im Text nichts gesagt. Eine andere Erklärung war: Der Jahwist verweist darauf, daß Gottes Handeln für den Menschen unerklärlich ist. Gott kann in seiner Allmacht tun, was ihm gefällt. Auch wenn wir Gottes Handeln nicht verstehen, gilt es, sich mit dem dunklen Gott abzufinden und sich ihm zu fügen.

Letztlich bleiben, weil es im Text keine deutliche Begründung gibt, alle Deutungen und Erklärungen für Gottes Handeln vage. Gleichwohl stelle ich Ihnen doch noch eine Deutung vor, die einer meiner theologischen Lehrer, Hartmut Gese aus Tübingen, in einer Vorlesung über die Urgeschichte gegeben hat und die für mich erhellend war und noch ist: Wenn in der Frühzeit Opfer wie die, von denen in unserer Geschichte erzählt wird, gebracht wurden, dann sollten diese Opfer den Ertrag der Arbeit für ein Jahr sichern. Wenn es nun in der Geschichte auf das Opfer der beiden Brüder hin heißt: „Der Herr sah gnädig an Abel und sein Opfer, aber Kain und sein Opfer sah er nicht gnädig an", dann bedeutet das nicht, dass Gott dem Kain böse gesonnen ist und ihn für etwas bestraft. Es bedeutet vielmehr, dass Abels Arbeit in diesem Jahr der Erfolg zugesprochen wird. Die Frage stellt sich aber auch hier: Warum?

Schon aus den ersten Sätzen der Geschichte, so sahen wir, geht hervor, dass Kain von Anfang an der Erfolgsmensch ist. Und nun lässt sich im Blick auf viele Geschichten des Alten Testaments sagen: Gottes Fürsorge gilt in besonderer Weise denen, die Mangel haben, die im Schatten stehen. Wenn von Gerechtigkeit Gottes im Alten Testament gesprochen wird, dann sehr oft in dem Sinn, daß diejenigen Zuwendung und Hilfe erfahren, die Mangel leiden und die im Hintergrund stehen. Im Blick auf unsere Geschichte bedeutet das: Gott hat auch ein Auge für Abel, ihm liegt auch an dem Erfolg des Erfolglosen.

Dies aber, so der Fortgang der Geschichte, kann Kain nicht ertragen. Er kann es nicht verkraften, dass er dieses Mal nicht der Erfolgreiche ist. Und der Jahwist beschreibt erzählend, wie es ist, wenn Neid und Zorn einen Menschen besetzen. Kain wird rot vor Zorn, senkt seinen Blick, d.h. er kann niemanden mehr angucken; denn seine Augen, sein Gesicht würden verraten, dass Hass sich seiner bemächtigt hat. Gott aber, davon ist der Jahwist überzeugt, und er bringt es erzählend zur Sprache, sieht, was sich zusammenbraut. Mit der Sorge und Fürsorge eines Vaters geht er Kain nach und wendet sich ihm zu. Dadurch wird auch deutlich, dass er nicht willkürlich Böses ersinnend mit Kain umgeht. Gott warnt Kain:

81

„Warum ergrimmst du? Und warum senkst du deinen Blick? Ist's nicht also? Wenn du fromm bist, so kannst du frei den Blick erheben. Bist du aber nicht fromm, so lauert die Sünde vor der Tür, und nach dir hat sie Verlangen; du aber herrsche über sie" (Gen 4,6f.). Kain aber spricht zu seinem Bruder Abel: „Lass uns aufs Feld gehen" (Gen 4,8). Er also flieht vor Gott und der Wahrheit und schlägt seinen Bruder tot.
So weit kommt es nicht immer im Bruderzwist, wie wir nachher in den drei modernen Erzählungen auch sehen werden. Aber das zornige Erröten, der gesenkte Blick, die bösen Gedanken, die dem anderen das Gute nicht gönnen, die versteckten und offenen Versuche, dem Rivalen eins auszuwischen, sind Schritte auf dem Weg zum möglichen Töten am Ende.

Allein, so die Geschichte, auch da, wo das schlimme Ende gekommen ist, ist Gott noch nicht am Ende. Wie in der Sündenfallgeschichte Gott Adam ruft, der schuldig geworden ist und sich versteckt hat, so ruft er auch Kain: „ Kain, wo ist dein Bruder Abel?" (Gen 4,9). Dieses Rufen Gottes hört, so wie der Neid der Menschen, nicht auf. Kain antwortet auf die Gottesfrage mit Versteckspiel, Lüge und Ironie: „Ich weiß nicht; soll ich meines Bruders Hüter sein?" Antworten aber, mit denen sich Kain, ebenso wie andere auch immer wieder, der Verantwortung entziehen wollen, lässt Gott nicht gelten: „Kain, was hast du getan? Die Stimme deines Bruders schreit zu mir von der Erde" (Gen 4,10). Die Leiden der Opfer gehen bei Gott nicht verloren. Deshalb wird Kain zur Verantwortung gezogen, er muss die Folgen seines Tuns auch ertragen: „Unstet und flüchtig sollst du auf Erden sein," vernimmt er (Gen 4,12). Doch dabei allein bleibt es nicht: Gott, so erzählt die Geschichte weiter, gibt Kain nicht verloren. Was nach dem Recht zur Zeit des Jahwisten auf Mord folgte, war wieder Mord, das aber, so der Jahwist, ist nicht im Sinne Gottes. Im Sinne Gottes ist es stattdessen, dass dem Zerstörerischen ohne Ende gewehrt und auch dem Schuldigen weiter Leben ermöglicht wird. Und so wird Kain vor der Ermordung durch einen anderen mit dem Kainszeichen auf der Stirn geschützt. Dieses ist Zeichen von Kains Schuld und zugleich Zeichen des göttlichen Erbarmens und der göttlichen Bewahrung. Es macht deutlich: Es gibt nach Gottes Willen Gericht nicht ohne Gnade.

Notiz zu den Brüdern Peter und Michael Schneider
Alles, was in der biblischen Kain- und Abelgeschichte thematisiert wird, kommt auch in den drei modernen Neugestaltungen zur Sprache. Viele indirekte und direkte Bezüge dazu gibt es, auch wenn in diesen Erzählungen der Glaube an Gott keine Rolle spielt.
Peter und Michael Schneider, selbst Brüder, haben beide das Kain- und Abelthema zum Gegenstand einer Erzählung gemacht. In beiden Erzählungen geht es um die Konkurrenz zweier Brüder in der Kunst des Zauberns. Ob es eigene Brudererfahrungen sind, die sie bewegen, das Kain- und Abelthema literarisch zu bearbeiten?
Bevor ich auf die beiden Erzählungen eingehe, ein paar biographische Daten zu Peter und Michael Schneider. Sie sind Söhne eines Dirigenten und Komponisten, Peter ist 1940, Michael 1943 geboren. Mit Kriegsende floh die Familie aus Königsberg zunächst nach Bayern; ab 1950 lebte sie in Freiburg. Peter studierte nach dem Abitur 1959 Germanistik, Geschichte und Philosophie, Michael studierte zunächst Naturwissenschaften, brach dann aber dieses Studium ab und studierte ab 1968 in Berlin Philosophie, Soziologie und Religionswissenschaften. Beide engagierten sich in der 68iger Studentenbewegung. Beide gingen später auf Distanz dazu. Peter baute sich eine Existenz als freier Schriftsteller auf mit Erzählungen, Romanen, Essays. Michael war kurz Lektor im Wagenbachverlag, danach Dramaturg am Hessischen Staatstheater in Wiesbaden, von 1991 an war er Dozent an der Filmakademie Baden - Württemberg. Wie sein Bruder ist er Verfasser von Essays und Erzählungen. Beide spielen noch heute im Literaturbetrieb eine Rolle.

„Der große und der kleine Bruder" von Peter Schneider[2]

Die Erzählung von Peter Schneider „Der große und der kleine Bruder" besteht aus einer Rede, die der ältere Bruder Antonio Tarquini, so sein Künstlername, vor Gericht hält. Sein Bruder Carlo Tarquini, so der Bruder, ist angeklagt, ihn fahrlässig verletzt zu haben. Er hat bei einer Zaubervorführung des älteren Bruders mit dem Kugelfang gegen eine abgemachte Regel verstoßen und eine Kugel nicht frontal, sondern von hinten auf seinen Bruder abgefeuert im Glauben, dieser arbeite mit Tricks bei dem Abfang der Kugel mit den eigenen Zähnen. Er aber, Antonio, so stellt er gleich zu Anfang heraus, setzt seine ganze Berufsehre ein, ohne Tricks zu arbeiten, allein mit Geschicklichkeit, und er konnte deshalb die von hinten abgefeuerte Kugel nicht mit den Zähnen abfangen. Er wurde schwer verletzt. Antonio sagt gleich zu Beginn mit Bezugnahme auf die Kain- und Abelgeschichte: „Was mich an jenem Tag fast das Leben gekostet hat, ist der alte Zwist zwischen meinem Bruder und mir".[3] Im weiteren Verlauf seiner Rede erzählt dann Antonio die Geschichte des Zwistes von ihrem Anfang an, als Carlo, der Jüngere, so wie er, der Ältere auch, zu zaubern anfing. Der Vater, selbst Künstler und Seiltänzer, förderte vor allem die Zauberkunst des Älteren, weil er ihn für den Begabteren hielt. Beim Zaubern war der Jüngere immer nur der Assistent des Älteren. Carlo litt darunter, kopierte mehr und mehr den älteren Bruder. Nach außen, so drückt es der ältere Antonio aus, erscheinen sie als einander liebende Brüder, aber, und damit zitiert Antonio eine spätere Aussage von Carlo, es sei verschluckter Hass mit Zärtlichkeit verwechselt worden.

---

[2] Peter Schneider, Der kleine und der große Bruder, in: Ders., Die Wette. Erzählungen, Berlin 1978, S. 77-97. Vgl. zu den Erzählungen von Peter und Michael Schneider die Hinweise bei: Magda Motté, „Brudermord als abendländische Tradition". Kain und Abel – Urmuster zwischenmenschlicher Konflikte, in: Heinrich Schmidinger (Hrsg.), Die Bibel in der deutschsprachigen Literatur des 20. Jahrhunderts, Bd. 2, Mainz 1999, S. 64-79, hier: S. 77-78
[3] Peter Schneider, S. 78 (S. Anm. 2)

Ihm, dem Älteren, so erzählt Antonio, lag in seiner Entwicklung immer mehr daran, ohne Tricks zu arbeiten und sich als echten Zauberer zu zeigen. In seinen Vorführungen arbeitete er besonders mit dem Beherrschen von Bällen ohne Tricks, auf seine magischen Fähigkeiten vertrauend. Im Gegensatz dazu stellte der Bruder Carlo in seinen Vorführungen heraus, dass es Zaubern und Wunder tun ohne Tricks nicht gebe, selbst Jesus Christus sei kein echter Wundertäter gewesen. Mehr oder weniger versteckt griff er damit immer seinen Bruder an. Schließlich führte Carlo auch das Kunststück mit den Bällen aus, allerdings mit der Behauptung, auch dieses beruhe auf Tricks. Der Ältere, zutiefst betroffen, verlegte sich nun auf den Kugelfang, also auf das Abfangen einer abgeschossenen Kugel mit den Zähnen. Bis dahin beruhte auch der Kugelfang auf einer Vertauschungsoperation, sei es der Waffe oder der Kugel. Antonio aber schaffte es ohne Trick. Und dann kam die Veranstaltung, auf die schon zu Beginn der Rede Antonios hingewiesen wurde: Bei jeder Veranstaltung dürfen sich Menschen aus dem Publikum um den Schuss auf Antonio bewerben, und das Publikum entscheidet durch Abstimmung, wer den Schuss abfeuern darf. An diesem Abend war unter dem Publikum Carlo, der Jüngere, der ebenfalls bekannte Zauberer. Das Publikum wählte ihn zum Schützen. Antonio deutet das so: „Sie trauten offenbar gerade meinem Bruder zu, mich entweder vor aller Augen zu entlarven, oder noch besser, mich endgültig zu treffen. Die Zuschauer, kein Zweifel, wollten Blut sehen."[4]

Gesellschaftliche Wünsche und Emotionen heizen also den Bruderzwist an; auch das finden wir bei Michael Schneider wieder. Antonio unterstellt dem Bruder keine Mordabsichten, ist vielmehr davon überzeugt, der Bruder habe das Publikum lediglich darüber aufklären wollen, dass auch der Bruder mit Tricks arbeite. Bevor der Schuss ausgeführt wurde, wurde eine nicht splitternde Glasscheibe zwischen Antonio und dem Schützen aufgestellt, die später den Durchschuss erweisen sollte. Antonio ließ sich an einem Pfahl hinter der Glasscheibe festbinden. Er sah,

---

[4] Ebd. S. 96

wie die Hand des Bruders beim Anlegen zitterte und zögerte, und er forderte den zögernden Bruder auf zu schießen. Statt nun frontal, wie es die Regel war, zu schießen, schoss Carlo von der Rückseite auf Antonio, um zu demonstrieren, dass Antonio entweder schon eine Kugel zwischen den Zähnen versteckt halte oder im Revolver eine Platzpatrone stecke. Als der Schuss losging, konnte zwar Antonio den Kopf noch drehen, aber er konnte die Kugel nicht rechtzeitig sehen. So erwischte er sie nicht mit seinen metallisch verstärkten Zähnen, sondern mit dem Kieferknochen und wurde schwer verletzt. „Wider Willen", sagt Antonio, „hat mein Bruder so endgültig bewiesen, daß ich ohne Trick arbeite".[5] Aber Antonio kann seine Kunststücke wegen seiner Verletzung nicht weiter ausüben. So hat der Jüngere, sagt Antonio, erreicht, dass er als einziger aktiver Tarquini übriggeblieben ist. Der letzte Satz Antonios an die Vertreter des Gerichts aber ist: „ Der wahre Zauberer bin ich."[6] Am Ende der Erzählung steht der unlösbare Konflikt der Brüder, der in der Konkurrenz der Brüder begründet ist, in den Erfahrungen von Überlegenheit und Unterlegenheit und in der beiderseitigen Demonstration von Überlegenheit.

„Das Spiegelkabinett" von Michael Schneider[7]
In Michael Schneiders Novelle „Das Spiegelkabinett" liegt, ich sagte es bereits, der Kern des Bruderzwistes ebenfalls im gleichen Beruf der Zauberkunst und im Werben um die Gunst des Publikums. Die Erzählstruktur in Michaels Novelle ist um einiges komplizierter als in der Erzählung seines Bruders, ist angereichert mit psychologischen, gesellschaftspolitischen und religiösen Deutungen im Blick auf das Verhältnis der Brüder. Wie sein Bruder Peter legt auch Michael seine Geschichte

---

[5] Ebd. S. 97
[6] Ebd.
[7] Michael Schneider, Das Spiegelkabinett, Novelle, München, 2. Aufl. 1985

der Brüder einem Erzähler in den Mund, und zwar dem Präsidenten des magischen Zirkels, einem Verband von Zauberern und Artisten.

In den beiden ersten Kapiteln stellt der Präsident den älteren Bruder Alfredo Cambiani als den größten Zauberkünstler des Landes dar und erzählt von seinem Wirken. Alfredo beherrscht, so der Präsident, nicht nur die Zauberkünste über alle Maßen, sondern ist Zeuge von übernatürlichen, wunderbaren Kräften. Sein Kabinett ist ganz mit Spiegelglas ausgeschlagen. Die Spiegel dienen ihm dazu, seine Bühnenwirkung als Zauberkünstler zu testen und schaffen ihm dazu das Vergnügen, „sich in der geradezu unendlichen und doch stets vertrauten Gesellschaft seiner selbst zu bewegen"[8]: Nach den Vorführungen seiner Kunststücke verfiel allerdings Alfredo immer in ein Tief. Er litt, so der erzählende Präsident, an etwas, und die Vermutung des Präsidenten ist: „Er litt darunter, daß er zwar virtuose Kunststücke vollbrachte, aber keine echten Wunder".[9] Weil das Volk echte Wunder wollte, wird Alfredo von der wahnwitzigen Idee getrieben, sich durch ein einzigartiges, ein wahrhaft biblisches Wunder, „das keiner enträtseln, keiner nachmachen konnte",[10] uneingeschränkte Autorität zu sichern. Eines Tages gibt er das größte Zeugnis seiner übermenschlichen Zauberkunst: Er lässt sich auf offener Bühne in einem schwarzen Sargkasten sozusagen beerdigen, der Deckel wird geschlossen. Dann ganz kurz danach springt der Sargdeckel wieder auf: Der Sarg ist leer. „`Es ist vollbracht!´ ertönt im selben Moment eine laute Stimme von hinten. Allesfährt herum: Alfredo Cambiani steht, die ausgestreckte Rechte wie zum Gruß oder zum Segen erhoben, im purpurnen Mantel, auf dem Haupt einen Zylinder mit goldenem Hutband, der wie ein Heiligenschein wirkt, in der Kaiserloge, die etwa dreißig Meter von der Bühne entfernt ist. (…) Nun kennen die Leute kein Halten mehr: Sie rasen, brüllen, toben, trampeln mit den Füßen, bis sich der Jubel schließlich in einer nicht mehr abreißenden Salve von heil-Rufen

---

[8] Ebd. S. 7
[9] Ebd. S. 8
[10] Ebd. S. 44

Bahn bricht: 'Heil Cambiani! Heil! Heil! Heil!'".[11] Er wird als zweiter Christus angesehen, seine Weltkarriere ist besiegelt. Dann aber an einem Abend, als wieder eine große Veranstaltung mit dem wahrhaften Wunder angesagt war, wird dem Publikum im Stadion mitgeteilt, Cambiani habe einen Schwindelanfall erlitten und befinde sich im Sanatorium. Eine Zeit lang war danach nichts mehr von ihm zu sehen und zu hören. Einige Monate nach diesem Ereignis, so der erzählende Präsident im 3. Kapitel, erscheint der bis dahin dem Präsidenten unbekannte jüngere Bruder Marco Cambiani bei ihm und bittet, ihn als Zauberer in den magischen Zirkel aufzunehmen. Marco erzählt nun dem Präsidenten seine eigene, folgende Geschichte: Seit dem frühen Tod seiner Mutter steht er im Schatten des älteren Bruders und sehnt sich danach, so wie dieser im Licht zu stehen und bewundert zu werden. In Abhängigkeit von seinem älteren Bruder Alfredo lässt er sich von diesem für das Auferstehungswunder in Dienst nehmen. Er verwandelt sich in das Abziehbild, das Double des Bruders und ermöglicht so, dass das Wunder klappen kann. Außerhalb der Vorstellungen tarnt er sich mit einer Hornbrille und arbeitet als schlichter Bühnenarbeiter. Mehr und mehr erlebt er, dass er selbst zu einem Nichts wird, bekommt enorme Sprachschwierigkeiten, sein Hass auf den Bruder und auf sich selbst wächst. Eines Tages entwendet er aus dem Künstlerzimmer des Bruders dessen Zauberkasten und fängt im geheimen an, selbst auch zu zaubern. Schließlich bittet er den Bruder, bei dem Auferstehungswunder wenigstens einmal statt des Bruders als der Auferstandene einen Auftritt vor dem Publikum zu haben. Alfredo verneint das, ihn verhöhnend, er, Marco sei und bleibe nichts als das Double: „Der eine hat's, der andere hat's eben nicht", so sagt er. Marco, so erzählt er dem Präsidenten, war kurz davor, so wie Kain damals Abel, seinen Bruder zu erschlagen. Nach dieser Auseinandersetzung schafft Marco die Loslösung von seinem Bruder. Er reist überraschend ab an dem Tag, als abends wieder einmal die Wunderaufführung stattfinden sollte, und dann die Vorführung abgesagt werden musste. Marco kommt

---

[11] Ebd., S. 43f

als Zauberkünstler in einem Wanderzirkus unter und zaubert anders als sein Bruder, indem er das Publikum über die dabei angewandten Tricks aufklärt, selbst Fehler und Pannen zugibt, sich und seine Kunst als menschlich darstellt. Er hat Erfolg damit, sein Selbstvertrauen wächst. Er nennt sich „Marco Cambiani - Zauberer von Menschen Gnaden"[12] im Gegensatz zu Alfredo, der sich als Alter Christus versteht.

Auf diese seine Erzählung hin wird Marco wird in den Zirkel aufgenommen, Alfredo hört davon, verlässt das Sanatorium und kehrt in die Stadt zurück. Überaus zornig erscheint er bei dem Präsidenten, klagt den Bruder als Verräter an. Der Präsident sagt: Nicht Marco ist schuld, sondern er, Alfredo und sein kokettes Spiel mit der Allmächtigkeit Gottes. Er rät, die Brüder sollten doch ihr Talent brüderlich teilen. Alfredo, so heißt es, reagiert zu Tode erschrocken, dann stößt er keuchend hervor: „ Es gibt nur einen Cambiani, entweder er oder ich"[13], und stürmt aus dem Zimmer des Präsidenten.

Einige Wochen später erscheint Alfredo wieder bei dem Präsidenten, will die Zauberei ganz aufgeben und aus dem Zirkel ausscheiden. Und so wie Marco vorher erzählt nun er aus seiner Perspektive seine Geschichte, legt eine Art Beichte ab: Entscheidend war für ihn der frühe Tod seiner Mutter. Er fühlte sich wegen einer Auseinandersetzung mit ihr schuldig daran. Die Zauberei allein gab ihm ein Gefühl der Allmacht, das ihn seine Schuld verdrängen ließ. Mit seiner Kunst wurde er zum Abgott seiner Familie und der Menschen. So sehr er dies genoss, so verzweifelt war er in seinem Innern. Im Grunde suchte er nach der verlorenen Liebe. Nach der Beichte sagte ihm der Präsident: Es komme für sie beide darauf an, das Kunststück zu vollbringen, sich wie Brüder zu verhalten. Nur so könne die Tilgung der entsetzlichen Feindschaft von Kain und Abel gelingen. Nach langer Weigerung beider wird schließlich eine Doppelvorführung der Brüder geplant: Sie sollten aufeinander treffen und sich versöhnen, „ein Geschichtszeichen sozusagen, das den Anbruch

---

[12] Ebd., S. 109
[13] Ebd., S. 127

einer neuen Epoche signalisieren sollte, in der die entsetzliche Erbschaft von Kain und Abel aus den menschlichen Beziehungen endlich getilgt ist."[14] Die Brüder erleben: Zu dieser groß angekündigten Doppelveranstaltung erscheint das Publikum nicht. Sie sind mit sich allein, fallen sich schließlich in die Arme, wollen Verzeihen und Versöhnen. Die „*wahren Wunder*", so heißt es, „pflegen im Verborgenen zu geschehen."[15] Während sie miteinander sprechen, merkt Marco plötzlich, dass sie auf dem schwarzen Sargkasten, der bei der Wunderaufführung Alfredos eine große Rolle gespielt hatte, sitzen. Er glaubt, der Bruder habe dies inszeniert; der Kampf ist wieder da. Alfredo rast wie wahnsinnig mit dem Kasten weg auf die Straße und deckt dort vor den Passanten die Wahrheit seiner Zauberkunst, auch des Auferstehungswunders, auf, demaskiert sich selbst, seinen Bruder und das Publikum gleichermaßen. Das Volk glaubt, ein Wahnsinniger gebe sich hier als Alfredo aus; die Polizei kommt, nimmt ihn als Möchtegern Cambiani fest. Bis in den Wahnsinn hinein also bleibt Alfredo in sich selbst gefangen. Marco steht unter den Passanten und rührt sich nicht. Der über lange Zeit durch Rivalität und Hass angewachsene Konflikt, so das Ende der Erzählung, erscheint unauflösbar.

„Viele heißen Kain" von Alfred Neumann[16]

Alfred Neumann war Jude. Er wurde 1895 geboren und verbrachte seine Jugend in Berlin, Rostock und der deutschsprachigen Schweiz. Er studierte Kunstgeschichte, promovierte darin, war Dramaturg und freier Schriftsteller. 1933 emigrierte er zunächst nach Italien und Südfrankreich, dann 1941 in die USA. 1949 kehrte er nach Europa zurück, wohnte in Florenz und starb 1952, 56 Jahre alt, in Lugano.

---

[14] Ebd., S. 180
[15] Ebd., S. 192
[16] Alfred Neumann, Viele heißen Kain. Erzählung, Stockholm-München-Zürich 1950

In der Nachbemerkung zu der 1950 erschienenen Novelle „Viele heißen Kain", schreibt Neumann, dass ein Bericht von einem Mann, der aus Bruderliebe zu einem Mörder geworden ist, ihn zum Abfassen seiner Novelle bewegte. Schon der Titel der Novelle zeigt, dass es hier nicht um den Konflikt von leiblichen Brüdern geht. Zwar spielen zwei Brüder, Paul de Yonkh und Abel de Yonkh eine wichtige Rolle. Aber das Verhältnis beider zueinander ist von Liebe bestimmt.

Paul, so der Anfang der Geschichte, in finanziellen Nöten, erscheint bei dem Rechtsanwalt Gabriel Robert in seiner Kanzlei und legt diesem eine mit der Unterschrift seines Bruders Abel gefälschte Bürgschaft für den hochverschuldeten Bruder vor. Der Rechtsanwalt erkennt die Fälschung und droht, Paul zu verklagen. Abel erscheint kurz darauf in der Kanzlei und leistet die Bürgschaft für den Bruder. Die Brüder verabreden, dass Paul neu anfängt und ausreist, Abel hilft ihm dazu mit Geld. Bei seinem Besuch in der Kanzlei ist Abel zutiefst beeindruckt von dem über dem Schreibtisch des Rechtsanwalts hängenden Portrait von dessen Frau, und er macht bei dem Ehepaar Robert einen Besuch. Marie, die Frau des Rechtsanwaltes, ist einsam und unglücklich, weil ihr Mann sie ständig betrügt. Ihr gemeinsames Kind, Roger, ein überaus sensibles Kind, hängt sehr an dem Vater. Zwischen Abel, der Integrität und Güte ausstrahlt, und ihr entbrennt sofort Liebe. Roger, der Sohn, merkt das und hasst den fremden Mann, sagt, dieser habe Böses an sich. Die Besuche Abels bei Marie häufen sich. Abel erscheint dann wieder im Büro des Rechtsanwaltes und bittet diesen, um seiner Frau willen seine Lebensweise zu ändern. Der Anwalt fragt ihn, ob er, Abel, seine Frau liebe. Abel weist das zurück, der Anwalt darauf: „ Sie haben die Stirn…", bricht ab und sagt dann: „Bruder Abel mit dem Kainszeichen."[17]

Kurz vor Weihnachten, am 18. Dezember, ihr Mann ist verreist, erhält Marie ein Telegramm mit dem Text: „NACHTSCHNELLZUG ZWISCHEN DENAIN UND VALENCIENNES - ROBERT."[18] Marie ver-

---

[17] Ebd., S. 39
[18] Ebd., S. 45

steht nicht, ist zutiefst erschrocken, ruft Abel an. Abel telefoniert mit der Polizei, erfährt vom Selbstmord eines Mannes auf der Strecke. Abel fährt am nächsten Tag zur Identifizierung Gabriel Roberts. Roger ist verzweifelt, auch darüber, dass seine Mutter nicht weint über den Tod des Vaters.

Der zweite Teil der Erzählung spielt zehn Jahre später am 18. Dezember. Marie und Abel sind glücklich verheiratet und haben eine Tochter mit Namen Rosemarie. Der Sohn Roger, der Abel hasst, ist auf einem Internat und wird für den nächsten Tag als Weihnachtsbesuch erwartet. An diesem 18. Dezember, ihr Mann ist ins Büro gefahren, sieht Marie auf der gegenüberliegenden Straßenseite einen Mann stehen, der aufmerksam auf das Haus schaut, der Abel sehr ähnlich ist, mit einem leidenden Gesicht. Marie spricht ihn an und erfährt, dass er der Bruder Abels, Paul, ist. Sie bittet ihn ins Haus. Er spricht von seiner Liebe zu Abel, sagt, er müsse sich aber schon an diesem Tag wieder entfernen. Marie erfährt dann, dass Paul der Mörder ihres Mannes in dem Zug war und Paul schon kurz vor der Abfahrt des Zuges das Telegramm mit der gefälschten Unterschrift Roberts aufgegeben hatte. Paul ist von Schuld gequält, sagt, dass die Zeit einen nicht losbinden kann.
Am Abend, als Abel nachhause kommt, sieht er Marie zutiefst verstört. Abel will diesen Tag eigentlich mit ihr feiern, war doch, wie er glaubt, der Selbstmord Roberts der Sieg ihrer Liebe. Plötzlich, wie vor zehn Jahren läutet es, und vor der Haustür liegt ein Telegramm. Es hat denselben Wortlaut wie dasjenige vor zehn Jahren, nur mit der Unterschrift Paul. Marie erzählt jetzt Abel von dem Besuch Pauls, dass er ihr den Mord an Robert gebeichtet habe, dass er gesagt habe, er wolle sich jetzt der Polizei stellen, sie, Marie, ihm das aber wegen Abel und ihres Glücks verboten habe, ihm stattdessen sogar zum Selbstmord geraten habe. Marie erzählt weiter die von Paul vernommenen Einzelheiten des Mordes, davon, dass Gabriel Robert, als er im Zug Paul sah, schrie

„Bruder Kain". Eben dies hatte Robert zu Abel bei dem Gespräch in der Kanzlei gesagt.

Auf das von Marie Berichtete hin beichtet dann auch Abel: Vom Anfang seiner Liebe zu Marie an habe er an Roberts Tod gedacht. Sowohl Robert als auch sein Sohn Roger hätten diesen Gedanken hinter seiner Stirn erkannt. Damals habe er auch Paul gegenüber von seiner Liebe zu Marie gesprochen. Paul, so ist Abel jetzt klar, identifizierte sich dann ganz und gar mit seinem Bruder, schaffte ohne Wissen des Bruders Robert durch Mord aus dem Weg und hat jetzt, ‚an diesem Tag, aus Rücksicht auf die Ehe und das Glück des Bruders sich selbst auch das Leben genommen. Abel will nun sofort zur Polizeidirektion und die ganze Wahrheit aufdecken, aber Marie hindert auch ihn daran mit dem Verweis auf ihre Ehe, die Kinder und das Glück. Abel verbringt die Nacht in seinem Zimmer, schreibt und sagt immer vor sich hin: „Viele heißen Kain".[19] Am nächsten Tag kommt Roger nachhause. Er merkt sofort, dass etwas nicht stimmt. Schließlich eröffnet ihm Abel im Gespräch, dass Rogers Hass auf ihn berechtigt war. Er erzählt ihm vom Mord Pauls an seinem Vater. Er, Abel, habe zwar davon nichts gewusst, aber er hätte wissen müssen, dass Paul die Mordgedanken seines Bruders gespürt habe und aus Liebe zum Bruder den Mord ausführen wollte. Abel gibt Roger den Brief mit der Beichte, die er in der Nacht aufgeschrieben hatte. Roger sagt, er wolle den Brief vernichten, wenn Abel auf immer das Haus verließe. Da offenbart auch Marie, Rogers Mutter, dass mit dem Tod ihres Mannes ein für sie sehnlicher Wunsch in Erfüllung gegangen sei, dass sie deshalb auch nicht über seinen Tod geweint habe. Roger kündigt daraufhin an, er werde gehen und das Schreiben Abels an das Gericht aufgeben. Marie und Abel planen jetzt den gemeinsamen Freitod. Roger aber tut nicht, was er ankündigte, sondern kommt nach kurzer Zeit wieder zu seiner Mutter und Abel, weint und sagt, er könne den Brief nicht abschicken. Stattdessen wolle er jetzt vom Hass ablassen und wolle lernen, was Liebe ist. Der Schluss der Erzählung ist, dass sich so nun alles zum Gu-

---

[19] Ebd., S. 77

ten wendet. Der Hass ist eingestanden und die Liebe trägt allein den Sieg davon.

Die Erzählung „Viele heißen Kain" macht deutlich, dass es vielfältigen Hass gibt, auch solchen, der aus der Liebe kommt, wie der Hass Pauls auf Robert aus Liebe zu dem Bruder, der Hass Rogers auf Abel aus Liebe zu seinem Vater, der Hass Abels und Maries auf Robert und ihr Todeswunsch im Blick auf ihn, damit ihre Liebe Zukunft hat. Am Ende steht die Erkenntnis, dass Liebe, mit Hass verbunden, tödlich ist und dass zum Wesen der Liebe gehört, dem Hass keinen Raum zu gewähren.

Die Novelle „Viele heißen Kain" zeigt, dass das Kainszeichen nicht nur auf der Stirn des Mörders, sondern auf der Stirn aller ist, die von Hass bewegt werden. Die Warnung Gottes in der biblischen Kain- und Abelgeschichte gegenüber dem, der ergrimmt und finster seinen Blick senkt, bleibt.

Die drei besprochenen Neugestaltungen der Kain- und Abelgeschichte sind als Erzählungen komplexe Kompositionen. Die zudem jeweils komplizierte Erzählstruktur macht deutlich, wie widersprüchlich und verwickelt das menschliche Leben und Miteinanderleben ist durch die Erfahrungen von Rivalität und Konkurrenz, durch das Ineinander von Liebe und Hass, von Trennung und Töten auf vielfältige Weise.

„Ararat"
Ein Roman von Arnold Ulitz nach Motiven der biblischen Sintflutgeschichte

Frauke Dettmer

Der Roman „Ararat" von 1920[1] galt einmal als bedeutendes Werk des späten Expressionismus. Er ist wie sein Autor heute fast vergessen. Unter ehemaligen Schlesiern erinnerte man hier und da noch einmal an den 1888 in Breslau geborenen Lehrer und Schriftsteller. Dann herrschte lange Zeit Stille, bis die polnische Germanistik sich seit 1989 mit dem literarischen Erbe der Deutschen in Schlesien, Pommern und Ostpreußen zu beschäftigen begann. So entstand vor ein paar Jahren auch eine größere Arbeit eines Danziger Germanisten zu dem Werk von Ulitz.[2]

Arnold Ulitz wuchs in Kattowitz auf, wo sein Vater Eisenbahnbeamter war. Ulitz studierte Germanistik, Romanistik und Anglistik, machte das Staatsexamen und ging in den Schuldienst, seit 1912 an die Oberrealschule in Breslau.[3] Er war zweimal verheiratet und hatte fünf Kinder.

Im 1. Weltkrieg stand er als Soldat, dann als Offizier in Russland. Diese Erfahrungen sollten ihn und sein Werk stark prägen. 1933 verließ er den Schuldienst. Er war zu dieser Zeit ein völlig unideologischer Freigeist

---

[1] Zitiert wird im Folgenden aus der Ausgabe von 1920, die bei Albert Langen in München erschien.
[2] Robert Rduch, Unbehaustheit und Heimat. Das literarische Werk von Arnold Ulitz (1888-1971). Frankfurt/M. 2009. (Danziger Beiträge zur Germanistik. Band 27.)
[3] Dies und die folgenden Angaben zur Biografie, wenn nicht anders angegeben, nach Manfred Herfert, Der Schlesier Arnold Ulitz. Sein Leben und Werk. Vortrag, Leverkusen, 15.10.1988.

und bekam offenbar Schwierigkeiten. Bei einer Schulfeier am 1. Mai 1933 verweigerte er den „Deutschen Gruß", als das Horst-Wessel-Lied gesungen wurde.[4] Wenn man weiß, dass er der so genannten „Republik Scheitnig" angehörte, einer kleinen Gruppe gleichgesinnter Breslauer Künstler, ist seine Anti-Haltung zu dieser Zeit nur zu verständlich. Das Motto der Gruppe war das folgende Lied:

„Scheitnig* ist die freieste Republik
des Erdenballs, nur beherrscht
vom heiligen Geist eines ewigen
Karnevals.
Frei von Masse, Rasse, Hasse
nur vom Geiste sind wir niemals frei."
(*Stadtteil in Breslau)

Der Text stammte von Ulitz, die Melodie vom Deutschlandlied.

Bei dem polnischen Germanisten Robert Rduch heißt es zu Ulitz Weggang aus dem Schuldienst etwas genauer: Er schrieb ein Entlassungsgesuch und wurde daraufhin „dienstenthoben".[5] Ulitz lebte nun als freier Schriftsteller. Zwischen 1933 und 1941 wurden sechs seiner Bücher verboten, alle den Krieg verdammend, darunter der Roman „Ararat".[6] Um seine Familie ernähren zu können, begann er jedoch sich anzupassen. Ab 1939 ging er deutliche Kompromisse mit der herrschenden Ideologie ein. Spielte zum Beispiel im Roman Ararat ein Jude, Rabbi Manasse, eine wesentliche Rolle als Verkörperung aller menschlich wertvollen Eigenschaften, die den anderen Protagonisten verloren gegangen waren,

---

4 Herfert, S.3 f.
5 Rduch, S. 209.
6 Rduch, S. 211.

so finden sich in dem Roman „Der große Janja" von 1939 Juden nur noch als Wucherer und Spekulanten.[7]

Der Dresdner Romanist Victor Klemperer notierte in seinem „Notizbuch eines Philologen" zur Lingua Tertii Imperii[8] voller Enttäuschung, dass Ulitz, der einst mit Stefan Zweig befreundet war, im „Augenblick höchster Judennot" Kultur und Menschlichkeit verraten habe.[9] Andere opportunistische Arbeiten waren „Der wunderbare Sommer", „Hochzeit, Hochzeit" und weitere, in Schlesien angesiedelte Heimatromane.

Ulitz präsentierte sich seit 1939 als ein durchweg anderer Autor als der ehemals zeitkritische, oft pessimistische und anklagende Verfasser solcher Novellen und Gedichte wie „Die vergessene Wohnung" (1915), „Die Narrenkarosse" (1916) und „Der Arme und das Abenteuer" (1919), in denen er sich mit dem Krieg und seinen Folgen auseinandersetzte. In gewisser Weise ließ er sich von der nationalsozialistischen Ideologie und von der Angst vor dem Regime deformieren, ein Vorgang, der ihm prinzipiell bekannt war. In „Ararat" hatte er eine solche Deformation als Folge der bolschewistischen Ideologie beschrieben.

Während des 2. Weltkrieges wurde er zu den Breslauer Junkerwerken kommandiert, schließlich noch zum Volkssturm eingezogen.[10] Es folgte die Flucht in die schwäbische Heimat seiner Mutter, in einen Ort in der Nähe des Bodensees und der Stadt Ravensburg. 1971 starb er dort, ohne sich zu den Jahren des Dritten Reichs und seiner opportunistischen Haltung geäußert zu haben.[11] An dem Verlust der schlesischen Heimat hat er Zeit seines Lebens gelitten.

---

7 Rduch, S. 212. S. 232, Anm. 42.
8 Leipzig 1990. S. 282 f.
9 Zitiert nach Rduch, S. 233, Anm. 44.
10 Herfert, S. 4.
11 Rduch, S. 289.

Ulitz hatte also schon einiges geschrieben und auch veröffentlicht, als er sich an den Roman „Ararat" machte, einer unter vielen Autoren, den der alte und aus zahlreichen Überlieferungen gespeiste Mythos der Sintflut zu einer modernen Variante reizte. Beeinflusst von den Stilmitteln des späten Expressionismus und seinem zeitkritischen Pathos, mit der russischen Erfahrung im Hirn und im Herzen, schrieb er seinen Sintflut-Roman auf dem Hintergrund der russischen Revolution und des nachfolgenden Bürgerkriegs. Aber auch die Revolution in Deutschland am Ende des 1. Weltkrieges und der krisenhafte Beginn der Weimarer Republik finden sich im Gesamtbild der Katastrophe, die Ulitz, allerdings apokalyptisch zugespitzt, schildert.

Zu seinen typischen literarischen Mitteln gehören Wortneuschöpfungen, visionär überhöhte Bilder, die Einmontierung von Legenden und Erzählungen, und inhaltlich: Weltverbesserungs-, Menschenverbesserungs- und Erlösungsutopien.[12] Diese Hoffnung auf einen neuen Menschen und damit auf einen Neubeginn nach den Schrecken des 1. Weltkrieges teilte Ulitz mit vielen anderen Zeitgenossen. Es gab in München von 1918-1921 eine Künstlerzeitschrift mit dem Titel „Ararat"[13], wie man sieht, geradezu ein Symbol für die Hoffnungen der Zeit. Und hier tut sich auch die große Kluft zu uns Heutigen auf. Zum einen können wir uns nicht mit dem Pathos anfreunden, mit dem diese Utopien formuliert wurden. Zum anderen haben uns der Holocaust und die stalinistischen Verbrechen, von all den anderen Verbrechen und Kriegen seit Mai 1945 zu schweigen, solche naiven Verbesserungsträume gründlich ausgetrieben.

Zur Entstehung des Romans

Der 1. Weltkrieg hatte bei Ulitz eine ganze schöpferische Phase ausgelöst. Ein Prosatext folgte dem anderen, ein Gedicht dem nächsten. Hier

---

12 Herfert, S. 5.
13 Rduch, S. 79.

und da wurden schon russische Erfahrungen angedeutet (Erzählung „Das russisches Gastmahl") und in dem Essay „Augen des Ostens" beschäftigte er sich mit der Religiosität der Ostjuden. Kleinere Prosatexte wie „Wassilis Heimkehr" wurden in den Romantext von „Ararat" hineinmontiert, den Erzählfluss aufhaltend, aber immer mit Bezug zu den Personen und/oder der Handlung.

Ulitz hatte sich durchaus Hoffnungen auf eine gerechtere Welt gemacht, als das autoritäre Zarenregime gestürzt wurde (ähnlich wie seine Romanfigur Daniel), hatte aber bald seinen Irrtum erkennen müssen, als sich das neue Regime als noch autoritärer und gewalttätiger herausstellte.[14] Beides regte ihn zu dem Roman an und zu dem Wunsch, eine andere Lösung für die Probleme der Zeit zu erfinden. Der Roman besteht aus vier Büchern.

Im Ersten Buch „Die Begegnung" befinden wir uns im zehnten Jahr nach dem Kriegsbeginn. Krieg, Revolution, plündernde Armeen und Seuchen verwüsten Ost- und Westeuropa. Ort der Handlung ist ein Wald, 400 Werst südlich von Petersburg. Hier lebt Daniel, ein ehemaliger deutscher Offizier, der sich kurzzeitig auch den Revolutionären angeschlossen hat, in einer selbst gebauten Hütte eine mehr tierische als menschliche Existenz.
Er begegnet Rabbi Manasse, der nach dem Mord an seiner Familie vom Weißen Meer nach Jerusalem pilgert. Manasse erweckt in dem völlig verwilderten Daniel eine vage Erinnerung an ein anderes früheres Leben. Bald darauf kommt es zu einer zweiten Begegnung, mit zwei Rotgardisten, Nadjeschda und Alexander, die halb verhungert Nahrung und einen Unterschlupf suchen. Es beginnt eine vorsichtige Annäherung zwischen Nadjeschda und Daniel, während zu Alexander eine misstrauische Distanz bleibt. Alexander verlässt den Wald und geht nach Petersburg zurück, um seine politischen Pläne zu vollenden.

---

14 Rduch, ebd.

In dem Zweiten Buch „Die Erzählungen" erzählen sich Nadjeschda und Daniel Geschichten, zum Teil aus ihrem Leben. Sie lernen sich kennen. Es entsteht Nähe und Liebe. Nadjeschda wird schwanger.

Im Dritten Buch „Der Untergang" wird Alexanders Wanderung nach Petersburg geschildert – durch das „untergegangene Russland", an dessen Untergang er maßgeblich beteiligt war. Und er mordet weiter, auf seinem Weg und dann in Petersburg, bis er selbst der Apokalypse, die er mit entfachte, entfliehen muss.

Im Vierten Buch „Die Gnade" kehrt Alexander krank an Körper, Geist und Seele, in den Wald zurück. Daniel und Nadjeschda nehmen ihn auf, obwohl er ihr Zusammenleben mit seinen Gewaltfantasien und seinen Wahnvorstellungen bis zur fast totalen Zerrüttung beherrscht. Alexander provoziert einen Kampf mit Daniel. Nadjeschda erschießt ihn in Notwehr. Kurz darauf wird der Sohn Sebastian geboren. Aus Jerusalem kommt Manasse mit einer Karawane, um die Überlebenden des zerstörten Europas in das Heilige Land zu bringen. Dort wird ihr neues Leben unter der Fahne der Toleranz und des Friedens beginnen.

Die große Katastrophe und ihre Folgen
Das 1. Buch: „Die Begegnung"

Gehen wir jetzt ausführlicher auf die einzelnen thematischen Stränge ein. Wie füllt der Autor seine Variante des Sintflut-Themas? Ich meine, dass ihm dazu einige interessante Motive eingefallen sind. Er erzählt die Geschichte einer großen, von Menschen gemachten Katastrophe, die in der Folge die Menschen verändert hat, ihrer Menschlichkeit beraubt hat. Zwei der Protagonisten erleben einen tiefgreifenden Prozess der Wandlung, eine Art Auferstehung. Die dritte Hauptperson bleibt verstrickt in Wahn und Gewalt.

Daniel lebt seit drei Jahren in seiner primitiven Hütte, seiner Arche, im Wald, seinem Berg Ararat – es sind seine Flucht- und Schutzorte in einer Totenwelt. Um ihn herum regiert der Tod, das Töten und Getötetwerden. Die Katastrophe – was für eine gemeint ist, wird allmählich enthüllt – hat die Welt um Daniel herum in Schutt und Asche gelegt. Gewehrfeuer, brennende Dörfer und Leichen umgeben seinen Wald.

Aber nicht nur die Welt um Daniel herum ist zerstört, auch er selbst ist durch die Ereignisse zerstört. Er wird beherrscht von der Angst um sein Leben, von der Gier nach allem, was sein Überleben verlängern kann. Er fleddert die Toten und sucht in dem Schutt der Dörfer nach allem, was essbar ist und was wärmen kann. Jedes Mitgefühl ist erloschen, die Toten werden von ihm nur nach dem Nützlichkeitsgedanken wahrgenommen. „.... er mußte rasch drüben sein, wenn er an den Bauern-und Soldatenleichen noch Nützliches finden wollte." [15] Er verhält sich nicht viel anders als die wilden Hunde, die sich über die Leichen hermachen. Über jede Patrone, die Daniel dort findet, wo zuletzt geschossen wurde, „schrie er wild und giergestillt vor Freude."[16]

Ein wichtiger Aspekt seines Verlustes an menschlichen Qualitäten wie der Respekt vor den Toten und das Mitgefühl mit ihnen oder die Beherrschung seiner destruktiven Gier ist der Verlust des Gedächtnisses all dessen, was Menschen zu Menschen macht. Wie entsteht Gedächtnis? Durch die Weitergabe von Wissen, Werten und Erfahrungen von einem Menschen zum anderen, einer Generation zur nächsten. Diese Kette ist hier durch Krieg und Revolution in zweifacher Hinsicht zerrissen: durch das Auslöschen einer ganzen Generation und durch eine verheerende Ideologie, die statt Gerechtigkeit Mord predigt und statt Menschlichkeit Hass erzeugt. Dazu später mehr.

---

15 Ulitz, S. 10.
16 Ulitz, ebd.

Der Verlust des kulturellen, sozialen und religiösen Gedächtnisses wird konkret an Daniel thematisiert: Er hat seine Muttersprache, das Deutsche vergessen. Ohne die Sprache, mit der die Welt erfasst und reflektiert wird, wird aber die „Gedächtnislücke" immer größer. Wie es in einem Gedicht von Horst Bienek heißt:

„Ohne das Sagen gibt es nichts
Wenn ich nicht das was
geschehen ist sage erzähle oder
beschreibe
ist das Geschehen
überhaupt nicht geschehen."[17]

Ohne Sprache verarmt auch das Denken und Fühlen generell, verengt sich auf wenige Wahrnehmungen. In seiner Muttersprache kann Daniel nur noch zählen. Nur die russische Sprache ist ihm geblieben, die Sprache, die er in der eindimensionalen Existenz als Soldat gelernt hat. Und in dieser Sprache kann er auch nur noch Fragmente von Gebeten produzieren, und zwar gerade solche, die sich um sein Überleben drehen, denn zum Verlust des Gedächtnisses gehört auch der Verlust der Bindung an Gott. „Gib mir jeden Tag etwas zu essen, Gott!"[18] „Mache es auf irgendeine Weise, Gott, daß ich wieder Feuer finde..." „Und laß die Bauern von Baguta gut schnarchen, denn in der Nacht krieche ich in ihre Hütten und stehle mir Glut aus ihren Öfen. Und mache es Gott, daß ich bei einer Leiche ein paar Patronen finde..."[19]

---

17 Horst Bienek, Sagen Schweigen Sagen in: Fritz Pratz (Hrsg.), Deutsche Gedichte von 1900 bis zur Gegenwart, Frankfurt/M. 1979, S. 166.
18 Ulitz, S. 8.
19 Ulitz, S. 9.

Immerhin geschieht ihm, dass er in der intakten Welt der ihn unmittelbar umgebenden Natur, im Wald, unter dem Gesang der Vögel, in dem reinen grünen Licht, bei dem Duft von Blumen und Bäumen plötzlich und ganz ungewollt die Hände faltet. „Das verwirrte ihn, und er bestaunte die unerhörte Geste seiner Hände." Wie ein Kind muss er ganz von vorn anfangen, das Verschüttete wieder zu erlernen. „Als er nun wiederum das Vaterunser zu beten versuchte, brachte er ein Stammeln zustande, aber er wußte, daß es falsch sei, und nur die Bitte um das tägliche Brot erkannte er untrüglich wieder."[20]

Das macht der Autor Daniel keineswegs zum Vorwurf, denn er verkennt selbstverständlich nicht, dass „der Mensch nicht vom Wort Gottes allein lebt, sondern auch vom Brote."[21] So schrieb es Ulitz 1919 in einem Pamphlet „Das Opfer der Intellektuellen", in dem er dazu aufrief, sämtliche Kunstwerke aus den Museen zu verkaufen, sämtliche Burgen und Schlösser und Bibliotheken, um Brot für alle zu beschaffen.[22] Der Vorwurf des Autors bezieht sich auf das Töten, um an „Brot", in welcher Form auch immer, zu kommen. Und mit Rabbi Manasse führt er einen Menschen ein, der vormacht, wie man lebt und isst, ohne deswegen anderes Leben vernichten zu müssen.

Manasse ist der erste Mensch, der Daniel begegnet, der keine Waffe besitzt. Seit drei Jahren hat Daniel niemanden gesehen hat, der nicht mordet und so wirft er sich gewohnheitsgemäß auf den Boden, um den Fremden zu beobachten und einem möglichen Angriff zu entgehen. Nun

---

20 Ulitz, S. 8.
21 Vgl. dagegen Jesus in Matthäus 4: Der Mensch lebt nicht vom Brot allein.
22 Michael Stark (Hrsg.), Deutsche Intellektuelle 1910-1933. Aufrufe, Pamphlete, Betrachtungen. Heidelberg 1984, S. 136-141; hier S. 137.

erkennt er voll Erstaunen, dass in der Erscheinung dieses Menschen „ein seltener Vogel nistete: der Friede."[23]

Krieg und Revolution haben nicht nur die Sprache, sondern auch jedes zivile menschliche Verhältnis untereinander zerstört. Jeder kann ein potenzieller Mörder sein, vor jedem muss man sich fürchten. Warum ist Manasse anders? Weil er die Bindung an Gott nicht verloren hat. „Ich würde sogleich zum Tier werden, wenn ich an ihn nicht glaubte."[24] In der friedlichen Gegenwart Manasses kann Daniel erste kleine menschliche Verhaltensweisen zeigen: Er lacht; er freut sich über Manasse; er ist verwirrt unter dessen gütigen Blick. Denn das Wort „gütig" und damit das Verhalten, das das Wort bezeichnet, gehört zu den „verschollenen" Worten und Werten.[25]

Noch bricht das Tierische in Daniel immer wieder hervor. Er freut sich, als er eine Katze findet, die er häuten und braten kann. „Seine Augen glitzerten und seine Zähne schienen weißer und wilder geworden, so groß war seine Freude... und fraß dann wie ein Tier in großen Fetzen und mit furchtbar sicherem Gebiß."[26] Die friedliche Art Manasses, sein Respekt vor allem Lebendigen, steht dazu in scharfem Kontrast und beginnt, sich Daniel mitzuteilen. In seiner Nähe gelingt es ihm zum ersten Mal wieder, die „lebendige Wärme" einer Kreatur, hier einer Katzenmutter mit ihren Jungen, zu spüren, „Mutterwärme und Kinderwärme".[27] Diese neuen Gefühle veranlassen ihn, zumindest diese Tiere zu verschonen, den Impuls, töten zu wollen, zu beherrschen.

---

23 Ulitz, S. 11f.
24 Ulitz, S. 19.
25 Ulitz, S. 36.
26 Ulitz, S. 13f.
27 Ulitz, S. 14.

Aber so schnell und dauerhaft kann er dieses neue Verhalten nicht verinnerlichen. Immer wieder bricht es aus ihm heraus: „Ich hole sie (die Katze) und erwürge sie"[28], besonders dann, wenn die Antworten des Manasse auf Daniels Fragen (z.B. Gibt es einen Gott?) zu komplex sind für seinen eingeschrumpften, eindimensional auf Fressen und Überleben fixierten Verstand. Allmählich erreichen die Worte des Rabbis, das „feierliche Instrument"[29] seiner Stimme, den verwilderten Daniel. Er bittet Manasse, auf Jiddisch zu sprechen. Diese Anrede in einer Sprache, die seiner Muttersprache Deutsch so ähnelt, erschüttert ihn und er beschließt, eines der Katzenkinder in seine Hütte aufzunehmen und zu pflegen.[30]

„Eine Sekunde lang reckte sich Zorn gegen alles Fremde und Heilige, daß der Jude schwächend über sein Tieresleben ergossen hatte, aber er warf das Gewehr fort und weinte zum ersten Male vor Einsamkeit." Weitere neue Gefühle, die der Rabbi in ihm weckt oder wieder erweckt sind „Sehnsucht" und „schamhafte Ehrfurcht". Er übt sich laut in seiner Muttersprache, übt eines „seiner verrückten Vaterunser"[31] und äußert zum ersten Mal eine Bitte an Gott, die einem anderen Menschen gilt, nämlich, daß Manasse glücklich nach Jerusalem kommen möge.

Ich bin so ausführlich auf diese „Begegnung" eingegangen, weil hier das Potenzial für Daniels Wandlung sichtbar wird, die Grundlage für seinen Weg aus der Erfahrung der Katastrophe zu einem menschlichen Dasein gelegt wird. Aber noch herrscht das „Gesetz der Wölfe".[32] Die bald nach Manasses Weggang erfolgende Begegnung mit dem „großen" Revolutionär Alexander und der „kleinen" Revolutionärin Nadjeschda steht noch

---

28 Ulitz, S. 19.
29 Ulitz, S. 14.
30 Ulitz, S. 22.
31 Ulitz, S. 24.
32 Ulitz, S. 20.

unter diesem Gesetz. Gefahr, Raub, Hass und Furcht ziehen vor allem mit dem „roten General" in Hütte und Wald ein. In Alexander sitzt die Seuche, wenn sie auch äußerlich überwunden scheint. Er hat einen Ekel vor dem Leben[33] und am Ende des Kapitels wird er sich auf den Weg machen, um weiteres Leben zu zerstören.

Nadjeschda, obwohl, wie sie nüchtern anmerkt, mit „verrottetem" Leib[34], bewahrt noch Überreste einer früheren religiös-moralischen Bindung und Sinngebung: „Wir leben so gern", sagt sie und hebt sich damit völlig von Alexander ab, „weil Gott es will, daß wir leben."[35] Nadjeschda ist das russische Wort für Hoffnung und hier deutet sich schon an, dass es für sie Hoffnung auf eine Wandlung, auf ein neues Leben geben wird. Daniel gibt etwas von der Güte, die er bei Manasse erlebt hat, an sie weiter – ein noch ganz fragiles Kettenglied wird geschmiedet: „Es ist sehr selten", sagt sie, „daß man einen Guten trifft.... Niemand weiß es mehr, wie er mit so einem zu reden hat."[36] Dass Daniel seine Vorräte mit den beiden teilt, bedeutet für Nadjeschda befreit zu sein von der Last, töten zu müssen. Sie lächelt, sie weint vor Freude, sie fühlt sich „verwandelt".[37]

In diesem allmählichen Vorgang des sich Wandelns, wird mit Nadjeschdas Worten erstmals im Roman das Thema Sintflut direkt angesprochen. „Wer weiß ..., ob dieser gute Mann des Waldes nicht Noah ist, und ob nicht hier der Berg ist, auf dem die Arche stillstand."[38] Ein Hinweis darauf, dass sie in der Zukunft fähig und bereit sein wird, diese Arche mit „Noah" (= Daniel) zu teilen.

---

33 Ulitz, S. 47.
34 Ulitz, S. 120.
35 Ulitz, S. 27.
36 Ulitz, S. 34.
37 Ulitz, S. 38ff.
38 Ulitz, S. 41.

Daniel, der sich einmal darüber lustig gemacht hat, dass Manasse sich von Beeren und Pflanzen ernährt, ist dazu übergegangen, sich durch Arbeit zu ernähren. Er sät Getreide, um das Töten von Tieren zu unterlassen. Später wird er eine Art Garten anlegen. Er entfernt sich mehr und mehr von seiner tierischen Existenz. Nachdem mit dem ersten eigenen Brot ein elementares Bedürfnis befriedigt wurde, ist nun Raum für ein anderes, ebenso elementares Bedürfnis. Das Motiv des Sprechens, der Sprache und Sprachlosigkeit wird erneut aufgegriffen. Sprechen kann man auch allein üben, wie Daniel es getan hat. Aber nun gibt es ein Gegenüber, einen Mitmenschen, dem man etwas erzählen kann; dem man etwas mitteilen kann, etwas, das einem gefällt oder wichtig ist, etwas, auf das der Zuhörende reagieren kann, durch das eine Art Verbindung entstehen kann.

Nicht zufällig hasst Alexander das Erzählen[39] und in einem seiner revolutionären Hasslieder heißt es: „Bücher werden nicht gedruckt.... Verlernt ist das Schreiben, verlernt ist das Lesen, wir haben nur Zeit zum Kämpfen."[40] Daniel dagegen zittert vor Glück[41]: „Ich werde euch Geschichten erzählen! ... Ich werde mich wieder an alles erinnern".[42] Auch wenn sein Gedächtnis vorerst „nur mit Klumpfüßen" marschiert und er Geduld haben muss. Das Glückswort „erzählen" beherrscht leitmotivisch eine ganze Szene über mehrere Seiten.

Und noch eine weitere Erfahrung darf Daniel auf seinem Weg zur Menschwerdung machen. Nachdem er erkannt hat, welches Glück die Anwesenheit eines Menschen bedeutet, der einem nicht nach dem Leben trachtet und dem man sogar etwas erzählen kann, muss er nun erschüttert feststellen, dass der junge Mann, für den er Nadjeschda in ihren ver-

---

39 Ulitz, S. 48.
40 Ulitz, S. 45.
41 Ulitz, S. 49.
42 Ulitz, S. 51.

dreckten Lumpen mit verfilzten Haaren gehalten hat, eine Frau ist. „Ein Wunder." Er beobachtet sie beim Baden. „Und dann sprang er in hochgewölbten Sätzen zwischen den Gebüschen auf sie zu, und da die Augen seines gänzlich erbleichten Gesichtes nur Schoß und Brüste des Weibes sahen, wurden seine Füße mystisch begnadet durch das riesenhaft erregte Blut, so daß sie witterten, wo sie aufsetzen mußten, ... und wirklich, es gelangen ihm lautlose Raubkatzensprünge."[43]

Kurzzeitig wird er wieder zum Tier, zur „Bestie".[44] Doch dann werden aus seinen chaotischen Schreien „rein gegossene Laute aus gutem Erz, runde klare Worte" und plötzlich bricht es aus ihm heraus, auf Deutsch: „Geliebte, Geliebte!"[45] Und mit dieser Erfahrung, dass er in diesem Akt eine Mitmenschin „erkannt" hat und der Erfahrung Nadjeschdas, dass sie nicht missbraucht wurde und ihr Körper nicht für immer „verrottet" sein muss, erlernen beide wieder das vergessene Gefühl der Scham: Sie erröten.[46] An die Stelle von Gier, bei Daniel, und von Verwahrlosung, bei Nadjeschda, treten „Erstaunen, Andacht und Dank."[47]

Das erste Buch endet mit einer Erzählung Daniels: Wie er nach Russland gekommen ist, wie er nach Kriegsende nach Deutschland gegangen ist und seine Frau und sein Kind als Opfer der Seuche vorgefunden hat; wie er daraufhin nach Russland zurückgekehrt ist, sich den Revolutionären angeschlossen hat, weil „alles egal" war.[48] Warum also nicht ein „Bauernviechkerl"[49] in Russland werden, egal wo, sich verkriechen in dem großen Land. Mit dieser Erzählung stellt er ein Stück Kontinuität her

---

43 Ulitz, S. 52.
44 Ulitz, S. 53.
45 Ulitz, S. 53.
46 Ulitz, S. 54.
47 Ulitz, S. 55.
48 Ulitz, S. 72.
49 Ulitz, S. 78.

zwischen seiner damaligen Todessehnsucht, zwischen dem Gefühl von Sinnlosigkeit („alles ist egal") und seiner gegenwärtigen neuen Liebe zum Leben. Er stellt ein Stück Gedächtnis her und kann mit Hilfe der Erinnerung reflektieren, was sich verändert hat, und dafür dankbar sein. Ein großer Schritt in seiner Entwicklung.

Das 2. Buch: „Die Erzählungen"
Das zweite Buch „Die Erzählungen" führt diesen Strang weiter. Alexander hat sich auf seine Wanderung nach Petersburg gemacht, die beiden sind allein. Sie haben sich beide vor dem Krieg schriftstellerisch betätigt und so finden sie sich in dieser gemeinsamen Lust am Erzählen. Beide geben in mehr oder weniger verschlüsselter Form viel von sich preis in diesen Erzählungen. Nadjeschda: „Ich verschweige dir nichts und verschöne nichts, und ich muß dir noch viel Furchtbares erzählen, ehe du mich genau siehst. Mußt du mich nicht hassen, Daniel?"[50] Doch umgekehrt gilt das Gleiche. Beide haben große Fehler gemacht, beide haben Menschen getötet, sie um einer falschen Ideologie willen, er, weil er Soldat war. Das Erzählen hilft beiden, einander kennen zu lernen und einander zu vertrauen. Außer Manasse sind sie die einzigen (Haupt-) Personen im Roman, die es schaffen, eine Beziehung ohne Furcht und Lügen und ohne Herrschaftsansprüche gegenüber dem anderen zu entwickeln.

Auf diesem guten Grund und Boden werden sie in ihrer Arche ein neues Geschlecht begründen. Und das Kind, das geboren werden wird, werden sie als Zeichen dafür sehen, dass Gott ihnen vergeben hat. In diesem Zusammenhang wird zum zweiten Mal konkret auf das Sintflut-Thema angespielt. Wie Noah in seiner Arche friedlich mit all den Tieren zusammen lebte, so wünschen auch sie sich Tiere in ihrer Nähe, nicht mehr zum Töten und Essen, sondern zum Streicheln und sich Befreunden. Eine paradiesische Vorstellung, dass Mensch und Tier friedlich mitei-

---

50 Ulitz, S. 175.

nander leben, die wahrscheinlich genauso alt ist wie die Erzählungen von der großen Flut als der Menschheitskatastrophe. Sie erinnert zum Beispiel an jüdische Vorstellungen in der Antike von der so genannten „Kommenden Welt" nach dem Erscheinen des Messias und dem großen Weltgericht. Diese Kommende Welt wird als ein Ort imaginiert, in dem Raubtiere und Menschen in Frieden leben, ein Ort ohne Sünde und ohne Leid, in dem Weisheit und Verständnis herrschen.[51]

Das 3. Buch: „Der Untergang"
Im Dritten Buch wird der Untergang Russlands am Beispiel Petersburgs geschildert. Vieles ist schon zuvor in den Erzählungen Nadjeschdas deutlich geworden. Die Revolutionäre, die eigentlich eine ungerechte Ordnung durch eine gerechte ablösen wollten, haben sich von Anfang an selbst diskreditiert. Längst ist alles, was es einmal an Zielen gab, wie die Beseitigung von Unterdrückung, in einer Orgie der Gewalt untergegangen, in den Machtansprüchen und Machtkämpfen der Umstürzler. „Wir haben nur Zeit zu kämpfen", sang Alexander in seinem Hasslied, und darüber ging jede Art von menschlichen Gefühlen und Verbindungen verloren. Auch der angebliche Weg in sein „gelobtes Land" Indien, das Alexander den orientierungslosen und ausgehungerten Massen in Petersburg hinwirft, bleibt vollkommen inhaltsleer und beliebig. Was soll dort geschehen? Wir werden dort „ewig essen und wenig arbeiten und schlafen, soviel wir wollen", verspricht Alexander. Zunächst müssen allerdings die dortigen Bewohner „vertilgt" werden.[52] Die Revolution ist von Anbeginn ohne wirkliche konstruktive Inhalte gewesen und hat zudem zu viele unschuldige Menschenleben gefordert - das rächt sich jetzt auf schauerlichste Weise.

---

51 P. Birnbaum, A Book of Jewish Concepts. New York 1964, S. 461.
52 Ulitz, S. 331 f.

Genosse Alexander steht im Mittelpunkt des „Untergangs". Er ist mit dem Teufel im Bunde[53], der Teufel und Teufelsworte[54] begleiten seinen Weg leitmotivisch. Aus dem Wald wandert er nach Petersburg, aber nicht um Menschen zu sammeln und zu retten wie Manasse, sondern um sie als Pseudogott endgültig zu vernichten. Er mordet unterwegs den eremitenartig lebenden heiligen Leonid - dessen Geschichte von Nadjeschda im Zweiten Buch erzählt wurde -, um zu beweisen, dass Gott nicht existiert. Er würde auch Manasse töten, wenn er ihn erreichen könnte. Er ist die teuflische Gegenfigur zu Manasse, deutlich angespielt auch durch sein Versprechen eines angeblich gelobten Landes Indien.

Dieses Versprechen überzeugt die Massen nicht, das Volk fletscht die Zähne, „der Platz war weiß-gelb von Zähnen."[55] Alexander bekommt Angst – die Revolution frisst ihre Kinder. Das Volk wendet sich gegen ihn, Schüsse fallen. Er flieht und erblickt sich in einem Raum für einen Moment in einem Spiegel und sieht einen ehrlosen, feigen, schlotternden Wicht. In diesem Moment totaler Verwirrung tritt die Sekte „Reiniger Russlands" auf den Plan. Auch wenn sie dafür sorgt, dass die Waffen verbrannt werden, so wird doch weiter gemordet. Die Apokalypse ist nicht mehr aufzuhalten. Die Straßen füllen sich mit Leichen und – vor Hunger – leichenfressenden und bluttrinkenden Menschen. Alexander gelingt es knapp, sich durch die Leichenberge zu wühlen und den Stadtrand zu erreichen. Und während er mit „verbranntem Gehirn" zu der Hütte im Wald flieht, springen und kriechen ihm Tiere entgegen, nicht die friedlichen Tiere der Arche oder gar des Paradieses, sondern Tiere, die Aas fressen wollen. Der Himmel ist schwarz von Raben, Krähen und Geiern mit demselben Ziel. „Die Menschen hatten aufgehört."[56]

---

[53] Ulitz, S. 245.
[54] Ulitz, S. 283 und 255.
[55] Ulitz, S. 333.
[56] Ulitz, S. 340.

Das 4. Buch: "Die Gnade"
Im Vierten und letzten Buch "Die Gnade" erwarten Daniel und Nadjeschda ein Kind. Sie haben sich gewandelt, haben eine Art Heilung erlebt, die sich schon am Ende des Zweiten Buches anbahnte. Sie erfahren als Gnade, nicht mehr hassen zu müssen[57], sie können wieder singen[58], Mitleid und Erbarmen empfinden[59], wie es die von Daniel erzählte Legende vom Knaben im Schnee thematisiert, und sie empfinden das "verschollene" Gefühl der Güte.[60]

Aber der Einbruch Alexanders in ihr Leben, verfolgt von Wölfen und selber ein "geifernder Wolfskopf"[61], ein krankes Tier, lässt auch bei ihnen noch einmal das Gefühl von Hass, sogar den Wunsch zu töten, entstehen. Bis auf Manasse trägt jeder Mensch die Fähigkeit zum Bösen in sich, so wie andererseits in dem bösen Alexander auch hin und wieder menschliche Fähigkeiten aufscheinen. Ulitz widersteht weitgehend der Versuchung der totalen Schwarz-Weiß-Malerei. Die Folgen des apokalyptischen Untergangs Russlands werden durch Alexander in die friedliche Arche getragen; seine elementare, kaum beherrschbare Angst, gefressen zu werden, lässt ihn zwischen hündischer Kriecherei und gottgleicher Herrscherallüre wechseln. Er trägt wieder die Furcht des Menschen vor dem Menschen in die Hütte.[62]

Er entwickelt das "Gottvaterspiel" aus dem Schachspiel. Wie Gottvater beherrscht er die in seinem Wahn nun menschlichen Schachfiguren, lässt sie Kriege führen, erobern und morden. Daniel und Nadjeschda lassen sich eine Zeit lang verführen mitzuspielen, bis sie erkennen: "Wir allein

---

57 Ulitz, S. 176.
58 Ulitz, S. 126.
59 Ulitz, S. 358 und 372.
60 Ulitz, S. 369.
61 Ulitz, S. 362.
62 Ulitz, S. 381.

sind schuld"[63], schuld daran, dass sie sich auf dieses Spiel von Macht und Gewalt eingelassen und darüber sogar das werdende Kind vergessen haben. „Wir sind schuldig" – das ist Erkenntnis in bester russischer Tradition der Großmeister Dostojewski und Tolstoi (zentrales Thema z.B. in „Schuld und Sühne" und „Anna Karenina"), deren Werke Ulitz natürlich kennt. Das Erkennen und Bekennen der eigenen Schuld öffnet den Weg in ein wahrhaft menschliches Leben und das heißt bei Ulitz wie bei den beiden russischen Literaten des 19. Jahrhunderts ein Leben unter den Geboten Gottes.

Alexander provoziert einen Zweikampf in tödlicher Absicht. Nadjeschda, die schon in Wehen liegt, geht mit dem Gewehr dazwischen „wie eine gereizte trächtige Bärin". Sie sieht Daniels „luftgurgelnd-verzweifeltes und scheusäliges Todesangstgesicht" und erschießt Alexander.[64] Im nächsten Moment bringt sie ihr Kind zur Welt. Das Elternpaar sieht in diesem Kind ein Geschenk Gottes, ein Zeichen seiner Gnade, die Vergebung ihrer Schuld. Von diesem Tag an beginnt die Geschichte der Menschen neu. Daniel zählt nun die Tage der neuen Zeitrechnung.[65]

Manasse erscheint mit seiner Karawane. Er sammelt die Überlebenden des zerstörten Europas, um sie mit in das Gelobte Land zu nehmen. Bisher hat er allerdings noch keinen Überlebenden gefunden. Daniel und seine kleine Familie sind die einzigen. Sie werden von Manasse in ihr neues Leben im heiligen Land geführt werden. Es ist ein Land für alle Flüchtlinge aller Völker und Religionen, die als Gäste und Brüder schon aufgenommen wurden und weiter aufgenommen werden. „Ein richtiges Volk"[66] unter dem Siegel der religiösen Toleranz (der Tempel, der neu erbaut wird, ist für einen universalen Gott gedacht, der für alle da ist),

---

63 Ulitz, S. 411.
64 Ulitz, S. 429.
65 Ulitz, S. 431.
66 Ulitz, S. 437.

des Pazifismus und des Kosmopolitismus, also des Gegenteils von Nationalismus - ein politisches Statement von Ulitz, denn dies sind alles Werte, die sowohl von den Revolutionären, als auch von der deutschen kaiserlichen Elite nicht gerade geachtet wurden.[67] Eine Art Paradies also soll entstehen wie oben als eine der jüdischen außerbiblischen Überlieferungen erwähnt.[68] Ulitz entwarf diese Vision Palästinas als eines möglichen radikalen Neubeginns kurz bevor dort die ersten gravierenden Auseinandersetzungen mit den Arabern begannen.

Der Roman endet also nicht mit einer sozialistischen Utopie, sondern mit einer religiös fundierten humanistischen Utopie. Das Heilige Land unter der weißen Fahne des Friedens für alle – das ist der eigentliche Berg Ararat. Leider blieb es eine Utopie – bis heute.

---

67 Rduch, S. 92, Anm. 193.
68 Siehe Anm. 51.

„Wo alle Nächte sind wie ein feuriger Sinai"[1]
Gestalten der Hebräischen Bibel im Werk von Nelly Sachs

Dietrich Heyde

1. JAKOB / ISRAEL

Im Oktober 1957 erschien ein Gedichtband von Nelly Sachs unter dem Titel *Und niemand weiß weiter*. Darin heißt es:

Und aus der dunklen Glut ward Jakob angeschlagen
und so verrenkt; so war's am ersten Abend eingezeichnet.
Was im Gebiss der Mitternacht geschah,
ist so mit schwarzem Rätselmoos verflochten –
es kehrt auch niemand heil zu seinem Gott zurück –
   Doch die entgleisten Sterne ruhen aus im Anfangswort
und die verzogene Sehnsucht hinkt an ihren Ort.[2]

In diesen Verszeilen finden wir Thema und Motive, die für das lyrische Werk der jüdischen Dichterin insgesamt charakteristisch sind:

Von *Jakob* ist die Rede, der mit *angeschlagen* und *verrenkt* gekennzeichnet wird. Er erinnert damit an die biblische Geschichte von Jakobs Kampf mit dem Engel Gottes am Jabbok, bevor er seinem Bruder Esau begegnet (1.Mose 32, 23-32). *Aus der dunklen Glut* dieses nächtlichen Kampfes geht Jakob angeschlagen, verrenkt, „an seiner Hüfte hinkend" hervor. Fortan soll er nicht mehr „Jakob", sondern „Israel" heißen. „Denn du hast mit Gott und mit Menschen gekämpft und hast gewonnen", heißt es in der Schrift.

---

[1] Nelly Sachs Werke Band I, herausgegeben von Matthias Weichelt, Berlin 2010, S. 141
[2] Nelly Sachs Werke Band II, herausgegeben von Ariane Huml und Matthias Weichelt, a.a.O. S. 40 f

So war's am ersten Abend eingezeichnet ... Am ersten Abend? Was ist gemeint? Der Sohar, die mystische Deutung der Schöpfungsgeschichte, die Nelly Sachs gedanklich inspiriert hat, verbindet Jakobs Kampf mit dem ersten Schöpfungstag,[3] von dem in der Genesis erzählt wird. Dort heißt es: „Die Erde war wüst und leer. Und es war finster auf der Tiefe. Nur der Geist Gottes schwebte auf dem Wasser. Da sprach Gott: `Es werde Licht'... Und Gott schied das Licht von der Finsternis... Da ward aus *Abend* und Morgen der *erste* Tag" (1.Mose 1,2-5). Da die Schöpfungstage mit dem Abend beginnen, spricht Nelly Sachs (jüdischer Tradition gemäß) vom *ersten Abend*.

In der Gedichtzeile *Was im Gebiss der Mitternacht geschah ...* ist *Mitternacht* keine Zeitangabe. Als tiefste, schwärzeste Nacht ist sie Chiffre für die Shoah, die Vernichtung des jüdischen Volkes in Auschwitz, Maidanek und Treblinka. Was dort in den *Wohnungen des Todes* [4] geschah, *ist mit schwarzem Rätselmoos verflochten.* Mit anderen Worten: Kein Mensch kann und wird das je verstehen. Es ist und bleibt ein abgrundtiefes Rätsel. Gleichwohl muss die Dichterin (von einer *Sehnsucht* getrieben, die sie einmal *aller Gräber Frühlingsknospe*[5] nennt) nach Antwort suchen auf die Frage nach dem „Warum?" *Warum die schwarze Antwort des / Hasses auf dein Dasein, Israel?*[6] heißt es in einer Gedichtzeile. Und es ist, als suche sie die Antwort in der Vergangenheit – bei den biblischen Gestalten der Vorzeit. Wie war das mit Jakob/Israel? Ja, war nicht vielleicht schon alles *am ersten Abend*, am ersten Schöpfungstag *eingezeichnet*, was später geschah?

Die Frage nach dem „Warum?" findet keine Antwort. Aber sie wird in das Licht des *Anfangswortes*, des Schöpfungswortes (der biblischen Quelle) gestellt. Und da erfahren wir, dass Gott das Tohuwabohu,

---

[3] Die Geheimnisse der Schöpfung / Ein Kapitel aus dem Sohar, herausgegeben von Gershom Scholem, Berlin 1935, S. 89 f
[4] Nelly Sachs Werke I, a.a.O. , S. 11
[5] Nelly Sachs Werke II, a.a.O. S. 53
[6] Nelly Sachs Werke I, a.a.O. , S. 63

die Mächte des Chaos, der Vernichtung und der Finsternis zurückdrängt und ihnen eine Grenze setzt, indem er das Licht schafft[7] und das Licht von der Finsternis trennt. Das bedeutet: Die Finsternis/Mitternacht spricht nicht das letzte Wort über die Opfer, *die entgleisten Sterne*. Denn – *sie ruhen aus im Anfangswort*.

Und an Jakobs Kampf mit dem Engel Gottes ist zu erkennen, dass *niemand heil zu seinem Gott zurückkehrt,* der über diese Erde gegangen ist. Aber so *angeschlagen* und *verrenkt* Jakob/Israel *aus der dunklen Glut* des nächtlichen Kampfes hervorgeht, er ist und bleibt gesegnet. Es ist nur eben so – *die verzogene Sehnsucht hinkt an ihren Ort*. Gemeint ist kein beliebiger Ort. „Ort"/„makom" (hebräisch) ist in jüdischer Tradition eine Umschreibung für Gott. An anderer Stelle heißt es bei Nelly Sachs:

...denn nicht kann Geschundenes ganz zugrunde gehen –
Und alle entgleisten Sterne
finden in ihrem tiefsten Fall
immer noch zurück ins ewige Haus.[8]

2. „IN DEN WOHNUNGEN DES TODES"

Nelly Sachs sah sich als Chronistin der Verbrechen der Shoah. „Es muss doch eine Stimme erklingen und einer muss doch die blutigen Fußspuren Israels aus dem Sande sammeln und sie der Menschheit aufweisen können. Nicht nur in Protokollform!", schrieb sie im Oktober 1946 an den Schweizer Schriftsteller Carl Seelig nach Zürich.[9] Den Verfolgten, Ermordeten und Verstummten Stimme zu geben und Stimme zu sein, sah sie als ihre Bestimmung.

---

[7] Bei diesem „Licht" handelt es sich nicht um Sonne, Mond und Sterne, die erst am vierten Schöpfungstag geschaffen werden. (1.Mose 1,14 -19)
[8] Nelly Sachs Werke I, a.a.O. S. 54
[9] Briefe der Nelly Sachs, herausgegeben von Ruth Dinesen und Helmut Müssener, Frankfurt/M. 1984, Brief 36, S. 67f

Die am 10. Dezember 1891 in Berlin geborene Leonie (Nelly) Sachs war auch vor ihrer Flucht aus Nazi-Deutschland im Jahr 1940 schriftstellerisch tätig. Aber soviel sie geschrieben und in Zeitungen und Zeitschriften veröffentlicht hat, all das war für sie in Schweden, wohin sie in letzter Minute mit ihrer geliebten Mutter geflohen war (dank der Hilfe von Selma Lagerlöf), ohne Bedeutung. Mit der Entstehung und Veröffentlichung des ersten Gedichtbandes *In den Wohnungen des Todes* 1947 begann für sie ein neuer Äon. Hans Magnus Enzensberger, der anfangs ihr Lektor im Suhrkampverlag war und 1962 den ersten Sammelband ihrer Gedichte edierte („Fahrt ins Staublose"), schrieb sie: „Du sollst nicht einen Augenblick meine Wehr gegen die früheren Dinge missverstehen. Aber für mich und für viele beginnt ein neuer Äon – ein Äon der Schmerzen mit den „*Wohnungen*".[10]

Damit war ihr Urteil auch über einen Zyklus von *Biblischen Liedern* gesprochen, der schon in den Jahren 1933-34 entstanden war. Sie wollte, dass nichts von dem vor der Flucht Entstandenen neu gedruckt oder auch nur bibliographisch nachgewiesen wird. Damit machte Nelly Sachs deutlich, „dass sie erst ,*als ungeheuer Betroffene von dem furchtbaren Geschehen*'[11] im Nazi-Reich zu ihrem eigentlichen Werk gefunden hatte. Da war die Dichterin über fünfzig Jahre alt. Viele ihrer Aussagen deuten darauf hin, dass sie ihre Poesie und gelegentliche Prosa sowie die szenischen Dichtungen als Reaktion auf die Gräueltaten der NS-Zeit verstanden wissen wollte. Erst durch die Zäsur der Vernichtung wurde Sachs zur Schriftstellerin, als die sie sich selbst sehen wollte. Am Anfang war die Shoah."[12]

O die Schornsteine
Auf den sinnreich erdachten Wohnungen des Todes
Als Israels Leib zog aufgelöst in Rauch
Durch die Luft –

---

[10] Briefe der Nelly Sachs, a.a.O. , Brief 186, S. 272
[11] Briefe der Nelly Sachs, a.a.O. , Brief 116, S. 173
[12] Nelly Sachs Werke I, a.a.O. Nachwort von Aris Fioretos, S. 205

> ...
> *O die Schornsteine!*
> *Freiheitswege für Jeremias und Hiobs Staub –*
> *Wer erdachte euch und baute Stein auf Stein*
> *Den Weg für Flüchtlinge aus Rauch? ...*[13]

Mit diesem vielleicht bekanntesten Gedicht beginnt der Zyklus *In den Wohnungen des Todes*. Das Ungeheuerliche der Shoah wird hier in das Licht zweier Männer gestellt, die schon in biblischen Zeiten Symbol für Verfolgung und Leiden, Schmerz und Verlust waren – *Jeremia* und *Hiob*. Es ist das Volk des Buches, das in den Krematorien der Vernichtungslager umkommt. Der Rückgriff auf die beiden biblischen Gestalten gibt der Shoah eine zeitliche Tiefendimension, die durch ein dem Zyklus vorangestelltes Zitat aus dem Buch Hiob noch einen besonderen Akzent bekommt: „Und wenn diese meine Haut zerschlagen sein wird, so werde ich ohne mein Fleisch Gott schauen", heißt es (Hiob 19,26). Dieses kühn-trotzige Dennoch einer Hoffnung macht verständlich, warum die Dichterin die Schornsteine *Freiheitswege* nennt; Freiheitswege *für Jeremias und Hiobs Staub*.

Ein anderes Leitwort *In den Wohnungen des Todes*, das zum Zyklus *Gebete für den toten Bräutigam* gehört, erläutert: „Alles Vergessenen gedenkst du von Ewigkeit her." Die Hebräische Bibel bezeugt einen Gott, bei dem niemand vergessen und nichts vergessen ist. Denn Gott *ist* Gedächtnis.[14] Er vermag zu *gedenken*. Nelly Sachs sagt es im Gedicht unter dem genannten Leitwort dann so:

---

[13] Nelly Sachs Werke I, a.a.O. , S. 11

[14] „Gedächtnis" ist einer der Namen für Gott in der jüdischen Tradition. Weil Gott Gedächtnis *ist*, gliedert sich für ihn die Zeit nicht wie für uns Menschen in Vergangenheit, Gegenwart und Zukunft. Für ihn ist alles Gegenwart und Heute, ein ewiges Jetzt. Unter diesem Blickwinkel werden die Gestalten der Bibel *gleichzeitig* mit den Opfern der Shoah. Und darum kann es heißen: Seit Auschwitz ist kein Tag vergangen.

Du gedenkst der Fußspur, die sich mit Tod füllte
Bei dem Annahen des Häschers.
Du gedenkst der bebenden Lippen des Kindes
Als sie den Abschied von seiner Mutter lernen mussten.
Du gedenkst der Mutterhände, die ein Grab aushöhlten
Für das an ihrer Brust Verhungerte.
Du gedenkst der geistesverlorenen Worte,
Die eine Braut in die Luft hineinredete zu ihrem toten Bräutigam.[15]

3. KAIN – URBILD DES TÄTERS

Vom *toten Bräutigam* spricht die Dichterin in der letzten Verszeile; und überschreibt den gesamten Zyklus: *Gebete für den toten Bräutigam*. Wer ist gemeint? Wir kommen zu einer weiteren bedeutsamen Voraussetzung für das schriftstellerische Werk von Nelly Sachs: Es ist die tragische Liebe eines siebzehnjährigen Mädchens zu einem Mann. Nelly Sachs hat zu niemandem darüber gesprochen, wer dieser Mann war, welchen Namen und Beruf, welche Herkunft, welchen bürgerlichen Status er hatte. Auch über die Umstände ihrer Verliebtheit teilte sie nichts mit. All das blieb ein Geheimnis. Bekannt ist nur, dass sie in den Jahren 1908 und 1909 lebensgefährlich erkrankte. Ob Nelly Sachs in den darauf folgenden Jahren noch Kontakt zu dem unbekannten Mann hatte, den sie so tragisch liebte, ist ungewiss. Es heißt nur, dass er nach 1933 von der Gestapo verfolgt, verhört und gefoltert worden sei und in einem Konzentrationslager umkam. 1959 schrieb Nelly Sachs: „Mein ganzes Lebenswerk (ist) aus der Quelle entstanden, da unter den 7 Jahren unter Hitler ein geliebtester Mensch zu Tode gemartert wurde …"[16]

Von Bedeutung als Quelle ihrer Dichtung ist ihr Geschick als Jüdin in Nazideutschland. Sie schrieb: „Ich habe mit meiner geliebten Mutter 8 Jahre unter ständigem Herzklopfen vor der Gestapo in Berlin

---

[15] Nelly Sachs Werke I, a.a.O. , S. 22
[16] Briefe der Nelly Sachs, a.a.O. , Brief 136, S. 209

zugebracht mit täglichen Droh- und Erpressungsbriefen."[17] Als einmal SS- oder SA-Männer in ihre Wohnung eindrangen und sie ausgeplünderten, verstummte Nelly Sachs. Fünf Tage lebte sie ohne Sprache. „Meine Stimme war zu den Fischen geflohen"[18], schrieb sie später. „Die Stimme floh, da sie keine Antwort wusste und ‚sagen' verboten war."[19] Bis zu ihrer Flucht aus Deutschland (1940) lebte sie unter ständiger Bedrohung. „Unter Bedrohung leben" aber hieß für sie – „im offenen Grab verwesen ohne Tod."[20]

Wer so unmittelbar von Verfolgung, Schmerz und Tod betroffen war wie Nelly Sachs, dem drängt sich mit den Opfern auch die Frage nach den „Tätern" auf. Wer sind sie? Schon *In den Wohnungen des Todes* fragt sie:

Welche geheimen Wünsche des Blutes,
Träume des Wahnes und tausendfach
Gemordetes Erdreich[21]
Ließen den schrecklichen Marionettenspieler entstehen?[22]

Der Mörder ein *schrecklicher Marionettenspieler* in der Hand des Bösen? Die Frage nach den Opfern impliziert die Frage nach den Tätern. Aber wie wird der Mensch zum Mörder? Wieder sucht die Dichterin weit zurück – im „Anfangswort" der Bibel. Dort wird die Geschichte von Kain und Abel erzählt, die das Urbild des Tötens zum Inhalt hat (1.Mose 4,1-16):

---

[17] Nelly Sachs Werke I, a.a.O, zitiert im Nachwort, S. 198
[18] „Der Fisch bezeichnet bei Sachs häufig die stummen Opfer, die ihren Schmerz nicht ausdrücken können." Nelly Sachs Werke IV, herausgegeben von Aris Fioretos, Berlin 2010, Kommentar S. 498
[19] Nelly Sachs Werke IV, a.a.O. , „Leben unter Bedrohung" (1956) S. 13
[20] Nelly Sachs Werke IV, a.a.O. , S. 13
[21] In der hebräischen Sprache haben Mensch und Erde, adam und adamah eine gemeinsame Wortwurzel. Der Mensch ist nach biblischem Verständnis beseelte Erde.
[22] Nelly Sachs Werke I, a.a.O. , S. 17

Kain! Um dich wälzen wir uns im Marterbett:
Warum?
Warum hast du am Ende der Liebe
deinem Bruder die Rose [23] *aufgerissen?*

Warum den unschuldigen Kindlein
verfrühte Flügel angeheftet?
Schnee der Flügel
darauf deine dunklen Fingerabdrücke
mitgenommen
in die Wirklichkeit der Himmel schweben?

Was ist das für eine schwarze Kunst
Heilige zu machen?
Wo sprach die Stimme
die dich dazu berief?

Welche pochende Ader
hat dich ersehnt?

Dich
der das Grün der Erde
zum Abladeplatz trägt

Dich
der das Amen der Welt

---

[23] Der Sohar versteht unter „Rose" die Gemeinschaft Israels. Wie an der Rose dreizehn Blätter sind, so an der Gemeinschaft Israels dreizehn Eigenschaften der Liebe, die sie von allen Seiten umkreisen. (Gemeint sind die dreizehn „Eigenschaften" Gottes nach 2. Mose 34, 6-7). In: DER SOHAR, herausgegeben von Ernst Müller, Eugen Diederichs Verlag 1982, S. 29 (Das Gleichnis von der Rose)

mit dem Handmuskel spricht –
Kain – Bruder – ohne Bruder – [24]

Wir hören kein Wort des Hasses. Den Henkern wird nicht gedroht. Ihnen gelten kein Fluch und keine Rache. Auch werden ihre Gesichter nicht zur dämonischen Fratze entstellt. Es gibt nur Fragen an sie. Bohrende Fragen nach dem Warum aus der Perspektive der Opfer:

Kain! Um dich wälzen wir uns im Marterbett: Warum? ... Was ist das für eine schwarze Kunst / Heilige zu machen? „Warum oft die schwärzeste Tat den Heiligen oder Märtyrer gebären lässt", war für Nelly Sachs eine „Kernfrage der Menschheit".[25] „Da kann niemand auf Erden Antwort geben", schreibt sie an Stockholmer Freunde. Aber sie glaube, „dass diese Frage, dieser ewige Seufzer der Menschheit, tiefer gelagert ist als alle Eroberungen unbekannter Planeten".[26]

Nein, die Warum-Frage bleibt stumm. Doch als Chronistin jenseits der „Protokollform!" muss die Dichterin die Fragen und verborgenen Seufzer der Opfer in immer neue Metaphern gießen (sie hörbar machen) und die Gegenwelt der Täter beschreiben, auf deren Praktiken sich Kain als erster verstand. Denn er war es, der über Abel, seinen Bruder, *das Amen der Welt / mit dem Handmuskel sprach*. Dazu erklärt Nelly Sachs: „Dieses von mir geprägte Wort (*Handmuskel*) soll als Urwort des Tötens stehen – lange bevor man die Schusswaffe hatte, wurde gleichwie immer mit dem Handmuskel getötet."[27]

Wie in der biblischen Geschichte von Kain und Abel steht auch hier nicht die Theodizeefrage „Wie kann Gott das zulassen?" im Fokus,

---

[24] Nelly Sachs Werke II, a.a.O., S. 22 f
[25] Briefe der Nelly Sachs, a.a.O., Brief 129, S. 195
[26] Briefe der Nelly Sachs, a.a.O., Brief 129, S. 195
[27] Nelly Sachs Werke I , a.a.O., Kommentar, S. 236. Vergleiche Nelly Sachs Werke I, a.a.O., S. 12: „Schreckliche Wärterinnen Sind an die Stelle der Mütter getreten, Haben den falschen Tod in ihre *Handmuskeln* gespannt."

sondern die Anthropodizeefrage „Wie kann der Mensch das zulassen?" Es geht um die Verantwortung des Menschen für den Menschen. Seit Jahrtausenden fragt Gott: „Kain, wo ist dein Bruder Abel?" Wo sich der Mensch fremd stellt und sich seiner Verantwortung entzieht, wird er zu *Kain* – zum *Bruder – ohne Bruder*.

4. „ATEMNETZ / HEILIGE SCHRIFT"

Als Nelly Sachs mit ihrer Mutter am 16. Mai 1940 in Stockholm ankam, hatte sie nicht mehr als einen Koffer mit persönlichen Gegenständen und einige Manuskripte. „Wir waren zu Tode gehetzt hier angekommen", schrieb die Dichterin (1959): „Armut, Krankheit, vollkommene Verzweiflung!"[28] Nur das Schreiben half ihr zu überleben. Und das tat sie nachts am Küchentisch, während ihre kranke, pflegebedürftige Mutter schlief. So ist alles, was in ihrer „Dichtung aufgespeichert liegt", entstanden – „immer nur aus äußerster Not und nur aus dem Bedürfnis, Hilfe zum Weiterleben zu bekommen", schrieb sie.[29] Unter dem Druck von Nacht, Leiden und Schlaflosigkeit wurden ihre Worte und Metaphern geboren. Doch wurde ihr Schreiben zur „Atemhilfe". „Alles, was ich schreiben muss, ist wie Atmen", heißt es in einem Brief an den Theologen und Dichter Albrecht Goes. „Ich müsste ersticken, täte ich es nicht."[30]

Die Dichterin rettete sich ins „Wort". Dass sie in einer Gedichtzeile auch vom *Atemnetz / heilige Schrift* [31] spricht, zeigt, welche Bedeutung die Hebräische Bibel für sie hatte. Juni 1947 schrieb sie an eine schwedische Freundin: „Einmal, in der Zeit der tiefsten Angst gab mir eine deutsche Freundin ein kleines Buch in die Hand. Es war die Buber-Rosenzweig-Übertragung des ,Jesaja'. Als ich es sah und las und las, wusste ich, wohin mein Weg gehen muss … Es war keine ,Verdeut-

---

[28] Nelly Sachs Werke I, a.a.O., zitiert im Nachwort S. 204
[29] Briefe der Nelly Sachs, a.a.O., Brief 131, S. 199
[30] Briefe der Nelly Sachs, a.a.O., Brief 82, S. 130
[31] Nelly Sachs Werke II, a.a.O., S. 92

schung', sondern ihr Erdreich war mitgerissen wie die blutigen Fetzen einer Geburt ... Und so suche ich weit zurück aus der schwarzen Antwort des Hasses auf Israels Dasein."[32]

„Möchte nur noch aus Quellen trinken"[33], heißt es in den „Briefen aus der Nacht", die sie zwischen 1950-53 schrieb. Und in einem unveröffentlichten Gedicht, das Mai/Juni 1946 entstanden ist unter dem Titel „*Wasserschöpferin*", spricht sie es deutlich aus:

Ich schöpfe Wasser aus einer Quelle
Bin zurück zu der Kindheit meines Volkes gelaufen
Bin ganz warm geworden
Durch den Wüstensand der Jahrtausende gelaufen
Um bei meinem Volk zu trinken.
Rahels Spiegelbild schöpfe ich mit Händen und küsse es
Jetzt legt mir Gott einen Stern hinein
Ganz nahe bin ich zu Gott gelaufen
Auch wenn ich Leitungswasser trinken muss
werde ich das Geheimnis der Quelle meines Volkes schmecken.[34]

1947 konnte Nelly Sachs dann schreiben: „Selbst habe wieder einen Band Gesänge im Dienst Israels fertig, dieses Mal, nachdem das erste Stück Schmerzgebirge gebrochen ist, suchen sie die geheimeren Adern Israels aufzufinden; ein Teil ist seinen *Erstlingsgestalten* gewidmet."[35] Gemeint sind die Könige Saul und David und die Propheten, darunter Abraham, Jakob, Hiob und Daniel. Publiziert wurden diese Gesänge dann 1949 in dem Gedichtband „Sternverdunkelung". Ihr Zyklus ist überschrieben: *Die Muschel saust*. „In der rauschenden Muschel sind der jüdischen Überlieferung zufolge die verborgenen Menschheitserfahrungen enthalten."[36] Es sind „Passionsgedichte um Israel".[37] Aber Nelly

---

[32] Briefe der Nelly Sachs, a.a.O. Brief 43, S. 79 f
[33] Nelly Sachs Werke IV, a.a.O. S. 47
[34] Nelly Sachs Werke I, a.a.O., S. 167
[35] Briefe der Nelly Sachs, a.a.O., Brief 45, S. 82
[36] Nelly Sachs Werke I, a.a.O., Kommentar S. 261

Sachs war überzeugt, dass „in den großen Gestalten Israels die ewige Linie und das Vorgelebtsein für Alle aufzufinden" sei.[38] „Aus Israels Schmerz heraus erschaffen", sind sie „Vorbilder für ein Leben unter der Ewigkeitsperspektive".[39]

Nelly Sachs betrachtete die Hebräische Bibel als „Urquell", dessen tiefstes *Geheimnis* Gott ist. Von diesem *Urquell* her sollte der *Schrei des jüdischen Volkes aus der Gegenwart* gehört werden.[40] Das war ihr Anliegen. Dabei erfasst sie die biblischen Gestalten aus einer inneren Verwandtschaft heraus. Sie nimmt das Gelesene auf und verwandelt es in eigene Erfahrungen und eigene Gestaltung. So unterschiedlich nun die *Erstlingsgestalten* ihrer biblischen Aussage nach sind, sie haben einen mal mehr, mal weniger versteckten Bezugspunkt, eine heimliche Mitte – das ist *Jakob/Israel*, das jüdische Volk in den *Wohnungen des Todes*, in der Shoah.

5. DAS ‚WARUM' HIOBS

Das Gedicht *Hiob* aus dem Zyklus *Die Muschel saust* soll uns bisher Gesagtes exemplarisch verdeutlichen:

HIOB

O du Windrose der Qualen!
Von Urzeitstürmen
in immer andere Richtungen der Unwetter gerissen;
noch dein Süden heißt Einsamkeit.
Wo du stehst, ist der Nabel der Schmerzen.

Deine Augen sind tief in den Schädel gesunken

---

[37] Briefe der Nelly Sachs, a.a.O., Brief 39, S. 72
[38] Brief an Kurt Pinthus vom 6.11.1947, zitiert in: Werke I, a.a.O., Kommentar, S. 254
[39] Ruth Dinesen, Nelly Sachs. Eine Biographie, Frankfurt a./M. 1992, S. 170
[40] Briefe der Nelly Sachs, a.a.O., Brief 43, S. 80

wie Höhlentauben in der Nacht
die der Jäger blind herausholt.
Deine Stimme ist stumm geworden,
denn sie hat zuviel Warum gefragt.

Zu den Würmern und Fischen ist deine Stimme eingegangen.
Hiob, du hast alle Nachtwachen durchweint
aber einmal wird das Sternbild deines Blutes
alle aufgehenden Sonnen erbleichen lassen.[41]

Hiob, mit *Windrose der Qualen* angeredet, wird *in immer andere Richtungen der Unwetter gerissen*. Angespielt wird auf die so genannten „Hiobsbotschaften", in denen Hiob der Verlust seines Besitzes und all seiner Söhne und Töchter mitgeteilt wird. Doch damit nicht genug. Als er von Kopf bis Fuß mit bösen Geschwüren geschlagen im Aschehaufen der *Qualen* sitzt, fühlt er sich von Gott und Mensch verlassen. Die Dichterin kennzeichnet seine Lage mit den Worten *Einsamkeit* und *Nabel der Schmerzen*.

Konnte man in den ersten fünf Gedichtzeilen noch an den biblischen Hiob der Rahmenerzählung denken, so wird er im Folgenden ganz zur Chiffre für die Qualen des jüdischen Volkes in der Shoah. Der Verlust von *Augen* (Welt) und *Stimme* (Sprache) kennzeichnet diesen Hiob: *Deine Augen sind tief in deinen Schädel gesunken / Hiob, du hast alle Nachtwachen durchweint.* Aus dem Dialogteil des Hiobbuches lassen sich Parallelstellen beibringen:

„Mein *Geist* ist zerbrochen, meine Tage sind ausgelöscht; das Grab ist da. Mein *Auge* ist dunkel geworden vor Trauern, und all meine Glieder sind wie ein Schatten." (Hiob 17,1.8)

Und *Deine Stimme ist stumm geworden, denn sie hat zuviel Warum gefragt* ... „Warum" fragen der biblische Hiob und der Hiob der Shoah:

---

[41] Nelly Sachs Werke I, a.a.O., S. 59 f

„*Warum* bin ich nicht gestorben bei meiner Geburt? *Warum* bin ich nicht umgekommen, als ich aus dem Mutterleib kam?" (Hiob 3,11), „*Warum* gibt Gott das Licht dem Mühseligen und das Leben den betrübten Herzen – die auf den Tod warten, und er kommt nicht?" (Hiob 3,20f), „*Warum* verbirgst du (Gott) dein Antlitz und hältst mich für deinen Feind?" „*Warum* bleiben die Gottlosen am Leben, werden alt und nehmen zu an Kraft?" (Hiob 21,7)
Warum? Warum? Warum?

Als Nelly Sachs einmal gefragt wurde, was für sie der *Tod* bedeutet, antwortete sie, es sei dies, dass das große ‚*Warum*' Hiobs bestehen bleibt, also niemals eine Veränderung und Antwort finden wird. Das große „Warum" Hiobs aber ist für sie, dass es „des Henkers bedarf, den Märtyrer, den Heiligen zu schaffen".[42] *Warum* bedarf es des Bösen, um das Gute hervorzubringen? In „Nachtwache" (1962), einer szenischen Dichtung, findet diese Frage eine Gestaltung. Ausgetragen werde „das ewige Spiel von *Jäger und Gejagtem*, von *Henker und Opfer* auf innerster Ebene", erläutert sie.[43] Das Hiob-Gedicht deutet diese Thematik an, indem es vom *Jäger* spricht, der *die blinden Augen aus ihren Höhlen herausholt*.

Zu den Würmern und Fischen ist deine Stimme eingegangen. Das *Verstummen* ist biographisch im Leben der Dichterin verankert. Wir erinnern uns: Als die Gestapo in ihre Wohnung eindrang und sie verhörte, verstummte sie fünf Tage. Der Fisch wurde ihr zum Bild der stummen Opfer, die ihren Schmerz nicht ausdrücken können. Es gibt einen Tod vor dem Tod. Der beginnt da, wo ein Mensch verstummt. „*Schweigen ist der Wohnort der Opfer*", heißt es später in einer Gedichtzeile.[44] Nelly Sachs will den *Verstummten* die Stimme zurückgeben. „*Wir sind*

---

[42] Nelly Sachs Werke IV, a.a.O., S. 110
[43] Nelly Sachs Werke III, herausgegeben von Aris Fioretos, Berlin 2011, S. 278
[44] Nelly Sachs Werke II, a.a.O., S. 175 (Glühende Rätsel III)

die Stimme der Sterbenden / geworden / Ihr letzter Gesang", sagt sie.[45] Das Schweigen soll reden, *die Wunde lesbar* [46] werden. *Hiob* ist die poetische Umsetzung des Schweigens. „Indem das Schweigen poetisch umgesetzt wird, können Schmerz und Leiden weiterwirken." [47] Für Nelly Sachs sind das „Versuche, die dicken Häute des Diesseits zu durchbrechen und hinauszulugen". Wohin? Dorthin, sagt sie, „wo meine geliebten Toten heimgefunden haben" und eigentlich nur noch *Schweigen seufzt*.[48]

Der biblische Hiob erfährt am Ende ein „Happy End": „Der Herr wandte das Geschick Hiobs", wird erzählt, „und gab ihm doppelt soviel, wie er gehabt hatte" (Hiob 42,10). Nicht so der *Hiob* bei Nelly Sachs. Dort heißt es: *Hiob, du hast alle Nachtwachen durchweint / aber einmal wird das Sternbild deines Blutes / alle aufgehenden Sonnen erbleichen lassen*. Mit anderen Worten: Es gibt für Hiob/Israel noch ein großes „*Aber*". Die *durchweinten Nachtwachen* sind nicht Letztes, nur Vorletztes. Hinter dem „Aber" verbirgt sich ein *Licht*, das einmal *alle aufgehenden Sonnen* der „Bevollmächtigten" von Zeit und Geschichte in den Schatten stellen, sie *erbleichen lassen wird*. Über das „Wie" und „Wann" dieses Lichts wird nichts gesagt. Nur *dass* es kommt, ist die Dichterin gewiss. Denn es ist in den inneren Kosmos von Hiob/Israel eingezeichnet – in das *Sternbild seines Blutes*.[49] „Ich glaube doch an ein

---

[45] Die Elegien von den Spuren im Sande . Unveröffentlichte Gedichte 1940-1950, Nelly Sachs Werke I, a.a.O., S. 146
[46] Nelly Sachs Werke II, a.a.O., S. 162 (Glühende Rätsel I): „Immer wieder neue Sintflut mit den herausgefolterten Buchstaben die an der Angel redenden Fische im Skelett des Salzes die Wunde lesbar zu machen"
[47] Aris Fioretos im Nachwort von Nelly Sachs Werke I, a.a.O. , S. 218
[48] Briefe der Nelly Sachs, a.a.O., Brief 115 (an Alfred Andersch vom 30.10.1957), S. 171 f
[49] Der Mensch war für Nelly Sachs „ein unentwirrbares Universum von blutdurchlaufenen Sternstraßen". Er „wird immer schuldig werden auf

unsichtbares Universum, darin auch das ‚Vergebens' aufgehoben ist", bekannte Nelly Sachs einmal in einem Brief (1959).⁵⁰

6. Der SCHOFAR / DIE JÜDISCHE MYSTIK

Neben der Bibel ist noch eine weitere Quelle zu nennen, die die Lyrik und die Gedankenwelt von Nelly Sachs maßgeblich beeinflusst hat – *die jüdische Mystik, die Kabbala*. Nach dem Tod ihrer geliebten Mutter am 7.2.1950 erhielt sie vom Stockholmer Rabbiner Kurt Wilhelm (1900-1965) ein Exemplar von Gershom Scholems Übersetzung des ersten Kapitels des Sohar, „Die Geheimnisse der Schöpfung" (Schocken Verlag Berlin 1935). Und bald danach fiel ihr Ernst Müllers Einleitung in die Gedankenwelt der Kabbala, „Der Sohar und seine Lehre" (Wien/Berlin 1920) in die Hände. An eine schwedische Freundin schrieb sie begeistert: „Ich las viel in der Kabbala (die jüdische Mystik) … Hier findet man geheime Deutungen von Urbeginn ganz jenseits aller ‚Röhren', durch die der Mensch sonst an die Institutionen gebunden das Wesen trinkt. Hier wird am offenen Meer getrunken in selbstvergessener ‚Hingabe'."⁵¹

Hinzu kam die Lektüre von Arbeiten Martin Bubers über den *Chassidismus*. Faszinierte sie am Sohar, dass er *voll kosmischer Geheimnisse* war, so am Chassidismus *der durchseelte Alltag*⁵², in dem es darauf ankommt, „die kleinen ewigen täglichen Dinge zu tun – aber so tief, so innig, dass dieser Staub durchschmerzt, durchleuchtet wird", schrieb sie an den Literaturhistoriker Walter Muschg nach Basel.⁵³ Nach

---

Erden, das ist seine Tragik. Warum? Darum!" (In: Briefe der Nelly Sachs, a.a.O. , Brief 129, S. 194)
⁵⁰ Briefe der Nelly Sachs, a.a.O., Brief 151 (an Rudolf Peyer, Paris, Schweizer Lyriker), S. 233
⁵¹ Briefe der Nelly Sachs, a.a.O., Brief 78 (an Emilia Fogelklou, Stockholm), S. 125
⁵² Briefe der Nelly Sachs, a.a.O., Brief 88 (an Jacob Picard, New York), S. 138
⁵³ Briefe der Nelly Sachs, a.a.O., Brief 142, S. 221

Auffassung der Chassidim ist die ganze Materie „erfüllt von geistigen ‚Funken' der göttlichen Heiligkeit. Rein materielle alltägliche Lebensfunktionen wie Essen, Trinken, Baden, Schlafen, Tanzen und der Akt der Liebe, werden vom Chassidismus entmaterialisiert"[54] – „durchseelt", würde Nelly Sachs sagen und hinzufügen: „Wir sind alle hier auf Erden, um unseren kleinen Anteil an der Materie zu bewirken, dass sie einmal Geist werde." [55]

In der Zeit ihrer schweren Krankheit 1960 schrieb sie aus der Klinik:[56] „Der Baalschem[57] half am meisten, und hinter allem, was ich hier erfahre und erlebe, steht ein Rettendes, was mir hilft. Der Weg ist ein innerer – der Weg, den wir alle gehen müssen – der Weg des Mystikers … So beginne ich aufs Neue jeden Tag diesen Aufstieg – falle – versuche. Aber *das Sinken geschieht um des Steigens willen*'." [58]

Dieses Zitat aus dem Sohar ist Leitwort zum Gedicht *Einer war, der blies den Schofar* aus *In den Wohnungen des Todes*. Der „*Schofar*" ist ein Blasinstrument, das aus dem Horn des *Widders* gefertigt ist. Er erinnert an die biblische Geschichte der „*Bindung Isaaks*" (1.Mose 22). Als Abraham bereit war, seinen Sohn zu opfern, Gott aber das Sohnesopfer nicht annahm, opferte er stattdessen einen Widder. Der Schofar wird noch heute am jüdischen Neujahrsfest (Rosch haschana) geblasen.

Einer war,
Der blies den Schofar –

---

[54] Georg Langer, Neun Tore / Das Geheimnis der Chassidim, Otto Wilhelm Barth – Verlag 1959, S. 37
[55] Briefe der Nelly Sachs, a.a.O., Brief 157 (an Etschi Horowitz, Tel Aviv 24.3.1960), S. 242
[56] Am 9. September 1960 wurde Nelly Sachs in die Nervenklinik Beckomberga eingeliefert. Diagnose: „Paranoide Psychose". (Nelly Sachs Monographie von Gabriele Fritsch –Vivié, Rowohlt 1993, S. 118)
[57] Gemeint ist der Gründer des Chassidismus Israel ben Elieser, der Baal Schem Tow genannt wurde und von 1700 bis 1760 lebte.
[58] Briefe der Nelly Sachs, a.a.O., Brief 175 Beckomberga 20.10.1960 (an Gudrun Dähnert, Dresden), S. 257 f

Warf nach hinten das Haupt
Wie Rehe tun, wie Hirsche
Bevor sie trinken an der Quelle.
Bläst:
Tekia
Ausfährt der Tod im Seufzer –
Schewarim
Das Samenkorn fällt –
Terua
Die Luft erzählt von einem Licht!
Die Erde kreist und die Gestirne kreisen
Im Schofar,
Den Einer bläst –
Und um den Schofar brennt der Tempel –
Und Einer bläst –
Und um den Schofar stürzt der Tempel –
Und Einer bläst –
Und um den Schofar ruht die Asche –
Und Einer bläst – [59]

An ihre Freundin Gudrun Dähnert schrieb Nelly Sachs: „Die Worte aus dem Schofargedicht sind Blasweisen *Tekia* (Wachtruf), *Schewarim* (Singruf), *Terua* (Geschmetter) wird am Neujahrstag geblasen, Aufsteigen der Bittengel, Erneuerung der Welt, so ist die ungefähre Erklärung."[60] *Die Erde kreist und die Gestirne kreisen im Schofar,* heißt es. Im Schofar? Nichts ist größer, nichts ist weiter und gewaltiger als das Universum. Und das soll wohnen in einem Klanginstrument? Ja, so meint es die Dichterin. In den „Briefen aus der Nacht" erklärt sie: „Im Schall des Widderhorns wohnt der Kosmos. Auch im Atemzug."[61] Aber

---

[59] Nelly Sachs Werke I, a.a.O. S. 15
[60] Briefe der Nelly Sachs, a.a.O. Brief 35, S. 65
[61] Nelly Sachs Werke IV, a.a.O. S. 51 (Briefe aus der Nacht)

wie ist das zu verstehen? „Das reicht in *das Geheimnis*", sagt Nelly Sachs und fügt hinzu, in das Geheimnis dessen, der „Finsternisse zu seinem Versteck macht".[62] „Wir fühlen wohl alle", erklärt sie, „dass es im Grunde nicht um das sichtbare Universum geht – nicht um die Mondreise, die wohl für die nächste Generation schon Wirklichkeit wird – sondern um weit Hintergründigeres, die Landschaft des ‚Nichts'[63] oder ‚Gottes', immerhin dort, wohin sich alles, was auszieht aus Tod, … einschreibt".[64]

Wenn das Geheimnis „Gott" selbst ist, worin besteht dann *das, was in dieses Geheimnis reicht*? Nun – es lässt sich mit einem einzigen Wort benennen: „Samenkorn". *Das Samenkorn fällt* – heißt es im Schofar-Gedicht. Für Nelly Sachs hält das Samenkorn eine Lehre bereit, die sie in ihren Briefen aus der Nacht so beschreibt: „Es gibt nur eine Lehre sagt der Traum. Die Lehre vom Samenkorn … Sich schlafen legen können, tief hinein, in die Erde der Trauer, die Erde der Liebe, der Sehn-

---

[62] Nelly Sachs Werke IV, a.a.O. S. 51 (Briefe aus der Nacht) Vergleiche 2.Samuel 22, 12: „Er (Gott) machte die Finsternis ringsum zu seinem Zelt / und schwarze, dicke Wolken." (Aus Davids Danklied) Gott wohnt also in der Finsternis; in schwarzen, dicken Wolken ist Er gegenwärtig! Weil Er Finsternisse zu seinem Versteck macht, sei nicht überrascht und fürchte dich nicht, wenn Er dir fern scheint und du ihn nicht findest. Er *ist* gegenwärtig!
[63] „Nichts" ist im Sohar Name für Gott. (Gershom Scholem, Die Geheimnisse der Schöpfung, a.a.O , S. 31) „Diese Nacht / ging ich in eine dunkle Nebenstraße / um die Ecke / Da legte sich mein Schatten / in meinen Arm / Dieses ermüdete Kleidungsstück / wollte getragen werden / und die Farbe des *Nichts* sprach mich an: Du bist jenseits!" (Nelly Sachs Werke II, a.a.O. , S. 155)
[64] Briefe der Nelly Sachs, a.a.O. Brief 116 (An Walter A. Berendsohn, 30.10 1957), S. 173

sucht, der Reue, in die Qualen des ‚anders' gerenkt Werdens.[65] Die so tief sich in den Schlaf gelegt haben. So tief."[66]

Das Samenkorn muss sterben, um Früchte hervorzubringen. Es muss Ja sagen, loslassen, leiden und sterben, um zu leben. In einer Aufzeichnung (Manuskript) der Dichterin vom August 1962 finden sich die Worte: „Ja sagen zum äußersten Leiden(,) (zum) Tod(,) sonst kommt das Weizenkorn nicht zur Auferstehung. Ja sagen für die Brüder für die Schwestern (und) die Hölle ertragen. Verfolgung jede Minute(,) Nacht und Tag eingekreist in die Schritte. Farben Gerüche Geräusche einem Menschen in den Tod des Samenkornes zu bringen".[67]

Ohne Hingabe (seiner selbst) wächst kein „Neues". Das wusste Nelly Sachs. *Das Samenkorn* – diese (metaphorisch gesprochen) kleinste Einheit des Menschen – *fällt*, sagt sie im Gedicht. Ja, es muss fallen. Doch ist das Fallen kein Selbstzweck. Es bedeutet nicht das Ende. *Das Sinken geschieht* (allein) *um des Steigens willen,* wird der Sohar vorab zitiert. Alles Fallen (und Sterben) geschieht um des Auf(er)stehens willen. Das ist es, was *die Luft*[68], die das Blasinstrument, den Schofar, zum Klingen bringt, zu erzählen hat – wenn sie *erzählt von einem Licht!* Es ist wahr: *Der Tempel brennt, der Tempel stürzt und die Asche ruht.* Aber all das geschieht *um den Schofar, den Einer bläst.* Und der kündet vom Sieg in der Niederlage, von der Kraft in der Schwachheit, vom Leben durch den Tod hindurch. Denn – *im Schofar kreist die Erde und im Schofar kreisen die Gestirne.*

---

[65] Zu denken ist an die Glut des nächtlichen Kampfes von Jakob/Israel mit dem Engel Gottes, aus dem er gezeichnet, eben *„verrenkt"* hervorgegangen ist.
[66] Nelly Sachs Werke IV, a.a.O. , S. 38
[67] Nelly Sachs Werke IV, a.a.O. , S. 71
[68] Bei *Luft* ist zu denken an die „ruach"; das hebräische Wort bedeutet „Wind", „Geist" und „Atem". Vergleiche Psalm 104, in dem von *Gottes Atem* die Rede ist, der dem Menschen Leben gibt und, wenn der Mensch zu Staub wird, wieder zu Gott zurückkehrt (Psalm 104,29f).

7. ABRAHAM / ÄON DES LEBENDEN LEBENS

Dieser *Erstlingsgestalt* widmet sie eine szenische Dichtung, die 1962 unter dem Titel „Abram im Salz" erschien, und mehrere Gedichte. Vielfältig sind darin die biblischen Bezüge und Anspielungen. Doch gibt es drei Schwerpunkte, die sich so zusammenfassen lassen:

1. *Seine Herkunft*: Abram[69], Sohn des Terach, stammt aus Ur in Chaldäa. (1.Mose 11,31) 2. *Sein Auftrag*: Er soll alles zurücklassen, aufbrechen und in ein Land gehen, das Gott ihm zeigen wird. (1.Mose 12,1ff) 3. *Seine Versuchung*: Er soll auf dem Berg Moria seinen Sohn Isaak opfern. (1.Mose 22) Das Gedicht *Abraham* in der Gedichtsammlung *Sternverdunkelung* (1949) eröffnet den Zyklus (*Die Muschel saust*) mit den biblischen Erstlingsgestalten:

Abraham
O du
aus dem mondversiegelten Ur,
der du im Sande der abtropfenden Sintfluthügel
die sausende Muschel
des Gottesgeheimnisses fandst –

O du
der du aus dem weinenden Sternbild Babylons
den Äon des lebenden Lebens hobst –
das Samenkorn des himmlischen Landmannes warfst
bis in den feurigen Abend des Heute darin die Ähre brennt.

O du
der aus Widderhörnern die neuen Jahrtausende geblasen
bis die Weltenecken sich bogen im Heimwehlaut –

O du

---

[69] *Abram* ist der Name Abrahams, bevor Gott mit ihm den Bund geschlossen hat (1.Mose 17,5).

*der die Sehnsucht an den Horizont der unsichtbaren Himmel hef-
tete
die Engel in die Länder der Nacht berief –
die Beete der Träume bereitete
für die Schar der sich übersteigenden Propheten –*

*O du
aus dessen ahnendem Blut
sich das Schmetterlingswort Seele entpuppte,
der auffliegende Wegweiser ins Ungesicherte hin –*

*O du
aus Chaldäas Sterndeuterhafen
unruhige Welle, die in unseren Adern
noch immer sucht voll Tränen ihr Meer.*

*O Abraham,
die Uhren aller Zeiten,
die sonnen- und monddurchleuchteten
hast du auf Ewigkeit gestellt –*

*O dein wunderbrennender Äon,
den wir mit unseren Leibern ans Ende bringen müssen –
dort, wo alle Reife hinfällt!*[70]

O du / aus dem mondversiegelten Ur wird Abraham angeredet. Die Anrede schafft die Unmittelbarkeit einer dialogischen Situation. In dem sich wiederholenden *O du* findet der klagende Schrei aus der Tiefe gegenwärtigen Leidens einen Jahrtausende alten Adressaten. Abraham wird zu einer zeitlosen Brücke – nicht nur zwischen Einst und Heute,

---

[70] Nelly Sachs Werke I, a.a.O. , S. 56 f

auch zwischen den Äonen (Zeitaltern) und zwischen Mensch und Gott. In ihren *Briefen aus der Nacht* schrieb Nelly Sachs: „In Ur, aus den weißen Fäden des Mondgottes Sin, löst Abraham leise die Ewigkeit aus".[71] Das ist die Grundmelodie dieses Gedichts, der „cantus firmus", der in immer neuen Bildern und Assoziationsketten variiert akzentuiert und vertieft wird:

1. In Chaldäa, der Stadt *Ur – mondversiegelt*, weil dort der Mondgott Sin angebetet wurde – *fand* Abraham *die sausende Muschel des Gottgeheimnisses*. Abraham machte als erster die für die gesamte Menschheit so grundlegende Erfahrung eines Gottes, der unsichtbar ist und den Menschen anredet. Dieses große *Geheimnis* erschloss sich ihm *im Sande der abtropfenden Sintfluthügel*. *Sand* und *abtropfende Sintfluthügel* sind Metaphern, die als Orts- und Zeitangaben jeweils auf ein rettendes Element hinweisen: Erinnert *Sintfluthügel* an die biblische Geschichte von Noah und die Rettung kreatürlichen Lebens in der Arche (1.Mose 6-9), so erlaubt *Sand* die Assoziationskette – Sinaisand, Wüste und Freiheitsbewegung für das Volk Israel. (2.Mose 12 ff) Die (chronologische) Zeit ist (im doppelten Wortsinn) „aufgehoben". Abraham wird gleichsam zur Mitte der Zeit oder zum *wunderbrennenden Äon*, wie es in der Schluss-Strophe heißt.

2. Abraham hat *aus dem weinenden Sternbild Babylons den Äon des lebenden Lebens gehoben*, heißt es in der zweiten Strophe. Äon des *lebenden* Lebens? Es gibt also auch den Äon des „sterbenden" Lebens! Doch in welcher Beziehung stehen die beiden Äonen? Der hermeneutische Schlüssel liegt beim *Samenkorn*. Nelly Sachs führt die ihr so wichtige „Lehre vom Samenkorn", das leiden und sterben muss, um zum Leben zu erwachen, um zum *lebenden Leben gehoben* zu werden (wie sie sagt), auf Abraham zurück: *Der du* (Abraham) *das Samenkorn des himmlischen Landmannes warfst*, heißt es. Das Woher (und Wohin) des

---

[71] Nelly Sachs Werke IV, a.a.O., S. 51 „Abrahams Gott ist verborgen, zeichenlos, aber gefühlt im Atemzug als wirkliches Leben." (Nelly Sachs Werke IV, a.a.O. , S. 58, Briefe aus der Nacht)

Samenkorns (Chiffre für den „Menschen") ist Gott, *der himmlische Landmann*. Zwischen diesem Woher und Wohin liegt der „Weg" des Samenkorns. Und der reicht von den Tagen Abrahams bis ins *Heute*. Die Dichterin sagt – *bis in den feurigen Abend des Heute, darin die Ähre* (das Volk Israel) *brennt* (in der Shoah). „Wie ein *Samenkorn* geht das dritte Auge im Traum zuweilen auf und sieht uns an – da wissen wir, dass *Tod sich in Leben wendet*", heißt es in den „Briefen aus der Nacht".[72] Der Weg des Samenkorns ist ein Weg der Verwandlung – vom Äon des sterbenden Lebens zum *Äon des lebenden Lebens*.

3. Der dann folgende Dreizeiler bezieht sich auf die Versuchung Abrahams, seinen Sohn Isaak zu opfern. (1.Mose 22): *O du / der aus Widderhörnern die neuen Jahrtausende geblasen / bis die Weltenecken sich bogen im Heimwehlaut*. Um das Spezifische dieser Gedichtzeilen zu entdecken, sei ihnen ein Wort des englischen Lyrikers Wilfred Owen (1893-1918) an die Seite gestellt, das im „War Requiem" von Benjamin Britten vertont wurde:

„*A*ls, siehe da, ein Engel ihn (Abraham) aus dem Himmel rief
Und sprach: Leg' deine Hand nicht an den Knaben und tue ihm nichts an.
Siehe, ein Widder fing sich mit den Hörnern im Gestrüpp:
Opfere den *Widder des Stolzes* an seiner statt
Aber der alte Mann wollte so nicht, sondern erschlug seinen Sohn –
Und halb Europas Samen, einen nach dem anderen" …

Der „Abraham" Wilfred Owens erliegt der Versuchung. Statt den *Widder des Stolzes* zu opfern, also Hass, Neid und die Sünde der Überlegenheit bei sich zu bekämpfen und zu überwinden, opfert der *alte Mann* seinen Sohn, „*Europas Samen*", die Zukunft der Völker. Anders der „Abraham" bei Nelly Sachs. Er, *der aus Widderhörnern die neuen Jahrtausende geblasen*, wird zum Symbol der Zukunft. Der aus dem

---

[72] Nelly Sachs Werke IV, a.a.O., S. 36

Widderhorn gefertigte Schofar kündigt im *Heimwehlaut* die Erlösung Israels an, die Sammlung der Verlorenen. (Jesaja 27,13)

4. Abraham ist es, *der die Sehnsucht an den Horizont der unsichtbaren Himmel heftete.* „Sehnsucht" ist ein Schlüsselwort bei Nelly Sachs. Bengt Holmqvist, Freund und literarischer Ratgeber der Dichterin, nennt sie „die Triebkraft der ewigen Verwandlung"; die „allem Lebendigen ... innewohnende Kraft zum ‚Neuen'".[73] In den „Briefen aus der Nacht" erklärte die Dichterin, dass die *Sehnsucht* das Einzige sei, das über ihren Staub hinausgehe;[74] und ließ (schon 1944) den Schriftsteller Max Tau wissen: „All die Sehnsucht, die wie in der Zeit der Chassidim die jüdischen Menschen wieder *zu ihrem Gott aufbrechen* ließ, ist neu geworden bei den wenigen, die vielleicht dies Entsetzen überleben dürfen."[75] „*Vielleicht aber braucht Gott die Sehnsucht, wo sollte sonst sie auch bleiben / Sie, die mit Küssen und Tränen und Seufzern füllt die geheimnisvollen Räume der Luft*", heißt es in einem Gedicht, das zum Zyklus der „Gebete für den toten Bräutigam" gehört.[76]

5. Abraham war für Nelly Sachs auch derjenige, der *die Engel in die Länder der Nacht berief.* Dass *Nacht* eine Metapher für die Shoah

---

[73] Bengt Holmqvist, Das Buch der Nelly Sachs, Frankfurt/M. 1977, S. 11
[74] Nelly Sachs Werke IV, a.a.O. , Briefe aus der Nacht, S. 54 „Ich leide an meinem Leibe, an der furchtbaren Pfeilspitze der *Sehnsucht*, die uns von Anbeginn zu Tode trifft und die uns stößt, *außerhalb zu suchen*, dort, wo die *Unsicherheit* zu spülen beginnt." (Briefe der Nelly Sachs, a.a.O. , Brief 120 (an Margit Abenius, Uppsala), S. 181
[75] Briefe der Nelly Sachs, a.a.O. , Brief 19, S. 37 „Sehnsucht – als innere Kraft zum Aufbrechen hin zu *dem* Gott, der Abraham geboten hat, alles zurückzulassen und in das Land zu ziehen, das Er ihm zeigen werde (sei es nun diesseits oder jenseits der Todeslinie). Abgestoßen von dieser Kugel, in die Flucht, in das Dunkel, das Meer der Unsicherheit darein sich Abraham, der Erste mit dem *Stemmeisen der Sehnsucht* warf. Wohin – dahin." (Aus: Leben unter Bedrohung" in: Nelly Sachs Werke IV, a.a.O. , S. 14)
[76] Nelly Sachs Werke I, a.a.O. , S. 21 (In den Wohnungen des Todes)

ist, macht eine andere Gedichtzeile (aus Sternverdunkelung) deutlich: „*Nacht, Nacht, / jetzt bist du der Friedhof / für eines Sternes schrecklichen Schiffbruch geworden*".[77] Und wer sind die Engel? Sind sie von der Art des Mannes, mit dem Jakob/Israel die *Nacht* hindurch bis zur Morgendämmerung zu kämpfen hatte? Oder sind es die Engel, von denen es heißt, dass sie *stark sind in den Schwachen?* [78] Wie auch immer – so abgrundtief schwarz die Nacht der Shoah ist, sie hat ihre Engel – dank Abraham, von dem die hebräische Bibel erzählt, dass er drei Engeln, himmlischen Boten, Gastfreundschaft erwies, die ihm und Sarah die Geburt eines Sohnes ankündigten, auf den sie bis in ihr hohes Alter warten mussten. (1.Mose 18,1-15) Gemeint ist Isaak, in dem Gott seine Zusage erfüllt: „Ich will dich (Abraham) zu einem großen Volk machen." (1.Mose 12,2) Eine Zusage, die durch nichts und niemanden verdunkelt oder aufgehoben werden kann, auch nicht durch „Moriah", den „Klippenabsturz zu Ihm (Gott), dessen Zeichen die Ferne ist", wie es bei Nelly Sachs heißt.[79]

6. Die *Seele*, also das, was den Menschen zum Menschen macht, ist für Nelly Sachs ein *Schmetterlingswort*. Der Schmetterling ist bei ihr ein Zeichen der Verwandlung: „Welch schönes Jenseits ist in deinen Staub gemalt", lautet eine Gedichtzeile.[80] Das *Schmetterlingswort Seele*

---

[77] Nelly Sachs Werke I, a.a.O. , S. 49 (Sternverdunkelung)
[78] Nelly Sachs Werke IV, a.a.O. , Briefe aus der Nacht, S. 55 „*Engel der Bittenden*, / segne den Sand, / lass ihn die *Sprache der Sehnsucht* verstehn, / daraus ein Neues wachsen will aus Kinderhand, / immer ein Neues!" (Nelly Sachs Werke I, a.a.O. , S. 48, Zyklus „und Reissend ist die Zeit" in: Sternverdunkelung)
[79] Nelly Sachs Werke IV, a.a.O. , S. 14 (in: Leben unter Bedrohung) „Über Moria, dem Klippenabsturz zu Gott schwebt des Opfermessers Fahne Abrahams Herz-Sohn-Schrei, am großen Ohr der Bibel liegt er aufbewahrt." (In: „Landschaft aus Schreien" – Nelly Sachs Werke II, a.a.O. , S. 46)
[80] Nelly Sachs Werke I, a.a.O. , S. 89

entpuppt sich nun als *der auffliegende Wegweiser ins Ungesicherte hin*". Dass Abraham (auf Gottes Wort hin) ausziehen sollte „aus seinem Vaterland, seiner Verwandtschaft und seines Vaters Haus", wie es in der Bibel heißt (1.Mose 12,1), bedeutete: Aufbrechen ins Unbekannte, *ins Ungesicherte*. Das „Land der Zukunft", in das Abraham zieht, hat im Gedicht aber nicht nur (bildlich gesprochen) eine horizontale, auch eine vertikale Dimension. Es geht bei dem *Schmetterlingswort Seele* um einen *auffliegenden* „Wegweiser ins Ungesicherte hin". Danach zu urteilen, besteht der radikalste Aufbruch der menschlichen Seele darin, dass sie alles zurücklässt und zu Gott hin „aufbricht". Das Woher der Seele ist auch ihr Wohin. Ihre Herkunft ist ihre Zukunft. Im Gedächtnis an eine Tänzerin schrieb Nelly Sachs (in den „Grabinschriften in die Luft geschrieben"):

> *Die Tänzerin*
> *Deine Füße wussten wenig von der Erde,*
> *Sie wanderten auf einer Sarabande*
> *Bis zum Rande –*
> *Denn Sehnsucht war deine Gebärde.*
>
> *Wo du schliefst, da schlief ein Schmetterling*
> *Der Verwandlung sichtbarstes Zeichen*
> *Wie bald solltest du ihn erreichen –*
> *Raupe und Puppe und schon ein Ding*
>
> *In Gottes Hand*
> *Licht wird aus Sand.* [81]

7. Wir müssen beides vor Augen haben – die innere Triebkraft der *Sehnsucht* und das Geheimnis der *Verwandlung*, um zu verstehen, warum *Abraham* in der Metapher der *unruhigen Welle* erscheinen kann,

---

[81] Nelly Sachs Werke I, a.a.O., S. 27 (In den Wohnungen des Todes)

die *in unseren Adern* präsent ist und *noch immer sucht voll Tränen ihr Meer.* „An Stelle von Heimat / halte ich die *Verwandlungen der Welt*", bekennt Nelly Sachs in einer Gedichtzeile aus „Flucht und Verwandlung", die biographische Züge trägt.[82] Und in einem Brief an Hilde Domin (1.10.1965) notiert sie: „Wie aller Geschöpfe Verwandlung geht die *unbewusste Sehnsucht* der Geschöpfe weiter in die Elemente zurück. Darum sehnt sich der Schmetterling wieder zum Meer. Beim Menschen bricht der Todesschweiß aus. Aber das weißt Du ja alles, was soll ich an dem Gedicht erklären, es ist ja ganz auf Verwandlung gestellt." [83]

Wie hieß es zu Beginn in den „Briefen aus der Nacht"? „In Ur, aus den weißen Fäden des Mondgottes Sin, löst *Abraham* leise die Ewigkeit aus." Er war es, hören wir nun, der die *Uhren aller Zeiten, die sonnen- und die monddurchleuchteten, auf Ewigkeit gestellt* hat. Wohl ist *Jeremias und Hiobs Staub* hineingenommen in Abrahams *wunderbrennenden Äon*, aber noch nicht am Ziel: *Wir müssen ihn mit unseren Leibern ans Ende bringen*, heißt es. Wir müssen aktiv mitwirken. Was *dort geschieht, wo alle Reife hinfällt!* Seit Jahrtausenden – immer dort, nur dort, *wo alle Reife hinfällt!*

An eine schwedische Literaturkritikerin und Freundin schrieb Nelly Sachs einmal Worte, die einem Credo gleichkommen und zusammenfassen, was sie in Poesie umsetzen wollte:

„Ich glaube an die Durchschmerzung, an die Durchseelung des Staubes als an eine Tätigkeit, wozu wir angetreten. Ich glaube an ein unsichtbares Universum, darin wir unser dunkel Vollbrachtes einzeichnen. Ich spüre die Energie des Lichtes, die den Stein in Musik aufbrechen lässt, und ich leide an meinem Leibe, an der furchtbaren Pfeilspitze der Sehnsucht, die uns von Anbeginn zu Tode trifft und die uns stößt, außerhalb zu suchen, dort, wo die Unsicherheit zu spülen beginnt." [84]

---

[82] Nelly Sachs Werke II, a.a.O., S. 74
[83] Nelly Sachs Werke II, a.a.O., S. 300 Kommentar
[84] Briefe der Nelly Sachs, a.a.O., Brief 120 (An Margit Abenius, Uppsala), S. 181

Die Opferung Isaaks:
Geschichte des Überlebenden
von Elie Wiesel [1]

Jörgen Sontag

1. Eine Frage

Was wissen Sie von Isaak?
Abraham – ist vielen bekannt, Jakob – ebenfalls.
Aber Isaak?
Was weiß Elie Wiesel über Isaak? Deutlich mehr als wir Christen. Seine Quellen sind:
Das Buch Genesis im Ersten Testament, das wir Christen das Alte Testament nennen,
die Midraschim, die Ergebnisse tief schürfenden Grabens in der Schrift, Legenden und Erzählungen, in denen das jüdische Volk in vielen Generationen seinen Weg mit Gott bedacht und sich selbst immer wieder erläutert hat,
den Talmud, also die Niederschrift rabbinischer Diskussionen über das jeweils aktuelle Verständnis der Schrift in den ersten Jahrhunderten n.Chr..

2. Eine Absichtserklärung

Ich werde Ihnen jetzt nicht einen Vortrag über Isaak halten. Ich will **Elie Wiesels Sicht** auf Isaak vorstellen, und auch er hat uns nicht ein Referat über Isaak vorgelegt, sondern eher so etwas wie einen Midrasch über diesen Erzvater geschrieben.

---

[1] In: Elie Wiesel, Adam oder das Geheimnis des Anfangs - Brüderliche Urgestalten, Freiburg, 5. Auflage 1987, S. 75-105. Im Folgenden zit. als EW

Aus meiner Absicht folgt, dass ich Elie Wiesel selbst ausführlich zu Worte kommen lasse. Meine Rolle sehe ich darin, das Wichtige zusammenzustellen und es hier und da durch kleine Kommentare zu verbinden.

I
Ich beginne mit den Sätzen, mit denen Wiesel sein Isaak-Porträt eröffnet.

> *Das ist eine bestürzende Geschichte, in der die Furcht herrscht. Die Furcht und der Glaube. Die Furcht und die Herausforderung. Die Furcht und das Lachen.*
> *Eine Schrecken erregende Geschichte, die zu einer Quelle des Trostes geworden ist für alle, die sie auf sich nehmen und sie in einem übertragenen Sinne in ihre eigene Erfahrung einfügen. Es handelt sich um **eine Geschichte, die das jüdische Schicksal ganz enthält,** wie die Flamme bereits in dem Funken enthalten ist, der sie entzündete.[2] Es finden sich dort alle großen Themen, Leidenschaften und Heimsuchungen jenes großen Abenteuers, das Judentum heißt. Die Angst des Menschen vor Gott und seine Suche nach Reinheit und Sinn, die Zerreißprobe zwischen absolutem Glauben und absoluter Gerechtigkeit, zwischen dem Bedürfnis, Gott zu gehorchen und ihm den Gehorsam zu versagen. (...)*
> *Sogar die Form des Berichts hat nichts Vergleichbares im Buch der Bücher und verschlägt uns in ihrer Nüchternheit und Wucht den Atem. Jedes Wort hallt im Unendlichen wider, beschwört Konflikte und Dramen, schafft eine besondere Atmosphäre, bezieht sich auf Geschehenes, weist auf Künftiges und erreicht seinen Höhepunkt in einem Theatercoup, der den Personen ein anderes menschliches Format und eine andere Dimension gibt. Trotz des metaphysischen Hintergrunds bleibt die Situation in*

---

[2] Hervorhebung durch mich. JS

jeder Phase real und von brennendem Ernst. Diese uralte Geschichte ist noch immer unsere Geschichte und wird es zutiefst bleiben. Jeder von uns ist aufgerufen, eine Rolle darin zu spielen. Welche Rolle? Sind wir Abraham oder Isaak? Wir sind Jakob, das heißt Israel, und Israel beginnt mit Abraham.[3]

2

Es ist bemerkenswert: Wiesel will uns die 'Opferung Isaaks' vorstellen, aber er schreibt über Abraham. Auch das Buch Genesis im Alten Testament erzählt das Wenige, das es von Isaak überliefert, in einer eigentümlichen Weise. Es zeigt uns, wie immer andere mit Isaak handeln, nie ist er selbst aktives Subjekt: in der sogenannten Opferung nicht, bei der Brautsuche nicht und in dem Konflikt zwischen Esau und Jakob auch nicht. Immer handeln andere an seiner Stelle und mit ihm. Ob Wiesel auch das im Sinn hat, wenn er sagt: *Diese Geschichte ist noch immer unsere Geschichte und wird es zutiefst bleiben ?*

Einiges zu Abraham

Es war einmal ein außergewöhnlicher Mann mit Namen Abraham, der alle Gaben und Tugenden besaß und aller Dankbarkeit würdig war. Ein Gesandter Gottes unter den Menschen, die zu selbstgefällig und blind waren, um seine Größe zu erkennen. Die Tradition stellt ihn über Moses, dessen Gesetz er befolgt, und sogar über Adam, dessen Irrtümer er berichtigt. Abraham ist der erste Feind des Götzendienstes,... der erste Rebell, der sich gegen das 'System', gegen die Gesellschaft und gegen die Autorität auflehnt. (...)

Der erste Glaubende, der allein gegen alle steht, und sich für frei erklärt. Allein gegen alle trotzt er dem Feuer und der Menge und behauptet, daß es nur **einen Gott gibt,** *der dort gegenwärtig ist,*

---

[3] EW, S. 75/76

> *wo man ihn anruft, und daß das Geheimnis des Himmels das des Menschen wieder zusammenfügt.*[4]

Abraham setzt sich mutig mit Menschen auseinander, um ungerecht in Not Geratene zu retten (Gn 14), und mit Gott, um zwei Städte zu retten. Er wagt es, Gott zu warnen, er würde eine ungerecht begehen, und Gott hört auf ihn (Gn 18).
Dann kommt der Tag, an dem Gott beschließt, Abraham auf die Probe zu stellen. Wiesel wörtlich:

> *„Nimm deinen Sohn und bringe ihn mir zum Opfer dar".*
> *Der hier benutzte Ausdruck ist* ola, *das bedeutet restlos verbranntes Opfer, Holocaust. Und Abraham gehorcht ohne Widerspruch, sucht nicht zu verstehen oder Zeit zu gewinnen, er sagt kein einziges Wort und vergießt keine Träne. Er spricht mit niemandem darüber, nicht einmal mit seiner Frau Sarah. Er wartet ganz einfach den nächsten Morgen ab und schirrt, während sie noch schläft, den Esel an. Sein Sohn und zwei Knechte begleiten ihn, er schlägt den Weg zum Berge Morija ein, und nach einem Marsch von drei Tagen (...) lassen Vater und Sohn die Knechte und den Esel zurück und beginnen den Aufstieg ins Gebirge. Oben angekommen, errichten sie einen Altar und bereiten die rituelle Handlung vor. Alles ist bereit, das Holz, das Messer, das Feuer. Opferpriester und Opfer blicken sich lange in die Augen. Einen Augenblick lang hält die ganze Schöpfung den Atem an. Die gleiche Angst befällt Vater und Sohn.*

> *Isaaks Angst hat uns der Midrasch beschrieben.(...) Isaak (begreift), daß das, was mit ihm geschieht, auch mit anderen geschehen wird, diese Geschichte wird kein Ende haben, seine Kinder werden sie immer wieder durchstehen müssen (...)*

---

[4] EW, S. 76 Hervorhebung durch mich JS

*A b r a h a m weiß, daß er mit der Opferung seines Sohnes im Gehorsam gegen Gott in Wirklichkeit **sein Wissen** von **Gott und seinen Glauben** an **ihn opfert**. Wenn Isaak stirbt, wem wird der Vater diesen Glauben und dieses Wissen weitergeben? (...) Eine Angst, die bedrückender und verheeren-der ist, ist kaum vorstellbar: Ich hätte also umsonst gelebt, gelitten und leiden lassen.*
*Und das Wunder geschieht. Der Tod wird besiegt, das Schicksal widerrufen. (...) Ist damit das Geheimnis schon gelöst? Ganz im Gegenteil. Bei der Lektüre der Midraschliteratur tritt das noch stärker und beunruhigender hervor. Die Frage lautet nicht mehr, ob Isaak gerettet wird, sondern **ob das Wunder sich wiederholen wird,** wie oft, aus welchen Gründen und zu welchem Preis es sich wiederholen wird.*[5]

3

Mit dem Midrasch richtet Wiesel Fragen an den Bibeltext: Abraham kannte das Gebot Gottes. Er wusste, dass er das Bild Gottes schändete, wenn er tötete. Er wußte, dass es besser ist, zu sterben als zu töten. Er wusste auch, dass Gott Sein eigenes Gesetz respektieren muss, gerade auch das wichtigste von allen: Du sollst nicht töten. Ein Geheimnis umgibt ihn.

Dieser Abraham - warum wird er in jüdischen Gebeten zum Symbol der Gnade, des Mitleidens und der Liebe? Und warum trägt Isaak den Namen *jizchak (=der lachen wird)?* Und: Warum, wenn Gott Abraham so sehr liebte, mutet Er Abraham solche Prüfung und Qual zu?

Wiesel gibt darauf eine heroisch klingende Antwort: Gott legt solche Prüfungen nicht Schwachen auf, sondern Starken. E r kennt den Ausgang im Voraus, s i e aber nicht. Dieser Antwort, das weiß Wiesel, werden viele nicht zustimmen; dass Leiden den Juden guttun, kann doch nur ihren Feinden gefallen.

---

[5] EW, S. 77/78 Hervorhebungen von mir JS

Wiesel stellt eine weitere Antwort vor, obwohl er sie nicht besonders originell findet. Satan hatte seine Hand im Spiele. Wie später bei Hiob feilscht Satan mit Gott darum, ob Abraham wirklich Gottes Hochschätzung verdiene. Satan ist sich sicher, in einer harten Probe werde Abraham versagen. Wirklich?

Wiesel erzählt den Hergang mit eigenen Worten nach.

Gott sagt: „Nimm deinen Sohn, deinen einzigen, den du liebst, den Isaak, und gehe in das Land Morija und bringe ihn dort auf einem der Berge, den ich dir angeben werde, als Brandopfer dar." Diesmal erwidert Abraham nicht: „Hier bin ich", er schweigt, kehrt heim und legt sich schlafen. Beim Morgengrauen steht er auf, weckt seinen Sohn und seine Knechte und macht sich auf den Weg. Nach drei Tagen, an denen er kein Wort spricht, entdeckt er in der Ferne den angegebenen Ort. Abraham lädt seinem Sohn das Holz auf und nimmt selbst das Messer und das Feuer: S o g i n g e n s i e b e i d e m i t e i n a n d e r. Dieser Satz sagt uns alles. Sie gehen, um dem Tod ins Auge zu schauen oder um den Tod zu geben, aber sie gehen miteinander. Sie fühlen sich verbunden, während alles sie schon voneinander trennt. Gott erwartet sie, und sie gehen zusammen zu ihm. Da aber spricht Isaak, der bis dahin den Mund noch nicht aufgetan hatte, zu seinem Vater ein einziges Wort, er sagt: „Vater". Und zum zweitenmal antwortet Abraham:„Hier bin ich". Liegt es an dem Schweigen, das dieser schmerzlichen und leisen Bestätigung folgt, daß Isaak ein unbehagliches Gefühl hat? Er möchte verstehen oder aber Sicherheit haben und sagt: „Ich sehe das Feuer und sehe das Holz, aber wo ist das Lamm, das Gott versprochen wurde?" Abraham wird plötzlich verlegen und antwortet ausweichend: „Gott wird das Lamm bezeichnen". Und wieder g i n g e n b e i d e m i t e i n a n d e r. Sie setzen den Weg fort, sind allein auf der Welt, eingeschlossen in einem unergründli-

chen Plan Gottes. Aber sie gehen m i t e i n a n d e r . Die Wiederholung verstärkt die dramatische Spannung des Berichts und gibt ihm plötzlich einen neuen Ton. Isaak beginnt zu ahnen, zu begreifen, und dann weiß er es. Vater und Sohn leiden gemeinsam.
Miteinander erreichen sie den Gipfel, miteinander errichten sie den Altar, miteinander legen sie das Feuer und das Holz bereit. Alles ist nun bereit, und nichts regt sich. Isaak liegt ausgestreckt auf dem Altar und mißt schweigendes Blickes den Vater. Plötzlich greift Abraham nach dem Messer, schickt sich an, das Opfer zu vollziehen. In diesem Augenblick fährt ein Engel dazwischen und ruft: Abraham. Und Abraham sagt zum drittenmal: Hier bin ich. Ich bin derselbe, der ich war, als ich auf deinen ersten Anruf geantwortet habe. Ich antworte deinem Ruf, wie immer er auch lautet. Auch wenn er sich ändert, ändere ich mich nicht.[6]

Es gibt in Bibeltexten manchmal Formulierungen, die genauen Lesern auffallen oder auffallen müssten, aber Exegeten gehen erstaunlicherweise nicht darauf ein. Weshalb sie das nicht tun, weiß ich nicht. Dass sie solche Auffälligkeiten nicht bemerken, kann nicht sein. Hier folgt so eine.
Wiesel stellt sie uns vor: *Abraham hätte glücklich und zufrieden heimkehren müssen; aber der Bericht schließt mit einem seltsamen Satz, der die Wunden von neuem aufreißt: (...) Wajaschaw Awraham el na'araw und Abraham kehrte zu seinen Knechten zurück. (...) E r kehrte zurück. (Das Wort) steht im Singular. Abraham kehrte also allein zurück. Und Isaak, wo ist Isaak? Warum ist er nicht bei seinem Vater? Was ist mit ihm passiert?*

---

[6] EW, S. 85/86 Die Sperrungen nehmen den Kursivdruck bei Wiesel auf

Hat die gemeinsame Erfahrung sie schließlich getrennt?
Hat Isaak sich verändert? Grollt er seinem Vater? Blieb ein
Stück von ihm oben auf dem Altar zurück?[7]

5
Der Midrasch geht dieser Frage nach. Er erforscht Herz und Schweigen der Personen und dringt in die letzen Winkel ihres Wesens und Verhaltens ein. Er versucht, sich das Unvorstellbare vorzustellen und zu erklären.
Wieder wird Satan bemüht. In ausführlichem Dialog versucht er, erst Abraham von seinem Gang auf den Berg Morija abzuhalten. Als ihm das nicht gelingt, macht er sich in Gestalt eines jungen Mannes an Isaak heran und versucht, ihn aufzuklären und zum Widerstand anzustacheln. Bei beiden hat Satan keinen Erfolg. Zuletzt versucht Satan es mit der W a h r h e i t . Er erzählt Abraham, was wirklich passieren wird. Aber Abraham lässt sich nicht beirren. Er schweigt sich aus.
Abraham weiß, wie er zwischen göttlichen und anderen Prüfungen unterscheiden kann. *Satan erleichtert die Dinge, Gott nicht.*
Abraham braucht sich bloß zu fragen, was das Bequemste wäre. Natürlich nach Hause gehen! Deshalb mußte er sich für das Gegenteil entscheiden, und er setzte seinen Weg fort.[8]

Es kommt also wirklich zur Bindung Isaaks und erst im allerletzten Augenblick zum Ersatzopfer, dem Widder.

Der Midrasch ist leidenschaftlich bemüht, zu ergründen, was da zwischen Gott und Abraham, Abraham und Gott stattgefunden hat. Daran hängt auch die Antwort auf die Frage, weshalb Abraham Isaak vorher nichts gesagt hatte.

---

[7] EW, S. 87
[8] EW, S. 92

1. Der Befehl zur Opferung Isaaks war eine Angelegenheit ausschließlich zwischen Gott und Abraham. Also hat er das auch mit sich selbst abzumachen. Das ist ein Zeichen seiner Stärke. Gott schätzt am Menschen, wenn er bewusst und aus Überzeugung zu Ihm kommt.
Es sieht aus wie ein Zweikampf. Wiesel wörtlich:

> *Wie, wenn Abraham sagte Ich fordere dich heraus, Herr, ich werde mich deinem Willen unterwerfen, aber wir werden sehen, ob du bis zum Äußersten gehst, ob du es tatsächlich geschehen läßt, ob du stumm bleibst, wenn das Leben meines Sohnes, der auch dein Sohn ist, auf dem Spiele steht?*[9]

Gott gibt nach, Abraham geht als Sieger aus dem Ringen. Deshalb schickt Gott seinen Engel, der den Befehl zum Opfer widerruft.

2. Gott hatte eingelenkt. Doch nun stellt Abraham Bedingungen. Als er das Wort des Engels vernahm, wurde er skeptisch und zweifelte den Widerruf an. So der Midrasch. Der Engel sollte sich ausweisen. Und wörtlich: *Gott hat mir befohlen, ihm meinen Sohn zu opfern, deshalb ist es an ihm, den Befehl zurückzunehmen, und zwar ohne Mittelsmann.*[10]
Ein zweiter Sieg für Abraham. Aber auch damit gibt er sich nicht zufrieden.

3. Der den Dingen auf den Grund gehende Midrasch geht noch einen Schritt weiter. Wiesel gibt ihn so wieder:

> *Als Abraham die himmlische Stimme vernahm, die ihm befahl, seinen Sohn Isaak zu verschonen, erklärte er:*
> *Ich schwöre, daß ich den Altar nicht verlassen werde, bevor ich dir, Herr, nicht gesagt habe, was ich auf dem Herzen habe. -So sei es, entgegnete die himmlische Stimme, sprich. - Hast du mir nicht eine Nachkommenschaft, so zahlreich wie die Sterne des Himmels, versprochen? - Ja, das habe ich dir versprochen.*

---

[9] EW, S. 95
[10] EW, S. 96

- Und diese Nachkommen, auf wen sollen sie sich berufen, nur auf mich? -Nein, spricht die Stimme, auch auf Isaak. - Und hast du mir nicht versprochen, daß sie die Erben der Erde sein werden? - Ja, das habe ich dir versprochen. - Von wem stammen sie denn ab, nur von mir? - Nein, sagt die Stimme Gottes, auch von Isaak. -
Siehst du, Herr, sagt Abraham mit Nachdruck, soeben hätte ich dich darauf aufmerksam machen können, daß dein Befehl im Widerspruch zu deinem Versprechen stand. Ich habe meinen Schmerz zurückgehalten und kein Wort gesagt, aber zum Ausgleich will ich, daß du mir folgendes versprichst, daß auch du nichts sagen wirst, wenn meine Kinder und Kindeskinder in allen späteren Generationen gegen dein Gesetz und deinen Willen verstoßen. - So sei es, spricht die Stimme Gottes, es genügt, daß sie diese Geschichte erzählen und alles wird ihnen verziehen."[11]
Jetzt ist alles klar. Wir verstehen, warum Abraham das Synonym für Gnade geworden ist. Er war wirklich barmherzig, nicht so sehr Isaak als Gott gegenüber. Er hätte ihn beschämen und ihn anklagen können, aber er tat es nicht. (...) Er hat die Partie gewonnen, und Gott liebt es, wie der Midrasch sagt, von seinen Kindern besiegt zu werden.[12]

Warum vertieft sich der Midrasch so intensiv in diese biblische Geschichte? - Vielleicht, um dem Judentum seiner Zeit eine Perspektive für das Überleben zu vermitteln, indem er zeigt, wie die biblischen Erzväter darauf hingewirkt haben, dass Gott allezeit zu Seinem Volk stehen wird, wie immer es ihm, dem Volk, gehen mag.

---

[11] Das klingt wie eine jüdische Variante zum Eintreten Jesu vor Gott für die an Ihn Glaubenden. Es stellt sich die Frage, ob dieser Midrasch eventuell nach-christlich und gegen die christliche Verkündigung gerichtet ist.
[12] EW, S. 96/97

6

Eine letzte Frage bleibt uns zu bedenken: **Was ist mit Isaak?** Wir haben es schon gehört. In dem biblischen Bericht sieht es so aus, als verschwinde Isaak stillschweigend aus der Geschichte. Im Fortgang des Buches Genesis taucht sein Name erst wieder auf, als sein Vater Abraham beschließt, eine Braut für ihn zu suchen, und den Knecht seines Vertrauens, Elieser, damit beauftragt (Gn 24).

In der Fantasie des jüdischen Volkes gibt es die Vorstellung, Isaak sei auf dem Altar gestorben, das göttliche Eingreifen sei zu spät gekommen. Gott und Abraham, beide hätten verloren.

Daher wird durch die Jahrhunderte hin immer dann der Begriff 'Isaaks Opferung' (!) benutzt, wenn die Zerstörung und das Verschwinden jüdischer Gemeinden beklagt wird. Ob auf Kreuzzügen, in Katastrophen und Pogromen, immer ist es Abraham, der seinen Sohn auf den Altar legt. Die uralte Geschichte wird als eine **Urgeschichte** gelesen, in ihr ist jüdische Geschichte vorabgebildet. Isaak wird als so etwas wie der Prototyp des jüdischen Volkes gesehen.

Das bedeutet aber, dass Isaak seine 'Opferung' tatsächlich ü b e r l e b t hat; so wie das jüdische Volk alle Verfolgungen überlebt hat. Wir sprechen deshalb genauer von den 'Bindung Isaaks'.

Isaak hatte keine andere Wahl als zu überleben Er war daher auch genötigt, nicht nur mit seinen Erinnerungen zu leben, sondern auch positiv etwas aus ihnen zu machen, Hoffnung für andere zum Beispiel. Sein Volk lernte durch ihn Hoffnung, ja wurde, wie Wiesel sagt, geradezu *zur Hoffnung gezwungen.*[13] Wiesel sieht das Überleben seines Volkes an das Überleben Isaaks gebunden. Über Isaak hatte nach dem Geschehen auf dem Berg Morija der Tod keine Macht mehr.[14]

---

[13] Vgl. EW, S. 99

[14] Da scheint wieder so etwas wie eine Parallele Isaak / Jesus Christus auf.

Die Tradition erzählt: Isaak wurde ein Dichter, er war nicht verbittert, er ließ sich in seinem Land nieder, hatte eine Familie und war allen gegenüber wohlgesinnt. *Sein Recht auf Unsterblichkeit weiht er der Verteidigung seines Volkes. (...) Isaak ist der mit besonderen Vorrechten ausgestattete Verteidiger und als solcher bleibt er der Beschützer Israels, dessen Sache er mit Erfolg vertritt. Er hat das Recht, Gott alles zu sagen und ihn um alles zu bitten.*
Nicht weil er gelitten hat, sondern weil er aus seinem Leiden etwas gemacht hat. *Es kommt darauf an, was man aus seinem Leiden macht. Isaak verwandelte es in Gebet und Liebe.*[15]
Das ist auch der Grund, weshalb Isaaks merkwürdiger Name *(der lachen wird)* Sinn macht. Hören wir darüber noch einmal Wiesel selbst; es wird Ihnen dabei nicht verborgen bleiben, wie Wiesel in diesen Sätzen seinen eigenen Weg, seine Holocausterfahrung mit sieht, bedenkt und zur Sprache bringt.

> *Als erster Überlebender lehrt Isaak die Überlebenden der künftigen jüdischen Geschichte, daß es möglich ist, ein ganzes Leben lang zu leiden und zu verzweifeln und dennoch nicht auf die Kunst des Lachens zu verzichten. Sicher vergißt Isaak niemals den Schrecken jener Szene, die seine Jugend zerstört hat. Er wird sich immer an den Holocaust erinnern und bleibt gezeichnet bis an das Ende der Zeiten. Aber trotzdem ist er fähig zu lächeln, und lächelt auch. Trotzdem.*[16]

---

[15] EW, S. 100
[16] EW, S. 101

Jakob oder der Kampf mit der Nacht
von Elie Wiesel[17]

1   Die Geschichte von Jakobs Kampf

Wir beginnen mit dem Zentrum der Jakobgeschichte - es steht in Gen 32 -, so, wie Elie Wiesel es erzählt:
Jakob blieb allein zurück. Da packte ihn ein Mann und kämpfte mit ihm bis zur Morgenröte. Als e r ihn nicht besiegen konnte, stieß er so heftig gegen seine Hüfte, daß sie ausgerenkt wurde. E r sagte: Laß mich gehen;
denn die Morgenröte bricht an. Jakob entgegnete: Du wirst nicht gehen, bis du mich gesegnet hast. E r fragte ihn: Wie heißt du? Jakob antwortete: Jakob. Da sagte e r: Du sollst nicht mehr Jakob heißen, sondern Israel; denn du hast mit Gott gekämpft und dich als stark erwiesen. Da fragte Jakob ihn: Nenne mir deinen Namen, ich bitte dich. E r antwortete: Warum willst du ihn erfahren? Und e r segnete ihn. Jakob nannte den Ort, wo dieses geschah, Penuel, denn ich habe Gott von Angesicht zu Angesicht geschaut und habe mein Leben gerettet![18]

Eine seltsame, eine geheimnisvolle Geschichte, die Bibel erzählt sie mit gewohnter Kargheit. Zu allen Zeiten hat sie Menschen in Bann geschlagen. Alle haben sich bemüht, in ihr Geheimnis einzudringen. Es ist so vieles fraglich darin.
Ist das ein zufälliges oder ein gewolltes Zusammentreffen?

---

[17] In: Elie Wiesel, Adam oder das Geheimnis des Anfangs - Brüderliche Urgestalten, Freiburg, 5.Auflage 1987, S. 106-138. Im Folgenden zit. als EW
[18] EW, S. 111

Wir kennen den Ort, die Geschichte und einige Personen. Am nächsten Tag steht Jakob das Wiedersehen mit seinem Bruder Esau nach zwanzig Jahren bevor. Er hat große Angst davor.
Ein Kampf wird erzählt, ein lautloser und absurder Kampf. Was will der Angreifer? Diese Gestalt entzieht sich uns irgendwie. Wer ist sie? I s c h - ein Mann. Ein E n g e l, sagt der Midrasch. Jakob sieht in ihm G o t t. Verwirrend ist, wie es da um Namen geht: *Wie heißt du? Mann – Gott, Jakob – Israel ...*

2   Die Vorgeschichte

Schauen wir zurück. Was ist vorher geschehen?
Wir kennen Jakob. Er ist bekannter als seine Eltern Isaak und Rebekka und seine Großeltern Abraham und Sara. Das Buch Genesis erzählt viel über ihn:
Die Rivalität mit dem Zwillingsbruder Esau, die Taten und Untaten des Jugendlichen, die Flucht vor dem Bruder, seine Liebesabenteuer. Sein Reichtum. Später die Sorgen, die ihm seine eigenen zahlreichen Kinder bereiten, am Ende der ehrwürdige Patriarch.
Viel wissen wir über ihn. Aber irgendwie ist das alles, zumindest der Anfang, nicht sonderlich eindrucksvoll.
Erst bestimmt seine Mutter Rebekka über ihn, dann seine Frauen. In Rachel verliebt er sich, aber dann ehelicht ihn ihre ältere Schwester.

> *Er liebt jemanden, ohne sie[19] heiraten zu können, und wird von jemandem geliebt, die er heiratet, ohne sie lieben zu können. Er beklagt sich darüber nicht, wenigstens nicht sehr. Er akzeptiert, was ihm zustößt (...) Die Frauen bestimmen unter sich, mit welcher von ihnen er die Nacht verbringen wird. (...)*

---

[19] Wiesel schreibt im Maskulinum, ich habe in Feminum umgewandelt. JS

> *Ein einziges Mal zeigt er eine gewisse Unabhängigkeit, als er Rachel zum ersten Male am Brunnen erblickt. Da küßt er sie ohne Umschweife, aber im nächsten Augenblick bricht er in Tränen aus. Gewissensbisse? Nein, eher Furcht, er ist über seine eigene Kühnheit erschrocken. Es passiert ihm überhaupt oft, daß er weint, als Kind, als Jüngling, als Erwachsener.[20]*

Wenn Wiesel über Jakob schreibt, ist viel Psychologie im Spiel. Zum Beispiel: *Für Jakob ist es nicht leicht, im Schatten eines Menschen aufzuwachsen, den Gott als Opfergabe auserwählt und gefordert hatte. Leicht ist es nicht für ihn, der Sohn des ersten Überlebenden der jüdischen Geschichte, des ersten Zeugen eines Holocaust, zu sein.[21]*

Wiesel fragt sich etwas verwundert, weshalb die Bibel ein solches Gewicht auf diesen Menschen legt. Dem Midrasch geht es ähnlich. Jakob hat selbst die einfallsreichsten Erzähler der alten jüdischen Tradition, des Talmud, nicht zu inspirieren vermocht. Zwei kleine Beispiele, wie der Midrasch Jakob vorführt:

> *Am Morgen nach seiner ersten Hochzeit, als er Lea statt Rachel entdeckt, kann er sich nur beklagen: Die ganze Nacht habe ich Rachel zu dir gesagt, und du hast Antwort gegeben. Warum hast du mich getäuscht? -*
> *Und du, gibt sie zurück, dein Vater hat dich Esau genannt und du hast auch darauf geantwortet. Warum hast du ihn getäuscht? Und Lea erteilt ihm sogar eine Lektion: ob es einen Meister ohne Schüler gäbe?*

Ein anderer Text ist noch herabsetzender.
> *Als seine Frauen sahen, daß Jakob die Begegnung mit seinem Bruder Esau fürchtete, blickten sie ihn streng an und fragten ihn:*

---

[20] EW, S. 113/114
[21] EW, S. 114

> *Wenn du so ein Angsthase bist, warum hast du uns dazu gebracht, unser Vaterhaus zu verlassen?*[22]

Wiesel, wie immer Vergangenheit und Gegenwart miteinander verbindend, sinniert darüber: *Ist das Jakob? Ist das unser Ahnherr? Der Name dieses Mannes, der sich nicht einmal in seinem eigenen Hause Respekt verschaffen konnte, soll zum Symbol werden für das bedrohteste und standhafteste Volk der Erde?*[23]

Ein anderer Midrasch-Kommentar illustriert Jakobs Mittelmäßigkeit auch auf eine etwas peinliche Weise. Da geht es um seinen Traum von der Himmelsleiter. Wir lesen:

> *In jener Nacht, als die Engel zum Himmel hinaufstiegen, fanden sie dort Jakobs Abbild in strahlendem Glanz, und es kam ihnen vertraut vor. Gleich stürzten alle wieder nach unten, um das Original zu bewundern und wurden enttäuscht. Zu ihrem großen Kummer fanden sie ihn schlafend.*
>
> *Oben im Reich der wahren und brennenden Träume war Jakob ein Held, ein Fürst, dessen Feuer sie packte, aber in seinem Leben hier unten war er nur ein müder Mann, der einfach schlafen wollte.*[24]

Ja, Jakob macht nicht viel her und verlockt nicht dazu, seinen Weg mit Neugier oder gar Spannung zu verfolgen.

---

[22] EW, S. 117f
[23] EW, S. 118
[24] EW, S. 123

3   Esau

Wir unterbrechen das Hinsehen auf Jakob einen Augenblick und wenden uns Esau, seinem Zwillingsbruder, zu.
Während Jakob in seinen Jugendgeschichten als zarter, aber schlauer Junge erscheint, ist Esau ein starker junger Mann.
Aber die Bibel ist von Anfang an gegen ihn. Und der Midrasch noch mehr.

> *Seine Mutter scheint böse auf ihn zu sein. Sie stößt ihn zurück. Warum liebt sie ihn nicht? Weil er lieber spielt als lernt? Weil seine Haare lang und fuchsrot sind? Weil er immer bewaffnet geht? Weil er immer hungrig ist? Sie ist ihm feindlich gesonnen, das ist klar - und ungerecht.[25]*

Natürlich war es ungerecht und gemein, dass die Mutter Rebekka Jakob gegen Esau aufstachelte, die günstige Gelegenheit erkannte und den Komplott schmiedete um den Segen des alternden Vaters Isaak.

> *Und als ob das alles noch nicht genug sei, tritt Esau, der bestohlen und hereingelegt wurde, weinend und mit einer ganz bescheidenen Bitte vor seinen Vater hin: Er möge ihn auch segnen. Um seinen Segen, einen einzigen Segen bittet Esau, er besteht nicht darauf, daß sein Vater Jakob verurteilt, er fordert keine Gerechtigkeit, alles, was er will, ist eine Geste, ein zärtliches Wort, ein bißchen Trost. Und Isaak lehnt ab. Das einzige Wesen, das nicht gegen ihn konspirierte, das ihn liebte, das sein Glück wollte, wendet sich nun auch von ihm ab; wie die andern. Da stößt Esau in seiner Verzweiflung einen schrecklichen Schrei aus: „Vater, hast du nur einen einzigen Segen?*

---

[25] EW, S. 119

Ist denn alles für immer verloren? Stößt auch du mich von dir, Vater?" Aber Isaak läßt sich nicht erweichen. Zu spät, scheint er sagen zu wollen. (...)

Isaak gedachte, aus seinem ältesten Sohn einen Herrn zu machen, er wird Sklave werden; nach einem Schwindel und durch einen Schwindel. „Du wirst durch das Schwert leben", sagt Isaak zu ihm. Ist das ein Rat? Eine Warnung? (...) Auf keinen Fall ist das ein Segen, weder für Esau noch für sonst jemand.

Und doch wird Esau, Jahre später, wenn die beiden Brüder - nach Penuel - sich wiedertreffen, die Ungerechtigkeiten und skandalösen Vorgänge, deren Opfer er war, vergessen. Er wird sich großherzig und menschlich zeigen; er wird weinen und seinen Bruder umarmen.

Diese Szene entbehrt, wie wir zugeben müssen, nicht der Größe. Aber die sympathische Rolle hat hier Esau, das merkt der Midrasch und tut alles, damit Esau der grobe Klotz bleibt. Es wird behauptet, in Wirklichkeit habe er Jakob nur umarmt, um ihn in den Nacken zu beißen, aber sein Nacken wurde durch ein Wunder zu Marmor und deshalb, vor Wut und Schmerzen, fing Esau zu weinen an[26]

Der biblische Text dagegen schildert Esau vorteilhaft. Esau ist stark und gut - und trotz der in seiner Jugend erlittenen Kränkung nachsichtig. Jetzt tritt er Jakob offen und ehrlich entgegen. Jakob dagegen traut Esau nicht über den Weg. Er bleibt bis zuletzt skeptisch und in seinem Herzen feindselig gegen den Bruder eingestellt. Aus Angst und Enge feindselig. Deshalb liegt ihm während der Wiederbegegnung alles daran, Esau möglichst schnell wieder los zu sein und mit den Seinen weiterziehen zu können.

Äußerlich demütigt sich Jakob vor Esau. Weshalb, fragt die jüdische Tradition.

---

[26] EW, S. 119f

Wiesel wörtlich: *Weshalb hat sich Jakob vor Esau gedemütigt? Daß er sich selbst bestraft, ist umso befremdlicher, als er es ja n a c h dem Kampf mit dem Engel tut. Der Kampf hat ihn also nicht geändert; er war noch in seinen alten Fesseln und hatte seine Furcht noch nicht abgelegt. Etwas von Jakob muß wohl im Volk Israel verblieben sein.*[27]

4   Der Kampf am Jabbok

Wir kommen damit wieder zurück zu Jakob vor dem Kampf am Jabbok. Nach dem Peinlichen und Befremdlichen, das wir aus der jüdischen Tradition über Jakob gehört haben, stellt Wiesel die Frage: *Wenn Jakob tatsächlich diese blasse und enttäuschende Figur war, wenn er schlief, während Gott ihm seine Pläne enthüllte, wie konnte er da Israel werden?*
Wir wissen zumindest, wo eine mögliche Antwort zu suchen ist, denn wir kennen Ort und Zeit: in Penuel, in der Nacht vor seiner Begegnung mit Esau.[28]

Wiesel geht beim Ausarbeiten seiner Antwort einen bemerkenswerten Weg. Er unterscheidet in Jakob eine T a g - und eine N a c h t seite, er sieht in ihm die Dualität des Menschen verkörpert.

T a g s über geht Jakob seinen alltäglichen Geschäften nach, da macht er diesen enttäuschenden Eindruck, von dem die Rede war. N a c h t s ist er wie ausgewechselt, da kommuniziert er mit Gott, da ist er stark und mutig. Nachts ist er seinen Vorgängern ebenbürtig. Deshalb verwundert es nicht, dass das entscheidende Ereignis seines Lebens, der Kampf auf Penuel, nachts stattfindet Da ist Jakob in der Tat ein ganz anderer. Da

---

[27] EW, S. 121 Ich halte diese Bemerkung Wiesels für bemerkens-wert. Sie zielt mitten in die belastete und belastende Gegenwart des Staates Israel. Sie zeigt die innere Unfreiheit Israels, das sich Wiesel offenbar anders vorstellt und wünscht.
[28] EW, S. 123

taktiert er nicht, da lässt er nicht mit sich machen. Da ist er aktiv, greift an, wehrt sich und ringt bis an die Grenzen seiner und seines Gegners Kraft.

Wer war sein Angreifer? Bei dieser Frage gehen die Meinungen weit auseinander, das haben wir schon gesehen. Ein Hirte, der ihm aufgelauert hat? Ein Zauberer? Ein Räuber? Nein.
Am ehesten ein Engel, aber warum sollte ein Engel ihn angreifen? Wiesel hält ihn für Jakobs Engel, für seinen Schutzengel, für d a s a n d e r e   I c h Jakobs.

> *Das eigene Ich zweifelte an seiner Mission, an seiner Zukunft, an seiner Existenzberechtigung, es sagte: Ich bin nicht würdig, ich bin überhaupt nichts, ich habe die Gunst des Himmels nicht verdient, ich bin meiner Vorfahren und meiner Nachkommen unwürdig, unwürdig, das Wort weiterzugeben, das Gott für die Menschen bestimmt hat.*[29]

Wir erleben Jakobs Kampf gegen Jakob mit.
> *In dieser Nacht trafen sich die beiden Jakob. Der heldenhafte Träumer und der ewige Flüchtling, der Mann ohne Gesicht und der Gründer der Nation lieferten sich in Penuel einen heftigen und endgültigen Kampf. Um zu töten oder um sich selbst zu töten. Für Jakob war das der Wendepunkt. Er hatte nur die Wahl zu sterben, bevor er starb, oder sich zusammenzunehmen, zu kämpfen und zu siegen.*[30]

Er siegte. Aber er hatte nach wie vor Angst, – eine doppelte Angst, wie Wiesel ausführt, nämlich die Angst, getötet zu werden oder aber zu töten, denn Töten meint immer, Gott in einem anderen Menschen zu töten. Deshalb mußte er zuerst sich selbst besiegen, damit er einen reinen Sieg, einen Sieg ohne Tod und Schuld, erringen konnte, einen Sieg, der weder die Niederlage des Gegners noch seine Demütigung impliziert, sondern einen Sieg über sich selbst. Das ist demnach der höhere Sinn des Ge-

---

[29] EW, S. 125
[30] EW, S. 126

schehens: Die Geschichte Israels lehrt uns, daß der wahre Sieg des Menschen der Sieg über sich selbst ist.[31]
Achten Sie auf den Doppelsinn des Namens Israel! Wiesel verwebt die biblische Erzählung mit dem aktuellen Leben, Vergangenheit und Gegenwart miteinander. Das ist für Wiesel typisch und unaufgebbar jüdisch.
Die Geschichte Israels – d.h. Jakob u n d das jüdische Volk – lehrt uns, daß der wahre Sieg des Menschen der Sieg über sich selbst ist. Wie wahr!

Doch dann legt Wiesel die p s y c h o l o g i s c h e Erklärung beiseite und gibt der b i b e l n a h e n Erklärung ihr Recht. Ob es ein menschliches Wesen war, das mit Jakob kämpfte, sein zweites Ich oder ein Engel, – es war, wie Jakob selbst wahrgenommen hatte, Gott selbst.
G e g e n die fast einmütige talmudische Tradition sagt Wiesel: G o t t selbst, in dem sich alle anderen Erklärungen wiederfinden.

Was bedeutet das für unser Verständnis?
Wiesel führt uns an dieser Stelle in die Tiefe seiner Gotteserfahrung. Er sagt:
Man muß allein sein, um Gott zu hören und zu fühlen und auch um gegen ihn zu kämpfen, denn Gott wendet sich nur dem zu, der bedroht und dem, der durch die Einsamkeit geschützt ist. Wenn Gott es vorzieht, sich im Traum an seine Erwählten zu wenden, so deshalb, weil der Mensch dann allein und kein fremdes Wesen da ist, das ihn ablenkt.
Aber die Einsamkeit enthält auch ihr Stück Gefahr, gerade deshalb, weil sie in Gott mündet. Wer ihm begegnet, ist unwiderruflich zu einer anderen Einsamkeit verdammt. Hier bedeutet E r w ä h l u n g k e i n P r i v i l e g , s o n d e r n W ü r d e u n d V e r p f l i c h t u n g .[32]
Niemand wird Gottes Angesicht sehen, ohne dass er dadurch verändert wird. Jakob siegte, aber fortan hinkte er.

---

[31] EW, S. 126
[32] EW, S. 127 Sperrungen von mir; JS.

In der Einsamkeit von Penuel w o l l t e Jakob eine Veränderung seines Lebens herbeiführen, nur dann würde er sich seinen Vorfahren würdig erweisen. So war Penuel ein Wendepunkt in seinem D e n k e n. Er suchte um jeden Preis, mit Gott ins Gespräch zu treten, nicht im Traum nur, sondern aufrecht und mit offenen Augen. Wiesel hält Jakobs Gottesbegegnung in Penuel für einen bewußten, gewünschten, provozierten Akt Jakobs.[33]

5   Wer ist Jakob?

- Als erstes der **Sohn eines Überlebenden**, der niemals über seine Vergangenheit spricht, die der Sohn vielleicht so gerne erfahren hätte. Vielleicht hat Jakob seinen Vater Isaak deswegen bewundert und beneidet. Denn was könnte eine solche Vergangenheit überbieten!

- Dann ist Jakob vielleicht der, **der Gott herausfordern muss**, um im Vergleich zu seinem Vater ein eigener zu werden. Er musste durch diesen Kampf hindurch.

- Jakob ist nach dem Kampf **ein anderer Mensch**. Seine neue Stärke hat, so sagt der Midrasch, einen Namen: *Israel*. Natürlich ist er vor Gott ohnmächtig, das sieht der Midrasch durchaus, aber einen Engel könnte Jakob besiegen.

Wiesel erzählt den Midrasch so nach: *Im Verlauf des Kampfes fleht der Engel Jakob an, ihn ziehen zu lassen. Jakob lehnt ab, es sei denn, daß er ihn segne.*

    „Ich kann nicht", sagt der Engel. „Ich habe keine Zeit mehr. Der Tag bricht an und ich muß fort".

---

[33] Vgl. EW, S. 129f

> *„Du hast Angst vor der Morgenröte? Weshalb? Solltest du ein Dieb sein oder ein Nachtschwärmer?"*
> *„Nein, aber ich werde im Himmel erwartet, damit ich dort das Lob des Ewigen singe".*
> *„Du hast Freunde da oben", sagt Jakob ungerührt, „was singen sie denn?"*
> *„Sie werden heute ohne mich singen. Aber das bedeutet, daß ich nie mehr mit ihnen singen werde. Morgen werden sie zu mir sagen: Warum bist du gestern nicht gekommen? Du gehörst nicht mehr zu uns."*
> *„Du redest zuviel", sagt Jakob. „Die Engel, die Abraham besucht haben, haben ihn gesegnet, bevor sie Abschied nahmen. Mache es wie sie."*
> *„Unmöglich. Sie sind ja deswegen gekommen, ich nicht."*
> *„Gut, dann gehst du eben nicht."*
> *Angesichts der Hartnäckigkeit Jakobs wechselt der Engel das Thema und beginnt, statt von Segnungen von göttlichen Geheimnissen zu sprechen, und sagt: „Die Engel, die Geheimnisse Gottes preisgegeben haben, werden für 138 Jahre verbannt; willst du sehen, wie ich ihr Los teile?" (...)*
> *„Entweder du segnest mich oder ich halte dich fest."*
> *„Gut," sagt der Engel resigniert. Ich werde dir enthüllen, was nicht enthüllt werden darf. Und wenn Gott mich nach dem Grund fragt, werde ich antworten, daß die Weisung der Propheten Vorrang vor jeder anderen, auch vor der des Himmels, hat."[34]*

Jakob kann entschlossen und hart sein. Er kann sich Respekt verschaffen, selbst bei Engeln.

- Und doch hat er wenige Stunden später zitternde Angst vor seinem Bruder Esau. Er ist **auch der alte geblieben.** Sein Sieg über den Engel

---

[34] EW, S. 132f

löst nicht die Probleme, die er mit Menschen, mit Esau hat. Die können nur z w i s c h e n m e n s c h l i c h gelöst werden. Gegenüber Esau bleibt Jakob weiterhin Jakob, da ist er nicht Israel.

Wiesel sieht, dass Jakob eine grundlegende Wahrheit begriffen hat. Er formuliert das so:
> *Gott ist im Menschen, auch im Leiden, auch im Unglück, auch im Bösen. Gott ist überall und in jedem Wesen, nicht nur im Opfer. Gott steht nicht am Ende des Weges, nicht am Abschluß des Exils und wartet dort auf den Menschen, er begleitet ihn dorthin. Mehr noch: Er ist der Weg. Er ist das Exil. Gott hält die beiden Enden des Stricks, er ist an jedem Endpunkt gegenwärtig und ist jeweils der Endpunkt. Er ist in Jakob, wie er in Esau ist. Und wenn Jakob vor Esau niederkniet, geschieht es nicht bloß, um dessen Gnade zu erwirken, sondern auch, um das Wirken Gottes in der Tat Esaus zu erkennen und dankbar anzuerkennen. Aber das geht zu weit. Zugeben, daß der Feind den Willen Gottes ausführt, ist eine Sache, aber sich vor ihm erniedrigen, ist etwas anderes. Gott ist vielleicht der Feind, aber der Feind ist nicht Gott.*[35]

Wer also ist Jakob?
- Eine letzte Antwort: Jakob oder Israel? Beides. Gott befiehlt ihm nach dem Kampf, sich künftig Israel zu nennen. Aber die Bibel nennt ihn etwas später doch wieder Jakob. Er ist beides. Es ist so, nun wieder wörtlich Wiesel,
daß es Israel nicht gelingt, sich von Jakob zu lösen. (...)

---

[35] EW, S. 133f - Diese Reflexion enthält wieder eine für Wiesel so bezeichnende Verknüpfung von biblischer Vergangenheit, der Urgeschichte, mit der leidvollen Geschichte des jüdischen Volkes, vor allem der Schoa. Das ist ganz deutlich.

Israel wäre nicht Israel, wenn (es) vorher nicht Jakob gewesen wäre, wenn es nicht die seltsamen und erhebenden Träume Jakobs in sich trüge. In seiner Qual und Zerrissenheit und in seiner Reaktion auf ein schweres Schicksal gehört Jakob ebenso zu Israel wie Israel zu Jakob gehört. Mehr als sein Vater und sein Großvater weiß Jakob um den Pluralismus, der für seine Nachkommen kennzeichnend sein wird. Im Gegensatz zu den Kindern seines Vaters und Großvaters werden seine Kinder alle in die jüdische Geschichte eintreten, sogar die Verbannten, sogar die zehn verlorenen Stämme. Jakob ist das ganze Haus Jakob, Israel ist die ganze Gemeinschaft Israels.[36]

6 Jakobs Ende

Jakobs Ende wird im Buch Genesis (Kap.49) ausführlich beschrieben. Er versammelt seine Kinder um sein Lager und will ihnen das Geheimnis der Erlösung enthüllen. Der Midrasch sagt aber, dass in dem Augenblick, als Jakob in Worte kleiden will, was er über das Ende der Zeiten und das Ende der Geschichte sieht, er seine prophetische Gabe verliert. Er kann seine Visionen nicht aussprechen. Das ist erschütternd.
Ein Midrasch dazu:
Jakob wollte gerade den Mund öffnen, als ihn ein Zweifel überkam: Ich kann nur über das Schicksal Israels prophezeien, wie soll ich wissen, ob meine Nachkommen alle im Schoße Israels bleiben werden. Jakob hatte Unrecht mit diesem Zweifel, der ihn seine seherischen Fähigkeiten kostete. Anders gesagt, die Geschichte, die er nicht erzählte, ist schöner als die anderen, als alle anderen, die in seinem Namen erzählt werden, ja schöner als die, die er selbst erzählt hat.

---

[36] EW, S. 134f. Zu der Verknüpfung von Vergangenheit und Gegenwart vgl. Anmerkung 18

Und doch war seine Eingebung richtig. Er wußte, wie schwierig es für Israel werden würde, Israel zu bleiben, und wieviele Leiden und Prüfungen die Söhne Israels zu erwarten hatten. Konnte er nicht wenigstens versuchen, seine Kinder zu trösten, ihnen sagen, daß sie die Hoffnung nicht verlieren sollten, daß jedes Exil ein Ende hat, so wie jede Nacht der Morgenröte weicht? Er hätte ihnen etwas sagen müssen, aber die Worte gehorchten ihm nicht mehr. Er konnte seine Kinder nur noch segnen. Erinnerte er sich an Penuel, an den Engel, an den Segen, an den Sieg? Er starb und nahm sein Geheimnis mit sich, jenes Geheimnis, das Israel heißt.[37]

Elie Wiesel hängt an seinen Jakob-Midrasch am Ende einen Gedanken an, der die Geschichte Israels betrifft, wie wir sie in unserer Lebenszeit miterlebt haben. Damit schließe ich.

Er schreibt:

W i r kennen den Ort (den Fluß Jabbok), w i r wiederholen die Geschichte. Irgendwo in einem Tal weichen die letzten Schatten zurück und zerreißen die Nacht und die Stille. Schon kündigt sich die Morgenröte an.

Zum zweitenmal durchquert ein Mann den Fluß Jabbok und horcht auf sein Rauschen. Er scheint ruhig zu sein, ruhiger als vorher und aufrechter.

Und wenn das alles nur ein Traum war? Er scheint nachdenklich, aber entschlossen. Er wird vielleicht kämpfen müssen, töten und sterben. Aber er ist nicht mehr allein.[38]

---

[37] EW, S. 135f

[38] EW, S. 136: Elie Wiesel hat diesen Beitrag in den frühen 60'er Jahren als Vorlesung in Frankreich und in den USA verfasst. Er hat daran immer wieder gefeilt. Die Fassung, die ich vorgestellt habe, ist etwa 1975 abgeschlossen worden.

„Jaákobs Traum"

Das dramatische `Vorspiel´ zur `Historie von König David´ von Richard Beer-Hofmann

Joachim Liß-Walther

Einleitung

„Tief ist der Brunnen der Vergangenheit. Sollte man ihn nicht unergründlich nennen?" Mit diesen berühmt gewordenen Sätzen beginnt Thomas Mann sein gewaltiges, der `Emporbildung zur Humanität´ verpflichtetes Hauptwerk `Joseph und seine Brüder´. Der erste Teil ist Vorgeschichte, betitelt `Die Geschichte Jaakobs´ bis zu dem Zeitpunkt, an dem die Josephs-Erzählung einsetzt. Zu Recht wird diese von Mann auf seine unverwechselbare Weise in Worte gefasste, etwa 300 Seiten umfassende `Nacherzählung´ – die Romantetralogie insgesamt hat je nach Ausgabe einen Umfang von zwischen 1500 und 1800 Seiten - als Höhepunkt der literarischen Interpretation des biblischen Jakobs-Stoffes im 20. Jahrhundert gefeiert. Zu Unrecht allerdings ist eine zweite Interpretation kaum mehr beachtet und in den „Brunnen der Vergangenheit" getaucht, die, wenn auch völlig anders geartet, der Mannschen an Bedeutung zur Seite gestellt werden kann, nein, muss: Es handelt sich um das `Vorspiel´ genannte dramatische Werk `Jaákobs Traum´ von Richard Beer-Hofmann. Thomas Mann zollte diesem Drama seinen Respekt, indem er nach der Lektüre am 20. März 1919 notierte: „stark gerührt von dieser merkwürdig außerliterarischen, stark empfundenen, kindlich erträumten jüdischen Nationalpoesie".[1] Bedenkt man jedoch die Erfahrungen, die sich im von Beer-Hofmann erträumten `Traum Jaákobs´ nie-

---

[1] Thomas Mann: Tagebücher 1918-1921, hrsg. v. Peter de Mendelssohn, Frankfurt 1979, 174f.

dergeschlagen haben, stellt sich eine Bezeichnung wie `kindlich erträumt´ als völlig naiv heraus wie auch die Charakterisierung `Nationalpoesie´ sich als unzutreffend erweist – später, zur Zeit der Abfassung des Joseph-Romans und in der Zeit nach 1933 hätte Thomas Mann solche Kennzeichnungen nicht mehr verwendet, wäre allerdings noch stärker `gerührt´ worden von einer außerordentlich `stark empfundenen´ Poesie.

Es würde eine umfängliche eigene Arbeit erfordern, wollte man einen Vergleich der beiden Jakobs-Gestaltungen anstellen und alle Gemeinsamkeiten und Unterschiede aufführen. Hier soll lediglich darauf hingewiesen werden, dass die Zielrichtung verschieden ist: Thomas Mann richtet sich chronologisch aus auf die Josephsgeschichte, an deren Ende die großen biblischen Verheißungen Jaákobs über die künftigen zwölf Stämme Israels aufleuchten. Richard Beer-Hofmann hingegen macht einen großen Sprung und interpretiert `Jaákobs Traum´ als `Vorspiel´, als mythisch-begründete Vorzeit der `Historie von König David´, die allerdings unvollendet blieb. Während also Mann im ersten Buch Mose, in der Genesis, in den Erzvätergeschichten verbleibt und darin – wie später in der Mose-Erzählung `Das Gesetz´ - einen Aufruf zur umfassenden Menschlichkeit, eine allgemeine Anweisung in das `ABC des Menschenanstands´ gegenüber der menschenverachtenden Barbarei seiner Zeit erblickt, bezieht Beer-Hofmann die Genesiserzählung von Jaákob auf die nach jüdischer Tradition verbürgte geschichtliche Zeit Davids, formuliert aber damit zugleich eine im Judentum biblisch angelegte, prinzipiell über das Nationale hinausgehende Verantwortung für die Welt: Die Sendung des Volkes Israel besteht danach – im Vorgriff sei es genannt - darin, das Chaos zu bändigen und „des Abgrunds Hüter" zu sein. In der Fruchtbarmachung mythischer Brunnentiefe für eine menschenwürdige Gegenwart und Zukunft allerdings treffen sich Mann und Beer-Hofmann nach unterschiedlichen Wegen zu verschiedenen Zeiten.[2]

Zu seiner Zeit – bis zum Exil – anerkannt als eine der kraftvollsten jüdischen Stimme, gefeiert als „Hexenmeister des Wortes"[3], dessen Erzählungen und Bühnenwerke hochgradige Aufmerksamkeit erfuhren und kontrovers diskutiert wurden, ist Beer-Hofmann heute kaum mehr bekannt und fast vergessen. Sein Werk ist in den mächtigen Schatten seiner Freunde Hugo von Hofmannsthal und Arthur Schnitzler geraten. Mit diesen beiden und dem damals ebenfalls berühmten und anregenden Hermann Bahr bildete er um die Wende zum 20. Jahrhundert den Kern der Gruppe Wiener Dichter und Kritiker, die sich einer vor allem gegen den Realismus und Naturalismus gerichteten neuen Ästhetik verschrieb und als `Jung-Wien´ oder `Junges Wien´ in der Literaturgeschichte der Moderne geführt wird.

In der deutschsprachigen Literatur nach 1945 spielte das Werk von Beer-Hofmann, der 1945 in Amerika starb, wie das so mancher Exilschriftsteller, keine bemerkenswerte Rolle, auch wenn 1956 ein schmales Taschenbuch unter dem Titel `Jaákobs Traum, Gedichte, Gedenkrede auf Mozart´ im S. Fischer-Verlag erschien, das auch im Schulunterricht Verwendung fand; auch wenn der gleiche Verlag 1963 allerdings unvollständig `Gesammelte Werke´ mit einem Geleitwort von Martin Buber herausbrachte.[4] Selbst Fachkongresse und mittlerweile eine Vielzahl

---

[2] Vgl. dazu auch Walter Weiss, Jakob und Josef, in: Heinrich Schmidinger (Hrsg.), Die Bibel in der deutschsprachigen Literatur des 20. Jahrhunderts, Bd. 2, Mainz 1999, S. 108- 118, hier S. 108ff.

[3] Ludwig Pesch: Richard Beer-Hofmann. Zur Neuausgabe der Werke des im Exil gestorbenen Dichters. In: Wort und Wahrheit 19 (1964), S. 619.

[4] 1972 brachten Eugene Weber im S. Fischer-Verlag zudem `Hugo von Hofmannsthal - Richard Beer-Hofmann, Briefwechsel´, Frankfurt, sowie 1992 Konstanze Fliedl im Europaverlag `Arthur Schnitzler - Richard Beer-Hofmann, Briefwechsel 1891 – 1931´, Wien/Zürich, heraus.

von Studien[5] sowie die außerordentlich verdienstvolle `Große Richard Beer-Hofmann Ausgabe´ in acht Bänden des Igel-Verlages[6] konnten bislang an der spärlichen Rezeption nicht allzuviel ändern.

Heute wird man dafür in Deutschland weniger eine kollektive Amnesie verantwortlich machen dürfen, da nach Jahrzehnten der Aufarbeitung der NS-Zeit den Werken exilierter Autoren jüdischer wie nichtjüdischer Abkunft kaum noch Widerstände entgegen gesetzt werden wie es nach 1945 häufig der Fall war. Es scheint wohl eher daran zu liegen, dass Prosa und Poesie des Richard Beer-Hofmann für heutige Leser und Zuhörer nicht gerade leicht verdaulich sind, wobei hinzukommt, dass die Kenntnis biblischer Texte im Verschwinden begriffen ist. Und die zunehmende Säkularisierung, die Vernachlässigung, ja nicht selten Verachtung jüdischer wie christlicher Glaubensüberzeugungen und – haltungen trägt dazu bei, dass eine Aussage wie die folgende, von Beer-

---

[5] Vgl. etwa Hans-Gerhard Neumann: Richard Beer-Hofmann. Studien und Materialien zur `Historie von König David´ (Zur Erkenntnis der Dichtung 9), München 1972; Antje Kleinewefers: Das Problem der Erwählung bei Richard Beer-Hofmann (Judaistische Texte und Studien 1), Hildesheim 1972; Dieter Borchmeyer (Hg.): Richard Beer-Hofmann. „Zwischen Ästhetizismus und Judentum" (Beiträgr vom `Symposion in der Akademie der Wissenschaften Heidelberg 25.-26. 10. 1995), Paderborn 1996; Stefan Scherer: Richard Beer-Hofmann und die Wiener Moderne (Conditio Judaica 6), Tübingen 1993; Norbert Otto Eke/Günter Helmes (Hg.): Richard Beer-Hofmann. Studien zu seinem Werk, Würzburg 1993; Tim Krechting: Richard Beer-Hofmanns jüdisches Denken. Eine theologische Werkanalyse unter besonderer Berücksichtigung der `Historie von König David´, Hamburg 2009.

[6] Große Richard Beer-Hofmann-Ausgabe in sechs Bänden (Hrsg. v. Günter Helmes, Michael M. Schardt, Andreas Thomasberger), Paderborn, später Oldenburg 1993ff; Band 7: Briefe 1895 – 1945 (Hrsg. v. Alexander Kosenina), 1999; Band 8: Der Briefwechsel mit Paula 1896 – 1937 (Hg. v. Richard M. Sheirich), 2002.
Künftig in den Anmerkungen: Beer-Hofmann, GA mit Bandangabe.

Hofmann kurz nach dem Ende des 2. Weltkrieges und kurz vor seinem Tod geäußerte zu seiner Renaissance wohl kaum beizutragen in der Lage ist:

Wenn ich nicht mehr bin, und wenn die, die dann Deutsch lesen, mich zu den ihren zählen wollen, dann werde ich eben ein deutscher Dichter gewesen sein. Eines aber werde ich vor vielen anderen voraushaben – daß ich mich anlehnen kann an eine so lange Reihe von Vorfahren, die unter Bedrängnissen aller Art ihren Gott nie preisgegeben haben.[7]

Kurze biographische Skizze[8]

Richard Beer-Hofmann wurde am 11. Juli 1866 in Wien geboren; sein Vater, aus Mähren stammend, war der Rechtsanwalt und Industrielle Hermann Beer; seine Mutter, gebürtige Rosa Steckerl aus Galizien, starb fünf Tage nach seiner Geburt an Kindbettfieber. Um Richard das Aufwachsen unter der Obhut zweier Elternteile zu ermöglichen, wurde er von Alois Hofmann, einem Vetter seines Vaters, und dessen Frau Bertha, der Schwester seiner Mutter Rosa, aufgenommen. Das kinderlose Ehepaar wohnte im mährischen Brünn, da Alois mit seinem Bruder in dieser Stadt eine Tuchfabrik leitete. Dankbar gedenkt Richard in seinem

---

[7] Zit. bei Herbert Steiner: Nachwort. In: Richard Beer-Hofmann: Jaákobs Traum, Gedichte, Gedenkrede auf Mozart, Frankfurt 1956, S. 95.

[8] Die biographische Skizze basiert – ohne dies im Einzelnen nachzuweisen – auf :
Beer-Hofmann, GA, 6: Paula. Ein Fragment, hrsg. und mit einem Nachwort versehen von Sören Eberhardt, Paderborn 1994;
Beer-Hofmann, Richard: Daten. Mitg. v. Eugene Weber, in: Modern Austrian Literature 17, 1984, S. 13-42;
Hanna Delf von Wolzogen: Beer-Hofmann, Richard, in: Lexikon der deutsch-jüdischen Literatur, hrsg. v. Andreas B. Kilcher, Frankfurt 2003, S. 41-45.

späten Erinnerungsbuch ʻPaulaʼ der „Liebe zweier kinderloser Paare"[9] und seiner bei den Zieheltern lebenden Großmutter, die noch am ehesten die jüdische Tradition verkörperte. Im Jahr 1880 verkauft Alois Hofmann die Fabrik, übersiedelt mit der Familie nach Wien und erwirbt mit seinem Vermögen einige Immobilien, deren Einkünfte einen großzügigen Unterhalt Beer-Hofmanns auf Lebenszeit absichern sollten. 1884 erweitert sich durch die erfolgte formale Adoption Richards Geburtsname um den Nachnamen Hofmann. Nach dem Besuch des Akademischen Gymnasiums in Wien absolvierte er das Jurastudium, das er – nach einem Freiwilligenjahr beim Militär - mit der Promotion 1890 abschloss. Den Beruf eines Anwalts, in den Spuren seines verstorbenen Vaters, ergreift er allerdings nicht, denn in eben diesem Jahr vollzieht sich eine entscheidende Wende: Beer-Hofmann kommt im legendären Kaffeehaus Griensteidl in Kontakt mit Hugo von Hofmannsthal, Arthur Schnitzler, Hermann Bahr, Felix Salten, mit denen er lange freundschaftlich verbunden bleibt und literarischen Austausch pflegt. Ohne diese Begegnung wäre er, wie er später mehrfach betonte, kaum als Dichter und Schriftsteller hervorgetreten.[10] Schon nach kurzer Zeit - 1893 erschien sein Band ʻNovellenʼ mit den Erzählungen ʻCameliasʼ und ʻDas Kindʼ - galt er Kollegen „als größte literarische Autorität und als akribisch genauer Kritiker ihrer Werke."[11] Und kein Geringerer als Schnitzler vertraute seinem Tagebuch am 4. Januar 1905 an, Beer-Hofmann sei „der bedeutendste von uns allen (…) Auch wenn ich mich ebenso lang mit einem Werk beschäftigte wie er, könnte ich es nicht zu der gleichen Höhe bringen."[12] Dennoch ist Beer-Hofmann noch unsicher über seine berufliche

---

[9] Beer-Hofmann, GA 6: Paula, S. 32 (s. Anm. 5).
[10] Außer den Genannten gehörten zu dieser Runde des ʻJungen Wienʼ zeitweise Gustav Schwarzkopf, Leo Vanjung, Friedrich Michael Fels, Paul Goldmann, Felix Dürmann, Leopold von Adrian, Theodor Herzl und punktuell auch Karl Kraus und Peter Altenberg sowie Alfred Polgar.
[11] Stefan Scherer: Richard Beer-Hofmann und die Wiener Moderne, S. 1 (vgl. Anm. 4).
[12] Arthur Schnitzler: Tagebuch 1903-1908, Wien 1991, S. 110.

und private Zukunft, fühlt auch das Unbehagen und Ungenügen an einer Existenz, die zwar gesichert zu sein scheint, aber doch – vielleicht deswegen – zu wenig geerdet und verwurzelt ist, zu sehr dem luftigen Ästhetizismus angehört.

Zwei Jahre später, am 5. Dezember 1895, ereignet sich erneut und ganz anders Einschneidendes: Richard steht in dem feinen und bekannten Süßwarengeschäft `Viktor Schmidt und Söhne´ gegenüber dem Stephansdom der sechzehnjährigen Paula Lissy gegenüber. Über den Ladentisch gebeugt, überprüft sie seine Bestellung. Später wird Richard schreiben:
Sie richtet sich auf – und nun geschieht es - - (...) 8 ¼ abends, vor der Niederlage[13] der Firma `Viktor Schmidt und Söhne´. Eine Viertelstunde vorher habe ich, drin im Laden, Paula zum ersten Mal gesehen. Ich habe versucht, mich zu fassen – und stehe nun vor den Schaufenstern der Niederlage gegenüber dem Riesentor von St. Stephan – noch benommen, noch nicht genau wissend, was geschehen soll – nur entschlossen, nicht wegzugehen, ehe ich sie nicht nochmals gesehen.[14]

Er kommt aus dem assimilierten Wiener Judentum und ist finanziell unabhängig, sie ist katholisch, stammt aus ärmlichen Verhältnissen und muss, nachdem ihre Mutter gestorben ist, selbst für ihren Lebensunterhalt sorgen. Eine große und starke Liebe, wie sie nur selten zu finden ist, beginnt:

Alles erlischt, war vorher war, eine Flut bricht aus mir, und auf ihr treibt Alles, was mir Leben schien, aus mir, als müßte sie alles Bisherige wegschwemmen – Raum in mir schaffen. Meine Seele will einziehen – schon füllt es mich – alles, was war, war nur ein Weg zu diesem Augenblick (...) – schon strömt es ein, neues Leben – nichts Leeres wird es in

---

[13] D. h. vor der Auslage im Schaufenster.
[14] Beer-Hofmann, GA 6: Paula, S. 105.(s. Anm. 6).

mir mehr geben - unermeßlicher Reichtum – nie werde ich arm sein – immer reich, zu reich, als daß man es behalten könnte – man muß es verschwenden. (...) Ich weiß, jetzt ist jemand da, der mich hütet – dessen weiße Flügel über mir sich breiten – nichts kann mich mehr ängstigen. Schon trage ich sie immer geborgen in mir – Herz meines Herzens.[15]

Paula hilft Richard über die Orientierungsschwierigkeiten hinweg, in ihr findet er ein notwendiges Gegenüber, durch sie gewinnt er einen neuen Zugang zu sich selbst, entdeckt seine jüdischen Wurzeln, versteht seinen Glauben in anderer Weise. 1897 kommt Mirjam zur Welt, für die Richard sein `Schlaflied für Mirjam´ dichtet, das ihn schlagartig in weite Kreise hinein bekannt macht. Sofort wurde der magisch-mystische Zauber dieses Gedichts, seine vollendete Form und Gedankentiefe erkannt und bewundernd hervorgehoben. Bis heute wird der Name Beer-Hofmanns vor allem mit diesen Versen verbunden, die ihre Faszination durch die Jahrzehnte bewahren konnten.[16]

---

[15] Ebd., S. 115 und 123.

[16] Vgl. dazu auch in: Beer-Hofmann, GA 1: Schlaflied für Mirjam. Lyrik, Prosa, Pantomime und andere verstreute Texte, das Nachwort des Herausgebers Michael Matthias Schardt, Oldenburg 1998, S. 329f (s. Anm. 5).
Eine der prominentesten Reaktionen sei hier mitgeteilt. 1919 erinnert sich der berühmte Theaterkritiker Alfred Kerr an eine längere Zusammenkunft mit Beer-Hofmann in Tirol:
„Nachts, in Gargellen, war ich vor dem Schlafengehen mit Beer-Hofmann ein paar Schritte herumgetappt. Ich hörte da zum erstenmal jene Verse, die ich heute, wo ich sie besitze, niemals, wenn ich allein bin, laut zu Ende lesen kann, ohne daß die Stimme stockt. Ich habe den Versuch gemacht, es zu besiegen – sie stockt immer. Ein Schlaflied an ein Kind, Mirjam. Etwas unsagbar Herrliches... ein Spruch, wie ein wiegender Weltentrost. Sinnend und gefaßt; ganz Blut und Seele. `Kind – es sind so viel Sonnen noch dein!´ Ruhe und Ernst; ein Sehen über Erd´ und Leben hin, und über ferne Erden. `Keiner kann keinem Gefährte hier sein.´ Dann: `Keiner kann keinem ein Erbe hier sein!´

In einer Zeit, in der viele Juden in Österreich sich zum Übertritt in die katholische Kirche entschließen, um in den Genuss der bürgerlichen Rechte und Vorteile zu kommen, entscheidet sich 1898 Paula, dem jüdischen Volk anzugehören, tritt zum Judentum über, erhält den zusätzlichen Namen Ruth und feiert mit Richard die Hochzeit in der Synagoge im 8. Wiener Gemeindebezirk; einer der Trauzeugen ist Schnitzler. Im gleichen Jahr noch wird Naemah geboren, drei Jahre später, 1901 der Sohn Gabriel.

Seine so überfließende Liebe zu Paula drückt Richard nicht nur darin aus, dass er der biblischen Gestalt der Ruth eine zentrale Rolle in seiner `Historie von König David´ zueignet und ihr Züge von Paula verleiht, sondern auch dadurch, dass er dem Erinnerungsbuch `Paula. Ein Fragment´ ein bedeutungsvolles Wort aus Dantes `La Vita Nuova´ voranstellt: Mit diesem auf Dantes Beatrice gemünzten `Hymnus´ feiert er durchscheinend Paula:
„Und so darf ich denn – wenn es Ihm, in welchem alle Dinge leben, gefällt, daß mein Leben noch einige Jahre dauere – hoffen, von ihr zu sagen, was von Keiner jemals noch gesagt worden. Und dann möge es Dem, der der Herr der Gnaden ist, gefallen, daß meine Seele von dannen gehen könne, zu sehen die Herrlichkeit ihrer Gebieterin - - -"[17]

Die große Erzählung `Der Tod Georgs´ erscheint 1900 und bringt – fast zeitgleich mit der Novelle `Leutnant Gustl´ von Schnitzler – den `inneren Monolog´ als durchgängiges literarisches Prinzip zu Sprache und

---

gefestigt und gefaßt; eine stille starke Melodie. Zum Schluß: `Mirjam, mein Leben – mein Kind, schlaf ein´... Etwas, für mein Gefühl, Einziges." Alfred Kerr, Richard Beer-Hofmann. Begegnung, in: Alfred Kerr, Die Welt im Drama, Köln/Berlin 1954 (1964), S. 101-106, hier S. 102.
[17] Dante Alighieri `La Vita Nuova´, in: Beer-Hofmann, GA 6: Paula, S. 6 (s. Anm. 7).

Geltung. 1904 folgt das umfangreiche Trauerspiel ʾDer Graf von Charolaisʾ, das Max Reinhardt 1905 in Berlin zur Uraufführung bringt. Ab 1906, nach der ʾGedenkrede auf Mozartʾ zum 150. Geburtstag, befasste sich Beer-Hofmann mit dem biblischen Stoff, der zu dem unvollendeten David-Zyklus führen sollte. So entstand bis in den Ersten Weltkrieg hinein das ʾVorspielʾ ʾJaákobs Traumʾ, an dem Beer-Hofmann von 1909 bis 1915 gearbeitet hatte.[18] Während und nach der Inflationszeit war Beer-Hofmann gezwungen, seinen Lebensunterhalt zum Teil selbst zu verdienen: So arbeitete er bis Anfang der 30er Jahre immer wieder in Berlin unter der Regie von Max Reinhardt als Regisseur. 1933 vollendete er ʾDer junge Davidʾ, den ersten Teil der geplanten Trilogie und konnte noch 1936 die Veröffentlichung des ʾVorspiels auf dem Theater zu König Davidʾ in Wien erleben. Seine Werke fielen den Bücherverbrennungen 1933 im ʾDritten Reichʾ und nach dem ʾAnschlussʾ Österreichs 1938 zum Opfer. Die zum Ende 1938 geplante Reise ins Exil nach Amerika, für deren Finanzierung der gesamte Immobilienbesitz weit unter Wert verkauft werden musste, wurde wegen der Erkrankung Paulas mehrfach verschoben und konnte daher erst im August 1939 in Begleitung eines Arztes stattfinden. Während des Zwischenaufenthalts in der Schweiz erkrankte Paula schwer und starb kurz darauf, am 30. Oktober in Zürich. Zwar konnte sich Beer-Hofmann noch aufraffen, die Fahrt nach Amerika fortzusetzen, brach allerdings die Arbeit am ʾKönig Davidʾ ab und widmete sich vor allem den Erinnerungen an seine geliebte Frau mit seinem letzten Werk ʾPaula – Ein Fragmentʾ, das allerdings erst posthum 1949 erstmals veröffentlicht werden konnte. In New York,

---

[18] In seiner Rezension schreibt Alfred Polgar, dass ʾJaákobs Traumʾ über 1200 Verse enthalte, „sorgfältigst durchgearbeitete Verse, denen jedes Quentchen Fett wegmassiert scheint. Die Herausbildung solches sehnigbiegsamen leichtathletischen Sprachakts war offenbar Hauptinhalt der sechsjährigen Mühe." In: Alfred Polgar, Kleine Schriften, Bd. 5 (Theater I), hrsg. von Marcel Reich-Ranicki, Frankfurt/M. 1985, S. 173-177, hier S. 174.

großzügig von seinem Freund Samuel Wachteil unterstützt, lebte er bei seinen Töchtern Mirjam und Naemah, hatte freundschaftlichen Kontakt zu Stefan Zweig, Hermann Broch, Max Reinhardt, Gottfried Bermann Fischer, Herbert Steiner und Thornton Wilder, veranstaltete Lesungen aus seinen Erinnerungen, veröffentlichte 1941 Lyrik unter dem Titel `Verse´, hielt Vorträge etwa an den Universitäten Yale, Havard, Columbia und verfasste Beiträge für die Zeitschriften Austria, Austrian American Tribune, Menorah, The German Quarterly, Neue Rundschau, lehnte es aber ab, zu politischen Fragen und Entwicklungen Stellung zu beziehen. Kurz nachdem er die amerikanische Staatsbürgerschaft erhalten hatte, starb Richard Beer-Hofmann in New York am 26. September 1945.

Beer-Hofmanns Stellung im zeitgenössischen Judentum.
Eine knappe Charakteristik

Olga Schnitzler hat in ihren Erinnerungen `Spiegelbild der Freundschaft´ eine pointierte Kennzeichnung der drei Freunde Hugo, Arthur und Richard unternommen:
Als sei an jedem von ihnen ein besonderer Auftrag ergangen, so sieht das Bild der drei Abgeschiedenen sich heute an...
an Hofmannsthal: Die Deutung der Welt in ihrem magischen Spiegel – der Kunst,
an Schnitzler: das Erkennen der Menschennatur in allem Irren und Leiden,
an Beer-Hofmann: das Künden des Göttlich-Ewigen in aller Vergänglichkeit des Geschehens.[19]
Das erste ausdrückliche Bekenntnis Beer-Hofmanns zu diesem `Göttlich-Ewigen´, zu den tiefen Quellen des Glaubens der jüdischen Ahnen beendet das berühmte Gedicht `Schlaflied für Mirjam´ von 1897, mit

---

[19] Olga Schnitzler, Spiegelbild der Freundschaft, Salzburg 1962, S. 141.

dem Richard seiner Erstgeborenen ein eindrucksvolles literarisches Denkmal setzte:

Schlaflied für Mirjam

Schlaf mein Kind – schlaf, es ist spät!
Sieh wie die Sonne zur Ruhe dort geht,
Hinter den Bergen stirbt sie im Rot.
Du – du weißt nichts von Sonne und Tod,
Wendest die Augen zum Licht und zum Schein –
Schlaf, es sind soviel Sonnen noch dein,
Schlaf mein Kind – mein Kind, schlaf ein!

Schlaf mein Kind – der Abendwind weht.
Weiß man, woher er kommt, wohin er geht?
Dunkel, verborgen die Wege hier sind,
Dir, auch mir, und uns allen, mein Kind!
Blinde – so gehen wir und gehen allein,
Keiner kann Keinem Gefährte hier sein –
Schlaf mein Kind – mein Kind, schlaf ein!

Schlaf mein Kind und horch nicht auf mich!
Sinn hats für mich nur, und Schall ists für dich.
Schall nur, wie Windeswehn, Wassergerinn,
Worte – vielleicht eines Lebens Gewinn!
W a s ich gewonnen gräbt mit mir man ein,
Keiner kann einem ein Erbe hier sein –
Schlaf mein Kind – mein Kind, schlaf ein!

Schläfst du, Mirjam? – Mirjam, mein Kind,
Ufer nur sind wir, und tief in uns rinnt
Blut von Gewesenen – zu Kommenden rollts,

Blut unsrer Väter, voll Unruh und Stolz.
I n uns sind A l l e. Wer fühlt sich allein?
Du bist ihr Leben – ihr Leben ist dein - -
Mirjam, mein Leben, mein Kind – schlaf ein![20]

Nicht nur in Wien, aber in besonderer Weise in Wien stieß die politische und liberal-bürgerliche Emanzipation der jüdischen Minderheit im 19. Jahrhundert auf einen keineswegs nur latenten, sondern ausgeprägten Antisemitismus, der nicht allein den Stammtisch vernebelte, sondern auch beim mittleren und gehobenen Bürgertum in den Salons wucherte. Der wirtschaftliche Wohlstand, an dem auch die assimilierten Juden partizipierten, war nicht auf Dauer gestellt, die Industrialisierung und Verstädterung des Lebens führten zu sozialen Verwerfungen und zur Erosion gesellschaftlicher Traditionen und Wertmaßstäbe. Massenquartiere entstanden, Konflikte verschärften sich, neue und alte Parteien polarisierten. Die katholische Religion und Kirche büßte ihre Bindungskraft zunehmend ein, eine sozialdarwinistisch unterlegte, antisemitische Rassenlehre bahnte sich ihren Weg in die Köpfe und infizierte allmählich die Sphären von Politik und Wissenschaft, Kunst und Kultur – man denke nur etwa an das wüste Pamphlet „Das Judentum in der Musik" und andere Schriften von Richard Wagner oder an den vierbändigen historisch-politischen Zeitroman „Biarritz" von Hermann Ottomar Friedrich Goedsche, der unter dem Pseudonym Sir John Retcliffe sein umfängliches Epos Anfang der 1870er Jahre veröffentlichte und bereits im ersten Band ein Kapitel „Auf dem Judenfriedhof in Prag" mit allen Zutaten des Antijudaismus und Antisemitismus versah und anrichtete: Rabbiner aus aller Welt finden sich bei Nacht und Nebel an diesem uraltehrwürdigen Ort ein, um die verschiedenen Strategien zur Eroberung der Weltherrschaft zu beraten und zu verwirklichen – das war der Stoff, aus dem zu Anfang des 20. Jahrhunderts das absurde Lügengespinst der so genannten `Protokolle der Weisen von Zion´ zusammen geschmiert wurde, des-

---

[20] Beer-Hofmann, GA 1: Schlaflied für Mirjam, S. 11f (s. Anm. 15).

sen Vernunft betäubendes Gift bis heute viele Menschen besetzt, vor allem in weiten Kreisen des Islam, doch durchaus auch nach wie vor in Teilen christlich-orthodoxer Kirchen Wirkung entfaltet.

Für den verheerenden und die Ordnung in Frage stellenden Börsenkrach 1873 wurde vielfach `der Jude´ verantwortlich gemacht und das Treitschke-Wort „Die Juden sind unser Unglück" bahnte sich seinen Weg. Der `Höhepunkt´ dieser Entwicklung am Ende des 19. Jahrhunderts war in Wien 1895 - durch den Kaiser erst 1897 bestätigt – die Wahl des Antisemiten Karl Lueger zum Bürgermeister: „Wer Jude ist, bestimme ich."

Die Reaktionen der jüdischen Minderheit auf diese Tendenzen waren unterschiedlich und lassen sich grob und idealtypisch in vier Richtungen charakterisieren:

1. Das Ignorieren der Judenfrage, die einmal aufgebracht worden war, bei jenen assimilierten Juden, die zu ihrer religiösen Tradition keinen Bezug mehr hatten und sich nach der Taufe auf ihre geschichtliche und sprachliche Zugehörigkeit zu Österreich beriefen.
2. Die Reproduktion des Antisemitismus bei den Juden selbst, wie sie sich am krassesten im `Fall Weininger´ geäußert hat. (Theodor Lessing hat dieses Phänomen als `jüdischen Selbsthass´ beschrieben.)
3. Das offen zum Ausdruck gebrachte Bekenntnis zur jüdischen Identität im Sinne eines kulturellen bzw. geistig verstandenen Judentums ohne ausgeprägt nationale Komponenten (...).
4. Die Propagierung eines rein politischen bzw. nationalistischen Judentums, das als Zionismus mit Theodor Herzls `Judenstaat´(1896) erstmals selbst politisch wirksam wurde.[21]

Angesichts des in europäischen Ländern verbreiteten Antisemitismus und damit einhergehend einer zunehmenden Gefährdung jüdischen Le-

---

[21] Stefan Scherer, Richard Beer-Hofmann und das Judentum, in: Norbert Otto Eke, Günter Helmes (Hrsg.), Richard Beer-Hofmann (1866-1945). Studien zu seinem Werk, Würzburg 1993, S. 14.

bens konnte sich Herzl einen jüdischen Staat nur außerhalb Europas vorstellen, wobei er durchaus nicht allein an Palästina dachte.
Übersehen darf man freilich nicht, dass die meisten Juden im Gebiet der Habsburger Monarchie, vor allem im östlichen Teil, in Galizien und darüber hinaus, sich der Orthodoxie in ihren unterschiedlichen Ausprägungen sowie den chassidischen `Lehrern und Schulen´ verpflichtet fühlten.[22]

Beer-Hofmann wird zumindest seit seinem `Schlaflied für Mirjam´, also durch die Liebe seiner Frau und die Geburt der Tochter der genannten dritten `Richtung zuzurechnen´ sein, die sich immer stärker ausprägt; für die Zeit davor ist davon auszugehen, dass er allenfalls durch die Großmutter eine gewisse Ahnung von jüdischer Lebensweise vermittelt bekommen hat – für den Vater und die Zieheltern war schon der Sabbat bis auf Ausnahmen ein Arbeitstag. Ein Hebräischunterricht wird zwar erwähnt, scheint aber ohne tiefere Wirkung geblieben zu sein und von einer Bar Mitzwa ist nichts überliefert.

Ist es im `Schlaflied für Mirjam´ das „Blut unsrer Väter, voll Unruh und Stolz", durch das Beer-Hofmann sich seines Judentums versichert und sich mit der Kette der Generationen verbindet, die über ihn wiederum vermittelt in Mirjam die Zukunft verkörpert,[23] so geht es in der 1900

---

[22] Nach wie vor aufschlussreich und berührend Joseph Roths großer Essay `Juden auf Wanderschaft´, Amsterdam und Köln 1976, 1985.
[23] Beer-Hofmann schreibt in einem Brief vom 25. September 1897 an Hofmannsthal: „Ich glaube manchmal, daß jetzt die letzten Türen ins Schloß gefallen sind (…). Bei allem Bisherigen konnte noch manchmal ein Mißtrauen aufkommen: Was ist wahres Empfinden, und wie viel Selbstbelügen und wie viel Stimmung und wie viel Einfluß von fremden Worten und Gedanken Anderer? Jetzt aber scheint es mir als hätte ich ein unveränderliches und sicheres Maß geschenkt bekommen das mich abhält Leeres und Gleichgiltiges für voll und wichtig zu nehmen. Denn es gibt Nichts was so einfach, klar und unverrückbar wäre wie das

veröffentlichten Erzählung `Der Tod Georgs´ darüber hinaus auch um die `Gerechtigkeit´ Gottes und die Bedeutung des `Gesetzes´, das für den Übertritt des `Romanhelden´, des Ästheten Paul zum Judentum konstitutiv wird.

Die von manchen vorgetragene Ansicht, die Wendung Beer-Hofmanns zurück ins Judentum sei durch die Schrift `Der Judenstaat´ von Herzl im Jahr 1896 ausgelöst worden und dadurch sei er gar zum Zionisten gewandelt, fällt in sich zusammen, da Herzl die `Judenfrage´ weder für eine soziale noch für eine religiöse, sondern in erster Linie für eine nationale hält.[24]

Demgegenüber fasst Beer-Hofmann seine grundsätzliche Überzeugung in die Worte:

„Dem Juden war es immer von seinem Schicksal auferlegt und geschenkt, anders wie andre nach seiner Zukunft zu fragen. Denn wenn von dem Worte `Zukunft´ der Begriff politischer Macht und Existenz kaum zu trennen ist, so wird im Juden bei dem Worte `Zukunft´, glaube ich, *Transzendentes* – und nur dieses erhielt ihn durch Jahrtausende am Leben – weitaus stärker anklingen als ausschließlich *Nationales*..."[25]

So wird man wohl Beer-Hofmanns Verständnis und Haltung mit einem `spirituellen Zionismus´ in Verbindung bringen, wie er sich bei Achad Ha´am findet, der eine `rein geistige, nach *innen* gerichtete Bewegung´ als für eine Renaissance des jüdischen Volks erforderlich hält. Der Rückbezug auf Martin Buber und dessen Schrift `Ein geistiges Zentrum´

Verhältnis von Vater zu Kind. Denn das ist nicht irgend eine *Beziehung* des Lebens, es ist ja das Leben selbst; im `von Anderen stammen und Andere zeugen´ lebt ja das Leben." In: Hugo von Hofmannsthal – Richard Beer-Hofmann: Briefwechsel, S. 70f (vgl. Anm. 3).

[24] Vgl. zu diesem Zusammenhang: Stefan Scherer: Richard Beer-Hofmann und das Judentum, S. 17 (s. Anm. 20).

[25] Hans Holzer: Richard Beer-Hofmann über die Sendung der Juden, in: Aufbau vom 17. Januar 1941, zit. bei Stefan Scherer, S. 17f (vgl. Anm. 20).

von 1902 ist dabei deutlich. Beer-Hofmann war sich durchaus der Schwierigkeiten bewusst, die sich ergeben, wenn jüdische Identität sich zwischen den auseinander strebenden Richtungen von Orthodoxie, Zionismus und Assimilation behaupten will und muss. So wird man ihm auch nicht gerecht, wenn er unter der Überschrift `Kulturzionist´ subsumiert wird, was für manche Interpreten mit Bezug auf `Die Historie von König David´ nahe gelegt wird.[26] Auch wenn Beer-Hofmann 1936 mit seiner Frau Palästina besuchte, verspürte er doch keineswegs das Bedürfnis, sich dort anzusiedeln und eine neue Heimat zu finden. Das Land, Eretz Israel, galt ihm immer als ein Traumland, das die Juden mit sich und in sich tragen.[27] „Es wäre also zu fragen, ob der Begriff Kul-

---

[26] Dazu Tim Krechting: Richard Beer-Hofmanns jüdisches Denken, Hamburg 2009, S. 24ff. Krechting rekurriert in einem Exkurs zustimmend auf die 1919 erschienene Schrift `Judentum und Zionismus´ von Eduard Strauß.

[27] Stefan Zweig, der zu der Zeit, als Beer-Hofmann seinen `Jaákob´ abschloss, an seinem groß angelegten Drama `Jeremias´ arbeitete – also zwischen 1914 und 1917 – formulierte seine Stellungnahme gegenüber Martin Buber, der Zweig um Mitarbeit an der neuen Zeitschrift `Der Jude´ gebeten hatte, mit den Worten:

„… von Ihnen und den Ihren trennt mich nur dies, daß ich nie wollte, daß das Judentum wieder Nation wird und damit sich in die Concurrenz der Realitäten erniedrigt. Daß ich die Diaspora liebe und bejahe als den Sinn seines Idealismus, als seine weltbürgerliche allmenschliche Berufung.. Und ich wollte keine andere Vereinung als im Geist, in unserm einzigen realen Element…" (Brief vom 24. Januar 1917, zit. in: Stefan Zweig, Tersites. Jeremias. Zwei Dramen, Frankfurt/M. 1982, Nachwort des Herausgebers Knut Beck, S. 349) Und in einem Brief an den jüdischen Kulturhistoriker Abraham Schwadron noch deutlicher: „Buber (…) ist recht betroffen von der Gegensätzlichkeit meiner Auffassung. Für mich ist es der Ruhm und die Größe des jüdischen Volkes, das einzige zu sein, das nur eine *geistige* Heimat, ein ewiges Jerusalem anstrebt, während er zur Wiederkehr ins reale Palästina gravitiert. Für mich ist es die Größe des Judentums, übernational zu sein, Ferment und Bindung aller Nationen in seiner eigenen Idee, er wünscht

turzionismus nicht in eine falsche Richtung führt. `Kultur´ steht in der Gefahr, ein aus sich selbst hervorgebrachtes Verdienst des jüdischen Volkes zu bezeichnen. Beer-Hofmann hingegen liest dieses Volkstum als ein Geschehen von Gott her, durch das sich das Volk in die Freiheit der Gottzugehörigkeit gestellt weiß und durch das es in sein `Amt´ gerufen ist."[28] Judesein hieße im Sinne Beer-Hofmanns also, eine Gabe Gottes zu verkörpern, die sich als Aufgabe zu bewähren hat – im existentiellen Glaubensvollzug. Das eben ist mehr als Nation und Kultur, als Assimilation oder Orthodoxie. Das nun auszubuchstabieren unternimmt Beer-Hofmann in `Jaákobs Traum´.

Exkurs I

Zuvor sei aber doch noch ein Abschnitt dem großen Trauerspiel `Der Graf von Charolais´ gewidmet.
Im März 1913 lud Martin Buber Beer-Hofmann ein zu einer Konferenz, auf der über die Gründung eines jüdischen Kollegs in Deutschland beraten werden sollte, mit dem Ziel, in den nächsten Generationen ein lebendiges und überzeugendes Judentum zu verwirklichen. Beer-Hofmann reagierte ablehnend und die Begründung dafür liest sich zunächst wie folgt:
Aber ich fühle es als Pflicht Ihnen zu sagen, daß ich das Zustandekommen dieses Colleges nicht wünsche – sondern fürchte. (...) Es ist unmöglich, dieses College zu gründen, ohne den ganzen Komplex religiöser

---

die jüdische Nation, und ich sehe in jedem Nationalismus die Gefahr der Entzweiung, des Stolzes, der Eingrenzung und der Eitelkeit." (Undatierter Brief 1917, zit. ebd., S. 351) Die Ähnlichkeit der Auffassungen von Zweig und Beer-Hofmann ist nicht zu übersehen, wenngleich der `theologische Faktor´ bei Beer-Hofmann eine andere Gewichtung impliziert.
[28] Tim Krechting, Richard Beer-Hofmanns jüdisches Denken, S. 24 (s. Anm. 24).

Fragen aufzurollen. Ein College muß zu diesen Dingen Stellung nehmen. Soll es den Sabbat heiligen und den Sonntag als Arbeitstag nehmen? Was soll es von allem was Tradition ist behalten? Ein jüdisches College kann nicht nur ein College wie irgend ein anderes sein. Es muss vorbildlich oder gar nicht sein.
Entscheidender Einwand ist allerdings die zu befürchtende Reaktion der nichtjüdischen Öffentlichkeit:
Und dann: Wir stehen unter anderen Gesetzen der Beurteilung als andere Völker; ob wir nun wollen oder nicht – was wir Juden tun, vollzieht sich auf einer Bühne – unser Los hat sie gezimmert. Art und Unart anderer Völker wird selbstverständlich hingenommen. Aber alle Welt darf auf Publikumssitzen lümmeln und die Juden anstarren. Blick, Stimme, Haltung, die Farbe der Haare, die Masse des Körpers – alles soll gehässigen Richtern Rede stehen – und wehe, wenn wir nicht als Halbgötter über die Szene schreiten.[29]

Beer-Hofmann spricht hier noch einmal aus, was er drastischer noch dem ʼRoten Itzigʼ im Drama in den Mund gelegt hatte, 1905, als Antisemitismus und Antijudaismus in Gesellschaft und Kirche sich immer unverhüllter artikulierten. Von eben diesem Itzig, der die als Schuldgegenstand erhaltene Leiche des alten Grafen nicht herausgeben will ohne Rückerstattung seiner Geldforderung, wird barmherzige Menschlichkeit erwartet, die ihm als Juden stets versagt wurde: „Von dir hängt alles ab, du bist ein Jud zwar - - du bist ja aber auch ein Mensch, wie wir - - " barmt der junge Graf von Charolais und offenbart damit seinen Zynismus, woraufhin Itzig hitzig reagiert:

Ein Mensch? wie ihr? seit wann bin ich e Mensch?
Mei Lebtag hat man mich's nicht fühlen lassen,
dass ich e Mensch bin; h e u t ʼ grad soll ich's sein?

---

[29] Martin Buber: Briefwechsel aus sieben Jahrzehnten. Bd. 1: 1897-1918, Heidelberg 1972, S. 327f.

Weil's euch so passt?[30]

Itzig wird auf die Rolle des Sündenbocks festgelegt, da er nicht zu der Menschlichkeit bereit ist, die man ihm immer erneut abgetötet hat, indem er allein zu einer Funktion des Geldes herabdefiniert wurde. Die Auseinandersetzung eskaliert, bis der junge Graf zu den Worten greift:

Sieh mich nicht an mit diesem bösen Blick –
geh, geh – ich habe Angst vor dir, du böser,
du böser Mensch!
und Itzig in höchster Empörung das jüdisches Leid zwischen Assimilation und Identitätsverlust ausdrückt:
„E böser Mensch"! Und warum,
soll ich e guter sein mit euch? Nur einen,
en einz'gen Grund sagt's mir, Herr Graf! Meint's ihr,
weil überhaupt e jeder Mensch soll gut sein
zum andern? Ja? – Nehmt's erst heraus, Herr Graf,
mei Herz, was s o zusamm'gekrampft ist von die
gebrennten Lad', was man ihm angetan;
stecht's mir die Augen aus, und gebt's mir and're,
die nix entzindt noch sind von vielen Wanen;
den Buckel schneidt's mir weg, der krumm is, weil
er ducken hat gemusst sich vor de andern;
gebt's and're Füss' mir, die nix sind gewesen
ihr Lebtag müd, und immer auf der Wander;
schlagt's ein den Kopp, reisst's das Gehirn heraus,
dass ich vergessen kann; und ganz zuletzt
schneid's mir die Adern auf – heraus lasst's rinnen
mei Blut, damit nix von mei Vatter, und
mei Vatters Vatter, und von all de andern,

---

[30] Der Graf von Charolais. Trauerspiel von Richard Beer-Hofmann, Berlin 1905, S. 62f.

ka Tropfen Bitt'res, Wehes in mir bleibt - -
und wenn ihr alles das getan, Herr Graf –
und ich dann noch lebendig bin – dann will ich
mit euch so reden, wie e Mensch – ich mein'
e g u t e r Mensch – soll zu e Menschen reden!
- Bis dahin lasst's mich sein, was ich für euch –
- und wenn ich wär', ich weiss nicht was – d o c h bleib':
e Jud', e Jud', (er verneigt sich) e ganz gemeiner Jud'!
(Er geht.)[31]

`Jaákobs Traum´

I Zum unvollendeten Zyklus `Die Historie von König David´

Die alljährliche Feier des Pessachfestes ist für gläubige Juden keineswegs eine blasse Erinnerung an den Exodus, den Auszug aus dem `Sklavenhaus Mizrajim´, aus Ägypten ins gelobte Land vor mehr als 3000 Jahren, wie er in dem zweiten Buch Mose beschrieben wird – sie ist vielmehr lebendige Vergegenwärtigung dieser Befreiung durch Gottes Handeln und Vergegenwärtigung der erneuten Bindung an eben diesen befreienden Gott durch den Bundesschluss am Sinai, an die durch Moshe vermittelte Übergabe der Thora an das Volk Israel.
So nimmt auch Richard Beer-Hofmann `seinen´ biblischen Stoff zur Vorlage eines literarischen Werkes, treibt damit also keine Auseinandersetzung wie mit einem x-beliebigen Gegenstand, versucht auch keine mehr oder weniger gelungene Nacherzählung – wie es sie ja durchaus nicht selten gibt -, sondern er schafft eine Vergegenwärtigung der Geschichte und Geschichten. Indem er die Gegenwart in der Vergangenheit aufspüren will, muss er die Bedeutung der Vergangenheit für die Gegenwart interpretieren. Anders gesagt: Um die eigene Zeit und Situation,

---

[31] Ebd. S. 68f.

die eigene Existenz zu verstehen, die gesellschaftlichen Entwicklungen und Widersprüche, in die man verwickelt ist und denen gegenüber man sich zu verhalten hat, ist es notwendig, zurück zu blicken, um nach vorne schauen zu können, zurück auf die Geschichte, aus der man nicht herausspringen kann, die aber Spielräume eröffnet.

Beer-Hofmann verfasst also ein „Zeitstück im biblischen Gewand, das frühjüdische Geschichte auf die Gegenwart hin transformiert und versucht, durch die Wiederbelebung des jüdischen Erwählungsmythos die Rolle und den Standpunkt des Judentums in seiner Zeit zu bestimmen."[32] Beer-Hofmann hat auf diesen Zusammenhang 1923 in einem Interview sehr pointiert hingewiesen und erklärt, dass der Wert jedes dichterischen Werks darin läge,

der zur Kunst erhöhte Ausdruck der Zeit… zu sein, in der es entstanden sei, und er betonte, dass *jede meiner Gestalten, der Jaákob des biblischen Dramas oder mein König David, in keinem Zug verleugnen wollen, von meinem heutigen Weltbild bestimmt zu sein. Zeitlich scheinen sie unserer Gegenwart entrückt, dies ist die mir gemäß erscheinende Kunstform, in der ich schließlich aber doch ganz unzweideutig meine Auseinandersetzung mit dem, was uns heute bewegt, versuche."[33]

Der Schaffensprozess am König-David-Zyklus erstreckte sich, immer wieder unterbrochen, über drei Jahrzehnte bis hin zum Abbruch. Die Konzeption sollte sich an der Thora, an den fünf Büchern Mose, am Pentateuch orientieren. Beer-Hofmann erläuterte sein Vorhaben 1908:

---

[32] Norbert Otto Eke: Rettung des Sinns. *Jaákobs Traum* und das Projekt einer Geschichtstheodizee, in: Richard Beer-Hofmann. Studien zu seinem Werk, hrsg. von Norbert Otto Eke/Günter Helmes, 1993, S. 128 – 155, hier S. 129. Auf diesen Aufsatz beziehe ich mich im Folgenden mehrfach.

[33] Karl Marilaun: Gespräch mit Richard Beer-Hofmann. In: Neues Wieder Journal, Nr. 10754 vom 26.10.1923, S.4; zit. nach: Norbert Otto Eke: Rettung des Sinns (s. Anm. 32), S. 129.

Mein nächstes Werk ist großangelegt, so groß, daß ich mit einer begreiflichen Scheu vor der Gewalt des Stoffes darangehe. Es soll eine Folge von fünf Versdramen werden, eine Pentalogie, die den Gesamttitel führt: `Die Historie des Königs David'. Als die drei letzten Teile – ich beginne absichtlich mit den letzten – sind `Der junge David', `König David' und `Davids Tod' gedacht. Diesen dreien gehen als eine Art Vorspiel `Jaákobs Traum' und `Ruth und Boas' (die Stammväter und Urahnen Davids) voraus. Ich gehe mit großer Freude an das Werk. Ich habe schon eine Fülle von Studien, Skizzen und Entwürfen einzelner Teile gemacht. Schon über hundert verschiedene Gestalten stehen jetzt bereits lebendig vor meinem inneren Auge da und gewinnen immer mehr feste Gestalt, werden in meiner Phantasie immer mehr zu wirklichen, mich umgebenden Wesen.[34]

Zu dem Drama `Ruth und Boas' existieren lediglich handschriftliche Notizen, die wahrscheinlich zwischen 1913 und 1917 entstanden sind und auf ein geplantes fünfaktiges Drama hinzudeuten scheinen: In die Konfrontation der aufgewühlten Zeit in Israel mit dem Schicksal der beiden Gestalten sollten zugleich Leben und Liebe von Paula und Richard hintergründig hinein verwoben werden.[35] Lediglich als `Prolog: Ruth' zum Drama `Der junge David' hat Beer-Hofmann – das biblische

---

[34] Paul Wilhelm: Bei Richard Beer-Hofmann. In: Neues Wiener Journal, Nr. 5123 vom 26.1.1908; zit. nach: Norbert Otto Eke: Rettung des Sinns (s. Anm. 32), S. 150.

[35] Das Fragment wurde von Richard M. Sheirich 1979 unter dem Titel `Ruth und Boas'. Ein unbekanntes Drama von Richard Beer-Hofmann erstmals veröffentlicht und kommentiert. In: Neue Zürcher Zeitung Nr. 250 vom 27./28. 10. 1979, S. 67f; es findet sich in: Beer-Hofmann, GA 5. Die Historie von König David, auf den Seiten 507-513.

Buch Ruth nachvollziehend – erst später in vier kurzen Szenen integriert.[36]

Das 1936 entstandene und erschienene 'Vorspiel auf dem Theater zu König David' kann als ein eigenes Werk aufgrund seiner Kürze und Eigenart innerhalb des Zyklus kaum angesprochen werden. Dennoch hat es sich eingebürgert, von der 'König-David-Trilogie' zu sprechen. Als vollendetes Werk wäre der Zyklus mit Sicherheit auf weit über 1000 Seiten angeschwollen.[37]

Alfred Kerr, der überaus einflussreiche Theaterkritiker, berichtet 1919 – im Zusammenhang seiner Bemerkungen über 'Jaákobs Traum' – von einer längeren Begegnung mit Beer-Hofmann, der bei dieser Gelegenheit erwähnte, dass er ursprünglich ein biblisches Drama über Saul – *Scha-ül* – den David-Dramen vorauszuschicken geplant hatte.[38] Elemente dieses Vorhabens dürften in 'Der junge David' eingeflossen sein. Eine Reihe von weiteren Fragmenten und Entwürfen verteilen sich über viele Jahre:

So existiert ein Engelschor zu 'Jaákobs Traum' aus 1906,

ein „Sang der Ahnen" zu 'Davids Geburt' aus 1926,

ein 'Prolog-Entwurf' zu 'Der junge David', der die Brücke schlägt zwischen Jakob über den Auszug der Israeliten aus Ägypten – Mose – bis zu Samuel – Schemúel – und Saul aus 1916,

eine Szene 'Bei Rahels Grab' zu 'Der junge David' aus 1916,

eine erste Szene 'Vom guten Hirten' zu 'König David',

---

[36] Richard Beer-Hofmann, Der junge David, 1933, S. 11 – 18, und in: Beer-Hofmann, GA 5: Die Historie von König David, hrsg. und mit einem Nachwort versehen von Norbert Otto Eke, Paderborn 1996, S. 123-131.
[37] Allein die drei Einzelausgaben der 'Trilogie' umfassen 480 Seiten (1918: 170 Seiten, 1933: 280 Seiten, 1936: 30 Seiten). Die GA Bd. 5 von 1996 bringt den Zyklus auf den Seiten 5-505.
[38] Alfred Kerr, Richard Beer-Hofmann. Begegnungen, S. 102 (s. Anm. 16).

ein `Gesang während des Rauchopfers´ für `Davids Tod´ aus 1908,
ein früher Entwurf der vorletzten Szene für `Davids Tod´ aus 1906/07.[39]

II Die biblischen Quellen zu `Jaákobs Traum´

Die Grundlage für die `Historie von König David´ erblickt Beer-Hofmann in der in mythische Zeit hineinführende Gestalt des Jaákob, der zum Namensgeber und Stammvater des Volkes Israel erwählt und berufen wird. Er ist der Erzvater par excellence, der Träger der Verheißung und durch ihn eben wird Gott als der Gott Israels, der Gott Abrahams, Isaaks und Jakobs vor der Welt benannt und bekannt. Von seiner Person, die historisch nicht greifbar ist, führt die Linie über manche Verwicklungen hin zu David, durch sich erstmals ein jüdisches Staat konstituiert – Erfüllung, doch nur von kurzer Dauer und daher immer wieder erneute, unabgegoltene Verheißung, von der Vergangenheit inspirierte Sehnsucht – bis heute. An und durch Jakob lässt sich nach Beer-Hofmanns Überzeugung die Geschichte der Juden aufhellen und im Kern begreifen. Mit seiner Interpretation erschließt sich der Sinn der jüdischen Existenz und lässt auf die Frage nach der Theodizee, der Rechtfertigung Gottes angesichts des Leidens zumindest in Umrissen eine wenn auch vorläufige Antwort ahnen.

Beer-Hofmann wählt für sein `Vorspiel´ nicht die ganze Jakobsgeschichte, die ja ihren Abschluss erst mit dem Ende der Josephserzählung, mit dem Jakobssegen und Jakobs Tod in Genesis 49 findet. Sondern er `erwählt´ nur einige, zudem voneinander entfernte Abschnitte der biblischen Überlieferung und komponiert sie in einen neuen dramatischen

---

[39] Alle genannten Fragmente sind abgedruckt in: Beer-Hofmann, GA 5: Die Historie von König David, S. 506-536. Im Nachwort GA 5 bringt Norbert Otto Eke noch zwei Nachlaßnotate, die den Schluss von `Davids Tod´ vorab skizzieren, s. S. 547.

Zusammenhang. Vier verschiedene Szenen werden miteinander verbunden. Zum ersten als erstes die Geschichte des Konfliktes zwischen Jaákob und Esau, die berichtet, wie Jaákob sich unter Anleitung seiner Mutter von Isaak den Segen erschleicht, der eigentlich seinem Bruder zusteht (Genesis 27, 1 – 45); zum zweiten die Versöhnung mit Esau, die im Buch Genesis erheblich anders vor sich geht (32, 1 – 22 und 33, 1 – 16); zum dritten Jakobs Traum von der Himmelsleiter in Beth-El (Genesis 28, 10 – 22) und zum vierten die in archaische Tiefen reichende knappe Erzählung von Jaákobs Kampf mit dem Engel, der Gotteserscheinung am Fluss Jabbok (Genesis 32, 23 – 33). Außerdem integriert Beer-Hofmann Elemente wie die Errichtung des Altars in Beth-El, Anlass für Gott selbst, den Namen Israel für Jaákob, zugeeignet am Jabbok, noch einmal zu unterstreichen. Andere Motive und Berichte sind völlig ausgeblendet: So die kleine, aber berühmte Geschichte von Esaus Verkauf seines Erstgeburtsrechtes für das sprichwörtliche Linsengericht an Jakob (Genesis 25, 29 – 34); so der umfängliche Erzählkomplex über Jakobs zwanzigjährigen Aufenthalt bei seinem Onkel Laban, mit seinen Frauen Lea und Rahel und den Kindern (Genesis 29 – 31 und 35, 16 – 18);
so auch die grausame Geschichte von der Schandtat an Jakobs Tochter Dina und die Bluttat zu Sichem Genesis 34); so ebenfalls die Segenssprüche Jakobs und seine Prophezeiung des Messias in Genesis 49.

Zwei Bemerkungen seien noch vor der Vorstellung des `Vorspiel´ angebracht. Dramaturgisch wirkt `Jaákobs Traum´ eher konventionell und leitet sich von der Tradition des österreichischen Barockdramas ab. Dahinter scheint noch auf die im Judentum wie in der christlichen Theologie beheimatete Kultur des Streitgesprächs auf. Stilistisch ist es dem Jugendstil zuzuordnen, die Sprache ist weniger sachlich als vielmehr ornamental und emphatisch getönt, dabei weniger pathetisch als vielmehr existentiell empfunden.

Und: Beer-Hofmann geht auf die hebräischen Namen und Bezeichnungen zurück – also nicht ´Jakob´, sondern ´Jaákob´, nicht Isaak´, sondern ´Jizchak`, nicht ´Esau´, sondern ´Edom´, statt ´Israel´ ´Jisro –El´, statt ´Jerusalem´ ´Uru –Schalim´ oder ´Jerushalayim´.

III Des ´Vorspiels´ erster Teil:
Rebekah und Edom (Esau)

Der erste Teil spielt im väterlichen Anwesen Jizchaks in Beer-Scheba am Rande der Wüste. Die Frauen Edoms und ein Knecht unterhalten sich darüber, dass und wie Jaákob den Segen des greisen, siechen und blinden Vaters durch Betrug erhalten hat, streiten sich, ob dieser Segen gilt oder nicht – „Er gilt!" -, und erwarten unruhig die Ankunft des ´roten´ Edom, der durch einen Knecht bereits von dem falschen richtigen Segen erfahren hat. Eine große Auseinandersetzung zwischen Mutter und Sohn, Rebekah und Edom beginnt; Edom will sich nehmen, was ihm zukommt, stürmt an Rebekah vorbei ins Haus, kommt verstört wieder hervor, ohne einen Segen des sterbendes Vaters und klagt und fordert:

Mach´s ungeschehen, Mutter!
REBEKAH: Ich kann es nicht! K e i n Bronnen strömt zurück!
EDOM: Du m u ß t!
REBEKAH: Ich k a n n es nicht! – Der Segen floß…
Nun keimt und treibt und wächst er in Jaákob – Wider ihren Willen von Jubel erfasst.
Gelobt der Herr, daß ich´s nicht ändern kann![40]
Edom, wild, stammelt seinen Eid hervor, den er schwor, als er von dem Betrug erfuhr: Nur Unkraut und Wasser aus Pfützen wolle er trinken, keinem Weib sich nahen, bis er Jaákobs Blut vergossen hätte. Rebekah versucht ihn zu überzeugen, dass der Segen über Jaákob Edom nichts

---
[40] Beer-Hofmann: Jaákobs Traum, in: Beer-Hofmann, GA 5, S. 21f.

wegnehme, im Gegenteil, ihm alle väterlichen Güter und Überfülle überlasse. Aber Edom will – nicht auch noch, sondern vor allem - den Segen. Was es um diesen Segen ist, wird nun in Rebekahs Antwort deutlich:

Jizchaks Segen wollt ihr?
Hol' ihn dir, Edom, drinn' - d e r ist noch frei!
Jizchak mißtraute, Jizchak hat gezaudert,
Getastet, da Jaákob vor ihn trat –
Sein kraftlos Alter liebt d i c h, starker Edom –
Jaákob sprach – und Jizchak hat gezweifelt!
    Aufjubelnd.
Jaákob s p r a c h – und aus den Tiefen hob'sich
Und straffte Jizchaks Leib und warf ihn aufrecht,
Und Segen brach aus ihm, und Jizchaks Antlitz
War wie ein Schleier nur, dahinter Terachs,
Nachors, A b r a h a m s Antlitz atmend glomm!
Des rechten Erben Stimme rief die Ahnen - -
Die segneten – und die belog ich n i c h t![41]

Hier geht es um die Differenz zwischen Segen und Segen, einem Segen, der von Menschen aus menschlicher Kraft anderen zugesprochen werden kann, und dem Segen, der sich `über die Ahnen´, das ist über die Gottesgeschichte mit den Ahnen, als göttlicher Segen nicht nur vermittelt wird, sondern sich ereignet und offenbart. Gemeint ist also ein Segen, der sowohl aus der Tiefe als auch gleichermaßen aus der Höhe strömt – Thomas Mann hat dies später in seiner Formulierung vom Segen aus der Höhe und aus der Tiefe aufgenommen. Gottgewirkter Segen ist Erwählung und geht über Erstgeburtsrecht, Erbnachfolge und Verdienst hinaus. Solcher Segen erfüllt nach alttestamentlicher Vorstellung den Empfänger mit heilvoller Kraft, die über den Empfänger weit hinaus geht und sich fruchtbar auswirkt.

---
[41] Ebd., S. 25.

Zwar gilt die Geschichte der `Segenserschleichung´ als eine der `anstößigsten´ in der Bibel, erfüllt sie doch den Tatbestand des vollzogenen Betrugs – doch das ist eben – theologisch gesprochen – mit menschlichem Maß und Empfinden gedacht, über das der Göttliche Segen souverän hinweggehen kann. Von daher ist der Kritik von Herbert Otto Eke nicht zuzustimmen, der bemängelt, dass Beer-Hofmann der Problematik dieses Betrugs ausgewichen und der Versuch einer `Entschuldigung´ Rebekahs und Jaákobs nicht gelungen sei.[42] Hier geht es um - wenn wir so wollen – Metaphysik, anders gesagt: um ein gottgewirktes Handeln gegen das Übliche und Gewohnte, gegen Recht und Gesetz. Also um den Einbruch, den `Einbruch´, einer Sphäre, die – wie sich später herausstellt – um Israels willen menschliche Regeln und Vorstellungen außer Kraft setzt. Beer-Hofmann weiß, dass an zentraler Stelle Gottes Selbstaussage steht: „Meine Gedanken sind nicht eure Gedanken, und eure Wege sind nicht meine Wege, spricht der HERR, sondern so viel der Himmel höher ist als die Erde, so sind auch meine Wege höher als eure Wege und meine Gedanken als eure Gedanken." (Jes 55,8f) Schließlich ist auch die Abstammung Davids eher `unordentlich´, denn er kommt her von der Verbindung zwischen dem Israeliten Boas und der Moabiterin Ruth. Es geht nicht immer logisch und stringent, nicht immer mit rechten Dingen zu in den Geschichten von Abraham, Isaak, Jakob und so wäre zu erinnern an die `frohe Botschaft´, die später Joseph, als er sich, Statthalter des Pharao, in Ägypten seinen Brüdern zu erkennen gab: „Ihr gedachtet es böse mit mir zu machen, aber Gott gedachte es gut zu machen." (1. Mose 50,20). Mit Paul Claudel kann daher gesagt werden: `Gott schreibt auch auf krummen Linien gerade´.

Doch Edom bleibt weiter empört und fragt danach, warum ausgerechnet Jaákob und nicht er auserwählt wurde. Und Rebekah geradezu hymnisch:

W e i l er einhergeht, voll von dunklen Fragen,

---

[42] Vgl. Norbert Günter Eke, Rettung des Sinns, S. 131 (s. Anm. 32), wiederholt in seinem Nachwort in: Beer-Hofmann, GA 5, S. 552.

Und du – dich froh und satt und sicher freust!
W e i l aller Ahnen Zweifel Traum und Sehnen –
Ein nie verstummend Fordern – in ihm klingt,
W e i l er – nicht Gott in ferne Himmel einsargt,
Nein – täglich, Herz an Herzen, mit Ihm ringt!
W e i l d u - nur jagen kannst und opfern, m o r d e n!
Und e r vor aller Wesen Leid erblaßt,
Und e r zu allem spricht, und zu ihm alles...
Trägt e r den Segen . . . u n d des Segens Last! (...)
Weil auf ihm G n a d e ist – und auf dir – keine!
EDOM: Ist Gott denn nicht gerecht?
REBEKAH in eherner Abweisung: Ich weiß nicht, was
Er ist! Wüßt' ich's – Er wär' mein Gott nicht![43]

Edom, seinem Eid verpflichtet, wendet sich ab, lässt seine Hundes an einem Gewand Jaákobs Witterung aufnehmen und nimmt die Verfolgung des Flüchtigen auf. Rebekah, erschöpft, fleht zu Gott um Rettung Jaákobs: *Gib Engel mit, Jaákob – b i s ans Ziel.*[44]

IV Des 'Vorspiels' zweiter Teil:
1. Jaákob und Idnibaal

Jaákob und der alte Knecht seines Vaters, Idnibaal, ein Phönizier, haben die Höhe einer Bergkuppe erreicht, die später Beth-El genannt wird. Jaákob kümmert sich liebevoll um ein Lamm, das ihm seit dem Tod der Lammmutter anhängt. Nach Gesprächen, auch über die großartigen Zukunftszusagen Gottes an Abraham und die problematische Konfliktlage

---

[43] Beer-Hofmann, GA 5, S. 27f.
[44] Ebd. S. 30.

zwischen Esau und Jaákob erzählt Idnibaal den Mythos vom Abgrund, der in Uru-Schalim klafft:

JAÁKOB: *Was birgt der Abgrund denn?*
IDNIBAAL ernst: *Herr, d a s - was einst*
A l l mächtig war, b e v o r die Götter wurden!
Leise anhebend
Da noch kein „Drunten" war, und noch kein „Droben",
Allflut und Meer in wüstem Knäuel quollen,
Urwirre wirbelte und gor - -
Da stiegen junge helle Götter auf
Und, heilig frevelnd, warfen sie darnieder
Das Ungeheure, dem sie eh' entboren;
Und schufen Tag und Nacht und Himmelszelt
Und banden der Gestirne Bahn mit Eiden.
Erregter
Den Fels zu Uru-Schalim aber rissen
Sie a u f, mit ihrem Blitz, zu einer Kluft,
Die b i s zum Erdennabel klafft, und warfen
Das Blutige, Verstümmelte, Besiegte –
Hinein! Dort liegt's! Und dass es n i e entweiche,
Schoß, feurig sausend, in geweihter Nacht,
Ein Stein, von Flammensternen stammend, nieder
Und sank als glühend Siegel auf die Kluft!
Wer d o r t e n opfert, ehrt, was i s t und w a r!
Das Blut träuft abwärts, zu dem Traurigen,
Das, trostlos siechend, dort im Düster grollt,
Und sagt ihm, dass man es noch ehrt, und sänftigt
Den Trotz, der drunten unzertreten lauert
Und schlaflos wacht, ob es ihm nicht gelänge,
In jähem Ansturm, Fesseln zu zerreißen!
(...)

JAÁKOB in starker Erregung: W i e nanntest du den Felsen? Wie?
IDNIBAAL: M o r i a h !
So h e i ß t er – Herr!
JAÁKOB erschüttert: H e i ß t er Moriah – nun,
So lag mein Vater dort, auf Opferscheiten,
Verschnürt – und seines eignen Vaters Hand
Schwang über ihm das Messer – in die Kehle
Dem Knaben es zu ...
IDNIBAAL eifrig einfallend: Da – schrie es von oben –
Erzählen sie im Haus: „Halt ein!" Und s c h o n stand
- Als Löseopfer – dort ein weißer Widder,
Der Hörner goldnen Wund im Strauch verfangen,
Ein Tier vom Gott gesandt, Herr! – Und dein Vater
Ward n i c h t geopfert.[45]

Nur zweimal taucht in der Bibel der Begriff Moriah oder Ha-morijja auf und verbindet sich mit zwei ineinander greifenden Überlieferungen: Auf die erste berühmt-berüchtigte, die Erzählung in Gen. 22,1-14 von der ʼBindung Jizchaksʼ – in den christlichen Bibelausgaben lautet die Überschrift meist ʼOpferung Isaaksʼ – spielt Beer-Hofmann an:
„Nach diesen Geschichten versuchte Gott Abraham und sprach zu ihm: Abraham! Und er antwortete: Hier bin ich. Und er sprach: Nimm Isaak, deinen einzigen Sohn, den du liebhast, und geh hin in das Land Morija und opfere ihn dort zum Brandopfer, auf einem Berge, den ich dir sagen werde."
Das Land also wird Moriah genannt. Die Bezeichnung eines Berges mit diesem Namen findet sich im zweiten Buch der Chronik 3,1:
„Und Salomo fing an, das Haus des HERRN zu bauen in Jerusalem auf dem Berge Morija, wo der Herr seinem Vater David erschienen war."
In der Überlieferung wird der Berg Morija im Land Morija mit dem Felsen identifiziert, auf dem der – später zweimal zerstörte – Tempel errich-

---

[45] Ebd. S. 42f.

tet wurde – und wer heute auf dem Tempelberg in Jerusalem den Felsendom betritt, kann um den Felsblock herumgehen und sich durchaus vorstellen, dass in unvordenklicher Zeit darauf Menschen dem Moloch oder anderen Göttern geopfert wurden, bis durch die Geschichte in Gen. 22 einem dem Gott Israels geweihten Menschenopfer Einhalt geboten wurde.

Die jüdische, talmudische Legende erzählt, dass Gott an diesem Ort aus der Adama, also aus der Erde, zu den Adam formte und erweckte. Daher gilt der Fels Morija ihr auch als der Nabel der Welt und so wird berichtet, dass an dieser Stelle auch Kain und Abel, Noah und Melchisedek Früchte, Getreide und Tiere geopfert hätten. Die samaritanische Tradition verlegt die `Bindung Isaaks´ auf ihren heiligen Berg, auf den Garizim nördlich von Jerusalem und die christliche auf Golgatha.

Beer-Hofmann allerdings nimmt eine besondere Variante des Mythos vom Berg Morija in Anspruch, um die Aufgabe des jüdischen Volkes, Israels, als `Hüter des Abgrunds´ zu wirken, zu betonen: Der Sternenbrocken, herabgestürzt aus dem Universum, hat sich sozusagen auf das `Schwarze Loch´ der chaotischen Elemente und Kräfte gepflockt, wie ein Abschlussstein über gärendem Unrat, um das lauernde Tohuwabohu zu bändigen. Was in mythischer Zeit, zur Zeit Jaákobs spielt, ward in geschichtlicher Zeit immer wieder not-wendig und wird immer wieder nötig sein: Dem Grauen der Kriege und den Göttern des Gemetzels ins Handwerk zu fallen, der Herrschaft der Produkte über ihre Produzenten, der Ökonomie über die Ökumene, der Zeichen und Zahlen über das Leben entgegen zu stehen.

Exkurs II

In `Der junge David´ nimmt Beer-Hofmann diesen Mythos wieder auf. Die Gefolgsleute Davids warten auf ihn – 1. Bild: Straße bei Rahels

Grab – und fragen sich, an welchem Ort denn David die heilige Lade des Bundes mit den Gebotstafeln vom Sinai hinsetzen und mit einem Gotteshaus umgeben werde. Nein, nicht in Schechem, nicht in Nob oder Schiloh, sondern:

GAD: *Auf einer Höhe,*
Wo einer stand – dem HERREN zu gehorchen –
Bereit, den einzigen Sohn dahinzugeben,
In tiefster Qual v e r t r a u e n d noch – n i c h t fragend:
HERR – HERR – warum?
ZADOK, in verhaltenem Aufschrei; leuchtenden Antlitzes:
A b r a h a m - a u f M o r i a h ! –
GAD: *M o r i a h heißt der Fels des tiefsten Leidens!*
Drum wählt ihn David! Heiliger – ist kein Ort![46]

Noch aber ist es ein weiter Weg, bis das fast uneinnehmbare, von den Jebusitern bewohnte Jerusalem eingenommen und von König David regiert werden wird. Im 3. Bild – Alter Burgplatz in Bethlehem – weist David auf den Abendstern und erzählt seinerseits seinen Vertrauten von Morijas Schlund und Abgrund, in den die Urgötter hinabgestürzt wurden:

DAVID: *Weil sie – die Welt*
In Gier und Brunst und Haß durchtaumelnd – tobten!
Zum Knäuel geballt, beschliefs, erschlugs einand –
N i c h t s heilig! Eid nicht – Schlaf nicht – Treu und Glauben –
Herr -: N u r – G e w a l t - -! Urwirre und Gewalt
Siecht in der Gruft - -
ASAHEL(...): *Das Lied sagt, es kommt wieder*
Erstarkt! Oft bebt der Fels, weil gegen ihn sichs
Mit Riesennacken stöhnend stemmt - -

---

[46] Ebd., S. 177f.

In Genugtuung: *er ist zu schwer!*
DAVID: N o c h schwerer schaff ich ihn –
Wort um Wort wuchtig hinsetzend: Quader auf Quader
Türm ich drauf –
GAD springt auf. Die Hände hochwerfend. Jubelnd:
                    - des HERREN heilges Haus!
DAVID nickt. In Ernst und Hoheit:
D o r t – stehn wir – wir – und nach uns, einmal, A l l e!
Des Abgrunds Hüter –
ASAHEL, hingerissen: - Daß da drunten b l e i b e
Urwirre und Gewalt - -[47]

Genau an dieser Stelle aber formuliert sich durch den Einspruch von Davids Gefährten Achitophel der Umschlag vom Mythos in die Geschichte, denn Achitophel bricht in das Gespräch ein, indem er mit dem Hinweis auf die künftige Eroberung Jerusalems den Abgrund des Grauens ´in uns´ verortet und damit Davids Wissen um die Realität und zugleich seine Sehnsucht und seinen Menschheitstraum hervorruft:

ASAHEL, hingerissen: - Daß da drunten b l e i b e
Urwirre und Gewalt - -
Achitophel. Seine Stimme durchschneidet ruhig, kalt und hart das Dunkel:
                 Und braucht G e w a l t doch –
Schon um den Fels den andern abzuzwingen!
DAVID, betroffen (...): Wer sprach das?
ACHITOPHEL: *Achitophel!*
DAVID: Eure Stimme war fremd - -
ACHITOPHEL: Im Dunkel klingt sie anders! – Herr:
N i c h t s siecht im Abgrund –
Auflachend: *i n uns liegts und lauerts!*
DAVID, in zornigem Aufschrei:

---

[47] Ebd., S. 299f.

Ich weiß es! Ja: Trieb – dumpf, unbändig, wild –
Treibt, wirbelt dieses Lebens Rad – doch d r ü b e r - - (...)
L e u c h t e t Gestirn – und schreitet nach G e b o t e n! (...)
N o c h muß ich tun, wies ringsum tut –
Emporblickend. Die Hände beteuernd an der Brust: - der HERR weiß:
Ich will es a n d e r s! Und nicht viel erbitt ich:
Ein wenig Frieden – eine Spanne Zeit - -
Die S a a t zu werfen nur, daß ein Geschlecht
Aufgehe – n i c h t uns gleichend – besser, r e i n e r!
Eins, das nicht froh wird, wenn es Qual ringsum weiß –
Nicht atmen kann, wenn Fron daneben keucht –
Das nicht nach Herrschaft giert – sich nicht verwirft
An Glanz und Macht - -[48]

Auf Idnibaals „Und dein Vater ward n i c h t geopfert" vermag Jaákob, empfindsam, sich in den kleinen Jizchak hineindenkend, nur bitter zu entgegnen, erschauernd:
Wem Gott – als Kind – Vertrauen so zertrat –
W o darf der trauen noch und sicher fühlen?![49]
Und Jaákob fragt resigniert, was der Gott eigentlich von ihm will, wenn er vollmundig dem Abraham Land und Leute ohne Zahl verspricht und nun:
Abrahams Stamm heißt Edom und Jaakob –
Vielleicht – was weiß ich – Edom bald allein![50]
Im Fortgang des Zusammenseins erwähnt Jaákob, dass Rebekah dem Idnibaal die Freiheit versprochen habe, wenn er Jaákob heil und gesund zu ihrem Bruder nach Charan gebracht hätte. Jaákob aber nimmt das von Rebekah ihm mitgegebene Gewand, wirft es als „der Freiheit neues

---

[48] Ebd. S. 300f.
[49] Ebd. S. 44.
[50] Ebd. S. 45.

Kleid" Idnibaal über, gürtet ihn mit einem reich gefüllten Gürtel „mit neuem Mut"[51], und ruft mit einer Vision vom Meer und Gestade im Knecht eine lang versunkene Sehnsucht nach den Göttern der Heimat und nach Freiheit ins Licht. Idnibaal ist überwältigt und fragt erschüttert und ungläubig:

Wer bist du – wer? Der solches weiß zu sagen!
Als Herr geboren . und weißt, wie dem Knecht ist?
Sahst meine Heimat nie – und kündest sie?
Fühlst mit dem Tier – hast noch nie leiden müssen,
Und weißt um alles Leid…(…) Was ruft aus dir,
Was bist du, Knabe, sprich – wer – was?...[52]

Es wird dunkel und Jaákob heißt Idnibaal den Berg hinab gehen zu den anderen und der Herde.

IV Des `Vorspiels´ zweiter Teil:
2. Jaákob und Edom

Edom erscheint im Dunkel und ruft Jaákob an. In dieser Szene nimmt Beer-Hofmann die Konfrontation und Versöhnung der Brüder vorweg; im biblischen Text wird die Versöhnung erst nach der langen Dienstzeit Jaákobs bei Laban, auf dem Rückweg mit Frauen, Kindern, Gefolge, Herden, Sack und Pack ausführlich, wird die Angst Jaákobs vor der Begegnung mit Edom und das brüderlich-herzliche Willkommen von Seiten Edoms beschrieben. Beer-Hofmann nimmt den verfolgenden Hass Edom aus dem ersten Teil auf, zeichnet Jaákob hingegen als selbstbewusst und herausfordernd: Er hat das Lamm im Arm, bestimmt Edom dazu, die Hunde an einem Baumstumpf fest zu binden und auf des Bruders Hohn:

---
[51] Ebd. S. 60.
[52] Ebd. S. 58f.

„Bist du ums Lamm besorgt? Und nicht um Dich?"
entgegnet Jaákob ruhig und entschlossen:

Ich sorg´ ums Lamm! Sein Hirt bin ich – bestellt,
Um es zu hüten!
EDOM stark: Hüte d i c h!
JAÁKOB (...): Wozu?!
Mich – hütet meines Vaters Segen![53]

Edom greift nach einem Pfeil, zieht ab, trifft das Lamm tödlich, starrt fassungslos auf Jaákob, der aufrecht steht, greift zum Messer, hält aber inne, als sein Bruder ihn feierlich anruft:

Edom! – Es nimmt der Herr mich nicht als Opfer an!
Wie einstmals, auf Moriah, für den Vater –
Hat heut` er, hier, für mich ein Lamm gesendet,
Vom Tode mich zu lösen... Sieh – es starb!
EDOM (...) in wütendem Aufschrei: V e r f l u c h t ist, was dir naht!
JAÁKOB mit leuchtendem Antlitz; er breitet die Arme weit aus: G e s e g n e t!
Gesegnet, was mir naht – mein Bruder, nahe![54]

Selbst wenn durch diese Szene mit dem Lamm, das geopfert wird, Assoziationen an Jesus Christus, das unschuldige Lamm Gottes, geweckt werden, so muss doch daran erinnert werden, dass die Hirtenmetapher und das Symbol des Lammes im alttestamentlichen Kontext stark ausgeprägt sind, und die Überführung des Lammsymbols ins neue Testament die jüdische Heils- und Segensvorstellung aufnimmt. Wollte man also diese Szene christologisch deuten, und zwar im Kontext des christlich-jüdischen Dialogs, so könnte, wenn wir das Lamm an dieser Stelle als Vor-Schein Jesu Christi interpretieren wollten, der Sinn doch wohl aller-

---

[53] Ebd. S. 47.
[54] Ebd. S. 48.

erst darin u sehen sein, dass `Christe, du Lamm Gottes´ sich vor Jaákob, also vor Israel, vor sein Volk stellt und sich für sein Volk opfert – Christus könnte also in keiner Weise seinem Volk entrissen und entgegen gestellt werden, wie es die christliche Theologie und Kirche bis vor kurzer Zeit im Allgemeinen gelehrt hat.

Edom lässt aber noch keineswegs ab von seinem Hass, bis Jaákob ihn auffordert, ihn, Jaákob, zu töten. Edom aber beginnt im Wind Stimmen zu hören, erblickt erschauernd zurücktaumelnd weiße große Schwingen hinter Jaákob:

Wer ist bei dir – wer ist
Um dich, Jaákob? Du bist nicht a l l e i n!
JAÀKOB: (...) Mein Bruder Edom nur – ist noch bei mir –
Und dann. . . ein fernes Beten meiner Mutter
Ist auch – vielleicht – bei mir.[55]

Edoms Hass fällt in sich zusammen, beide knien im Dunkel und Jaákob umfasst seinen Bruder. Ein Zwiegespräch beginnt über Verwerfung und Erwählung und Jaákob erklärt bitter und traurig:

So heißt `erwählt´: Traumlosen Schlaf nicht kennen,
Gesichte nachts – und Stimmen ringsum tags!
Bin ich erwählt? D a z u erwählt, dass alles,
Dem Leid geschieht, mich ruft, mich heischt, mir klagt?
Daß selbst der Blick des Tiers, das stumm verendet,
Mich fragt: `W a r u m?!´
In steigender Hast:
Bin ich nicht Sein Geschöpf nur?
Wie will Er, daß ich Antwort a l s o gebe
Als wär´ ich – Er, der mich und alles schuf?

---

[55] Ebd. S. 68.

Wie k a n n ich das?
Mit finsterem Aufblick, stark:
W ä h l s t Du – Du Gott da droben -
D a z u mich aus? Dann k o m m zu mir und raune
Ins Ohr mir, wie ich Rede stehen, wie ich –
Ich – Dein Geschöpf – Dich Gott entschulden soll![56]

Edom, erschrocken, bestürmt Jaákob, mit ihm wegzufliehen vor diesem nahe rückenden, gefährlichen Gott. Jaákobs Antwort aber bleibt:
Ihn fliehen? Nein! Ich geh' Ihm noch entgegen![57]
Bevor sich die Brüder voneinander verabschieden, erlöst Jaákob Edom noch von seinem Eid, indem beide ihre neue freie Brüderschaft mit ihrem Blut besiegeln. Jaákobs Abschiedsworte tönen nach:
Gott braucht mich so – und a n d e r s dich! Nur weil
Du E d o m bist – darf ich J a á k o b sein![58]
Bereits im ersten Teil, in der Segensszene, als Rebekah Edom gegenüber die Erwählung Jaákobs ʽbegründete´, war von der umfassenden Empathie Jaákobs die Rede, von seiner Fähigkeit, nicht nur das Leiden der Mitmenschen wahrzunehmen und auszuhalten, sondern darüber hinaus das – wie es biblisch heißt – das stumme Leiden der Tiere, das Seufzen der Kreatur. Jaákob ist daher erwählt, nicht allein um vielfältig Nachkommenschaft zu zeugen, sondern um den Auftrag anzunehmen und konstitutiv zu verkörpern, als Repräsentant des Leidens in einer unvollendeten Welt, einer noch auf Erlösung hoffenden Schöpfung Gottes segensreich an der Linderung der Qualen zu wirken. Jaákob stellt daher *den* Menschen dar, der nicht – incurvatus in seipse – um sich selbst, selbstzufrieden, als seine eigene Sonne kreist, sondern der sich für das ʽProjekt Gottes´ engagiert: Am Leid der Welt teilhabend und teilnehmend das Leiden zu überwinden – und darin Gott selbst rechtfertigend?

---

[56] Ebd. S. 71.
[57] Ebd. S. 72.
[58] Ebd. S. 77.

Erwählt zu sein heißt nicht Überheblichkeit – Erwählung meint Erwählung zur Verantwortung für die Welt. Und diese Verantwortung zeigt sich zum einen in der Antwort, die die rabbinische Überlieferung auf die Frage gibt: Warum schuf Gott zu Anfang nur einen Menschen? Damit sich kein Mensch über den anderen erhebe, damit kein Mensch den anderen zum Mittel eines Zweckes mache. Und diese Verantwortung zeigt sich zum anderen in der rabbinischen Einsicht, dass die Tiere ältere recht haben als wir, denn wir sind erst nach ihnen geschaffen.

Albert Schweitzer hat einmal spitz bemerkt, dass die abendländische Philosophie – mit Ausnahme Schopenhauers – und Theologie im Allgemeinen darauf geachtet hätten, `dass ihnen keine Tiere in der Ethik herumlaufen´ und dagegen seine Philosophie der `Ehrfurcht vor dem Leben´ entwickelt und gesetzt, denn die Tiere besitzen Sinne und kennen Empfindungen wie Einsamkeit und Schmerzen, Angst und Panik, Gefangenschaft, Wehrlosigkeit und Missachtung. „Frag doch die Tiere, sie werden dich lehren (…), dass in Gottes Hand ist die Seele von allem, was lebt, und der Lebensodem aller Menschen." (Hiob, 12,7.10)

IV Des `Vorspiels´ zweiter Teil:
3. Jaákob wird Jísro-El

Mit dem letzten Abschnitt gelingt Beer-Hofmann eine schlechthin großartige Komposition aus Motiven zweier biblischer Überlieferungen, die in einem neuen Zusammenhang erscheinen. Es bietet sich daher an, zunächst diese beiden uralten Szenerien hintereinander aufzuführen.

Aber Jakob zog aus von Beerseba und machte sich auf den Weg nach Haran und kam an eine Stätte, da blieb er über Nacht, denn die Sonne war untergegangen. Und er nahm einen Stein von der Stätte und legte ihn zu seinen Häupten und legte sich an der Stätte schlafen. Und ihm

träumte, und siehe, eine Leiter stand auf Erden, die rührte mit der Spitze an den Himmel, und siehe, die Engel Gottes stiegen daran auf und nieder. Und der Herr stand oben darauf und sprach: Ich bin der Herr, der Gott deines Vaters Abraham und Isaaks Gott; das Land, darauf du liegst, will ich dir und deinen Nachkommen geben. Und dein Geschlecht soll werden wie der Staub auf Erden, und du sollst ausgebreitet werden gegen Westen und Osten, gegen Norden und Süden, und durch dich und deine Nachkommen sollen alle Geschlechter auf Erden gesegnet werden. Und siehe, ich bin mit dir und will dich behüten, wo du hinziehst, und will dich wieder herbringen in dies Land. Denn ich will dich nicht verlassen, bis ich alles tue, was ich dir zugesagt habe.
Als nun Jakob von seinem Schlaf aufwachte, sprach er: Fürwahr, der Herr ist an dieser Stätte, und ich wusste es nicht! Und er fürchtete sich und sprach: Wie heilig ist diese Stätte! Hier ist nichts anderes als Gottes Haus, und hier ist die Pforte des Himmels. Und Jakob stand früh am Morgen auf und nahm den Stein, den er zu seinen Häupten gelegt hatte, und richtete ihn auf zu einem Steinmal, und goss Öl oben darauf und nannte die Stätte Bethel (Genesis 28, 10 – 19).

Zwanzig Jahre später, während der Rückkehr in die Heimat und vor dem Zusammentreffen mit Esau/Edom, vollzieht sich die entscheidende Auseinandersetzung:

Und Jakob stand auf in der Nacht und nahm seine beiden Frauen und die beiden Mägde und seine elf Söhne und zog an die Furt des Jabbok, nahm sie und führte sie über das Wasser, sodass hinüber kam, was er hatte, und blieb allein zurück.
Da rang ein Mann mit ihm, bis die Morgenröte anbrach. Und als er sah, dass er ihn nicht übermochte, schlug er ihn auf das Gelenk seiner Hüfte, und das Gelenk der Hüfte Jakobs wurde über dem Ringen mit ihm verrenkt. Und er sprach: Lass mich gehen, denn die Morgenröte bricht an. Aber Jakob antwortete: Ich lasse dich nicht, du segnest mich denn. Er

sprach: Wie heißest du? Er antwortete: Jakob. Er sprach: Du sollst nicht mehr Jakob heißen, sondern Israel; denn du hast mit Gott und mit Menschen gekämpft und hast gewonnen. Und Jakob fragte ihn und sprach: Sage doch, wie heißest du? Er aber sprach: Warum fragst du, wie ich heiße? Und er segnete ihn daselbst. Und Jakob nannte die Stätte Pniel; denn, sprach er, ich habe Gott von Angesicht gesehen, und doch wurde mein Leben gerettet. Und als er an Pniel vorüberkam, ging ihm die Sonne auf; und er hinkte an seiner Hüfte. Daher essen die Kinder Israel nicht das Muskelstück auf dem Gelenk der Hüfte bis auf den heutigen Tag, weil er auf den Muskel am Gelenk der Hüfte Jakobs geschlagen hatte (Genesis 32, 23 – 33).

Beide Geschichten lässt Beer-Hofmann in einer einzigen großen Szene ineinander laufen, indem er in der Traumvision den Kampf Jaákobs mit dem Engel, mit Gott neu interpretiert und das, was vorher bereits angedeutet wurde – Segen als Last, Leidenserfahrungen in der Welt –, auf den dramatischen Höhepunkt zuspitzt. Alles, was auf der Höhe, auf der Bergkuppe sich abspielt, geschieht an einem Abend und in einer Nacht.

Nachdem Jaákob mit Idnibaal auf Augenhöhe gesprochen und ihn befreit, nachdem er sich mit Edom versöhnt hat, legt er sich schlafen, umgeben von Fels, Nebel, Gewölk und Gestirnen. Eine kleine Quelle beginnt ihm ins Ohr zu flüstern, der Stein, auf dem Jaákob unruhig ruht, erzählt ihm von seinem Leid: Er sei ein Stern gewesen und er fiel – warum? - aus dem Licht. Drei Engel, Himmelsboten umgeben Jaákob :
Träume, Jaákob, träume . . . nur noch diese Nacht! [59]
Sie richten Jaákob halb auf, sodass er fragt:
Ich fühle euch – so bin ich wach?
ENGEL: E r w a c h e n, ließ dich – Jaákob – E r, zu solchem Traum! [60]

---
[59] Ebd. S. 81.
[60] Ebd. S. 82f.

Kein bloßer Traum also, den man verwischen kann beim Erwachen, eine Art Wachtraum, der eine reale Konfrontation aus sich heraustreibt – wie ja auch der biblische Bericht vom Kampf am Jabbok Wirklichkeit beschreibt und keineswegs nur symbolisch zu verstehen ist.
Aus Sturm und Blitz schwingen sich von oben herab Stufen, auf denen die großen Engelboten Gottes nacheinander erscheinen: Gabriel, Raphael, Uriel und Michael. Sie versichern Jaákob ihrer und Gottes Schutz und Schirm:
JAÁKOB: Um meinetwillen schwangt ihr euch hernieder?
GABRÍEL: Um d e i n e t w i l l e n – alle![61]
Da aber Samáel auftritt, der Bleiche, der Einsame, der gefallene Engel, verändert sich die Szenerie. Auf Jaákobs Frage, wer er sei, antwortet Samael:
Du sahst mich nie, du kennst mich nicht – und was
Aus meinen Augen so dich grüßt – heißt: L e i d![62]
Die Engel bedrängen Jaákob, nicht auf Samael zu hören, aus dessen Mund nur Lästerung, Empörung, Hohn und Spott hervorbrechen. Samáels zurückweisende Antwort:

Was drängt ihr euch zwischen mich und Gott!(...)
Ich lästre n i c h t! Ich k a n n nur nicht lobsingen,
Gleich euch, die ihr euch sonnt in Seinem Strahl!
Doch euern Sang mit Cymbeln und Posauen,
Ihn ü b e r t ö n t furchtbar der Schrei der Qual,
Der aufsteigt, ewig aufsteigt, niemals endend
Aus Seiner Welt! Ich neide sie Ihm n i c h t!
S e i n sei der blutige Knäuel, den da drunten
Brunst, Haß und Gier stöhnend zusammenflicht!
In steigender Erregung:

---

[61] Ebd. S. 88.

[62] Ebd.

Ist Leid nur Strafe? Sagt – was tat das Tier,
Das unter Martern stumm am Weg verendet?
Ihr ewig Seligen! Die Schuld nennt mir,
Um die Er Neugeborenes ins Leben,
Geschmückt mit Wunden, giftigen Beulen sendet?
Lobsinget Seiner Güte, Seiner Stärke –
Mir – graut vor Ihm! Ich fass Ihn nicht! Hat Er`s
Gekonnt nicht anders? Anders nicht gewollt?
Greift Ihn Entsetzen nicht vor Seinem Werke?
Schuf Er zur Lust sich diesen Ball? Nun rollt
Er taumelnd hin – entglitten Seinen Händen –
Hin durch die Zeit – ich frag: Zu welchen Enden?
Gefällige Diener, preist den Spielball, den
Er schuf –
fast jubelnd:

              s c h l e c h t schuf – es reichte nicht die Kraft...[63]
Auf die Antwort Micháels:
„Verleumder du! Er schuf sie nicht – Er schafft!"
brechen die Erzengel aus in einen Lobgesang auf Gottes schöpferische Kraft, flehen Jaákob an, sich von Samáel abzuwenden und beschwören ein leuchtendes Bild vom versprochenen gelobten Land, in dem die Nachkommen Jaákobs als Herrscher wohnen werden. Doch darum geht es Jaákob nicht:

Wählt Er, nur um zu s c h e n k e n,
Daß Er uns Gut und Macht und Glanz verspricht?
Taugt Ihm mein Blut zu mehr nicht, als zu Königen?
Ich will nicht Herrschaft! Weiß Er denn das nicht?
Mizrajim, Babel und des Meerlands Fürsten –
Wie – glaubt er wirklich sie von mir beneidet?
N i c h t s neid´ ich – euch nicht eure Seligkeit...

---
[63] Ebd. S. 90.

Erfüllt von Weh:
K ö n n t ich denn selig sein, wenn alles leidet?
Alles mir naht, am Tag naht, nachts in Träumen,
Mensch, Tier, und Kraut der Erde, und Gestein –
Klagt, Antwort heischt, mit stummen Augen fordert –
M i c h fragt – und alle Antwort ist doch S e i n![64]

Exkurs III

Im Hinblick auf die – bereits im zweiten Exkurs erwähnte – mitleidende Solidarität Jaákobs mit Kreatur und Natur kann und soll und muss auf eine meist übersehene Stelle im Markus-Evangelium hingewiesen werden: Bevor Jesus mit seinem Wirken in Wort und Tat unter den Menschen begann, ließ er sich von Johannes taufen - die Taufszene erinnert durchaus an den biblischen Traum Jakobs, wenn es heißt: „Und alsbald, da er aus dem Wasser stieg, sah er, dass sich der Himmel auftat und der Geist gleichwie eine Taube herabkam auf ihn. Und da geschah eine Stimme vom Himmel: Du bist mein lieber Sohn, an dir habe ich Wohlgefallen." (Mk 1,10-11) Gleich darauf zog sich Jesus zurück, indem er vom Geist Gottes zurückgezogen wurde: „Und alsbald trieb ihn der Geist in die Wüste; und er war in der Wüste vierzig Tage und ward versucht von dem Satan und war bei den Tieren, und die Engel dienten ihm." (Mk 1,12-13) Wie wir in der bei den Evangelisten Matthäus (4,1-11) und Lukas (4,1-13) berichteten Geschichte von der Versuchung Jesu durch den Satan lesen können, bietet der Versucher Jesus die Herrschaft über die Reiche dieser Welt an, wenn Jesus ihn als den Herren anerkenne und anbete. Doch Jesus weist Satan, den Diabolos, also den Durcheinanderwerfer - die neutestamentliche Verkörperung Samáels?! – von sich weg und beginnt seinen Weg „in des Geistes Kraft" (Lk 4,14) unter der Last des Segens, der Bürde des Wohlgefallen Gottes.

Jesus war also bei den Tieren, zuerst bei den Kreaturen, die vor den Menschen erschaffen wurden. Als eine wichtige Quelle für die Gestaltung der Empathie, des Leidens am Leiden der Kreatur in `Jaákobs

---

[64] Ebd. S. 96.

Traum' nutzte Beer-Hofmann das heute völlig vergessene Drama 'Der Heilige und die Tiere' des Schweizer Dichters Joseph Viktor Widmann.[65] Davon berichtet Sol Liptzin:
„On one occasion, however, the dramatist did call my attention to a biblical play which had made a deep impression upon him while he was working on *Jaákobs Traum* during the years 1909 to 1915. This was *Der Heilige und die Tiere* (1905) by the Swiss writer Joseph Viktor Widmann. What specially impressed him was Widmann's compassionate understanding of the suffering of all things living, bird and beast and snake. In *Jaákobs Traum*, Beer-Hofmann further tried to depict suffering even oft he apparently inanimate rocks and stones, such as once aglow in the heart of a volcano or coursing through space in the fiery splendor of a comet and later condamned to immobility and mute woe.[66]

Tim Krechting charakterisiert das Drama als „christliches Gegenstück zu 'Jaákobs Traum'" und bietet dazu einen längeren Exkurs in seiner Untersuchung über Beer-Hofmanns jüdisches Denken.[67] Widmann entwickelt die Geschichte von der Versuchung Jesu zu einer groß angelegten Auseinandersetzung, in der der Wüstenteufel Asasel den Heiligen von seiner Berufung und seinem Vertrauen zu dem 'Einen', zu Gott, abzubringen unternimmt. Asasel lässt Jesus einen Ring zukommen, mit dessen Hilfe dieser die Sprache der Tiere vernehmen und verstehen kann. Der heilige erfährt dadurch, dass die tierische Existenz notwendig leiderfüllt ist, selbst der Löwe sich dem Zwang des Tötens nicht entziehen kann und dieses 'Muss' beklagt. Das wirft in dem Heiligen die Frage nach der Schuld Gottes auf, die sich noch verstärkt, als er dem Lied und dem fast klaglosen Sterben eines Vogels lauscht:

DER HEILIGE: Er stirbt! – Ein zitternd Dehnen. Nun ist's aus.
Der letzte Seufzer Dank noch! – So bescheiden

---

[65] Joseph Voktor Widmann, Der Heilige und die Tiere, Frauenfeld 1919 (17.-20. Aufl.).
[66] Sol Liptzin, Richard Beer-Hofmann and Joseph Viktor Widmann, in: Modern Austrian Literature 8, 1975, S. 74-80, hier S. 75.
[67] Tim Krechting, Richard Beer-Hofmanns jüdisches Denken, S. 74-80 (s. Anm. 5).

Verläßt der kleine Gast das Weltenhaus,
Zählt seine Freuden, rechnet nicht die Leiden.
Doch – wenn so sanft, wenn so genügsam sind
Die Schwachen, die das Leben müssen wagen,
Warum wird solch Geschöpf als Gottes Kind
Nicht über alles Leid hinweggetragen?
Die ungeheure Welt, unendlich groß,
Darin solch winzig Ding, klein zum Erbarmen,
Verloren, fern dem ew'gen Vaterschoß,
Ein Raub zuletzt des Todes kalten Armen,
Und hatte dennoch Lob- und Dankgesang!
Weh mir! Wohin führt dies ergebne Dulden,
Als vor der grauenvollen Frage Zwang:
Schenkt das Geschöpf dem Schöpfer seine Schulden? (...)
Ein Bangen, wie noch nie, greift mir ans Herz.
Die ew'ge Liebe nur will ich verkünden
Und nun – aus klagelos ertragnem Schmerz
Tönt mir's wie Dämons Lachen –
ASASEL *(plötzlich neben dem Heiligen stehend, stark)* - *Gottes Sünden.*[68]
Die Verführung des Heiligen durch die Angebote zu Macht und Herrschaft durch Asasel allerdings scheitert, der Heilige wirft den Ring fort und fragt die Engel – Er „war bei den Tieren und die Engel dienten ihm" (Mk 1,13) – , ob den Tieren auch Erlösung winke:
Sprecht, ist in meines Vaters großem Hause,
Wo Wohnung sich an lichte Wohnung reiht,
Bereitet eine stille Friedensklause
Dem ärmsten Tier nach allem Leid?[69]
Die Engel aber vermögen – wie bei Beer-Hofmann – keine schlüssige Antwort zu geben; der Heilige bekommt von Gabriel die Weisung, sich ausschließlich den Menschen lösend und erlösend zu widmen, deren Geschick schlimmer sei als dass der Tiere, da sie an der Welt des Geistes teilhaben und im Bewusstsein des Elends, des Schmerzes und der

---

[68] Joseph Viktor Widmann, Der Heilige und die Tiere, S. 164f, zit. bei: Tim Krechting, Richard Beer-Hofmanns jüdisches Denken, S. 76f (s. Anm. 5).
[69] Widmann, S. 180, zit. bei Krechting, S. 78 (s. Anm. 67).

Sterblichkeit lebten. Der Heilige nimmt also eher resignierend denn erleichtert Abschied von den Tieren:
Auch mir ward Kraft zu solchem nicht verliehen.
So lebt und sterbt denn wohl, so gut ihr könnt!
Und muß fortan ich andre Bahnen ziehen, -
Bei euch zu lernen war mir doch vergönnt.[70]

Widmanns `Der Heilige und die Tiere´ stellt die traditionelle Theologie mit ihrer Konzentration auf die Anthropologie in Frage und ist daher ein frühes und herausragendes Beispiel einer Theologie der Schöpfung und Geschöpflichkeit, übersieht allerdings, dass bereits bei Paulus im Römerbrief von einer umfassenden Erlösung die Rede ist: „Darum wird sogar die ganze Schöpfung befreit werden von er Knechtschaft der Vergänglichkeit zur herrlichen Freiheit der Kinder Gottes. Denn wir wissen, dass die gesamte Schöpfung bis in die Gegenwart hinein seufzt und in Geburtswehen liegt." (Röm 8, 21f) Und im Taufgebot bei Markus ruft Jesus dazu auf, das Evangelium nicht nur allen Völkern, sondern der ganzen Schöpfung zu verkünden (Mk. 16,15).
Beer-Hofmann geht – sozusagen mit dem Judenchristen Paulus – über Widmann hinaus, indem sein Jaákob nicht vermittelt über einen magischen Ring, sondern aus sich selbst heraus, aus einer ihm bereits seit Geburt eingewachsenen mitleidenden Solidarität mit der Kreatur kommuniziert und in dieser Anteilnahme auszuhalten vermag. Krechtings Fazit lautet daher: „Beer-Hofmann macht sich also die interne Christentumskritik Widmanns zueigen, indem er Jisroel (Jaákob) zum Anwalt *aller Welt* macht."[71]

Da hier die Engel schweigen, versucht Jaákob selbst, sich mit wachsender Zuversicht eine Antwort zu ertasten:

So wählt m e i n Blut Er aus zum stolzen Reise –
In alle Zeiten sprießend, nie verdorrt –

---

[70] Widmann, S. 187, zit. bei Krechting, S. 79 (s. Anm. 67).
[71] Krechting, S. 80 (s. Anm. 67).

Daß m e i n e m Mund – von neuem immer wieder –
Entstürze Seines ewigen Willens Wort!
Und zwischen mir und sorglos jungem Blühen
Brach d a r u m Brücke Er entzwei und Steg –
Das e w i g ich, mit Menschenschritt, hiernieden
M i t schreite Seinen fernen Gottesweg,
Und – Leid mit S e i n e m Worte lösend – hier
Sein ewiger Mund und ewiger Anwalt werde...[72]

Im 1. Buch Mose hören und lesen wir Gottes Zusage: „Siehe, ich bin mit dir und will dich behüten allenthalben." (Gen 28,15) Beer-Hofmann betont hier nun die andere Seite: Das `Mitschreiten´ Jaákobs auf dem Gottesweg, an Gottes Stelle, stellvertretend, das *Leid mit S e i n e m Worte lösend* – gewiss nicht *erlösend* und so *auflösend,* aber doch übernehmend, gleichsam als Kreuz auf sich nehmend und damit als Gottes Anwalt für Gott eintretend und ihn rechtfertigend.

Die Engel, aufbrausend, weisen diesen hybriden Anspruch entrüstet zurück, woraufhin Jaákob seine Stellung klarmacht: Sie seien nur Boten, er aber:

N i c h t K n e c h t! Gott wählt mich a u s - Gott will mich f r e i! (...)
Gott will mich stolz und wahr!
In letzter Entschlossenheit, hingegeben:
Hier steh´ ich! Gott! H a b´ ich gefrevelt – s t r a f e!
Was Vätern Du gelobt hast – nimm es wieder!
Ich löse Dich – Du Gott – aus Deinem Eid!
Der Du in Wettern thronst! Mit Deinen Feuern
Triff hier – dies Haupt! Es s t e r b e meine Seele,
Weil allzu wild nach ihrem Gott sie schreit![73]

---

[72] Beer-Hofmann, GA 5, S. 96.
[73] Ebd. S. 97f.

Nach diesen herausgeschleuderten Sätzen geraten die Elemente kurz in Aufruhr, Donner, Blitz, Feuer und Finsternis. Ruhe dann und Erhellung. Jaákob steht aufrecht, die Engel staunen, dass ihn kein Feuer verzehrte und beginnen zu jubeln und Micháel spricht:

Was du dir wählst – versagt der Herr dir nicht!
Mächtige Könige des Meerlands - enden!
Mizrajim – schwindet! Babel – wankt und fällt!
Nur d u – Sein ewig Volk – darfst ewig wandern –
Ein ewiges Wunder Seiner ewigen Welt![74]

Konnte bislang noch unterstellt werden, Jaákob sei eine höchst individuelle Gestalt, so enthüllt sich spätestens an dieser Stelle, dass Beer-Hofmann mit Jaákob die Kollektivgestalt des jüdischen Volkes meint und die Perspektive des überindividuellen Geschichtsprozesses ent – deckt: Das durch die Zeiten wandernde Gottesvolk, das von Gott erwählt sich in Freiheit zu ihm bekennt und hält.
Aber weiter geht's, denn Samael warnt Jaákob beschwörend, dieses Wanderschicksal anzunehmen:

Narr! Der da glaubt, dass frei sein Los er wähle!
Nimm es nicht an – auch andre Völker dauern!
Sie tauschen Namen nur (...)
Und ihres Schicksals dürfen sie vergessen –
Nur d i r bleibt ewig – was dich traf – bewußt ...
Sie – k ö n n e n wohl gedenken ihrer Ahnen ...
D u – Volk, das nicht vergessen darf – du m u ß t!
Es schleift dich Gott mit sich durch alle Zeiten – (...)
Nimm es nicht an! Es klingt wie Seligkeiten
Und ist V e r d a m m n i s ...[75]

---
[74] Ebd. S. 99.
[75] Ebd. S. 100.

Doch Jaákob bleibt entschlossen:
„*Mag mein Los es sein!*"
Und Michaél formuliert die Aufgabe und was werden soll, doch Samáel fällt ihm ins Wort und erhebt erbittert Einspruch:

MICHÁEL: *Was du – aus tiefster Not – zum Herren rufest,*
Leiht Stimme allem Weh, das stumm sonst rang. (...)
Hart, starr und trotzend macht Er deinen Nacken –
T ü r m t Er dir Bürde, t ü r m t Er dir auch Kraft –
Sei Licht der Völker! Blinder Augen öffne!
Gefangene führ' aus Finsternis und Haft...
Gott glüht und hämmert dich zum heiligen Volke,
Und stellt dich hin – rings um dich brandet Zeit...
Du ragst – und wirst zum Mal und ewigen Maße,
Daran sich Treue, Hoffen misst – und Leid!
Du wirst ...
SAMÁEL stark einfallend, in Hohn und Erbitterung:
„*Du wirst!*" *M i c h höre – was du wirst!*
Sie lügen n i c h t! W o h l neigt man deinem Wort sich –
Doch blutig schlägt den Mund man, der es sprach!
W o h l darfst du wandern! Aber rasten? Heimat?
Sie wird dir Wort – du sinnst ihm ewig nach!
Volk wirst du, draus sich alle Beute holen –
An dir zu freveln? Wem wär's n i c h t erlaubt?
Die Erde eisern unter deinen Sohlen,
Ehern der Himmel über deinem Haupt ...
Du Störrisches, das seinen Gott nicht preisgibt,
Heimloses Volk – sie weisen dir die Tür,
Der räudige Bettler höhnt – und rühmt und preist sich,
Daß er nicht e i n e s Stammes ist mit dir!
In einem Rausch von Haß und Bitterkeit:

Erwähltes Du – du Segen aller Völker –
W o   w ä c h s t   die Schmach denn, die dir   n i c h t   geschah?
Dein Sinn, dein Leib, wird allen Abscheu, Ekel –
Man speit ins Antlitz dir ...
JAÁKOB sich aufbäumend: *N e i n ! N e i n !*
SAMÁEL als stieße er mit einem Messer zu: *J a ! J a !*
Man tut es! Jedes Volk, dran du dich schmiegest,
Es brennt dich aus, wie eitriges Geschwür (...)
Du Liebling Gottes, wirst der Welt verhaßter,
Als Pest – als giftiges Kraut – als tolles Tier!
Was dich gebar, was dich gezeugt, verkohlt im Feuer,
Blutend zerfetzt stirbt hin in Scham dein Weib,
Man tilgt dich aus! Dein Ungeborenes reißt man ...
Mit Füßen tritt man's aus der Mutter Leib ...
Aufjubelnd:
S o – segnet Er! (...)
Du Tor! Von Gott erkorener Prügelknabe!
An   d e i n e m   Dulderleibe peitscht Er ewig
Sein Gotttum allen anderen Völkern ein!
Ihn schaudert vor der Qual, die Er erschaffen,
Dich braucht Er, daß du – gläubig durch die Zeit
Dich schleppend – allen Völkern rings verkündest,
Schuldlos sei Er – und Strafe alles Leid!
Dich   o p f e r t   Er! Du taugst ihm nur als Zeuge,
Als unbestochener, auf den Er weist.
Wer zweifelt noch, wenn d u – von ihm zertreten,
Verblutend – deinen Gott   g e r e c h t   noch preist!
Und immer hoffst du: Letzte Prüfung wär' es,
Gott hätte nur noch diesmal dich versucht. (...)
L a ß   a b   v o n   i h m ![76]

---

[76] Ebd. S. 100ff.

Man glaubt kaum, dass diese grausigen Worte und Sätze, dass diese Attacke noch vor Auschwitz erdacht und geschrieben worden sind. Und doch binden sie Erfahrungen aus der leidvollen Geschichte der Juden, Erfahrungen von Pogromen durch die Jahrhunderte und zugleich bestimmen sie das jüdische Bewusstsein, in allen Prüfungen zu bestehen und damit für den rätselhaften Gott einzustehen – vor den Völkern und in den Völkern, nicht national borniert, nicht naiv – wer könnte noch naiv bleiben nach all den Schrecknissen –, sondern sich der Verantwortung bewusst: *„Wer zweifelt noch, wenn du – von ihm zertreten, verblutend – deinen Gott gerecht noch preist"* – wenn auch vielleicht nicht immer: doch – nicht von Ihm lassen kannst. Denn das spricht Jaákob, hochaufgerichtet – wie nach dem Kampf am Jabbok: *„Ich lasse dich nicht"* – zu Samáel nach dessen blutvoller Rede:

Ich k a n n nicht von Ihm lassen!
In seligem Lächeln:
Du Leid-Erfüllter – lässt denn d u von Ihm?
Und – näher Seinem Throne steht dein Hassen –
Als a l l e Liebe seiner Cherubim! (...)
Ich lieb Ihn – w i e E r i s t! Grausam und gnädig,
Lauteres Licht – und Abgrund, finster, tief!
Ich laß Ihn nicht! Ich weiß: Zu I h m gehör' ich!
Mich lockt Verheißen nicht – mich schreckt nicht Grauen.
Sieh: Tief in mir – wohin Wort n i c h t mehr dringt,
Schläft – was dir fremd ward: Seliges Vertrauen!
In letzter Hingabe:
Hör' mich, mein Gott! Es schweigen Deine Boten –
So rede i c h! Ich laß Dich nicht allein! (...)
Du, der mich wählt – Du, den ich wähle – sprich!
Sag ihnen, daß wir – zweifelnd – zürnend – hadernd –
Doch aneinander hangen, ewig - - D u und i c h! (...)
Hin durch mein Blut laß ewig fluten Deine

Drei heiligen Ströme – Herr: Kraft – Stolz – Geduld!
Und ... t r ä g s t Du Schuld – will mit ich tragen – L a d e
Du Gott – auf meine Schultern Deine Schuld![77]

Nach diesem Gebet und Bekenntnis, nach dieser Herausrufung ertönt – wie im biblischen Traum Jakobs - durch und durch die Stimme Gottes:

DIE STIMME: W a h r ist Samáels Wort! (...)
Wenn andre, knieend, zum Erbarmer flehen,
Ü b ich Erbarmen – wie der Herr am Knecht!
Doch d u – sollst aufrecht vor dem Vater stehen,
Erbarmen – weig´re ich! Fordere d u – dein R e c h t!
Um m e i n e n Namen m a g s t du Un-Erhörtes dulden –
Doch, noch in Martern, fühl´, daß ich – dich nie verwarf!
Ich will ja nur – mein Sohn – mich dir so tief verschulden,
Daß ich - zur Sühne – dich erhöhn´n vor allen darf! (...)

Laßt meiner Sonne erste Strahlen klingen - -
Die Werke d i e s e r Nacht – sie s i n d getan![78]
Noch in Jaákobs Wachtraum hinein mahnt Gabríel:

Wenn du mit dir – mit Fremdem ringst –
Mahnend: G e d e n k e:
Mit G o t t d e m H e r r e n rangest heute du!
In deinem Samen schau´re immer wieder
Erinnern dieser Nacht – s o Sein Befehl! (...)
Wandle – schaue – höre, J í s r o-E l ![79]

---

[77] Ebd. S. 103f.
[78] Ebd. S. 105.
[79] Ebd. S. 106.

Erwacht in den hellen Morgen hinein, erinnert Jaákob seinen göttlichen Traumsturm, und er kann, wach und sich seiner selbst, seiner Bestimmung und Selbstbestimmung zugleich bewusst, in die Worte ausbrechen:

Herr! Was Dein Wille mir auch auferlege ...
Wie K r o n e will ich's tragen – n i c h t wie Joch!
Hast Du mein Blut erwählt zur Feuerfackel,
Die ob den Wegen aller Völker flammt ...
Laß Deiner heiligen Wahl – Herr – n i e vergessen,
Was fern und spät noch meinem Blut entstammt![80]

Wenn Jaákob sodann Gott anruft, dass auch in späteren Zeiten, in wild flackernden, in wüsten oder auch in satten und müden Zeiten, wenn das Geschehen dieser Nacht droht vergessen zu werden, immer wieder einer erstehen möge, der darum weiß, wozu Gott sein Volk erwählte –, dann ist damit bereits implizit auf König David angespielt, doch auch auf die ganze Geschichte Israels bis heute und darüber hinaus. Denn, gerufen von Idnibaal, beschließt Jaákob das `Vorspiel´ mit den jubelnden Worten:

N i c h t – „J a á k o b !" Nieder
Zu euch steigt – der mit Gott r a n g – J í s r o – E l![81]

Zur Rezeption von `Jaákobs Traum´

Ein bloßes Vorspiel ist dies `Vorspiel´ nicht. Es kann ohne das folgende Drama `Der junge David´ verstanden und gewürdigt werden. Es darf sogar gesagt werden, dass das Drama gegenüber dem `Vorspiel´ abfällt,

---

[80] Ebd. S. 108.
[81] Ebd. S. 109.

nicht sprachlich, sondern zum einen, weil es nicht - allein schon durch seinen Umfang – in dem Maße konzise gearbeitet ist wie `Jaákobs Traum´. Zum anderen aber scheint mir, dass die in `Jaákobs Traum´ von Beer-Hofmann etablierte `metaphysisch´ begründete Deutung aussagekräftiger und allgemeiner bleibt als die in der `Historie von König David´ komponierte. Im Jaákobs-Mythos lässt sich Vergangenheit, Gegenwart und Zukunft begreifbarer und existentieller verdeutlichen als im seis noch so phantasievoll und dramatisch erfüllten Geschichtsdrama.

So hat Beer-Hofmann auch dem Drängen von Freunden und anderen nachgegeben, `Jaákobs Traum´ nicht erst mit der Vollendung des Gesamtzyklus aufführen zu lassen, sondern gesondert als Einzelwerk:

Es wäre mir erwünscht gewesen, `Jaákobs Traum´, der seit 1915 abgeschlossen lag, auch weiterhin – bis zur Vollendung meiner Arbeit – unveröffentlicht zu lassen. Ereignisse veranlassen mich auf meinen Wunsch zu verzichten. So sei denn `Jaákobs Traum´ der Öffentlichkeit übergeben.[82]

Der Grund für diesen Hinweis und die vorgezogene Veröffentlichung dürfte vor allem dem erneut aufflammenden Antisemitismus in Österreich und Deutschland nach dem verlorenen Weltkrieg geschuldet sein. So verstand es auch Ludwig Davidson, wenn er schrieb, dass „der größte jüdische *Dichter* der Gegenwart" richtig entschieden hätte, „als er sich sagte, daß er nun die Pflicht hätte, sein Werk, eine herrliche, poetische Theodizee des Judentums, der Allgemeinheit zugänglich zu machen."[83]

---

[82] `Jaákobs Traum´. Ein Vorspiel von Richard Beer-Hofmann, S.Fischer, Berlin 1918, S. 7. Diese Erstausgabe notiert auch die Entstehungszeit des Vorspiels: 8. V. 1909 – 14. VII. 1915. Beide Angaben sind in der GA 5 im Nachwort enthalten.

[83] Ludwig Davidson, Jüdische Schriftsteller der Gegenwart. 2. Richard Beer-Hofmann (Schluß), in: Jüdisch-liberale Zeitung Nr. 30 vom 5.9.1924, zit. bei: Norbert Otto Eke, Rettung des Sinns, S. 143 (s. Anm. 32). Eke führt in seinem kenntnisreichen Aufsatz eine ganze Reihe von Urteilen über `Jaákobs Traum´ an, die die Bandbreite der Kritik andeuten und hier nur exemplarisch notiert werden sollen.

Die erfolgreiche Uraufführung fand unter der Regie des hoch gerühmten Max Reinhardt am 7. November 1919 in Berlin statt; ihr folgten weitere Vorstellungen in Wien und in anderen Städten. Bereits 1920 erreichte die Buchausgabe die 17.-22. Auflage.

Die Bedeutung also dieses `Vorspiels´ wurde sogleich erkannt, selbst von der ablehnenden Kritik - wider Willen - unterstrichen. Gefeiert wurde `Jaákobs Traum´ vor allem von jüdischer Seite, so als „Markstein (…) in der Entwicklung der modernen Dichtkunst nicht weniger als in der des bewußten Judentums" von Willy Cohn, denn hier äußere sich „kein Judentum des Duckens, kein Judentum des Saluth, sondern ein starkes, selbstbewußtes, trotziges Judentum, wie wir es allen seinen Bekennern wünschten"[84]; von Hugo Bergmann, der schrieb, bei Beer-Hofmann finde sich die „Erkenntnis von der Sendung Israels, die in den letzten Jahren einige unserer besten deutsch-jüdischen Dichter sich errungen und ausgesprochen haben: `Wir sind dazu da, um Gott zu helfen, Zeugen seines Da-Seins zu sein´"[85] nachvollziehen lasse; von Walter Perl, der das Vorspiel als „Herzstück des Judentums" feierte.[86]

Freilich gab es auch unter jüdischen Zeitgenossen ambivalente Beurteilungen, so etwa von Alfred Kerr, wenn er zwar betont: „Vieles Herrliche lebt in den Traumgesprächen", aber doch auch fragt, „weshalb wird ewig der alte Hut umgearbeitet – statt mal einen anderen frisch zu flechten? (…) Während man doch im Jahre 1919 lebt."[87] Hier wird die Zeit allerdings anders wahrgenommen – später, im Exil in England, dürfte Kerr

---

[84] Willy Cohn: Richard Beer-Hofmann, Jaákobs Traum, in: Allgemeine Zeitung des Judentums 84 (1920) Nr. 3, S. 36 – zit. bei Norbert Otto Eke, S. 139 (s. Anm. 83).

[85] Hugo Bergmann, Jaákobs Traum, in: Der Jude, 4/1919, S. 418f – zit. bei Norbert Otto Eke, ebd. (s. Anm. 83).

[86] Walter Perl, Gespräch mit Beer-Hofmann über Hofmannsthal (Einführung), in: Centralverein-Zeitung 15, Nr. 28 (9.7.1936) – zit. bei Norbert Otto Eke, ebd. (s. Anm. 83).

[87] Alfred Kerr, Richard Beer-Hofmann, Begegnung. Jaakobs Traum, S. 104f (s. Anm. 16).

die 'Traumgespräche' wohl anders verstanden haben. Schwerer wiegt Alfred Polgars Einwand: „Nicht ohne Befremden hören wir's, daß Gott Rechtfertigungen seines Waltens braucht, daß der Allmächtige einer sittlichen Kausalität untertan ist. Mit dem Dietrich des Verstands wird an einer Pforte gearbeitet, die doch nur dem Sesamwort 'Ich glaube' sich öffnet. Aus jeder Frage quillt neuer Frage Samen. (…) denn hier kann mit Menschenzungen nur gefragt, nie geantwortet werden."[88] Eine schlüssige Antwort auf die Frage nach dem Leid in der Welt und nach dem Grund der leidvollen Geschichte der Juden wird es auch für viele Juden nicht geben.

Doch der gewagte Versuch Beer-Hofmanns, den Schlüssel des Sinns jüdischer Existenz in der existentiellen Erfahrung und Annahme des Segens als Last zu finden, als ein Mitschreiten im 'Fortschritt Gottes', als Übernahme der Verantwortung für eine Welt, die von Gott 'sehr gut' gemeint war, aber doch immer noch nach Erlösung schreit, Gott also dabei zu helfen, Gott zu sein und zu werden – dieser gewagte Versuch wurde von den meisten jüdischen Stimmen als eine Bestimmung und Vergewisserung jüdischer Identität inmitten sich steigernder Anfechtung erkannt und anerkannt.

Begrüßt wurde 'Jaákobs Traum' durchaus auch von nichtjüdischer konservativ-liberaler Seite, wofür die eingangs angeführte Notiz von Thomas Mann stehen kann. Nicht verwunderlich war, dass das dramatische Gedicht von deutschnationaler Seite auf entschiedene Ablehnung stieß. Von „Vergötterung des Betrugs und des eigenen Stammes" ist die Rede und von einem „schauerlichen Blutsfanatismus, den wir gerade

---

[88] Alfred Polgar, Richard Beer-Hofmann, Jaákobs Traum, in: Alfred Polgar, Kleine Schriften, Bd. 5 (Theater I), S. 176.

augenblicklich auch am modernen Judentum bemerken"[89], und von einer „alljüdischen Offensive."[90]

Nicht selten wird ʼJaákobs Traumʼ als jüdisches Nationaldrama charakterisiert und – bewusst? – missverstanden, und zwar sowohl von jüdischer und liberaler in zustimmender[91] als auch von deutschnationaler Seite in abwehrender Weise. Ein Vergleich der ʼHistorie von König Davidʼ mit Wagners ʼRing-Tetralogieʼ findet sich häufig – so formulierte der Kritiker der ʼDeutschen Allgemeinen Zeitungʼ nach der Uraufführung von ʼJaákobs Traumʼ:
„Es ist also gewissermaßen das Rheingold zu einem biblischen Nibelungenring. Etwas wagnerisch wird dem Hörer denn auch vor allem im zweiten Teil zumute – und ein leises Grauen faßt ihn, bei der Aussicht auf die neue Walküre oder gar Götterdämmerung. Menschlicherweise hat Beer-Hofmann neben diese Ankündigung die Angabe der Zeit gesetzt, die er für ʼJaákobs Traumʼ gebraucht hat: es sind runde sechs Jah-

---

[89] Erich Schlaikjer, „Jaákobs Traum." (Deutsches Theater), in: Tägliche Rundschau, Berlin, 8.11.1919 – zit. bei Norbert Otto Eke, S. 140 (s. Anm. 83).
[90] K. H. B., Propagandaabend bei Reinhardt, in: Deutsche Zeitung, Berlin, 8.11.1919 – zit. bei Norbert Otto Eke, ebd. (s. Anm. 83).
[91] Ein besonderer Fall ist eine Reaktion Hugo von Hofmannsthals, der in einem Brief vom 20. April 1919 an Beer-Hofmann schrieb, er erkenne in ʼJaákobs Traumʼ einen „Zug, der mir fremd darin ist, der chauvinistische oder national-stolze – worin ich, wie im Dünkel u. in der Selbstgerechtigkeit des Einzelnen, nicht anders kann als die Wurzel alles Bösen sehen…". Nur mühsam fand der zutiefst getroffene Beer-Hofmann sich bereit, die langjährige Freundschaft zu von Hofmannsthal nicht aufzukündigen. Der Briefwechsel findet sich in: Hugo von Hofmannsthal – Richard Beer-Hofmann, Brief-wechsel, hrsg. von Eugene Weber, Frankfurt/Main 1972, auf den Seiten 144-170, das Zitat auf Seite 145.

re. Der Leser atmet auf und denkt: vor 1933 ist das neue Bayreuth nicht vollendet und bis dahin…"[92]

Sarkastisch und mit spitzen antisemitischen Tönen, dabei durchaus elegant, schreibt ein Kritiker im 'Hamburger Fremdenblatt':
„Nach dem Vorspiel zu schließen, soll es ein jüdischer Nibelungen-Ring werden, oder besser gesagt, ein Mittelding zwischen einem jüdischen Faust und einem jüdischen Parzifal, und wenn die Zionisten ihr Ziel erreichen sollten, so würden sie beim Einzug in Jerusalem um ein Weihspiel nicht verlegen sein. Freilich, es mischt sich in dieses *jüdische Bayreuth* viel jüdisches – *Oberammergau*. Das Menschliche erstickt im Nationalistischen. (…) Etwas von dem Hochmut des auserwählten Volkes hat aller Nationalismus an sich, und Hochmut im Leiden kann noch abstoßender wirken als Glück. (…) Ob aber Jude oder Christ, diese Art Nationalismus sollten gerade wir Deutschen von 1919 in ihrer Unwahrhaftigkeit überwunden haben. Es mag freilich sein, daß solche Überwindung dem Volk der Ahasvere bei der rein religiösen Bedingtheit ihres Rasse-Nationalismus besonders schwer fällt."[93]

Zum Schluss

I Es dürfte hinreichend deutlich geworden sein, dass Beer-Hofmann kein Nationaldrama im einseitig nationalistischen im Sinn hatte und keinen zionistischen Standpunkt vertrat, sondern den Sinn jüdischer Existenz im Sinne einer universalistischen Verantwortung für die Welt und in der Übernahme des göttlichen Segens als Last deutet und bestimmt – in der Erfahrung eigenen Leides und in Solidarität mit dem Leid anderer. Diese

---

[92] Fechtner, 'Jaákobs Traum', in: Deutsche Allgemeine Zeitung, 8.11.1919 – zit. bei Norbert Otto Eke, ebd. Anm. 52, S. 153 (s. Anm. 83).
[93] ck, Beer-Hofmann:"Jaácobs Traum", in: Hamburger Fremdenblatt, 14.11.1919 – zit. bei Norbert Otto Eke, ebd. S. 140. Weitere Beurteilungen ebd. S. 140 und 153 (s. Anm. 83).

Erwählung zur ›Übernationalität‹, zur Universalität zeigt sich auch dort, wo wir es gar nicht vermuten würden: In dem Moment nämlich, in dem ›Der junge David‹ am Ende zum König ausgerufen und gekrönt wird, nachdem Saul und dessen Sohn Jonthan, Davids Freund, in der Schlacht gegen die Philister den Tod fanden. Und es ist – gleichsam mythisch aus der Vergangenheit steinalt und ›aufbewahrt‹ bis in diesen Augenblick hineinragend – Davids Ahnin Ruth, die die notwendige Handlung bewirkt.

David, noch von den Ereignissen um den Tod Sauls, Jonathans und vor allem seiner geliebten Maácha erschüttert, will um keinen Preis die Königswürde annehmen:

Ich bin ein armer Mensch, ein armer –
Und w i l l kein König sein![94]

Alle Beschwörungen nutzen nichts, auch nicht die des Alten:

DER ALTE: Schaff ihnen Frieden! David! (...)
Du b i s t nicht d e i n! - ein Volk hat dich erträumt! –
Erschaffen aus der Sehnsucht von Geschlechtern,
Steigst du aus ihrem Traum – gehst ein in ihre Sage!
Die Heimat rief dich, eh du warst – sie r u f t dich - -
Laß deine Heimat, David, nicht allein!
DAVID, aufstöhnend:
Die Heimat?! - - (..) M e i n e Heimat liegt
Dreifach eingesargt, in eisiger Felsgruft – ruft mich - -
Und i c h - laß sie allein! –
Erschöpft: Steht auf – ich k a n n
Nicht euer König sein!
RUTH, aus dem Torturm tretend. Mit ruhiger, klarer Stimme:
D u m u ß t es!
Alle wenden sich jäh. David stürzt auf Ruth zu, vor Ruth niederbrechend.[95]

---

[94] Beer-Hofmann, Der junge David, GA 5, S. 467.
[95] Ebd., S. 468.

Selbstanklagend, weil er sich die Schuld an Maáchas Tod gibt, fragt David hilflos, da ihm alle Kraft genommen wurde, was aus ihm werden soll. Und Ruth, sich und David mit ihrem Silberschleier einhüllend, wendet sich wie im Gebet an Gott:
Heimat, Vaterhaus
Verließ ich einst, kam zu dir, barg vertrauend –
HERR! – unter deinen Flügeln mein Geschick!
Du hast mich einsam überdauern lassen,
Was ich geliebt! – Wars, weil für diese Stunde du mich
Gespart –
Die Stimme dunkelt. Langverhaltene Anklage bebt auf:
      soll Sinn sie e n d l i c h leihen meinem Los - -
Gieß Kraft in mich, HERR – segne meinen Segen!
Ihre Hände auf Davids Schultern. Die Stimme wieder klar und jugendlich. Gesammelt:
HERR, sieh: dies Herz klafft wund und will verbluten –
Still du die Wunde, doch laß offenstehn
Dies Herz – was du auch sendest - a l l e n deinen Fluten!
In einem tiefen Atemholen:
Er ist „erwählt"! – so wird er einmal klagen:
„Wo blieb der S e g e n - welches G l ü c k ward mein?!"
Laß dann ihn ahnen: Ü b e r allen Segen
Thront n o c h ein Segen: a n d e r n Segen sein! (...)
Und ruft er dich und bangt nach deiner Stimme –
Sei gut zu ihm, mein HERR, sei gut – und sprich - -
Sie hebt die Hände von Davids Schultern und legt sie segnend auf seinen Scheitel. Leise. Gedämpft:
So segnet, David – David aus Beth-Lechem -,
So segnet Ruth, aus Moab – deine Ahne -, dich!
Sie hebt die Hände von Davids Haupt (...)
Steh auf!
David erhebt sich.
Geh!

David wankt einen Schritt zurück (...)
Nimm die dir verhängte Krone! (...)
David streckt langsam seine Rechte aus, zur Krone hin.[96]
David, der wie Jaákob fliehen musste, verfolgt nicht wie Jaákob von Edom, sondern tödlich bedroht von Saul, nimmt die Last des Segens wie eine Krone auf sich – die Last des Segens besteht eben darin, als Segen für andere zu wirken.

II Man wird `Jaákobs Traum´ durchaus als Beer-Hofmanns Versuch verstehen können, angesichts der „Verdunklung des aufklärerischen Erwartungshorizontes durch das Scheitern einer Überwindung des Antisemitismus auf dem Wege der Akkulturation und Assimilation (...) die entgleitende Kontingenz der Geschichte in einer religiösen Theodizee aufzufangen."[97] Gewiss ist Beer-Hofmann kein Analytiker der Geschichte, keiner, der mit allein intellektueller Schärfe Anatomie der Geschichte betreibt. Sein Bezugsrahmen ist nicht allein innerweltlich eingespannt, sondern in der jüdischen Tradition beheimatet, in der niemand anderer als Gott, der Gott Abrahams, Isaaks und Jakobs, bezeugt wird als derjenige, der Geschichte erst ermöglicht und treibt, vorantreibt – im Gespräch, in Auseinandersetzung, im Kampf mit seinem Volk und durch sein Volk mit anderen Völkern. Beer-Hofmann geht also hinter den neuzeitlichen Paradigmenwechsel von der als überwunden behaupteten metaphysischen zur innerweltlichen Begründung von Geschichte zurück und entwirft einen geschichtsbildenden Mythos. Zwar kann man sagen, dass Beer-Hofmanns Werk damit sich in der Paradoxie verfängt, Ge-

---

[96] Ebd., S. 471f. Eine Würdigung der Rolle, die Ruth in der Literatur des 20. Jahrhunderts spielt, unternimmt Magda Motté in ihrem Beitrag „Daß ihre Zeichen bleiben". Frauen des Alten Testaments, in: Heinrich Schmidinger (Hg.), Die Bibel in der deutschsprachigen Literatur des 20. Jahrhunderts, Band 2, Mainz 1999, S. 205-258; dabei betont Motté die Bedeutung, die Ruth bei Beer-Hofmann zukommt, S. 242ff.
[97] Norbert Otto Eke, Rettung des Sinns, S. 144 (s. Anm. 32).

schichte schreiben und deuten zu wollen, indem es „sich aus der Geschichte heraus schreibt (...) In einer Situation, in der eine Versöhnung der geschichtlichen Widersprüche unmöglich erscheint, entwirft er ein System des Sinns, in dem die Widersprüche aufgefangen sind: eine Illusion der Transzendenz, die *geglaubt* werden *will*.
In der letzten Konsequenz entfällt mit diesem Rückbezug auf ein Denksystem, das Geschichte als sinnvolles Geschehen *behauptet*, die Notwendigkeit der Sinngebung durch ein handelnd-aktives (historisches) Subjekt."[98]
Nun lässt sich dagegen einiges einwenden: Es muss ausdrücklich betont werden, dass Beer-Hofmann sich als Dichter verstand, der zugleich ein prophetisches und durchaus auch priesterliches Amt zu erfüllen hat: „Ich habe einmal in meinen Notizen geschrieben, daß jede echte Dichtung ihr Vorspiel im Himmel haben müsse oder dann ein Nachspiel im Himmel. Immer muss sie mit Gott zusammenhängen."[99] Als solch ein Dichterprophet versteht Beer-Hofmann Geschichte als ein Geschehen, in dem sich Sinn ereignet – in allen Widersprüchen und Erfahrungen. Als gläubiger Jude behauptet er nicht allein einen Sinn der Geschichte, sondern begründet ihn auch als solchen durch den Mythos, der geschichtlich wirksam wurde und im jüdischen Volk Gestalt gewann. Der Glaube kann nicht nur `geglaubt´ werden, wie im luftleeren Raum schwebend, sondern begründet werden – so wie auch der Unglaube nicht einfach nur Unglaube ist, sondern seine Gründe hat. Trotz aller Aufklärung, aller Verwissenschaftlichung, aller innerweltlichen Exegese, aller Beschwörungen des Faktischen und seiner normativen Kraft – der Glaube kann nach wie vor bekanntlich Berge versetzen und ein Mythos geschichtliche Wirksamkeit entfalten – die Geschichte ist voll von solchen Geschich-

---

[98] So Eke, ebd. S. 146.
[99] Zit. bei Eke, ebd. S. 148. Dieses Selbstverständnis Beer-Hofmanns wird von Eke sehr schön herausgearbeitet und belegt. Das Zitat findet sich bei Werner Vordtriede; Gespräche mit Beer-Hofmann, in: Neue Rundschau 63, 1952, S. 141.

ten. Auch innerweltliche Interpretationen gesellschaftlicher Entwicklungen und geschichtlicher Prozesse kommen in aller Regel nicht ohne sinnstiftende Denkkategorien aus, die nicht aus den Fakten hervorwachsen. Selbst die grundsätzliche Bestreitung eines Sinns in der Geschichte basiert auf einem Geglaubten, kann nicht zweifelsfrei bewiesen werden. Der Glaube hat seine eigene Vernunft, die der Vernunft im üblichen Sinne nicht zu widersprechen braucht, der Glaube rechnet vernünftigerweise damit, dass es eine unsere Fähigkeiten und Möglichkeiten übersteigende Wirklichkeit gibt, eine Geschichte, die in allen und durch alle Geschichten strömt. `Jaákobs Traum´ jedenfalls war kein Traum, sondern grund der Ermöglichung von Geschichte, eingespannt in die Leideserfahrung des jüdischen Volkes auf dem `Weg der Verheißung´.[100]

Dass in der Interpretation der Geschichte des jüdischen Volkes als sinnvolles, wenn auch leidvolles Geschehen den Menschen letztlich keine handelnd-aktive Rolle zukäme, dürfte allein durch die existentielle Auseinandersetzung, den Kampf zwischen Jaákob, den Engeln, Samael und der Stimme Gottes selbst widerlegt sein. Man könnte sogar formulieren: Letztlich nimmt Jaákob selbst das Los auf sich, mit der Antwort, in der Verantwortung vor Gott die Verantwortung für Gott zu übernehmen, darunter also aktiv-handelnd zu wirken und zu leiden, dass er Gott selbst zu exkulpieren sich beauftragt weiß.

III Die `Historie von König David´ ist Fragment geblieben. Gewiss ist das kein Zufall und so fasst Norbert Otto Eke denn auch zusammen: „Die bitteren Erfahrungen der Verfolgungen im Nationalsozialismus, des Verlusts seines Lebensmittelpunktes durch die erzwungene Emigration und des Todes der geliebten Frau Paula 1939 auf der Flucht vor dem Terror im `angeschlossenen´ Österreich scheinen dieser in prekärer Balance gehaltenen Lebens- und Arbeitsperspektive und mit ihr der Arbeit an dem großen Projekt einer jüdisch-nationalen Sinnstiftung die Sub-

---

[100]Vgl. dazu auch den Beitrag von mir über den `Weg der Verheißung´ von Franz Werfel in diesem Band.

stanz entzogen zu haben. Kaum zufällig dürfte Beer-Hofmann so die Arbeit an seinem großen Rettungswerk der Geschichte im amerikanischen Exil aufgegeben und den Versuch einer Sinnstiftung in die Biographie der geliebten Frau verlagert haben."[101]
Schwindende Kraft, die Last des Alters mag ein Übriges getan haben, gewiss aber die entsetzlichen Nachrichten und Bilder von der in Gang gebrachten und fast vollständig gelungenen Auslöschung der europäischen Juden durch das NS-Regime. Alles zusammengenommen dürfte bei Beer-Hofmann dazu geführt haben, sich zu fragen, ob nicht angesichts des Grauens eine Weiterarbeit an der `Historie´ und dem Konzept einer `sinnvollen Leidensgeschichte und Erfahrung des jüdischen Volkes´ sich verbiete. Zu vermuten ist, dass Beer-Hofmann zur Auffassung gelangte, dass er mit seinem ersten Wort, mit dem `Vorspiel` `Jaákobs Traum´ zu `seinem Thema´ auch zugleich sein letztes gesprochen hatte: mit den voraus ahnenden, von Samael schrecklich herausgeschleuderten Schilderungen der Schläge, die das jüdische Volk auf seinem Weg zu erdulden hatte und hat. Und vielleicht muss es so sein – und mag sein, dass Beer-Hofmann schließlich auch so dachte -, dass jeder Versuch, der Geschichte einen Sinn, einen tröstenden, aufbauenden, erhellenden Durchhaltungssinn zu verleihen, Fragment bleiben muss. Rein spekulativ mag die Frage erlaubt sein, ob Beer-Hofmann, hätte er noch erlebt, dass nach zweitausendjähriger Diaspora, Verfolgung und Wanderung, der Staat Israel gegründet werden konnte, die Arbeit an der `Historie von König David´ wieder aufgenommen hätte.

---

[101] Norbert Otto Eke, Rettung des Sinns, S. 149 (s. Anm. 32).

„Mutmaßungen über Jakob"
Eine biblische Besinnung zu 1. Mose 32,23-30 mit Bezug auf den Roman von Uwe Johnson[1]

Klaus-Dieter Kaiser

I

Israel – ein Name für ein politisches Gemeinwesen. Israel – die Projektionsfläche für theologische Überlegungen. Israel – ein Name für eine politische Utopie.

Zunächst, und davon soll heute Morgen die Rede sein, ist dieser Name „Israel" ein Geschenk an eine Person. Aus Jakob wird Israel.

Ein Querkopf ist unser Jakob. Kein einfacher Typ. Betrügt seinen Bruder Esau erst um das Erbe und dann um den Segen. Einer, der sich auf eine List versteht, die Notsituation anderer ausnutzend, der sich die Kunst der Verstellung kennt, ein anderer zu sein als er ist. Ein verwirrendes Spiel mit den Wirklichkeiten – das beherrscht er. Pragmatisch geht er auf jede Situation ein.

Aber dann ist er auch immer wieder auf der Flucht. Ein Leben voller Auf und Ab zwischen Reichtum und Bedrohung, zwischen vertraglich geregelter Sicherheit und der Angst vor dem betrogenen Bruder führt er. Jakob – kein Super-Man, kein Saubermann. Jakob – ein Mensch wie jeder, zerrissen, voller Sorge um seine Familie. Ein Bruder, der sich aussöhnen will. Einer, der eine gemeinsame Zukunft für sich und die Seinen sucht – mitten im zerrissenen Land, mitten in einer geteilten Welt. Einer, der immer wieder Neues wagt, der Übergänge sucht. Einer, den wir nur ver-

---

[1] Gehalten auf der Tagung der Evangelischen Akademie der Nordkirche „Volk Gottes und menschliche Ordnung – Modelle einer ʹpolitischen Theologieʹ Israels" am 13. November 2012 in Güstrow

stehen können, wenn wir aus unterschiedlichen Perspektiven von ihm erzählen.

Und so macht sich Jakob auf den Weg. Quer über den Fluss. Eine Grenzüberschreitung. Vor ihm her geht das Geschenk für seinen Bruder. Was wird ihn erwarten, wie wird Esau reagieren?

Und nun steht er an der Furt des Jabbok. Quer hinüber muss er, über den Fluss. Es ist Nacht inzwischen.

> *Und Jakob stand auf in der Nacht und nahm seine beiden Frauen und die beiden Mägde und seine elf Söhne und zog an die Furt des Jabbok, nahm sie und führte sie über das Wasser, sodass hinüberkam, was er hatte, und blieb allein zurück.*
>
> *Da rang ein Mann mit ihm, bis die Morgenröte anbrach. Und als er sah, dass er ihn nicht übermochte, schlug er ihn auf das Gelenk seiner Hüfte, und das Gelenk der Hüfte Jakobs wurde über dem Ringen mit ihm verrenkt. Und er sprach: Lass mich gehen, denn die Morgenröte bricht an. Aber Jakob antwortete: Ich lasse dich nicht, du segnest mich denn.*
>
> *Er sprach: Wie heißt du? Er antwortete: Jakob. Er sprach: Du sollst nicht mehr Jakob heißen, sondern Israel; denn du hast mit Gott und mit Menschen gekämpft und hast gewonnen. Und Jakob fragte ihn und sprach: Sage doch, wie heißt du? Er aber sprach: Warum fragst du, wie ich heiße?*
>
> *Und er segnete ihn daselbst.* (1.Mose 32,23-30)

II

Namen sind wichtig. Wer seinen Namen nennt, so wie Jakob, der stellt sich seiner Geschichte. Aber Gott lässt ihn nicht mit seiner Vergangenheit allein. Die Fesseln des alten Namens, die Gefangenschaft in der Vergangenheit (des Betruges am Bruder) werden gesprengt. Ein neuer

Name eröffnet Zukunft. Voraussetzung ist, dass sich Jakob nicht selbst belügt, dass er sich seiner eigenen Vergangenheit stellt. Verantwortung und Verheißung gehören zusammen.

> *Er sprach: Wie heißt du? Er antwortete: Jakob. Er sprach: Du sollst nicht mehr Jakob heißen, sondern Israel; denn du hast mit Gott und mit Menschen gekämpft und hast gewonnen.*

Und dann kommt mir hier in Güstrow, wenn sich Menschen aus dem Osten und aus dem Westen unseres Landes treffen, ein anderer Jakob in den Sinn. Auch er ist ein Querkopf, ein Quergänger.

„Aber Jakob ist immer quer über die Gleise gegangen."[2]

Da ist einer, der geht seinen Weg. Geradeaus und quer. Manchmal auch vor und zurück. Einer, der sich zerrissen fühlt, voller Unruhe. Unsicher ist er. Wohin mag sein Lebensweg führen.

Wie lebte es sich damals im geteilten Deutschland? Wie zwei verfeindete Brüder stehen sich die beiden Staaten seines Landes im Jahr 1956 gegenüber. Was wird aus ihm werden, aus Jakob, dem jungen Mann, der selbst auf der Flucht war vor über 10 Jahren am Ende der nationalsozialistischen Herrschaft, als die Gewalt, die von Deutschland ausging, nun nach Deutschland zurückkam. Jakob, der Mann, der nach Gerechtigkeit sucht für die Menschen, mit denen er lebt. Jakob, der eine Zukunft will für sich und seine Freundin Gesine, die vor den Schergen der Staatssicherheit in den Westen fliehen muss. Der die Dinge in eine Ordnung bringen will, einfach das Vielfältige zusammenbringen will, damit alles planmäßig abläuft; er, der Dispatcher bei der Deutschen Reichsbahn. Und dann rollen da wieder die Panzer auf den Güterwagen am Stellwerk vorbei, diesmal, 1956, Richtung Ungarn, den Drang der Menschen nach Freiheit bekämpfend, bringen wieder Gewalt und Tod. Bedrohte Freiheit und bedrohtes Leben. Israel kennt dies in seiner Geschichte – ob die rus-

---

[2] JOHNSON, Uwe: Mutmaßungen über Jakob, Frankfurt am Main, 1959, S. 7

sischen Pogrome, die von Deutschen organisierte und vollführte Ermordung der europäischen Juden oder der Kampf ums Überleben nach der Staatsgründung 1948.

„Aber Jakob ist immer quer über die Gleise gegangen."

Mit diesem Satz beginnt der große Roman MUTMASSUNGEN ÜBER JAKOB von Uwe Johnson. Er hat hier in Güstrow gewirkt, ist nebenan auf der Schule gegangen, mit dem Blick vom Fenster des Klassenzimmers aus auf den Dom.

Sein zweiter Roman ist ein literarischer Blick auf die Verstrickungen von Menschen im geteilten Deutschland des Kalten Krieges. Und es ist eine Suche nach der Biografie eines Menschen. Uwe Johnson, der große Erzähler von deutscher Schuld im Nationalsozialismus, der Zeuge des gefährdeten Lebens im geteilten Land, der Suchende nach Verantwortung angesichts der Shoah, er hat nicht ohne Grund seinem Helden den biblischen Namen Jakob gegeben.[3]

Beide, der biblische und der literarische Jakob, könnten in Vielem nicht unterschiedlicher sein. Da der Erzvater, der in hohem Alter im Kreise seiner Familie stirbt. Dort ein unter ungeklärten Umständen früh zu Tode Kommender, überfahren von einem Zug auf den ihm bekannten Gleisen vor dem Stellwerk. War es ein Unfall, Selbstmord oder Mord der Staatssicherheit? Bei Jakob bewegen wir uns in beiden Fällen auf unsicherem Terrain. Denn beide sind Quergänger.

---

[3] Die Idee zur Verbindung der biblischen Jakobsgestalt mit der von Uwe Johnson verdanke ich Elisabeth K. PAEFGEN und ihrem Vortrag auf einem internationalen Kolloquium der Evangelischen Akademie Mecklenburg-Vorpommern zu „Uwe Johnson und die DDR-Literatur" vom März 2008 in Klütz. Der Titel des Vortrages lautete: Jakob als biblischer und literarischer Quergänger. Weitere Mutmaßungen über die ‚Mutmassungen'"; abgedruckt in: HOFMAN, Michael und Mirjam SPRINGER (Hg.): Johnson-Jahrbuch, 15. Jahrgang 2008, Göttingen 2009, S. 81-94

Was wissen wir von ihnen, was wissen wir von Jakob. Erzählungen aus verschiedenen Perspektiven und von unterschiedlichen Interessen geleitet. Mutmaßungen eben. Ein zersplittertes Bild, das nichts Eindeutiges ergeben will. Das Ganze bleibt bruchstückhaft. Es steht quer. So wie Jakob selbst: der Biblische der der Johnsonsche.

„Aber Jakob ist immer quer über die Gleise gegangen."

III

Eine merkwürdige Geschichte da am Fluss, an der Grenze ins Unbekannte, ins Offene. In drei Schritten wird sie uns erzählt.

Da ist zunächst der Übergang. Mitten in der Nacht setzt Jakob mit seiner Familie über. Aber merkwürdigerweise bleibt er nicht am anderen Ufer, sondern geht zurück. Übergänge sind nicht so einfach; manchmal bewegen sie sich in einem vor und zurück – in den letzten Jahren haben wir es manchmal auch im Nordkirchenprozess erlebt.

Plötzlich ist er ganz allein. Alles Hab und Gut, die Frauen und Söhne sind alle auf der anderen Seite. Wir können nur Mutmaßungen anstellen über seine Beweggründe. Selbst die alte Erzählung, die ja Sinn stiften will, die Ordnung in die Unübersichtlichkeit des Lebens bringen möchte, lässt alles offen. Alle Gewissheiten sind ins Schwimmen geraten. Was allein sicher ist, ist die Einsamkeit Jakobs. Mitten in der Nacht. Dort am alten Ufer. Das Neue auf der anderen Seite – weit weg,

Und da kommt mir wieder der Johnsonsche Jakob in den Sinn. Getrennt von seiner geliebten Gesine durch die Grenze, die Deutschland und Europa teilt. Er im Osten und sie im Westen. Wir haben nur Mutmaßungen, warum er noch in der DDR bleibt. Vertraut er blind den antifaschistischen Versprechungen, diesem lügenhaften Gründungsmythos der DDR? Will er nur endlich einmal angekommen sein, nach der Flucht 1945 aus dem Osten. Hofft er, trotz der sowjetischen Panzer noch auf einen Sozialismus mit menschlichem Antlitz? Vielleicht? Offene Fragen.

Was bleibt, ist das gegenseitige Erzählen. Das Überschreiten der Grenze, des Flusses, der Gleise. Einfach quer rüber.

Da ist zweitens der Kampf. So einfach ist der Übergang doch nicht. Bis zum Morgen dauert er an; die ganze lange Nacht hindurch. Ein Ringen, ohne Sieger. In der kurzen Erzählung ist manchmal gar nicht sofort klar, von wem der beiden Kämpfenden da eigentlich die Rede ist. Im Zwielicht der Nacht ist Klarheit nur schwer zu gewinnen. Zu verschlungen sind ihre Körper. Jakob scheint fast geschlagen zu sein mit seiner geschlagenen Hüfte. Aber er hält den anderen fest umklammert, lässt ihn nicht los. „Ich lasse dich nicht, du segnest mich denn." Wie ein roter Faden zieht sich das Motiv des Segnens durch den Erzählkranz um unseren Jakob.

In den MUTMASSUNGEN ÜBER JAKOB erzählt Uwe Johnson genau in der Mitte des Buches auch von einer solchen Nacht. Er schildert ein Ringen Jakobs mit einem Mann, der sich Rohlfs nennt, so hat er sich jedenfalls ausgewiesen. Den wahren Namen des Stasi-Mannes kennen wir nicht. Ineinander verhakt sind die Körper der beiden Männer. „Er fühlte sein Gesicht wie erstarrt auf versteiftem Nacken und mitten darin den harten Griff der Zähne auf den Lippen. Er warf sich gewaltsam herum und marschierte aus dem Zwielicht in den Lichtnebel vor den Tisch und stellte sich vor Jakob."[4] Ein verbissener Kampf voller Aggressivität wird uns vor Augen geführt. Wörter der Gewalt prägen diese Szene. Es geht ums Leben in diesem zerrissenen Land. Wie damals am Jabbok.

Ein Ringen mit der Vergangenheit, mit der Zukunft prägt die nächtliche Gegenwart. Eine Auseinandersetzung mit der je eigenen Geschichte, so wie Uwe Johnson sich immer wieder in seine deutsche Vergangenheit vertieft hat; in den Gesprächen mit der jüdischen Philosophin Hannah Arendt war dieses Ringen immer wieder zu spüren.

---

[4] JOHNSON, aaO. (Anm. 2), S. 156

Zu guter Letzt der dritte Abschnitt. Aus dem körperbetonten Kampf wird ein Gespräch. Ein Dialog über die Identität setzt ein, ein Sprechen über die Namen. Etwas Neues bricht sich Bahn. Jakob bekennt sich zu seiner Lebensgeschichte, nennt seinen Namen. So geht aus dem unentschiedenen Kampf Jakob als Sieger hervor. Vor der Grenzüberschreitung, dem Übergang von der Nacht in den Morgen, vom Dunkel ins Licht, von der einen Seite des Flusses zur anderen, vor der Begegnung der verfeindeten Brüder steht diese Auseinandersetzung, steht dieses Bekenntnis zur eigenen Person; damit aber auch zur eigenen Schuld-Geschichte. Jakob bekommt nun gar einen neuen Namen: Israel. Mit Gott und den Menschen hat er gerungen. Aber der Name des Gegners, des Partners im Kampf bleibt ungenannt, bleibt ein, bleibt sein Geheimnis.

Und unser Jakob, der immer quer über die Gleise gegangen ist? Er behält seinen Namen, bleibt sich in aller Offenheit treu. In der Auseinandersetzung mit seinem Gegner zerreißt er dessen Lügengespinst der falschen Namen und verdrehten Identitäten. Uwe Johnson lässt Rohlfs die Kontrolle über sich selbst verlieren. Plötzlich wird er als Reagierender mit seinem Namen bezeichnet. Er ist erkannt und so gebannt.

Im Unterschied zur biblischen Geschichte aber geht dieser Jakob nicht als gezeichneter Sieger vom Platz. Sein Gegner war auch nicht ein Segen Spendender, sondern das Dunkel der gewaltbereiten und alles Kontrollieren wollenden Macht dieser Welt. Aber für einen kurzen Augenblick in der Mitte des Romans scheint alles dennoch offen zu sein; mitten im Krisenjahr 1956. Und dann kam der Aufbruch in die Freiheit 1989.

IV

Unser Jakob am Jabbok bekommt nun seinen Segen. Der Versöhnung mit Esau steht nichts mehr im Weg. Mit diesem Segen Gottes ist ein Neuanfang der verfeindeten Brüder möglich. Er hat die Nähe Gottes erfahren in dieser Nacht: Verheißung und Verantwortung in einem –

dann, wenn er sich wieder am Morgen auf den Weg macht, quer über den Fluss. Ein Gestaltungsraum wird eröffnet: Alle Zwangsläufigkeit politischer Abläufe wird unterbrochen, findet ein Ende.

Eine Erlösung, die für den Johnsonschen Jakob aus dem mörderischen Deutschland des 20. Jahrhunderts noch aussteht. Für ihn war diese Nacht die Begegnung mit dem Abgründigen in unserer Welt. Ihm bleibt nur, weiter seinen Weg zu suchen, tastend und manchen Irrweg gehend. Er ist noch auf der anderen Seite des Flusses, auf der anderen Seite der Grenze, gefährdet wie eh und je. Gefährdet, wie auch das Leben in Israel ist.

Seine (noch ungeborene) Tochter Marie wird 12 Jahre später, im Aufbruch und im Scheitern von 1968 ihre Fragen stellen an die deutsche Gewaltgeschichte des 20. Jahrhunderts, an die Verstrickungen ihrer Familie in die Verfolgung und Ermordung der Juden in Mecklenburg.

Jakob aber ist immer quer über die Gleise gegangen. Mit seinem Gerechtigkeitssinn ist er den Seinen über seinen Tod hinaus ein Begleiter. So ist er auch ein Gesegneter, ein Segen für seine Familie, für Gesine und Marie im Personenkosmos der JAHRESTAGE. Für jede einzelne Person. Denn im Einzelnen, in der unverwechselbaren Person kommen Verheißung und Verantwortung zusammen. Amen.

„Rahel rechtet mit Gott"
Eine Legende von Stefan Zweig

Hans-Christoph Goßmann

Im Folgenden werde ich mich der Legende ‚Rahel rechtet mit Gott' zuwenden. Bevor ich den Text selbst in den Blick nehme, werde ich zunächst auf Leben und Werk von Stefan Zweig eingehen und dann auf die Darstellung Rahels in der Bibel, auf die Zweig mit seiner Legende Bezug nimmt.

I. Stefan Zweig – Leben und Werk

Der jüdische Schriftsteller Stefan Zweig wurde am 28. November 1881 in Wien geboren. Seine Familie war nicht religiös und seine jüdische Identität hatte für ihn – wie er einmal sagte - keine allzu große Bedeutung. Nach seiner Matura im Jahr 1899 nahm er in Wien das Studium der Philosophie auf. Bereits während seines Studiums schrieb er für das Feuilleton der ‚Neuen Freien Presse', deren Redakteur Theodor Herzl war. Seit 1897 veröffentlichte er Gedichte in Zeitschriften und im Jahr 1901 erschien sein erster Gedichtband unter dem Titel ‚Silberne Saiten'. Zweig schloss sein Studium mit der Promotion ab. Er schrieb seine Dissertation über ‚Die Philosophie des Hippolyte Taine'. Nach Abschluss seines Studiums unternahm er zahlreiche Reisen, die ihn u.a. nach Indien (1910) sowie nach Amerika (1912) führten. Als der Erste Weltkrieg ausbrach, war er zum Militärdienst untauglich und arbeitete im Kriegsarchiv. Im Jahr 1917 wurde er vom Militärdienst zunächst beurlaubt, später dann ganz entlassen. Daraufhin zog er nach Zürich und war dort als Korrespondent tätig. Nach Ende des Krieges kehrte er nach Österreich zurück und zog nach Salzburg. Im Jahr 1920 erfolgte seine Eheschließung mit Friderike von Winternitz. Zweig warb für die Idee eines geistig vereinigten Europas und lehnte jede Art von Nationalismus ab.

Im Jahr 1928 reiste er in die Sowjetunion, wo seine Bücher in russischer Sprache erschienen.
Als Zweig in der Zeit des Nationalsozialismus ins Visier der staatlichen Stellen geriet und sein Haus am 18. Februar 1934 durchsucht wurde, zog er sich nach London zurück. In diesem Jahr unternahm er eine Reise nach Südamerika. Seine Bücher durften nicht mehr im Insel-Verlag erscheinen. Die Verfilmung seiner Novelle ‚Brennendes Geheimnis' durfte nicht mehr in Kinos aufgeführt werden. 1935 wurde er in die Liste verbotener Autoren aufgenommen und seine Bücher wurden auf die Liste der Bücherverbrennungen gesetzt. Seine Doktorwürde wurde ihm aberkannt. Diese Aberkennung wurde erst im Jahr 2004 zurückgenommen.
Die Ehe mit seiner Frau Friderike, von der er seit 1934 getrennt lebte, wurde 1938 geschieden und 1939 heiratete er Charlotte Altmann, mit der er gemeinsam aus Salzburg geflohen war.
Nach dem Ausbruch des Zweiten Weltkrieges nahm Zweig die britische Staatsbürgerschaft an. Er kehrte London den Rücken und zog im Jahr 1940 über die Stationen New York, Argentinien und Paraguay nach Brasilien.
Am 22. Februar 1942 schied Zweig in Petrópolis (bei Rio de Janeiro) zusammen mit seiner Frau „aus freiem Willen und mit klaren Sinnen" aus dem Leben. Dies wurde von vielen nicht verstanden, da er keine Existenzsorgen hatte. Aber die mit der Vernichtung der „geistigen Heimat Europa" verbundene Perspektivlosigkeit führte ihn zu diesem Schritt.
In seinem reichhaltigen Gesamtwerk nehmen die Novellen sowie die Erzählungen mit einem konkreten historischen Bezug eine wichtige Rolle ein. Zweig hat nur einen Roman vollendet: „Ungeduld des Herzens". Sein wohl bekanntestes Buch ist die 1942 erschienene „Schachnovelle", in der der Kampf der bürgerlichen Humanität gegen die Brutalität einer entfremdeten Welt thematisiert wird. Es ist ein eindringliches Plädoyer für Menschlichkeit. Im selben Jahr erschien auch die Monographie „Brasilien". Seine Autobiographie wurde 1944 posthum unter dem Titel „Die

Welt von Gestern" veröffentlicht. Die Biographie Balzacs blieb demgegenüber Fragment, da er sie vor seinem Freitod nicht mehr vollendet hat. Charakteristisch war für Stefan Zweig dessen kompromisslose pazifistische Haltung. Thomas Mann schrieb darüber im Jahr 1952 anlässlich des zehnten Todestages von Zweig: „Es gab Zeiten, wo sein radikaler, sein unbedingter Pazifismus mich gequält hat. Er schien bereit, die Herrschaft des Bösen zuzulassen, wenn nur das ihm über alles Verhasste, der Krieg, dadurch vermieden wurde. Das Problem ist unlösbar. Aber seitdem wir erfahren haben, wie auch ein guter Krieg nichts als Böses zeitigt, denke ich anders über seine Haltung von damals – oder versuche doch, anders darüber zu denken."

Fragen wir nach der bleibenden Bedeutung von Stefan Zweig, so steht er exemplarisch für die Intellektuellen des zwanzigsten Jahrhunderts, die vor Gewaltherrschaft geflohen sind.

II. Die Darstellung Rahels in der Bibel

Rahel ist eine der Stammmütter der Stämme Israels. Sie war gemäß Genesis 29, 16 die jüngere Tochter von Laban, dem Bruder Rebekkas. Ihr Name (hebräisch: רחל) hat die Bedeutung: Schaf. Auf seiner Flucht vor seinem Bruder Esau (Genesis 29) begegnete Jakob Rahel, die in der Nähe von Haran die Schafe ihres Vaters hütete, und verliebte sich in die schöne Frau. Um sie heiraten zu können, musste er ihrem Vater Laban, seinem Onkel, sieben Jahre dienen. Nach Ablauf dieser Frist betrog dieser ihn jedoch und gab ihm seine ältere Tochter Lea zur Frau. Von Jakob zur Rede gestellt, rechtfertigte er sich damit, dass es Sitte sei, zunächst die ältere Tochter zu verheiraten und dann erst die jüngere (Genesis 29, 26). Zugleich sagte er Jakob jedoch zu, ihm nach Ablauf der Hochzeitswoche auch Rahel zur Frau zu geben, wenn er ihm sieben weitere Jahre dienen werde (Genesis 29, 27). Darauf ließ sich Jakob ein.

Lea wurde Mutter, während Rahel kinderlos blieb. Deshalb entschloss sie sich, durch ihre Leibmagd Bilha zu Nachkommen zu gelangen. Auf diese Weise wurden Dan und Naftali geboren (Genesis 30, 1-8). Als Lea keine Kinder mehr bekommen konnte, handelte sie entsprechend und gab Jakob ihre Leibmagd Silpa, die die beiden Söhne Gad und Asser gebar.

Später wurde Rahel dann doch noch schwanger und gebar Josef (Genesis 30, 22-24).

Aufgrund von Spannungen zwischen Jakob und Laban kehrte Jakob auf Gottes Geheiß mit Rahel und Lea fluchtartig in seine Heimat zurück. Die beiden Frauen erklärten dazu ausdrücklich ihr Einverständnis (Genesis 31, 14-16). Dabei stahl Rahel den Hausgott ihres Vaters Laban. Dieser holte die Fliehenden nach einigen Tagen ein und stellte Jakob wegen der Flucht und insbesondere wegen des Diebstahls des Hausgottes zur Rede. Durch eine List gelang es Rahel, den Hausgott so zu verstecken, dass er nicht gefunden wurde und sie ihn behalten konnte (Genesis 31, 34f.). Als Jakob sich mit seinem Bruder Esau versöhnte, waren Rahel und Josef zugegen – wie auch Lea und ihre Kinder (Genesis 33, 7). Rahel wurde ein weiteres Mal schwanger. Als sie bei der Geburt ihres zweiten Sohnes spürte, dass sie sterben wird, nannte sie ihn unmittelbar nach der Entbindung Ben-Oni, zu Deutsch: Sohn meines Unglücks, aber sein Vater Jakob veränderte den Namen in Ben-Jamin, zu Deutsch: Sohn des Glücks (Genesis 35, 16-18). Begraben wird sie „an dem Weg nach Efrata, das nun Bethlehem heißt." (Genesis 35, 19; vgl. 1. Samuel 10, 2). Nach jüdischer Tradition liegt Rahels Grab (hebräisch: קבר רחל, arabisch: قبة راحيل) nördlich von Bethlehem.

Im Jeremia 31, 15b wird die Trauer Rahels um ihre exilierten Kinder zur Sprache gebracht: „Rahel weint über ihre Kinder und will sich nicht trösten lassen über ihre Kinder; denn es ist aus mit ihnen." Aufgrund dieses Bibelverses ist Rahel in der jüdischen Tradition aufs Engste mit der Trauer um das verlorene Volk verknüpft. Im Neuen Testament wird dieses Weinen Rahels auf den Kindermord des Herodes in Bethlehem bezogen (Matthäus 2, 18).

Zur innerbiblischen Rezeptionsgeschichte der Rahel-Erzählung gehört auch, dass Rahel im Buch Ruth zusammen mit ihrer Schwester Lea in einem Hochzeitssegen als Stammmutter Israels genannt wird: „Der Herr mache die Frau, die in dein Haus kommt, wie Rahel und Lea, die beide das Haus Israel gebaut haben; sei stark in Efrata, und dein Name werde gepriesen zu Bethlehem." (4, 11b). Im Hinblick auf die nachbiblische Rezeptionsgeschichte ist der Schabbatsegen für Töchter zu nennen, in dem auch Rahel genannt wird, wenn es heißt: „Gott lasse dich werden wie Sara, Rebekka, Rahel und Lea."

III. Die Legende ‚Rahel rechtet mit Gott' von Stefan Zweig

Die Legende ‚Rahel rechtet mit Gott' ist ein kurzer Text. In dem von Knut Beck herausgegebenen gleichnamigen Band (Stefan Zweig, Rahel rechtet mit Gott. Legenden [Gesammelte Werke in Einzelbänden], Frankfurt am Main: S. Fischer Verlag 1990, 3. Auflage: 2007), der neben dieser Legende noch drei weitere enthält – ‚Die Legende der dritten Taube', ‚Die Augen des ewigen Bruders' und ‚Der begrabene Leuchter' – hat die Legende einen Umfang von nicht mehr als siebzehneinhalb Duckseiten (S. 56 bis 73). Aber es ist trotz seiner Kürze ein gewichtiger Text. Dies liegt nicht nur an seinem Inhalt, sondern auch an seiner sprachlichen Gestalt, die jegliche Form von Oberflächlichkeit konsequent vermeidet. Diese sprachliche Gestalt weckt vielfältige Erinnerungen an die Sprache deutscher Bibelübersetzungen.

Sprache, also Form, und Inhalt entsprechen sich dabei. Inhaltlich geht es um die erfolgreiche Fürsprache Rahels bei Gott für ihr Volk. Dabei kommen vielfältige Bezüge zu anderen biblischen Inhalten zum Tragen.

Im Folgenden werde ich den Verlauf der Legende referieren und dabei explizite sowie implizite biblische Bezüge benennen:

Am Anfang steht ein schwerer Konflikt zwischen Gott und seinem Volk. Durch erneuten Götzendienst hat das Volk den Zorn Gottes ausgelöst. Der erste Absatz der Legende lautet:

Abermals hatte das halsstarrige und wetterwendische Volk zu Jerusalem des geschworenen Bundes vergessen, abermals hatten sie den erzenen

Götzen von Tyr und Ammon blutige Gabe gebracht. Und nicht genug des Frevels, daß sie jenen räucherten auf Höhen und steinernen Altären – auch in Gottes leibeigenes Haus, das Salomo, sein Knecht, ihm gebaut, stellten sie Bildnis des Baal und schwemmten die Fliesen mit Schlachtwerk, bis die heilige Stätte stank von Räucher und Blut.

Dieser Götzendienst hat Konsequenzen. Im folgenden Satz heißt es:

Als nun Gott sah, daß sie seiner spotteten bis in das innerste Herz seines Heiligtums, da entbrannte mächtig sein Zorn.

Der göttliche Zorn entlädt sich wie eine Naturkatastrophe, die Zweig wie folgt beschreibt:

Schaudernd erbebten, als so der Ingrimm Gottes zur Stimme ward, die gefesselte Erde und die Höhen des Himmels. Es flohen die Ströme davon und beugten sich die Meere, es wankten die Berge Trunkenen gleich, und sanken die Felsen in die Knie. Die Vögel stürzten tot aus den Lüften, und selbst die Engel bargen ihr Haupt unter die riesige Flügel, denn auch sie, die Fühllosen vermochten den Blitz seines Zornblickes nicht zu schauen, und der Schrei seines Ingrimms fuhr ehern in ihr Ohr.

Die Menschen, die all dies durch ihren Götzendienst ausgelöst haben, werden dadurch zutiefst verschreckt und versuchen, Gottes Zorn durch Bußpraktiken zu besänftigen – allerdings ohne Erfolg. In der Legende heißt es:

Da entstürzten jäh die Geschreckten ihren Häusern, damit der First nicht über sie falle, und als sie aufsahen, erschraken sie abermals, denn schon hing das Gewölk über ihnen dräuender als Fels, und feurig von Schwefelfaden schmeckte die sausende Luft. Vergebens, daß sie ihr Angesicht zur Erde warfen und den Herrn um Vergebung anriefen für ihren

Vorwitz – die Wolke wuchs weiterhin schwarz, und es erlosch das lebendige Licht über dem Lande.

Das Strafgericht Gottes ist so schrecklich, dass selbst die Toten in ihren Gräbern erwachen. Das mag Assoziationen an die Erweckung der Toten auslösen, die in Ezechiel 37 geschildert wird. Aber während es bei Ezechiel um den Ausdruck der Verheißung geht, in das verheißene Land Israel zurückkehren zu können, ist das Erwachen der Toten in der Legende von Stefan Zweig Ausdruck des schrecklichen Ausmaßes des göttlichen Gerichts und somit keineswegs positiv konnotiert.
Dergestalt aus dem Tod aufgeschreckt, steigen die Seelen der Verstorbenen zu Gott auf, um Fürbitte für die vom Strafgericht Bedrohten zu halten – aber ohne auch nur den geringsten Erfolg. In der Legende wird dies folgendermaßen in Worte gekleidet:

Flatternd wie Vögel wider großen Wind, scharen sich die Seelen der Väter und Urväter alldort im Kreise, damit sie vereint den Allmächtigen anflehten und Rache wendeten von ihren Kindern und den Zinnen der heiligen Stadt. Isaak und Jakob und Abraham, die Erzväter, einer gedrängt von den andern, traten vor zur rauschenden Bitte. Doch der Donner zerbrach ihren Ruf, und in ihr Stammeln fuhr neuerdings des Herrn Wort: überlang schon habe er geduldet das Unmaß des Undanks, jetzt aber wolle er den Tempel zerschmettern, damit im Zorn ihn erkenneten, die seiner Liebe sich gewehrt.

Nach den Erzvätern versuchen *die Propheten Moses, Samuel, Elias und Elisa, die Gottes eigene Rede im Munde trugen*, Gott umzustimmen, doch auch ihnen ist kein Erfolg beschieden.
In dieser Situation, als keine weitere Fürbitte irgendeinen Sinn mehr zu haben scheint, tritt Rahel auf. Dies wird in der Legende in eindrucksvollen Worten beschrieben:

Verschüchtert schwieg jede irdische Stimme – da trat Rahel, die Erzmutter Israels, allein aus dem Wald ihres Ängstens. Auch sie hatte in ihrem Grabe zu Ramah Gottes Zornwort vernommen, und die Tränen rannen ihr nieder, da sie ihrer Kindeskinder gedachte. So packte sie stark die Kraft im eigenen Leibe und stieß sich hin vor den Unsichtbaren. Kniend erhob sie ihre Hände, kniend erhob sie ihr Wort zu dem Herrn:

Dies ist der Anfang der Fürbitte Rahels, auf den der Titel der Legende Bezug nimmt. Sie beginnt mit folgenden Worten:

Das Herz bebt mir im Leibe, zu dir zu sprechen, Allmächtiger, doch wer denn du schufst mir dies Herz im Leibe, daß es bebend werde in deiner Furcht, und wer die Lippe, daß sie ihre Angst ausgieße ins Gebet? Aus deiner Furcht schreie ich mich auf in deine Liebe, aus meiner Kinder Not hebe ich mein klein Wort in deine Unendlichkeit. Nicht Klugheit gabst du mir, noch List, und nichts finde ich, um dein Zürnen zu beschwichtigen, denn von mir selber zu sprechen, wie ich einstens meinen Zorn obsiegte. Wohl weiß ich, du kennst meine Rede, ehe sie geredet, ist doch in ihr jedes Wort längst gestaltet, ehe es Laut wird an der Menschen Lippe, und jede Tat, ehe sie ausfährt unserer irdischen Hand. Dennoch aber, ich flehe dich an, höre mich geduldig um der Sündigen willen.

Dies ist der Auftakt einer Rede, in der Rahel für ihr Volk bittet. Die Intensität, in der sie dies tut und die bereits in diesen einleitenden Sätzen zu spüren ist, lässt an Genesis 18, 22b-33, denken, wo erzählt wird, dass Abraham mit Gott regelrecht feilscht, um das Unglück von Sodom abzuwenden. Sie verhält sich dabei keineswegs unterwürfig, auch wenn sich dieser Eindruck auf den ersten Blick einstellen könnte, denn sie parallelisiert das *Zürnen* Gottes und ihren *Zorn*. Damit erinnert ihre Rede zugleich auch an die Hiobs, in der dieser Gott direkt herausfordert:

O hätte ich einen, der mich anhört - hier meine Unterschrift! Der Allmächtige antworte mir! -, oder die Schrift, die mein Verkläger geschrieben! Wahrlich, dann wollte ich sie auf meine Schulter nehmen und wie eine Krone tragen. Ich wollte alle meine Schritte ihm ansagen und wie ein Fürst ihm nahen.
(Hiob 31, 35-37)

Dieser Auftakt der Rede Rahels hat ihre Wirkung: Gott hält inne; er hört Rahel zu. Und so berichtet sie, wie sie ihre Lebensgeschichte erlebt hat, wie sie Jakob kennen und lieben gelernt hat. Und wie sehr sie ihn begehrte. Zu ihrem sexuellen Begehren bekennt sie sich nicht nur, sondern sie führt auch dieses – wie bereits das bebende Herz in ihrem Leibe (s.o.) – unmittelbar auf Gott zurück, wenn sie sagt:

Nur eine Stunde war es, daß wir einer den andern gesehen, und schon brannten unsere Blicke inwendig uns ein und unsere Herzen sehnten sich eines dem andern zu. Und ich lag nachts wach, seiner begehrend – doch siehe, Herr, ich schämte mich meines Blutes nicht, denn wer, wenn nicht du, Herr, hast dies in uns getan, daß jählings das Herz uns aufbricht zum flammenden Dornbusch der Liebe? Von dir, Herr, von dir allein ist es gewollt, daß die Jungfrau sich öffne dem Manne, daß Blick in Blick und Leib zum Leibe stürmig sich dränge.

Mit dem Hinweis auf den *flammenden Dornbusch der Liebe* vollzieht Rahel in diesen Worten eine weitere Parallelisierung: die der Liebe Gottes, in der er sich Mose offenbarte (vgl. Exodus 3f.), mit der begehrenden Liebe zwischen ihr und Jakob.
Sie erinnert klagend und damit auch anklagend daran, dass sie aufgrund der Hartherzigkeit ihres Vaters Laban lange sieben Jahre auf die Hochzeit mit Jakob hat warten müssen. Dabei sagt sie:

Denn sieben Jahre, Herr, ich weiß es, für dich sind sie bloß ein Tropfen, der niederfällt, ein Wimperschlag kaum deinem ewigen Auge, geht doch wie Rauch die Zeit durch die Himmel deiner Urewigkeit.

Damit wird auf Psalm 90 angespielt, in dem es heißt:

Denn tausend Jahre sind vor dir / wie der Tag, der gestern vergangen ist, und wie eine Nachtwache.
(Psalm 90, 4)

Auch in dem darauf folgenden Satz begegnet eine Anspielung auf diesen Psalm:

Doch sieben Jahre, Herr, geruhe es zu bedenken, uns Menschen sind sie ein Zehent des Lebens, denn kaum daß wir die Augen aufschlagen vom Dunkel in dein heiliges Licht, schon schließt sie uns neu die Nacht unseres Todes. Wie ein Strom im Frühling strömt rasch unser Leben, und keine Welle kehrt da nochmals zurück.

Diese beiden Sätze lassen an folgenden Vers denken:

Unser Leben währet siebzig Jahre, und wenn's hoch kommt, so sind's achtzig Jahre, und was daran köstlich scheint, ist doch nur vergebliche Mühe; denn es fähret schnell dahin, als flögen wir davon.
(Psalm 90, 10)

Rahel schildert, wie froh sie war, als diese lange Frist endlich ihr Ende erreicht hatte – und wie unendlich enttäuscht sie war, als ihr Vater Laban dann sein Wort brach und ihr eröffnete, dass nicht sie Jakob heiraten werde, sondern ihre Schwester Lea. Sie berichtet, dass sie heimlich lauschte, als ihr Vater Lea seinen Plan darlegte, sie als Braut zu Jakob zu führen anstelle von ihr – und wie daraufhin ihr Zorn entbrannte, gegen

ihren Vater Laban ebenso wie gegen ihre Schwester Lea. Zu diesem Zorn bekennt sie sich ebenso wie zuvor zu ihrer begehrenden Liebe zu Jakob – allerdings mit dem entscheidenden Unterschied, dass sie Gott wegen ihres Zornes um Verzeihung bittet: - *verzeih es, Herr!*
Liegt hier bereits eine indirekte Kritik am Zorn Gottes vor? Diese Frage legt sich nahe, denn wenn Rahel betont, dass sie sich für das Gefühl der begehrenden Liebe nicht schämen muss, jedoch für das Gefühl des Zornes um Verzeihung bittet, dann könnte hier angesichts der zuvor zur Sprache gebrachten Parallelisierung von göttlicher und menschlicher Liebe – die beide gut und legitim sind – der Gedanke angedeutet sein: Wie der menschliche Zorn der Verzeihung bedarf, so auch der göttliche. Dass ein derartiger Gedanke, der die Grenze zur Blasphemie zumindest tangiert, von Rahel lediglich in dieser verklausulierten Form geäußert werden kann, versteht sich von selbst.
Aber Rahel bleibt nicht bei diesem Gedanken stehen, sondern wagt noch einen weitergehenden Schritt: Sie thematisiert ihre Empörung gegen ihren Vater, parallelisiert diese mit der Empörung ihres Volkes gegen Gott und legitimiert die Empörung auf dieselbe Art und Weise, wie sie eingangs bereits die begehrende Liebe legitimiert hatte: indem sie sie auf Gott zurückführt. Dies tut sie mit folgenden Worten:

Da stemmte mein Sinn sich störrig auf und ich empörte mich wider meinen Vater, so wie meine Kinder sich empörten wider dich, ihren ewigen Vater, denn auch dies, Herr, hast du in uns getan, daß starr uns der Nacken wächst im Zorn, sobald uns ein Unrecht geschieht.

Dann setzt Rahel die Schilderung der dramatischen Ereignisse fort und berichtet, dass sie mit Jakob heimlich als Erkennungszeichen vereinbarte, dass die Braut ihn dreimal auf die Stirn küsst, bevor sie das Zelt betritt. Als der Abend der Hochzeitsnacht herangekommen ist, lässt Laban seine Tochter Rahel in den Speicher gehen, um so zu verhindern, dass sein Betrug an Jakob vorzeitig entdeckt wird. Als sie dort ist, spürt sie nur Schmerz und Zorn. Ihrer Schwester Lea, mit der sie sich früher immer gut verstanden hat, gönnt sie die Hochzeitsnacht mit Jakob nicht. Als sie dort in Schmerz und Zorn versunken sitzt, geht die Tür auf und Lea kommt hinein. Zornig wendet sich Rahel ab. Und es ist nicht nur Zorn, der sie beseelt, sondern das Böse selbst. Als Lea ihr sagt, dass der Betrug ihres Vater ihr zuwider ist und sie fürchtet, dass Jakob sie nach der Hochzeitsnacht wegjagen werde und somit Schande über sie kommen werde, löst dies in Rahel böse Freude aus. Rahel schildert dies in aller Offenheit:

Herr, noch stand der Zorn mir aufrecht im Leibe, und obzwar ich jene liebte, frohlockte noch immer das Böse in mir und ihre Angst letzte mich wie ein köstlich Gericht.

Dann aber verändern sich mit einem Mal ihre Gefühle. Denn Lea nennt den Namen Gottes. Was dies in ihr auslöst, beschreibt Rahel nicht minder ausführlich als ihre vorigen Gefühle des Zornes und des Bösen. Diese Beschreibung ihres Gefühlsumschwungs beginnt mit den Worten:

Da sie aber deinen heiligen Namen nannte, Herr, deinen heiligsten Namen, den Namen des Allerbarmers – Herr, da widerfuhr's mich wie ein feuriger Strahl, umgeschüttelt ward mir mein Herz im geweiteten Leibe, und deiner Güte Gewalt, deines Erbarmens rauschende Macht, Herr, süß fühlte ich sie eindringen in die verdunkelte Seele.

So wendet sich Rahel wieder ihrer Schwester Lea zu, erkennt deren innere Not, erbarmt sich ihrer und verrät ihr das geheime Erkennungszeichen, den dreimaligen Kuss auf die Stirn. So unterstützt sie den Betrug, unter dem sie selbst so sehr leidet, um der Liebe Gottes willen. Die Bedeutung dieser Entscheidung hebt sie in ihrer Darstellung dieses Erlebnisses mit der folgenden Aufforderung an Gott hervor:

Herr, höre jetzt wohl auf mein Wort!

Und sie lässt die Darstellung dieser Entscheidung in die Worte einmünden:

- so, Herr, schlug ich, Rahel, meiner Eifersucht ins Antlitz, so verriet ich Jakob und meine eigene Liebe um deiner Liebe willen.

Lea ist ihr zutiefst dankbar und die beiden Schwestern finden wieder in Liebe zueinander. Dann jedoch befällt Lea erneut Angst, da ihr klar wird, dass Jakob sie an ihrer Stimme erkennen kann. Und wieder wendet sie sich voll Sorge an Rahel. Diesmal richtet sie jedoch keine direkte Bitte an sie, sondern fragt, was sie tun soll, wenn Jakob sie in der Hochzeitsnacht anspricht. Es legt sich der Gedanke nahe, dass sie deshalb keine konkrete Bitte äußert, weil ihr klar ist, dass sie damit die Grenze dessen überschreiten würde, was sie Rahel zumuten kann.
Aber auch diesmal unterstreicht sie die Dringlichkeit ihrer Bitte um Hilfe, indem sie Gott nennt. So lässt sie ihre Frage bzw. Bitte in die flehentliche Bitte einmünden:

Hilf mir Rahel, hilf mir, du Kluge, hilf mir, du Hilfreiche, um des Allerbarmers willen!

Und Rahel ist bereit, ihrer Schwester das anzubieten, was diese nicht explizit von ihr erbeten hat: dass sie sich in die Kammer Jakobs einschleicht, sich dort neben das Lager kauert und anstelle von Lea Jakob Antwort gibt, wenn er Lea anspricht. Dass sie zu diesem Opfer bereit ist, hat seinen Grund darin, dass Lea sich in ihrer abschließenden flehentlichen Bitte auf Gott berufen hat. So sagt Rahel zu Gott:

Und abermals, Herr, da sie mich anrief mit dem heiligsten deiner Namen, abermals ging dieser feurige Strahl durch mich hin und zertrennte jedwede Härte in meiner Seele, daß sie helle ward und offen ihrer klagenden Not. Und zum andernmal nahm ich mein eigenes schreiendes Herz, abermals trat ich das Schmerzhafte hin unter die Füße. Und als ich es aufhob und wieder faßte, war es lind in Erbarmen und jedem Opfer bereit.

Dementsprechend verspricht Rahel ihrer Schwester, auch dieser zweiten, für sie ungleich schmerzhafteren Bitte nachzukommen:

So antwortete ich ihr: ‚Sei getrost Lea, meine Schwester, und sorge dich nicht. Denn um des Allerbarmers willen will ich dies auf mich nehmen, ... […] Dies aber will ich tun, Lea, um der Liebe willen, die wir eine zur andern hegten von Kindheit an, und um des Allbarmherzigen, den du angerufen, damit auch er dereinst barmherzig sei meinen Kindern, wann immer sie ihn anrufen mit seinem heiligsten Namen.'

Und so, wie die beiden Schwestern es geplant haben, geschieht es dann auch. Für Rahel ist diese Nacht extrem schmerzhaft. So sagt sie:

... mir war, als läge ich lebendigen Leibes im Feuer, da jener liebend Lea umfasste und meinte, mich zu nehmen, die ihm offenstand mit aller Glut ihres Blutes. Herr, entsinne dich, Allgegenwärtiger du, entsinne dich jener Nacht, da ich sieben Stunden mit schmerzenden Knien und schmerzender Seele neben ihr kauerte und hören musste, was mir galt und mir selbst zu fühlen verwehrt war! Sieben Stunden, sieben Ewigkeiten lag ich gebückt, den Atem verpreßt, und rang wider den eigenen Schrei, wie Jakob einst rang mit deinem Engel, und siebenzigmal dünkten sie mich länger, diese Stunden, als die sieben Jahre des Wartens.

Rahel betont, dass sie dies nur hat durchstehen können, weil sie den Namen Gottes wieder und wieder anrief:

Und ich hätte sie nicht ertragen, diese Nacht meiner Langmut, hätte ich nicht immer wieder deinen heiligen Namen angerufen und mich gestärkt im Gedanken deiner unendlichen Geduld.

In diesem Abschnitt wird direkt auf Genesis 32, 23-33, Bezug genommen, wo der Kampf Jakobs am Jabbok dargestellt ist. Zudem werden hier die symbolträchtige Zahl *sieben* sowie deren Steigerung *siebenzig* als sprachliche Mittel eingesetzt, um die Bedeutung des Opfers, das Rahel für ihre Schwester bringt, hervorzuheben.
In ihrer Darstellung dieses Opfers bezieht sich Rahel auf die Gottesebenbildlichkeit, die sie gemäß Genesis 1, 27 als Mensch hat: „Und Gott schuf den Menschen zu seinem Bilde, zum Bilde Gottes schuf er ihn; und schuf sie als Mann und Weib." Diesen Bezug artikuliert sie in ihren folgenden Worten:

Dies, Herr, war meine Tat, die einzige, deren ich mich rühme auf Erden, weil ich in ihr dir selber ähnlich ward in Langmut und Erbarmen – denn über aller Menschen Maß litt meine Seele Not und ich weiß nicht, ob du jemals, Herr, ein Weib so hart versucht hast auf Erden denn mich in jener unseligen Nacht.

Auch hier wird Gott somit auf seinen *Langmut* und sein *Erbarmen* angesprochen.
Nach der Hochzeitsnacht entdeckt Jakob den Betrug, rast vor Zorn und stürmt mit einem Beil auf Laban zu, um ihn zu töten. Dieser sinkt zutiefst erschreckt zu Boden und ruft den Gottesnamen an, was wiederum Rahel den Mut und die Kraft gibt, sich Jakob entgegenzustellen, damit sein Zorn sie treffe und nicht ihren Vater Laban. Jakob schlägt Rahel mit seinen Fäusten nieder, erschrickt im selben Augenblick über diese seine Tat und erbarmt sich Rahels wie auch Labans. Auch Lea verstößt er nicht aus seinem Zelt. Daraufhin gibt ihm Laban als zweite Frau Rahel nach sieben Tagen.

Dies entspricht der biblischen Darstellung (s.o.). Bemerkenswert ist jedoch, dass der in Palästina lebende Maler Hermann Struck sich an Stefan Zweig wandte, um diesen auf einen vermeintlichen Fehler aufmerksam zu machen: Laban – so Struck – habe Rahel dem Jakob erst nach sieben weiteren Jahren zur Frau gegeben. Zweig ließ sich dadurch verunsichern und schrieb ihm: „Ihr Hinweis war mir sehr wertvoll. Ich hatte die Legende nur in ihrer übernommenen Form gekannt, in der Umdeutung auf die christliche Religion. Selbstverständlich werde ich in der Buchausgabe den Fehler berichtigen." Es ist nicht ersichtlich, was Zweig an dieser Stelle mit „der Umdeutung auf die christliche Religion" meint (siehe dazu: Knut Beck, Nachbemerkung des Herausgebers, in: ders. [Hg.], Stefan Zweig, Rahel rechtet mit Gott. Legenden [Gesammelte Werke in Einzelbänden], Frankfurt am Main: S. Fischer Verlag 1990, 3. Auflage: 2007, S. 195-209, hier S. 205f.).
Rahel berichtet weiter, dass auch sie Kinder bekam, und sagt über diese:

- Kinder, die ich nährte mit der Milch meines Leibes und dem Worte deiner Verheißung. Kinder, die ich mahnte, in höchster Not kühnlich dich anzurufen mit dem Geheimnis deines unvorstellbaren Namens.

Und daran schließt Rahel ihre abschließende Bitte an Gott um Verschonung ihrer Kinder an:

Und mit diesem deinem Namen des Allerbarmers, Herr, rufe ich dich heute aus meiner letztlichen Not: tue, was jener getan, lasse sinken das Schlagbeil deines Ingrimms und verwehen die Wolke deines Zornes! Um Rahels Erbarmen willen erbarme dich noch einmal, Herr, übe Geduld für meine Geduld und spare deine heilige Stadt! Schone, Herr, meiner Kinder und Enkel, verschone Jeruscholajim!"

Nach Ende dieses eindringlichen und ergreifenden Appells bricht Rahel zusammen und wartet auf eine Antwort Gottes. Die erfolgt jedoch nicht.

Denn Gott schweigt. Da dieses Schweigen furchtbar ist und Rahel es nicht erträgt, wendet sie sich noch ein letztes Mal an Gott. Und in ihrem letzten Appell an Gottes Erbarmen fordert sie Gott regelrecht heraus, indem sie ihm zu sagen wagt:

... Denn dies darf nicht sein, daß vor deiner Engel Antlitz ein Mensch sich beschämte und jene redeten: es war ein Weib einst auf Erden, ein schwach, sterblich Weib, Rahel genannt, die bezähmte ihren Ingrimm. Er aber, Gott, der Herr aller ist und des Alls, er diente seinem Zorn als Knecht. Nein, Gott, das darf nicht sein, denn so dein Erbarmen nicht ohne Ende ist, dann bist du selber unendlich nicht – <u>dann – bist – du – nicht – Gott</u>. [Im Original Hervorhebung durch Kursivdruck anstelle von Unterstreichung] *Dann bist du der Gott nicht, den ich schuf aus meinen Tränen und dessen Stimme mich anrief in meiner Schwester geängstetem Schrei – ein Fremdgott dann bist du, ein Zorngott, ein Strafegott, ein Rachegott, und ich, Rahel, ich, die nur den Liebenden liebt und nur dem Barmherzigen diente, ich, Rahel – ich verwerfe dich vor dem Antlitz deiner Engel! Mögen diese hier, mögen deine Erwählten und Propheten sich beugen – siehe, ich, Rahel, die Mutter, ich beuge mich nicht – aufrecht recke ich mich auf und trete in deine eigene Mitte, ich trete zwischen dich und dein Wort. Denn ich will rechten mit dir, ehe du rechtest mit meinen Kindern, und so klage ich dich an: dein Wort, Gott, ist Widerspruch wider dein Wesen, und dein zorniger Mund verleugnet dein eigentlich Herz. So richte, Gott, zwischen dir und deinem Wort! ...*

Auch diese erneute Rede Rahels mündet in einen eindringlichen Appell an Gott, ihre Kinder und die heilige Stadt zu verschonen. Auch nach dieser Rede bricht Rahel zusammen. Nun entfernen sich die Erzväter und Propheten ängstlich von ihr, da sie erwarten, dass Gott einen Blitz auf Rahel niederfahren lässt angesichts der wahrlich ungeheuerlichen Aussagen, die sie in dieser abschließenden Rede zu äußern gewagt hat. Dass sie Gott als *Fremdgott* bezeichnet, ist eine kaum zu überbietende

Provokation in Anbetracht der Tatsache, dass sich der Zorn Gottes daran entzündet hat, dass das Volk Fremdgöttern huldigte. Dass Rahel es wagt, Gott anzuklagen und mit ihm zu rechten, ist der Höhepunkt ihrer Rede an Gott. Dass Stefan Zweig diese Legende mit dem Titel überschrieben hat ‚Rahel rechtet mit Gott', hat somit seine tiefe Berechtigung. Diese Anklage Gottes erinnert an die Hiobs, der ebenfalls Gott direkt herausfordert (s.o.).
Aber entgegen den Befürchtungen der Erzväter und Propheten reagiert Gott auf diese Anklage nicht mit einer Strafe. Vielmehr ist plötzlich ein Leuchten auf Rahels Gesicht zu sehen. Die Engel

sahen, daß mit einemmal ein Licht ausging von Rahels Antlitz und ihre Stirne erglänzte. Wie von innen hob ihres Leibes Haut an zu strahlen, und die Tränen auf ihren Wangen, den mütterlichen, funkelten morgenrötlich wie Tau. Da erkannten die Engel, daß Gott mit all seiner atmenden Liebe Rahel ins Antlitz gesehen.

Gott antwortet Rahel nicht mit Worten, aber dieses Zeichen sagt mehr als alle Worte. Das Licht, von dem hier die Rede ist, weckt Erinnerungen an den Aaronitischen Segen in Numeri 6, 24-26 (Der HERR segne dich und behüte dich; der HERR lasse sein Angesicht leuchten über dir und sei dir gnädig; der HERR hebe sein Angesicht über dich und gebe dir Frieden) sowie an Psalm 36, 10 (Denn bei dir ist die Quelle des Lebens, und in deinem Lichte sehen wir das Licht).
Die Engel erkennen,

daß Gott die Leugnerin seines Wortes mehr liebte um ihres Glaubens Unmaßes und Ungeduld willen denn die Diener, die frommen seines Worts, um ihrer Hörigkeit.

Das gute Ende der Geschichte äußert sich nicht nur in diesem Licht, sondern auch im Gesang:

Das Leuchten aber auf Gottes Antlitz wuchs zu unendlichem Glanz, bis die Firmamente solche Fülle nicht mehr trugen und zu strömen begannen vom Brausen des Lichts. Und auf klangen da in heiliger Eintracht die Stimmen der Engel und die Stimmen der Toten und aller jener, die Gott noch nicht zur Erde gerufen, bis alles ein selig Atmen ward und ein großer Gesang.

Am Ende wird das Aufsteigen eines Regenbogens dargestellt. Damit werden das Abwenden des drohenden göttlichen Gerichts und die erneute Zuwendung Gottes zu seinem sündigen Volk zu dem Bund in Beziehung gesetzt, den Gott gemäß Genesis 9, 16f. nach dem Ende der Sintflut mit Noah geschlossen hat.

Dass die Menschen auf der Erde, die die drohende Katastrophe durch ihren Götzendienst ausgelöst haben, von alledem nichts mitbekommen, wird ebenso betont wie schon davor immer wieder einmal eingestreut wird, dass sie weder die Dimensionen ihres Tuns noch dessen Konsequenzen verstehen.

Angesichts dieses Unverständnisses der Menschen, bei deren Darstellung Stefan Zweig gewiss auch an seine Zeitgenossen gedacht haben wird, ist seine Legende ‚Rahel rechtet mit Gott' als eindringlicher Appell gegen jegliche Form der Unterwürfigkeit zu verstehen – sicher nicht nur gegen die des Glaubens, aber gewiss auch gegen diese.

„Zelebrant des Lebens"
Joseph als ethisch-ästhetische Figur in Thomas Manns *Joseph und seine Brüder*[1]

Philipp David

1. „... das heimliche Hauptwerk der modernen Theologie"

Abraham und Sara, Isaak und Rebekka, Jakob und Esau, Lea und Rahel, Joseph und die Frau des Potiphar. Das bekannte Arsenal biblischer Figuren erleben wir in neuer und zugleich unvergesslicher und unvergleichlicher Weise in Thomas Manns Romanzyklus *Joseph und seine Brüder*.[2] Diese Wirkung erzielt der Autor durch seine poetologische Konzeption, die davon ausgeht, dass nicht die Erfindung, sondern die Beseelung der fiktiven Figuren den Dichter ausmache.[3] Thomas Mann hatte den alttes-

---

[1] Dieser Beitrag ist eine überarbeite und erweiterte Fassung des Aufsatzes „In-Spuren-Gehen" – Thomas Manns mythischer Roman *Joseph und seine Brüder*, in: M. Schult/Ph. David, Wortwelten. Theologische Erkundung der Literatur, Berlin 2011, 117–142.

[2] Zitatnachweise aus den Werken Thomas Manns werden, wenn nicht anders angegeben, aus den Gesammelten Werken in 13 Bänden aus dem Jahre 1974, im fortlaufenden Text in Klammern gegeben. Die Abkürzung Sk im Text bezieht sich auf Thomas Mann, Selbstkommentare: ‚Joseph und seine Brüder'. Hg. v. H. Wysling, Frankfurt/M. 1999. Folgende Beiträge Thomas Manns zu seinem Werk finden in diesem Beitrag häufiger Berücksichtigung: Freud und die Zukunft (1936; IX, 478–501); Über den Josephsroman (1928; XI, 625); Ein Wort zuvor: Mein „Joseph und seine Brüder" (1928; XI, 626–629); Joseph und seine Brüder. Ein Vortrag (1942; XI, 654–669); Vorrede *Sechzehn Jahre* zur amerikanischen Ausgabe von „Joseph und seine Brüder" in einem Bande (1948; XI, 669–681); Vom Buch der Bücher und Joseph (1944; XIII, 199–206).

[3] H. Kurzke, Thomas Mann. Das Leben als Kunstwerk. Eine Biographie, München (1999) 2006, 420.

tamentlichen Stoff Mitte der zwanziger Jahre „gefunden", nicht nur weil er viel lieber fand als dass er erfand,[4] sondern auch weil er diesen in seiner weitreichenden Aktualität erfasst hatte. Der eigentliche Anlass für Thomas Mann, sich mit der Geschichte dieser „gotterlesenen Familie" (V, 1660) zu beschäftigen, war allerdings eher zufällig: der Maler Hermann Ebers bat ihn im Winter 1923/24 um einen einleitenden Text zu einer Bildermappe über die biblische Josephsgeschichte.[5] Die Lektüre dieser „Perle des Alten Testaments" (XIII, 203) in einer „zu Wittenberg im Jahre 1661" gedruckten Bibel in Martin Luthers Übersetzung in sein „gewaltiges Volksdeutsch" (XIII, 203; vgl. XI, 654) und die in der Rückerinnerung zugefügten Passagen aus Goethes *Dichtung und Wahrheit* (I, 4: „Höchst anmutig ist die natürliche Geschichte, nur scheint sie zu kurz, und man fühlt sich berufen, sie ins einzelne auszumalen"; vgl. u.a. XIII, 203f.) ließen in Thomas Mann seine „verschämte Menschheitsdichtung" (XI, 658) über lange Strecken reifen und entstehen. Eine Mittelmeerreise im Jahre 1925 führte ihn an die „Orte des Geschehens": Kairo, Luxor/Theben und Karnak (Sk, 9). Rückblickend äußerte sich der Schriftsteller darüber, dass er sich der Aufgabe verschrieben habe, dem intellektuellen Faschismus den Mythos streitig zu machen, um ihn ins Humane umzufunktionieren. Allein eine „Kunst, deren Mittel die Sprache ist", setzt er dafür ein, denn sie „wird immer ein in hohem Grade kritisches Schöpfertum zeitigen, denn Sprache selbst ist Kritik des Lebens: sie nennt, sie trifft, sie bezeichnet und richtet, indem sie lebendig macht." (IX, 233)

In sechzehn Jahren formte und erweiterte er dieses biblisch-legendäre Handlungs- und Personaltableau zu seinem umfangreichsten Roman-

---

[4] H. Kurzke, Thomas Mann. Das Leben als Kunstwerk, 20.

[5] Vgl. E. Heftrich, Geträumte Taten „Joseph und seine Brüder". Über Thomas Mann. Band III, Frankfurt/M. 1993, 15–21; T. Sprecher, „Musische Verschmelzungen". Der Maler Hermann Ebers und Thomas Manns *Josephs*-Roman, in: Thomas Mann Jahrbuch 11 (1998), 235–240. Die Einleitung wurde von Thomas Mann dann allerdings nicht verfasst.

werk: „,Joseph und seine Brüder' ist kein Juden-Roman, sondern ein heiter-ernstes Lied vom Menschen." (XIII, 205) Dieser fiktiven epischen Erweiterung der bekannten biblischen Familiengeschichte, die in den Jahren 1933 bis 1943 in vier Bänden erschienen ist, schreibt der bekannte Philosoph Peter Sloterdijk „eine Schlüsselstellung in der Literatur- und Ideengeschichte des 20. Jahrhunderts" zu und nennt Thomas Manns Epos „das heimliche Hauptwerk der modernen Theologie [...], das dank einer erneuten List der ‚Entstellung' außerhalb der theologischen Fakultäten das Licht der Öffentlichkeit erblickte".[6]

Wenn man dieser Einschätzung Sloterdijks folgt, kann man mindestens drei Vermutungen äußern, warum der Roman „das heimliche Hauptwerk der modernen Theologie" sein könnte und was er seinen Lesern aufschließen kann: Thomas Mann lenkt erstens den Blick auf die Ur-Kunde des jüdischen und christlichen Glaubens – die Bibel. Ganz bewusst lenkt er die Aufmerksamkeit auf das Alte Testament, das zugleich die heilige Schrift der Juden ist. Indirekt verweist er damit auf das protestantische Schriftprinzip: sola scriptura. Sein Verhältnis zur Bibel und seine Methoden der literarischen Bearbeitung des biblischen Stoffes sowie einige kurze Überlegungen zum Thema Bibel und Literatur finden sich in dem Abschnitt „Muße und Ironie – Bibel und Literatur". Zweitens entfaltet der Schriftsteller in Auseinandersetzung mit der zeitgenössischen Mythos-Diskussion und implizit auch mit Sigmund Freuds Entdeckung der tiefen Bedeutung des Unbewussten ein eigenes humanes Mythos-Konzept, das er selbst als ein „In-Spuren-Gehen" oder „Zitathaftes Leben" bezeichnete. Der Abschnitt „Mythos und Segen – Geschichte(n) und Geschick" geht dieser Spur nach. Thomas Manns Theologie erzählt drittens die „Doppelgeschichte eines wechselseitigen Selbstwerdens Gottes und des Menschen"[7]: Das Vorbild für eine neues

---

[6] P. Sloterdijk, Derrida ein Ägypter. Über das Problem der jüdischen Pyramide, Frankfurt/M. 2007, 29f.

[7] J. Assmann, Thomas Mann und Ägypten. Mythos und Monotheismus in den Josephsromanen, München 2006.

Humanitätsgefühl findet sich im Künstler, der in der Lage ist, das Leben in seiner ambivalenten Fülle zu zelebrieren. Davon handelt der letzte Abschnitt „Lachen und Lebenskunst – Ethik und Ästhetik", der den Fokus auf die Selbstwerdung des Menschen legt.

2. Muße und Ironie – Bibel und Literatur
Für das Verhältnis von Bibel und Literatur kann man zwei Grundverfahren unterscheiden, wie die Bibel als Referenzgröße im Rahmen der Literatur eingesetzt wird.[8] In dem einen werden Charaktere, Motive und Handlungsmuster neu in Szene gesetzt. Wir finden solche Adaptionen von biblischen Erzählstoffen beispielsweise in Franz Werfels Jeremia-Roman *Höret die Stimme* (1937) oder in Stefan Heyms *Der König David Bericht* (1972) und eben in Thomas Manns Tetralogie *Joseph und seine Brüder*. In romanhaft-fiktiver Weise wird das bekannte biblisch-legendäre Handlungsschema von Thomas Mann erweitert und angereichert mit religionsgeschichtlichen, mythologischen und sozio-politischen Einschüben und zu einem autonomen Kunstwerk auf- und ineinandergeschichtet, das unverkennbar die Handschrift Thomas Manns trägt. Auch Bibelunkundige können mittels dieses Verfahrens unschwer den biblischen Stoff als solchen wahrnehmen und werden eventuell sogar angeregt, über Literatur die biblischen Vorlagen für sich zu entdecken.
Weniger auf der Inhaltsebene angesiedelt als auf der Wortebene ist das zweite Verfahren, mit biblischen Stoffen im Raum der Fiktion zu verfahren. Damit kann es verfänglicher, aber künstlerisch auch oft interessanter sein. Biblische Verweise werden in Form von Anspielungen, Echos, Zitaten, Namen und Sprachbildern eingespielt. Das kann affimierend geschehen, aber auch ironisierend, persiflierend oder karikierend. Deutlich stärker wird der Rezipient in den Deutungsprozess hineingeholt. Voraus-

---

[8] Vgl. hierzu im Folgenden ausführlich: M. Schult, „Auch Gott war Schneider!" Romanfiguren entdecken die Bibel, in: Dies./Ph. David, Wortwelten. Theologische Erkundung der Literatur, Berlin 2011, 317–353; 317-326.

setzung ist: Er kennt den anzitierten biblischen Text und ist in der Lage, ihn in seiner fiktionalisierten Form wiederzuerkennen und kann zugleich die Abweichung gegenüber dem biblischen Original erkennen und deuten. Als Beispiel des zweiten Verfahrens kann Herman Melvilles Roman *Moby Dick* herangezogen werden. Beide Verfahren gemeinsam nutzen die Mehrschichtigkeit und Mehrdeutigkeit der biblischen Texte als ein unerschöpfliches Reservoir von frei variierbaren Motiven, die zu einem unendlichen intertextuellen Wechselspiel führen können.

Der Autor des Josephs-Romans webt sein Textgefüge auf der Grundlage einer „Menschheitschronik" (XIII, 202), die in besonderer Weise eine bis heute anhaltende kulturelle, politische, soziologische, religiöse, literarische, künstlerische und musikalische Rezeptionsgeschichte entfaltet hat: die Bibel. Damit rührt er im Christentum auch an den Umgang mit „diesem sowohl seltsamsten wie gewaltigsten Monument der Weltliteratur" (XIII, 200), von dessen historischen Textwelten uns der nach Lessing benannte „garstige breite Graben der Geschichte"[9] trennt. Dieser macht nicht nur für das protestantische Schriftprinzip (*sola scriptura*) den historischen Abstand zwischen Text und Rezipienten bewusst, sondern auch eine neue Hermeneutik der Bibel notwendig, nachdem das bislang favorisierte Prinzip einer exklusiven „Verfasserschaft Gottes" im Sinne einer Verbalinspiration der Schrift durch die historische Kritik der Aufklärung in ihren Grundfesten erschüttert worden ist.[10]

Thomas Mann kennt sich mit der historisch-kritischen Bibelkritik seiner Zeit bestens aus (XIII, 201) und weiß daher um die komplexe Entstehungsgeschichte des Alten und Neuen Testaments, die Vielschichtigkeit und Vielgestaltigkeit ihrer literarischen Zeugnisse wie um die vielen Autoren dieses „Buchgebirge[s]" und kann gerade deshalb erstaunlicherweise weiterhin von Gott als Verfasser dieses „ungeheuerlich kon-

---

[9] G. E. Lessing, Über den Beweis des Geistes und der Kraft, in: Gotthold Ephraim Lessing Werke VIII, Darmstadt 1979, 9–14, 13.
[10] Vgl. Th. Mann, Vom Buch der Bücher und Joseph (1944; XIII, 199–206).

glomerathaften Schriftmassiv[s]" sprechen: Denn die Bibel hat sich „bei hundert sagenhaften, anonymen, pseudonymen und mehr oder weniger historischen Verfassern als Ganzes [...] *selbst gemacht* [Hervorhebung vom Vf.] [...], weshalb ein volles Recht besteht, Gott seinen Verfasser zu nennen [...]" (XIII, 200). In ihrer literarischen Autonomie und Selbstschöpfung sieht Thomas Mann gerade ihre „göttliche" Herkunft begründet. In ihr liegt der Ermöglichungsgrund für eine geistige Wirkungsmöglichkeit der Bibel. Zugleich ist dem Schriftsteller rational und historisch „die Heterogenität und historische Buntscheckgkeit der Dokumente" (XIII, 202) klar, so dass es sich bei den biblischen Texten nicht um „Gottes Wort" im eigentlichen Sinne handeln kann und den Verfassern diese nicht von Gott wortwörtlich eingegeben worden sein können. Die Lehre von der Verbalinspiration der Bibel verliert zwar in ihrem reinen Sinne ihr Recht, dennoch vermag die rationale und historische Betrachtung nicht die „unberechenbare[] seelische[] Wirkungsgewalt" (XIII, 202) der biblischen Textüberlieferungen zu erklären bzw. zu verhindern, die „in allen Stadien des Menschenlebens" (XIII, 202) von unzähligen Generationen als Wegbegleitung herangezogen wurde und wird. Mit diesem historischen Wissen im Gepäck macht sich Thomas Mann an die Bibellektüre und ist dennoch einer existentiellen Frage auf der Spur: „Die Frage des Menschen, woher er kommt, wohin er geht, die Frage nach seiner Stellung im All ist uns allen in diesen aufwühlenden Jahrzehnten auf ganz neue Art zum geistig-religiösen Anliegen geworden [...]. Ist es zu verwundern, daß ich, in diese Richtung gelenkt, die Bibel aufschlug, um meinen Träumen und Wünschen Nahrung zu geben?" (XIII, 203) Für Thomas Manns literarische Adaption des biblischen Stoffes ist die Rede vom doppelten Segen (Gen 49,25) maßgeblich, den Jaakob im Grunde nicht nur über Joseph, sondern über die Menschheit selbst gesprochen sein lässt und den der Schriftsteller zu einem Künstlersegen ausschmückt, da für ihn die Kunst „das Paradigma und Vorbild der Menschlichkeit überhaupt" (XIII, 205) ist.

Es geht Thomas Mann im Zeitalter der offensichtlich gewaltsamen und schnelllebigen Welt des Faschismus und der Moderne um die Frage des Humanen, die er mit der Fähigkeit zur Wahrnehmung des allmählichen Ganges des Lebens verbindet, dessen Kennzeichen Muße, Segen, Lachen und Ironie sind. Er nimmt das Dämonische in seiner Tiefe ernst und will die höchst reizvolle Verbindung von Natur und Geist im Menschen konstruktiv für eine humane Kultur des Friedens dienstbar machen (XIII, 205f.). Dazu nutzt er zusammen mit seiner „humoristische[n] Bibelkritik" (XI, 627) die intellektuelle Kunst der Ironie (X, 353; XI, 801–805), die er als ein vorherrschendes Stilmittel in seinem Sprachkunstwerk einsetzt. In ihr drückt sich ein Verhältnis zur Welt aus, das die Wirklichkeit nicht so hinnehmen möchte, wie sie ist.[11] So zielt das „Fest der Erzählung"[12] auf die Heraufkunft eines neuen Verhältnisses des Menschen zu sich selber, zu seiner Welt und zu Gott.

In diesem Riesenwerk mit „siebzigtausend geruhig strömenden Zeilen" (XI, 670) spannt sich der zweitausendseitige Bogen rein äußerlich über eine Familiengeschichte voller Konflikte. Es ist aber nicht nur einfach eine beliebige Familiengeschichte, sondern eine Geschichte, welche die „Urvorkommnisse des Menschenlebens" (XI, 670) erzählt: Liebe und Hass, Bruderzwist und Vaterleid, Verbrechen und Mord, Träume und traumhaftes Ergehen, Neid und Missgunst, Geburt und Tod, Hunger und Versorgung, Spiel und Ernst, Heimat und Fremde, Gott und Mensch, Glück und Unglück, Eitelkeit und Verantwortlichkeit, Schuld und Tra-

---

[11] H. Koopmann, Art. Humor und Ironie, in: Thomas-Mann-Handbuch. Hg. v. H. Koopmann, Frankfurt/M. 3. Aufl. 2005, 836–853, 836. Dort finden sich auf Seite 853 weitere Literaturhinweise. Vgl. auch J. Assmann, Thomas Mann und Ägypten, 21–29; M. Mayer, Thomas Mann ‚Heute'. Ethik und Ironie der Menschlichkeit, in: Thomas Mann Jahrbuch 19 (2006), 9–22.

[12] Vgl. I. v. d. Lühe, „Ein Fest der Erzählung". Thomas Manns Romanzyklus Joseph und seine Brüder, in: T. Kleffmann, Das Buch der Bücher. Seine Wirkungsgeschichte in der Literatur, Göttingen 2004, 135–150.

gen von Schuld, Schatten der Vergangenheit und Hoffnung auf eine lichte Zukunft.[13]

Denn der Reiz, im Geiste der Ironie das Wesen des Menschen in seinen mythischen Anfängen zu erkunden, hat ihn von da an nicht mehr losgelassen: „Es ist die biblische Geschichte selbst, die ich real und humoristisch wiedererzählen will." (Sk, 21) Mit feiner Ironie konnte er auch sagen: „Ich möchte die frommen Historien so erzählen, wie sie sich *wirklich* zugetragen haben oder wie sie sich zugetragen hätten, wenn ..." (XI, 627) Und aus dem kleinen Novellenplan wurde sein umfangreichster Roman, der von den anthropologischen Grundfragen geleitet wurde: „Was ist der Mensch?" (Ps 8,5; IV, 47), und welche Stellung im Kosmos kommt ihm zu? Das Schreiben an diesem Romanzyklus sollte Thomas Mann „Stütze und Stab" (XI, 670) werden in Zeiten der weltgeschichtlichen Umbrüche und der damit einhergehenden lebensgeschichtlichen Veränderungen. Als „Zuflucht, Trost, Heimat, Symbol der Beständigkeit" und „Gewähr" seines „eigenen Beharrens" (XI, 670) bezeichnete er seinen Roman, der als ästhetisches Werk nicht nur ein anspielungsreiches und vielschichtiges sprachliches Kunstwerk ist, sondern zugleich „ethische Äußerungsform" (XII, 105) zur Erfüllung des eigenen Lebens. An ihm kann man aber auch die biographischen Brüche des Autors ablesen. Der Autor des ersten Romans war dadurch nicht mehr dieselbe Person wie der Autor des vierten. Die ersten beiden Romane sind noch vor der Machtergreifung der Nationalsozialisten überwiegend in München geschrieben. *Die Geschichten Jaakobs* sind im Oktober 1933 und *Der junge Joseph* im April 1934 in Berlin erschienen. *Joseph in Ägypten*

---

[13] In der biblischen Geschichte taucht Gott auch nicht auf wie ein deus ex machina, der plötzlich ins Geschehen eingreift und es wendet. Der Gedanke der vorsorgenden Fürsorge Gottes ist hier vielmehr grundlegende Dimension allen Geschehens. Dennoch werden die handelnden Menschen nicht aus ihrer Verantwortung für ihr eigenes Tun entlassen. Gottes Providenz macht die Ethik nicht überflüssig. Vgl. J. Ebach, Genesis 37–50, HThKAT, Freiburg u.a. 2007, 11.

wurde 1936 in Wien veröffentlicht. Das Werk ist auch kein Menschheitsepos jenseits des historisch-politischen Kontextes.[14] Gerade an dem vierten Band *Joseph, der Ernährer*, der im Dezember 1943 in Stockholm erschienen ist, lässt sich seine Auseinandersetzung mit der Zeitgeschichte demonstrieren. Die Politik des „New Deal" des amerikanischen Präsidenten F.D. Roosevelt wird zur zeitgeschichtlichen Hintergrundfolie der dichterischen Sozialutopie (vgl. IX, 500) des abschließenden Bandes. Und Thomas Mann selber wird zur biographischen Folie für seine Hauptfigur Joseph. Im Medium fiktionaler Literatur vollzieht der Autor die eigenen Selbstentwürfe im amerikanischen Exil nach und idealisiert diese.[15] Hier zeigt sich auch die enge Verflechtung von Autor, Text und Kontext.[16]

---

[14] Vgl. zu dieser Annahme die Kritik bei J. Schöll, Joseph im Exil. Zur Identitätskonstruktion in Thomas Manns Exil-Tagebüchern und Briefen sowie im Roman *Joseph und seine Brüder*, Würzburg 2004, 15–17.
[15] So die These der Studie von J. Schöll, Joseph im Exil, 18–28.
[16] Auch wenn sich der gegenwärtige Literaturbegriff der Literaturwissenschaft am Konzept der Sprachkunst orientiert und vom Prinzip der Fiktion bestimmt ist und das sprachliche Kunstwerk als eine souveräne Wortwelt versteht, die eigenen Gesetzmäßigkeiten folgt (vgl. M. Schult, Im Grenzgebiet: Theologische Erkundung der Literatur, in: Dies./Ph. David (Hg.), Wortwelten. Theologische Erkundung der Literatur, Berlin 2011, 1–30), darf meines Erachtens das Verhältnis von Text, Kontext und Autor nicht außen vor gelassen werden. Denn der Autor und sein kulturelles Umfeld sind ja maßgeblich am Konstruktionsprozess beteiligt: Der Autor ist der Konstrukteur der textuellen Realität. Literatur wäre demnach als Teil eines umfassenden kulturellen Textes zu verstehen, ohne jedoch ihre fiktionale Eigenart zu vernachlässigen oder gar biografistisch zu verfahren. Vgl. zur literaturwissenschaftlichen Debatte: Rückkehr des Autors. Zur Erneuerung eines umstrittenen Begriffs, hg. v. F. Jannidis/G. Lauer/M. Martinez/S. Winko, Tübingen 1999; Autorschaft. Positionen und Revisionen, hg. v. H. Detering, Stuttgart u.a. 2002.

Der religiöse Anspielungsreichtum des Romans wie Autor und Werk insgesamt wurden in theologischen und kirchlichen Kreisen lange Zeit eher mit dem Mantel des Schweigens bedeckt.[17] Thomas Mann galt und gilt trotz seiner Bearbeitung des biblischen Stoffes und seiner Nähe zur Sprache Luthers kaum als religiöser Schriftsteller, der eine traditionelle religiöse Botschaft mit seinem Werk vermitteln will. Er selber will es auch gar nicht sein, aber er arbeitet mit religiösen Zeichen, mit Bildern, Begriffen und Mythen aus der Welt der Religionen und greift in seinem Gesamtwerk immer wieder auf religiöse Traditionen zurück,[18] um diese zu einem beziehungsreichen synkretistischen Universum sprachlich brillant zu verweben.

---

[17] Friedemann Golka spricht von einem jahrzehntelangen „Thomas-Mann-Schweigen" in der Theologie: F. W. Golka, Joseph. Biblische Gestalt und literarische Figur. Thomas Manns Beitrag zur Bibelexegese, Stuttgart 2002, 11. Eine erste konstruktive Begegnung findet sich bei G. v. Rad, Biblische Josephserzählung und Josephsroman, in: Neue Rundschau 76 (1965), 546–559. Und dann bei D. Mieth, Epik und Ethik. Eine theologisch-ethische Interpretation der Josephsromane Thomas Manns, Tübingen 1976. Erst seit kurzer Zeit wird Thomas Manns Roman auch von den Wissenschaften in den Blick genommen, bei denen er sich für seine Romane bedient hat: Alttestamentliche Theologie, Judaistik, Assyrologie, Ägyptologie und Religionsgeschichte. So schreibt Jürgen Ebach in seinem Kommentar zur Genesis: „[...] der Kommentar solle [– auf Wunsch des Herausgebers Erich Zenger –] ,Thomas-Mann-anschlussfähig' werden. [...] Dabei wird übrigens auch deutlich, dass Thomas Mann sich in seiner Josefstretalogie nicht nur als großer Romancier erweist, sondern immer wieder auch als verblüffend versierter Exeget der Texte in ihren biblischen Kontexten und ihrer jüdischen Lektüre." Ebach, Genesis 37–50, 11. Jetzt liegt auch, aus der Sicht des Systematischen Theologen, eine umfassende Auseinandersetzung vor mit Thomas Manns ästhetischem Gebrauch der religiösen Zeichenwelt in seinem Romanwerk: C. Schwöbel, Die Religion des Zauberers. Theologisches in den großen Romanen Thomas Manns, Tübingen 2008.
[18] C. Schwöbel, Die Religion des Zauberers, 12.

Bei genauerer Betrachtung ist allerdings festzustellen, dass ihn Zeit seines Lebens die religiöse Frage als Frage nach der Stellung des Menschen im Kosmos und damit als Frage des Menschen nach sich selbst (XI, 424) nicht losließ. Aber dieses religiöse Interesse ist nicht nur geprägt von Kritik an der bestehenden Christenheit und von ironischer Distanz zum bürgerlichen Kulturprotestantismus seiner Zeit, sondern zeigt sich auch als ein Ringen und Suchen eines durch die Schule Nietzsches gegangenen modernen Menschen, für den alle traditionellen Verbindlichkeiten, Ordnungsstrukturen und Gottesvorstellungen aufgelöst sind. Er erkannte, dass er religiös sein will und eigentlich von einem zustimmenden Verhältnis zum Christentum bestimmt war, indessen wusste er nicht, wie das gelingen sollte ohne Verrat an Nietzsche.[19] So ist Thomas Mann Zeit seines Lebens zwar mit Hut, Stock, Schirm, Brille und Bibel ausgerüstet, aber nicht mit Gesangbuch, Gebet und Gottesdienstbesuch. Er ist kein gläubiger Mensch im traditionellen Sinne, sondern ein Künstler, der in ästhetischen Anspielungen lebt, die aber durchaus ethische Interpretationsangebote bereithalten.[20] In der resümierenden Einsicht in

---

[19] Vgl. H. Kurzke, Thomas Mann. Das Leben als Kunstwerk, 266f.
[20] Erhellend dazu Passagen des Vortrags aus dem Jahre 1950 an der Universität Chicago unter dem Titel *Meine Zeit* (XI, 302–324): „Ich las neulich, dass in Deutschland, wo es viel ‚name calling' gibt, ein geistliches Gremium meinem Lebenswerk jede Christlichkeit abgesprochen habe. Das ist schon Größeren geschehen, es weckt allerlei Erinnerungen. Aber für den eigenen Fall habe ich besondere Zweifel, – die sich weniger auf den Inhalt meiner Schriften als auf den Impuls beziehen, dem sie ihr Dasein verdanken. Wenn es christlich ist, das Leben, sein eigenes Leben, als eine Schuld, Verschuldung, Schuldigkeit zu empfinden, als den Gegenstand religiösen Unbehagens, als etwas, das dringend der Gutmachung, Rettung und Rechtfertigung bedarf, – dann haben jene Theologen mit ihrer Aufstellung, ich sei der Typus des a-christlichen Schriftstellers, nicht so ganz recht. Denn selten ist die Hervorbringung eines Lebens – auch wenn sie spielerisch, skeptisch, artistisch und humoristisch schien – so ganz und gar, vom Anfang bis zum sich nähernden Ende, eben diesem bangen Bedürfnis nach

das Gelingen seines eigenen Lebens kann er schließlich sagen: „Ich kenne die Gnade, mein Leben ist lauter Gnade, und ich bestaune sie."[21]

Die Lektüre verlangt dem Leser nicht nur unbändige Geduld ab, sondern auch etwas, was sich in hektischer Zeit kaum noch gegönnt wird: Muße, oder: eine im besten Sinne verstandene Langeweile. Den „epischen Kunstgeist" sieht Thomas Mann denn auch darin am Werk, dass er „keine Eile" hat, denn „er hat unendliche Zeit, er ist der Geist der Geduld, der Treue, des Ausharrens, der Langsamkeit, die durch Liebe genussreich wird, der Geist der verzaubernden Langenweile." (X, 352) So ist es auch nicht weiter verwunderlich, wenn Thomas Mann im Rückblick kein geringeres Motto für den Josephszyklus nannte: „Ich tat es, um Gott eine Unterhaltung zu bereiten." (Sk, 336) Und dann beginnt der

---

Gutmachung, Reinigung und Rechtfertigung entsprungen, wie mein persönlicher und so wenig vorbildlicher Versuch, die Kunst zu üben. Vermutlich erachtet die Theologie die künstlerische Bemühung garnicht als ein Rechtfertigungs- oder Erlösungsmittel, und vermutlich hat sie sogar recht damit. Man würde sonst wohl mit mehr Genugtuung, mehr Beruhigung und Wohlgefallen auf das getane Werk zurückblicken. In Wirklichkeit aber setzt der Prozeß der Schuldbegleichung, der – wie mir scheinen will, religiöse – Drang nach Gutmachung des Lebens durch das Werk sich im Werke selbst fort, denn es gibt da kein Rasten und kein Genüge, sondern jedes neue Unternehmen ist der Versuch, für das vorige und alle vorigen aufzukommen, sie herauszuhauen und ihre Unzulänglichkeit gutzumachen. Und so wird es gehen bis zuletzt, wo es mit Prospero's Worten heißen wird: ‚And my ending is despair', ‚Verzweiflung ist mein Lebensend''. Da wird, wie für Shakespeares Magier, nur ein Trostgedanke bleiben: der an die Gnade, diese souveränste Macht, deren Nähe man im Leben schon manchmal staunend empfand, und bei der allein es steht, das Schuldiggebliebene als beglichen anzurechnen." (XI, 302f.)

[21] Diese Briefzeile an Ida Herz vom 10. September 1951 ist zitiert bei H. Kurzke, Thomas Mann. Das Leben als Kunstwerk, 584. Vgl. zum Thema: W. Wienand, Größe und Gnade. Grundlagen und Entfaltung des Gnadenbegriffs bei Thomas Mann, Würzburg 2001.

Roman nicht einfach mit der Wiedererzählung einer altbekannten Geschichte, die schon unzählige Male literarisch recycelt wurde,[22] sondern mit einem vierundsechzigseitigen „phantastische[n] Essay" (XI, 659), indem bereits die Quintessenz des gesamten „mythopoetischen Themengewebes" (E. Heftrich) des vierbändigen Romans zur Sprache kommt. Dieses Vorspiel gleicht der Ouvertüre zu einer Oper. Die literarische Komposition ist denn auch der musikalischen, ebenfalls von Leitmotiven durchwebten Operntetralogie *Der Ring des Nibelungen* von Richard Wagner nach- wie entgegengebildet.[23] Loriot beschreibt das Vorspiel zum *Rheingold* in seiner unnachahmlichen Weise folgendermaßen: „Der erste Teil der Tetralogie beginnt mit jener vorgeschichtlichen Zeit, in der es noch möglich war, im Rhein zu baden. Getragen von 136 Takten in Es-Dur versinken wir über den Grund des Flusses an den Ursprung der Welt. Mit dem Auftauchen der Rheintöchter, drei unbekleideten, passionierten Schwimmerinnen, ist das Ende der Unschuld vorprogrammiert."[24] Überlassen wir die Badenixen und den Fortgang dieser „musikalischen Kosmogonie" in einem „tönende[n] Schaugedicht von der Welt Anfang und Ende" (IX, 512) dargestellten Götter- und Menschengeschichte an dieser Stelle sich selber und folgen dem Erzähler der Josephsromane auf eine „Höllenfahrt" in die unergründlichen und vergangenen Tiefen des menschlichen In-der-Welt-Seins. Diese wenigen biographischen, kulturellen, religiösen, historischen Einblicke, literaturwissenschaftlichen Bezüge und Überlegungen zum Verhältnis von Bibel und Literatur können nur eine Ahnung von der umfassenden Vernetzung aufschimmern lassen.

---

[22] Vgl. J. Assmann, Thomas Mann und Ägypten, 9.
[23] Vgl. E. Heftrich, Geträumte Taten, 22–42; ders., Thomas Mann und *Der Ring der Nibelungen,* in: Thomas Mann Jahrbuch 21 (2008), 17–25; D. Borchmeyer, „Zurück zum Anfang aller Dinge". Mythos und Religion in Thomas Manns *Josephs*romanen, in: Thomas Mann Jahrbuch 11 (1998), 9–29, bes. 19–22.
[24] Loriots kleiner Opernführer, Zürich 2003, 63f.

3. Mythos und Segen – Geschichte(n) und Geschick

Die theologische Erkundung einiger Aspekte und Personen des Romans wird geleitet vom Motiv des „In-Spuren-Gehens", eines vom Autor selbst erwogenen Interpretationsangebots zum annähernden Verstehen eines Grundzugs des Romans und zugleich seines Beitrags zur Deutung unseres Menschseins-in-der-Welt unter den Bedingungen der Moderne.[25]

Suche nach Halt und Orientierung bietet ein Brunnen. Mit den Worten „Tief ist der Brunnen der Vergangenheit. Sollte man ihn nicht unergründlich nennen?" beginnt die Suche in der Zeitentiefe nach einem Anfang aller Dinge. Wie im Märchen von Frau Holle wird der Leser hinabgezogen in den tiefen Schlund auf die „Brunnenwiesen des Märchens" (IV, 55). Der „berühmt angenehme Jüngling" (IV, 10), dem wir dort in heller Mondnacht „Am Brunnen" (IV, 59–120), selbstvergessend den Mond anbetend in epileptischer Entrücktheit, begegnen, ist der „Brunnenknabe" Joseph (IV, 62). Wenn dieser siebzehnjährige Beau (IV, 393) sich nicht dem Zauber der mondhellen Nächte hingibt (IV, 59), sitzt der junge Joseph im „schönen Gespräch" (IV, 116) am Brunnen mit seinem in ihn vernarrten Vater und lauscht dem „geschichtenvollen und versonnenen" Jaakob (IV, 91f.), der seine Braut Rahel erstmals an einem Brunnen traf (IV, 225–231; IV, 378). Am Unterweisungsbaum neben dem Brunnen wird er vom ältesten Knechte Eliezer in Wissenschaft und Weisheit unterrichtet. Aus einem Brunnen wird Joseph wie aus einer Mutter entbunden und neu geboren. Der ausgetrocknete Brunnen, in den seine Brüder ihn, den hochmütigen Narziss und Träumer, geworfen haben, wird für ihn der Eingang zur Unterwelt in das „Land der Toten":

---

[25] Jan Assmann machte auf dieses insbesondere im Vortrag *Freud und die Zukunft* (IX, 478–501) aus dem Jahre 1936 explizierte Konzept des „In-Spuren-Gehens" bzw. des „Gelebten Mythus" oder eben des „Zitathaften Lebens" aufmerksam: J. Assmann, Zitathaftes Leben. Thomas Mann und die Phänomenologie der kulturellen Erinnerung, in: Thomas Mann Jahrbuch 6 (1993), 133–158.

Ägypten. Das Land am Nil wird ihm zum Ort der inneren Umkehr, der Buße und schließlich der Rettung, aber auch zum Raum des interkulturellen und interreligiösen Austausches. Auch das Gefängnis, in das er nach dem im dritten Band ausgiebig ausgeschmückten Liebesabenteuer mit der Frau des Potiphar (Mut-em-enet) geworfen wird, wird als ein solcher Brunnen verstanden, aus dem er diesmal wegen seiner Fähigkeit des Traumdeutens erlöst wird. Und schließlich zum Vize-König in Ägypten vom Pharao befördert, erfolgt das lang ersehnte Wiedersehen mit seiner Familie. Aus dem jungen Träumer ist ein sozial verantwortlicher Politiker geworden.

„Tief" ist nicht nur das erste Wort des Josephsromans, sondern zugleich auch ein Leitmotiv. Es geht hier nicht in erster Linie um die Tiefe der menschlichen Psyche,[26] sondern um das, was unserer Seele Tiefe und unserem Leben Sinn gibt: die unbewussten Dimensionen, die Prägungen oder Spuren, die seit unvordenklicher Zeit das „kulturelle Gedächtnis" (Aleida u. Jan Assmann) der Menschheit bestimmen: „Das Prinzip dieser anfangslosen oder uranfänglichen vertikalen Verankerung des menschlichen Lebens nennt Thomas Mann ‚Mythos'."[27] Dabei rei-

---

[26] In seinem Vortrag *Freud und die Zukunft*, den er anlässlich des 80. Geburtstages des Begründers der Psychoanalyse am 8. Mai 1936 in Wien hält, spielt Thomas Mann mit der chronologischen und psychologischen Bedeutung dieses Wortes: „In der Wortverbindung ‚Tiefenpsychologie' hat ‚Tiefe' auch einen zeitlichen Sinn: die Urgründe der Menschenseele sind zugleich auch *Urzeit*, jene Brunnentiefe der Zeiten, wo der Mythus zuhause ist und die Urnormen, Urformen des Lebens gründet." (IX, 493)

[27] J. Assmann, Thomas Mann und Ägypten, 80. Thomas Mann wird nur vereinzelt als „Theoretiker und Phänomenologe des Mythos" von Religions- und Kulturwissenschaftlern (vor allem J. Assmann), Philosophen oder gar Theologen wahrgenommen, wohl aber von den Literaturwissenschaftlern. Vgl. zur Theologie: D. Mieth, Epik und Ethik; H. Deuser, Mythos und Kritik. Theologische Aufklärung in Thomas Manns Josephsroman, in: Mythos und Rationalität. Hg. v. H. H. Schmid, Gütersloh 1988, 288–309. Aus den literaturwissenschaftlichen Untersuchungen

chen die Mythen, in und aus denen wir leben, in diese unvordenklichen Tiefen herab, die sich bewusster Reflexion entziehen, und dennoch kann das ins Unbewusste Abgesunkene eine lebensformende und schicksalsbestimmende Kraft entfalten. Denn der „Mythos ist Lebensbegründung; er ist das zeitlose Schema [...], indem es aus dem Unbewussten seine Züge reproduziert" (IX, 493).

Die gegenwärtige, im ganzen aber unüberschaubar bleibende Mythosdiskussion[28] hat es wohl geschafft zu verdeutlichen, dass das Mythische nicht mehr aus seiner Gegenstellung zum Logos (so noch die Faustformel W. Nestles: „Vom Mythos zum Logos") verstanden werden muss, sondern mit H. Blumenberg kann man vom Logos des Mythos sprechen

---

sind u.a. zu nennen: W. Berger, Die mythologischen Motive in Thomas Manns Roman „Joseph und seine Brüder", Köln/Wien 1971; M. Dierks, Studien zu Mythos und Psychologie bei Thomas Mann, Bern/München 1972; T. Wilhelmy, Legitimitätsstrategien der Mythosrezeption. Thomas Mann, Christa Wolf, John Barth, Christoph Ransmayr, John Banville, Würzburg 2004; W. Jäger, Humanisierung des Mythos – Vergegenwärtigung der Tradition. Theologisch-hermeneutische Aspekte in den Josephsromanen von Thomas Mann, Stuttgart 1992.

[28] Nun wäre es ein hehres und zugleich unmögliches Unterfangen, hier die Debatte um den Mythosbegriff seit seinem Aufkommen im 18. Jahrhundert in der Romantik darzulegen und insbesondere die Jahre bis 1930, als Alfred Rosenbergs *Der Mythus des 20. Jahrhunderts* erschien, in allen Einzelheiten auszuloten. Aber kleine Schritte zur Verständigung können wir gehen und drei historische Punkte vorab nennen: Alle entscheidenden Werke der Mythosdiskussion sind vor 1933 entstanden. Fast alle Autoren sind Nietzsche-Exegeten. Und der Mythos ist nichts spezifisch Nationalsozialistisches. Wiederum Jan Assmann machte in seinem Aufsatz *Zitathaftes Leben* und in seinem Buch über *Thomas Mann und Ägypten* auf den eigenständigen Beitrag von Thomas Mann zur kulturwissenschaftlichen Mythosdebatte seiner Zeit aufmerksam, die bei Germanisten schon längst gesehen wurde, aber in den anderen Disziplinen und insbesondere auch in der Theologie nicht wahrgenommen wurde. Vgl. H. Kurzke, Thomas Mann, Leben – Werk – Wirkung, München 3. Aufl. 1997; ferner die Artikel „Mythos" in TRE und HWPh.

und so seine Funktion als rationaler Weltbewältigung im Sinne einer Kulturtechnik herausheben.[29] Der Mythos wird nicht mehr zum Ammenmärchen, zur bloßen Fabel, zum Inbegriff des Unvernünftigen, zur Lüge der Dichter oder zum ideologisch missbrauchten Aberglauben degradiert. Er ist nicht mehr das Irrationale, was von der Aufklärung überwunden werden muss. Zwar bleibt strittig, welche kognitiven Leistungen die mythisch-poetische Weltbildung vollbringt und ob ihr tatsächlich eine rationale Gesamtstruktur eingeschrieben werden kann (E. Cassirer, W. F. Otto, M. Eliade, H. Blumenberg, K. Hübner). Es gilt wohl, dass sowohl dem mythischen wie auch dem wissenschaftlichen Denken ein Bedürfnis nach Ordnung inskribiert werden kann (C. Lévi-Strauss). Unstrittig sollte jedoch sein, dass das Mythische im weitesten Sinne als symbolische Handlung, als Kunstreligion, als stiftendes Dichterwort eine autochthone sprachliche Seinsauslegung zeigt, die unabtrennbar zum Menschen dazugehört.[30] Es wächst zudem die Einsicht, dass sich eine bloß rational-wissenschaftliche Weltdeutung, gegründet auf Logik und Erkenntnistheorie, wichtige Weltbezüge radikal abschneidet. Mythisch-religiöse und poetisch-ästhetische Weltdeutungen haben neben der wissenschaftlich-rationalen dennoch eine bleibende Kraft für das Menschsein-in-der-Welt, weil ihre Sinngebungen und Wahrheiten unser Existieren wirklich und wahr angehen können und unser Leben tief betreffen. Von dieser anthropologischen Warte aus können wir auch den Beitrag von Thomas Mann zur Debatte um den Mythos ausleuchten.

Mit Mythen sind zunächst Sinn gebende Geschichten gemeint, in denen wir die „Gründungsmuster allen Geschehens" zu entdecken suchen. Der Mensch hat sich durch den Mythos aus der völligen Naturhingabe befreit. Von ihm soll die Aufgabe der Angst- und Kontingenzbewältigung durch Weltdeutung erfüllt werden. Mythen erzählen von der Erschaffung der Welt und von ihrem Ende, aber sie verbergen ihren eigenen Ursprung. Sie erzählen von der Verführung, von Lust und Trunken-

---

[29] H. Blumenberg, Arbeit am Mythos, Frankfurt/M. 1979, 18; 38.
[30] W. Janke, Kritik der präzisierten Welt, Freiburg/München 1999, 59f.

heit, von Ehebruch, von der Entmannung und vom Inzest, von Brudermord, Vatermord und Muttermord, von Tod und Auferstehung, von Himmel und Hölle, Elysium und Hades und davon, wie das Böse in die Welt kam.[31]

Genau diese Motiv-Gemengelage macht es für den Erzähler reizvoll, sich auf die Höllenfahrt in den tiefen Brunnen der Vergangenheit zu begeben. Er will das Wesen des Menschen in seinen mythischen Anfängen erkunden, hinter denen sich aber immer wieder neue Scheinhalte auftun (Atlantis, die große Flut, der große Turm, das Paradies, der Adam qadmon). Erst in der Seele des Menschen ist das „letzte ‚Zurück' erreicht, die höchste Vergangenheit des Menschen gewonnen, das Paradies bestimmt und die Geschichte des Sündenfalls, der Erkenntnis und des Todes auf ihre reine Wahrheitsform zurückgeführt [...]. Die Urmenschenseele ist das Älteste, genauer ein Ältestes, denn sie war immer, vor der Zeit und den Formen, wie Gott immer war und auch die Materie." (IV, 42) Die Erzählung ist für ihn ein „Fest" (IV, 54), auf dem der Mythos zur Gegenwart wird. Der Erzähler macht aber nicht den Fehler, den Moden der damaligen Zeit zu verfallen, und gebiert sich antiintellektualistisch oder irrational oder gar mythisierend, sondern gibt sich aufgeklärt und ironisch. Der moderne Leser wird durch einen modernen (Mythen-)Erzähler in die Welt des zweiten vorchristlichen Jahrtausends hineingenommen. Der Erzähler ist mit den Wassern der modernen Bibelkritik, der Religionsgeschichte, Kulturanthropologie, Psychologie, der Altorientalistik und der Ägyptologie gewaschen. Thomas Mann, der kein Abitur hatte und nur kurzzeitig an der Münchener Universität als Gasthörer immatrikuliert war, hatte die Eigenart, für seine Romanprojekte, nicht nur für die Josephsromane, eine umfangreiche Handbibliothek mit Fachliteratur anzulegen und darin ausgiebig zu studieren. Für dieses Projekt sind es über sechzig Bände, sowie unzählige Notizen und Materialien.[32]

---

[31] H. Kurzke, Thomas Mann. Ein Porträt für seine Leser, München 2009, 131.
[32] H. Kurzke, Thomas Mann. Ein Porträt für seine Leser, 143f.

Durch das Anziehen des Mythos-Gewandes gelingt es dem Erzähler auf vorzügliche Weise, Ausdrucksformen für das ansonsten Nichtaussprechbare und das Verdrängte der Kultur zu finden.[33] So kann er sich genüsslich des Mythos oder der biblischen Geschichten bedienen, wenn er durch eine scheinbar sittliche Gesellschaft flaniert: Das Alte Testament erzählt nicht nur von den Zehn Geboten und dem Auszug aus Ägypten und dem Einzug in das gelobte Land, sondern auch von Abraham und seinen zwei Frauen, von Jakobs vier Frauen, vom Betrogenwerden Esaus, von der Vertreibung Ismaels, von Noahs Trunkenheit, von Chams Schamlosigkeit, von Ruben, wie er sich mit seines Vaters Nebenfrau einließ usf. Je nach Perspektive möchte man sagen „Sodom und Gomorra" oder einfach „Menschliches, Allzumenschliches" (F. Nietzsche).

Aber die Pointe des Mythos ist, dass es für alle Verfehlungen, auch für die nur gedachten, bindende Muster bzw. Schemata gibt. Der Mythos hält dafür eine ganze Palette von Vorbildern parat, denn er sagt schlicht: Alles Handeln ist lediglich Wiederholung. Jeder Typus sucht seinen Prototypus. Nach den urzeitlichen Gründungen gibt es nichts Neues unter der Sonne (Koh 1,9), allenfalls kleine Variationen und Modifikationen des Altvertrauten. Im Mythos ist alles jederzeit und überall präsent. Das hat für den erlebenden Menschen auch einen großen Vorteil. Der Mythos schafft nämlich eine Art Sicherheit: wenn *er* sein Muster gefunden hat, dann weiß er, ob er Kain oder Abel ist, Isaak oder Ismael, Jakob oder Esau, Jesus oder Judas. Wenn *sie* ihr Muster gefunden hat, weiß sie, ob sie Eva ist oder Maria, Hagar oder Sarai, Lea oder Rahel, Asnath oder die Frau des Potiphar. Klar wird bei diesem Katalog von Hermann Kurzke: auch die Rolle des Bösen muss gespielt werden, auch sie gibt dem Leben Sinn.[34] Überall kann also nur das Bekannte als Wiederkehr

---

[33] Vgl. auch zum Folgenden H. Kurzke, Thomas Mann. Ein Porträt für seine Leser, 131f.

[34] So weiß bspw. Esau genau um seine Rolle, die er in der Geschichte zu spielen hat.

des Ewig-Gleichen zum Vorschein kommen. Der Mythos suspendiert die Individualität.

An dem ältesten Knechte lässt sich idealtypisch auch für andere Figuren des Romans (Esau, Laban etc.) dieses mythische Selbstverständnis aufzeigen.[35] Alle ältesten Knechte seit Abrahams Zeiten hießen im Roman, nicht in der biblischen Überlieferung, *Eliezer*. Er ist nicht nur der Lehrer Josephs, sondern repräsentiert das „In-Spuren-Gehen", das Nachleben eines durch die mythischen Geschichten festgelegten Schemas, das aus der Innenperspektive nicht als Wiederholung, sondern als Vergegenwärtigung erlebt wird. Wenn Eliezer, der Knecht Jaakobs von „sich" sprach, meinte er zu einem Teil auch den Knecht Abrahams, der auch den Namen Eliezer trug. Das nennt der Roman „Mondgrammatik" (IV, 121–123). Sie meint, „dass des Alten Ich sich nicht als ganz fest umzirkt erwies, sondern gleichsam nach hinten offenstand, ins Frühere, außer seiner eigenen Individualität Gelegene überfloß und sich Erlebnisstoff einverleibte, dessen Erinnerungs- und Wiedererzeugungsform eigentlich und bei Sonnenlicht betrachtet die dritte Person statt der ersten hätte sein müssen." (IV, 122f.)[36]

Jaakob kann als eine Figur des Übergangs im Umgang mit dem Mythos gedeutet werden. Im Vergleich zu seiner Generation ist ein Zuwachs an religiöser, kultureller und rationaler Einsicht zu verzeichnen. Als „listenreicher" Erschleicher des väterlichen Segens und trickreicher Vermehrer seiner Schafherden setzt er seine eigenen Interessen in einer Welt aus Macht und Gewalt durch. Jaakob (Jisrael) ist voll von Geschichten. Seine „mehrfach geschichtete und beziehungshaft verschränkte Denkweise" (IV, 99) wird z.B. in seiner Identifizierung mit Abraham deutlich, dem Mondwanderer, der als ein „sinnender und innerlich beun-

---

[35] Das Folgende greift immer wieder zurück auf Überlegungen von T. Wilhelmy, Legitimitätsstrategien der Mythosrezeption, 81–179.
[36] Vgl. auch den Vortrag *Freud und die Zukunft* sowie dazu J. Assmann, Zitathaftes Leben.

ruhigter Mann" (IV, 11) Gott entdeckte (IV, 425–437)[37] und seinen Sohn Isaak opfern sollte, wozu Jaakob aber nicht in der Lage gewesen wäre, um diese *Prüfung* zu bestehen (IV, 103–108). So sagt er: „denn meine Liebe war stärker denn mein Glaube, und ich vermochte es nicht." (IV, 106f.) Jaakobs Sorge gilt dem Kommenden (IV, 252), der Zukunft, die eng verbunden ist mit der Sphäre des Geistes und der Ratio. Grund seines „Besorgniskomplexes" ist die Furcht vor einem religiösen Rückfall (IV, 99) in die Zeit vor der Gottesentdeckung. Daher tadelt er in der Eingangsszene am Brunnen auch die Nacktheit seines den Mond anschwärmenden Sohnes und malt ein Zerrbild von Einseitigkeiten und Übertreibungen vom „äffischen Ägyptenland" (IV, 96–103) Joseph vor Augen. Durch diesen Kontrast will er seine eigene, letztlich fragile Identitätskonstruktion heller leuchten lassen. Doch Joseph durchschaut seinen Vater, der „im Leben nicht immer eine würdevolle und heldische Rolle gespielt hatte" (IV, 69f.), und weiß damit geschickt umzugehen. Hinter dem Paradigma des Rückfalls steckt wohl auch die Beobachtung des Autors in Zeiten des Nationalsozialismus, dass jede hochentwickelte Gesellschaft Gefahr laufen kann, in barbarische Verhaltensweisen zurückzufallen, und zwar zu jeder Zeit der Menschheitsgeschichte – immer und überall.[38]

Jaakob ist allerdings nicht nur von der Leidenschaft für Gott besessen, sondern auch für eine Frau: Rahel (IV 381). Dazu heißt es klar heraus: „Dies war sein Fehler." Und nachdem er seine Lieblingsfrau, die „Braut vom Brunnen, die mit ihm Wartende der sieben Jahre" (IV, 378), am Wegesrand – nahe des Ortes, an dem er seinen Traum von der Himmelsleiter geträumt hatte (*Die Haupterhebung*) – nach der Geburt ihres zweiten Sohnes Benjamin bestatten musste, wurde ihm ihr gemeinsamer

---

[37] Vgl. H. Kurzke, Vom Hervordenken Gottes. Thomas Mann, ‚Joseph und seine Brüder', in: ders., Die kürzeste Geschichte der deutschen Literatur und andere Essays, München 2010, 68–71.
[38] Vgl. Ph. Gut, Thomas Manns Idee einer deutschen Kultur, Frankfurt/M. 2008, 276.

Erstgeborener, Joseph, zum einzigen Liebling. Die Tragödie des Todes der im Roman 41-jährigen Rahel im Morgenrot nach der Geburt und der Nacht, in der „die Barke des Mondes silbern heraufgeschwommen war überm Gebirge" (IV, 386), gehört zu den erschütternsten Passagen des Romans. In dieser Liebe zu Rahel und dann zu Joseph kommt Jaakobs mangelnde Selbstsicherheit und Fremdbestimmtheit zum Ausdruck. Er ist nicht hinreichend genug „Ich" und wird im Grunde seiner Persönlichkeit von Abgöttern dominiert. Sein Gottesverständnis bleibt denn auch hinter der Gottes-Entdeckung zurück, die in ihrem Kern die Grundlegung der Ich-Würde des Menschen darstellt.[39] Und damit gelangen wir in die Spur, um uns Josephs Umgang mit dem Mythos genauer anzusehen.

Joseph durchlebt im Romanzyklus eine Entwicklung vom egoistischen und narzisstischen Mondschwärmer am Brunnen, Träumer, von der Petze, vom Angeber im schönen Kleid (Ketonet) und Lausejungen zum sozial verantwortlichen Ökonom und Politiker. Im Dichtermärchen wird aus dem mondnärrischen jungen Joseph ein segensvoller Ernährer der Völker.

Im ersten Brunnengrund übernimmt der nicht von Fehlern freie Joseph die Verantwortung für den Hass seiner Brüder. In der dunklen Höhle, in der er drei Tage weilte, entwickelt sich sein Geist weiter, da er sich seiner eigenen Verantwortung für sein Handeln bewusst wird. Er ist in der Lage, sich von der gegenwärtigen Situation zu lösen und seine Gefühle zu sortieren. Dieses Eingeständnis der eigenen Schuld macht auch die ethische Differenz Josephs zu Jaakob aus. Jaakob ahnt zwar, dass seine Vernarrtheit in Joseph den Hass der Brüder mitförderte und sie auch zu der Tat fähig werden ließ, die den als Tod erlebten Verlust seines Lieblingssohnes herbeiführte, aber er verdrängte es, weil der Verdacht sonst auf ihn selber gefallen wäre (IV, 642). Genauso wie Joseph im Verhältnis zu seinen Brüdern nicht unbeteiligtes Opfer war, ist er auch in der Liebessache mit Mut-em-enet nicht unbeteiligtes Opfer. Vielmehr fühlt

---

[39] T. Wilhelmy, Legitimationsstrategien der Mythosrezeption, 108.

er sich durch die Bewunderung, die ihm die Frau seines ägyptischen Herren Potiphar zuteil werden lässt, aufs Äußerste geschmeichelt und sucht bewusst ihre Nähe. Nur das Antlitz des Vaters rettete ihn vor dem Begehren der Frau des Potiphar bzw., wie es im Roman heißt: er rettete sich, „indem sein Geist das Mahnbild hervorbrachte". „Was ihn aber vermochte, sich loszureißen und von ihr hinauszufliehen im letzten, äußersten Augenblick, war dies, daß Joseph das Vaterantlitz sah [...]. Es ist so: Als es, all seiner Redegewandtheit zum Trotz, beinahe schon mit ihm dahingehen wollte, erschien ihm das Bild des Vaters. Also Jaakobs Bild? Gewiß, das seine. Aber es war kein Bild mit geschlossen-persönlichen Zügen, das er da oder dort gesehen hätte im Raum. Er sah es vielmehr in seinem Geiste und mit seinem Geiste: Ein Denk- und Mahnbild war es, das Bild des Vaters in weiterem und allgemeinerem Verstande, – Jaakobs Züge vermischten sich darin mit Potiphars Vaterzügen, Montkaw, dem bescheiden Verstorbenen, ähnelte es in einem damit, und viel gewaltigere Züge noch trug es alles in allem und über diese Ähnlichkeiten hinaus. Aus Vateraugen, braun und blank, mit Drüsenzartheiten darunter, blickte es in besorgtem Spähen auf Joseph." (V, 1259; vgl. IV, 68 und IV, 50)

Auch hier folgt das Eingeständnis der eigenen Schuld und die Grube: drei Jahre Gefängnis und die Wiederauferstehung, als er dreißig Jahre alt war, so dass „alles rein genau im Wahren und Richtigen harmonisch aufgeht!" (IV, 824) Ein erhöhtes Reflexionsvermögen und die gesteigerte Reflexionsbereitschaft sind Kennzeichen des ausgeprägten „Ich". Und dieses „Ich" als ein eigenverantwortlich handelndes Subjekt ist Ziel der Entwicklung des Romans. Es ist eine Utopie des Menschen, dessen Ideal-Bild in Josephs Menschentum aufleuchtet. Daher handelt es sich bei der Josephstetralogie auch nicht um einen historischen Roman, auch wenn er in der Vergangenheit angesiedelt ist, sondern er ist als Zukunftsprojekt gedacht, das durch einen Rationalitätszuwachs gekennzeichnet ist. Diese Verbindung von Vergangenheit und Zukunft kommt im Doppelsinn des Wortes „Einst" (IV, 32; 34) zum Ausdruck, in der auch die vertikale Verankerung der Person im Mythos als zeitlose Gegenwart verdeutlicht wird.

In Josephs Persönlichkeit tritt ein fortschrittlicher Umgang mit dem Mythos zutage, der sich zum einen in einem Zugewinn an Ich-Würde bei Joseph ablesen lässt, da er in existentiell signifikanten Situationen in der Lage ist, persönliche Verantwortung zu übernehmen. Er weicht nicht mehr in die bequemen Schemata des Mythos aus, auch wenn sie als Erklärungsmuster des eigenen Versagens bereitstehen. Vielmehr kennzeichnet Joseph eine ästhetische Neuaneignung des Mythos unter einer Zunahme an Selbstreflexivität, deren unmittelbare Folge die „Geburt des Ich" ist. Nicht mehr sentimentale Rückwärtsgewandtheit zeichnet den Umgang mit dem Mythos aus, sondern die Integration des Mythos in die neue Bewusstseinslage des ästhetischen oder „heiteren und unbesorgten" Umgangs mit dem Mythos als einzig legitimer Weise des Umgangs mit ihm. Diese ästhetische Lesart wird zuletzt sogar auf die eigene Tradition angewendet. Mythen der eigenen und fremden Kulturen werden nicht mehr als lügenhafte Fabeln angesehen, sondern in der ästhetischen Perspektive gelten ihre Wahrheit und ihre Würde gleichermaßen. Die ästhetische Existenz zeichnet also eine kosmopolitisch gebildete Toleranz aus.[40] Daher kommt Josephs spezielle Art des „In-Spuren-Gehens" wohl am besten im Bild eines „Schauspielers des Mythos" zum Ausdruck,[41] der in diesem Sinne ein „Zelebrant des Lebens" (IX, 498) ist. Die bewusste Selbstinszenierung des „religiösen Hochstaplerchen[s]" hat als ein Akt höchster Bewusstheit kalkulierende Wirkung. Aus dem würdigen Ernst eines Jaakob wird das täuschende Spiel des Sohnes. Joseph ist Thomas Manns Felix Krull im mythischen Gewande: „Denn das Spielen konnte Jaakobs Sohn [...]. Die lieblichste Form des Spielens war ihm die Anspielung" (V, 1293). Dieser spielerische Bezug zum Mythos ist Zeichen seiner Individualität. Aus einer anfangs zum Narzissmus gesteigerten Subjektivität wird ein sozial verantwortlicher Künstler: So erzählt

---

[40] T. Wilhelmy, Legitimationsstrategien der Mythosrezeption, 114.
[41] H. Kurzke, Thomas Mann. Epoche – Werk – Wirkung, 252.

dieser Roman einerseits die in eine Familiengeschichte eingekleidete Entwicklung der Menschheit als eine Kultur- und Bewusstseinsgeschichte, deren Ideal in Joseph verkörpert wird. Und andererseits die Entwicklung eines Individuums, das als „Künstler-Ich" in zentraler Position der gesamten Gesellschaft nützlich sein kann, ohne jedoch eine gewisse Egozentrik und künstlerische Tätigkeit aufgeben zu müssen.

Im märchenhaften Ende des Romanzyklus erscheint Joseph als Ernährer verbürgerlicht und der Gesellschaft nützlich eingegliedert. Zugleich hält er sein mythisches Künstlertum aufrecht. Es liegt in seinem Reflexionsvorsprung in Bezug auf das eigene „In-Spuren-Gehen" begründet, das ihn im Grunde seit Beginn des Romans auszeichnet, denn „Joseph wußte natürlich, warum" (IV, 52) sein Vater die zeltende Existenz der sesshaften vorzog, auch wenn Joseph „nicht ohne Sinn für das weltlich Stattliche, ja Pomphafte war" (IV, 52): „Es mußte so sein, weil man einem Gotte diente, dessen Wesen nicht Ruhe und wohnhaftes Behagen war, einem Gotte der Zukunftspläne, in dessen Willen undeutliche und große, weitreichende Dinge im Werden waren, der eigentlich selbst, zusammen mit seinen brütenden Willens- und Weltplänen, erst im Werden und darum ein Gott der Beunruhigung war, ein Sorgengott, der gesucht sein wollte und für den man sich auf alle Fälle frei, beweglich und in Bereitschaft halten musste." (IV, 52; vgl. V, 1719–1724)

Als Symbol für diesen neuen Umgang mit dem Mythos fungiert im Roman die Rede vom doppelten Segen (Gen 49,25), in dem Thomas Manns Vision eines neuen Humanismus aufleuchtet. Im Menschen der Zukunft sind die naturverflochtene Seele und der außerweltliche Geist, also das Prinzip der Vergangenheit und das der Zukunft, eine neue innige Verbindung eingegangen: „Das Geheimnis aber und die stille Hoffnung Gottes liegt vielleicht in ihrer Vereinigung, nämlich in dem echten Eingehen des Geistes in die Welt der Seele, in der wechselseitigen Durchdringung der beiden Prinzipien und der Heiligung des einen durch das andere zur Gegenwart eines Menschentums, das gesegnet wäre mit Segen oben vom Himmel herab und von der Tiefe, die unten liegt." (IV,

48f.) Die Rede vom doppelten Segen durchzieht leitmotivisch (XIII, 204) die vier Bände und findet im Großen Religionsgespräch (V, 1404–1481) zwischen dem siebzehnjährigen Echnaton und dem dreißigjährigen Joseph einen ausdrucksvollen Höhepunkt seiner Verwobenheit mit der Würde des Ich und dem schauspielerischen Umgang mit dem Mythos. Wer lediglich im Mythos lebt, ist an das bindende Muster der Tiefe gebunden. Die Ansprüche des „Seelenuntersten" (X, 261; „Es" bei Freud, „Wille" bei Schopenhauer) und Dämonischen überlagern die eigene Freiheit. In Josephs Umgang mit den bindenden Mustern der Tiefe kommt nun die Eigenart der Neuformulierung des In-Spuren-Gehens im Horizont der Moderne zum Ausdruck: „ich bin's und ich bin's nicht, eben weil *ich* es bin, das will sagen, weil das Allgemeine und die Form eine Abwandlung erfahren, wenn sie sich im Besonderen erfüllen." (V, 1421) Joseph führt damit die eigene Individualität in das Musterhafte des mythischen Denkens ein und damit das zukunftsträchtige Potential der individuellen Freiheit, die einhergeht mit der Bereitschaft, ethische Verantwortung zu übernehmen. Das wird in der anthropologischen „Kernstelle des Romans"[42] ausgesprochen, wenn Joseph zu Echnaton sagt, „daß es ein Ich ist und ein Einzig-Besonderes, durch das die Form und das Überlieferte sich erfüllen, – dadurch wird ihnen meines Erachtens das Siegel der Gottesvernunft zuteil. Denn das musterhaft Überlieferte kommt aus der Tiefe, die unten liegt, und ist, was uns bindet. Aber das Ich ist von Gott und ist des Geistes, der ist frei. Dies aber ist gesittetes Leben, daß sich das Bindend-Musterhafte des Grundes mit der Gottesfreiheit des Ich erfülle, und ist keine Menschheitsgesittung ohne das eine und ohne das andere." (V, 1422)

So führen die Spuren der Vergangenheit in die offene Zukunft, und in der gottgewirkten Freiheit des Ich zeigt sich die „Humanisierung des Mythos" (vgl. XI, 658), die nicht nur gegen die Verdunklung der Wahrheit des Mythos im Faschismus steht, sondern zugleich auch gegen das zwanghaft sich selbst reflektierende und von Identitätsverlust bedrohte

---

[42] T. Wilhelmy, Legitimationsstrategien der Mythosrezeption, 128.

moderne Ich, das sich als Maß aller Dinge betrachtet und darüber sein eigentliches Menschsein vergisst. So spiegelt der Autor im Brunnen der Vergangenheit zugleich die Krise der Gegenwart.[43]

4. Lachen und Lebenskunst – Ethik und Ästhetik

Der heutige Leser dieses Sprachkunstwerkes muss sich aber angesichts seiner auch in religiöser Hinsicht unübersichtlichen Lage am Ende dieser beschleunigten Durchwanderung anspielungsreicher Wortwelten nicht mit Tränen niedersetzen wie die Trauernden in der Bachschen Matthäuspassion. Zeitgemäße Religion offenbart sich für diesen modernen Mythenerzähler nur noch im Medium der Kunst und wird darin als Basis der Kultur akzeptiert.[44] Thomas Mann unternahm dieses Projekt in einer Zeit, in der die meisten Deutschen Adolf Hitler und seinem Regime gefolgt sind, und setzt der nationalsozialistischen Ideologie einen humanistisch-religiösen Entwurf entgegen. Er habe den Mythos den faschistischen Dunkelmännern aus den Händen genommen, um ihn ins Humane „umzufunktionieren", schrieb er in einem Brief an Karl Kerényi. (Sk, 192 = XI, 651) Widerhall findet diese Aussage mit einer Anspielung auf A. Hitler in der letzten Szene des Romans, in der die Versöhnung Josephs mit seinen Brüdern geschildert wird: „[...] ein Mann, der die Macht braucht, nur weil er sie hat, gegen Recht und Verstand, der ist zum Lachen. Ist er's aber heute noch nicht, so soll er's in Zukunft sein, und wir halten es mit dieser [...]." (V, 1822) Dem doppelt gesegneten Humanen gehört die Zukunft, da Thomas Mann aus seiner ästhetischen Perspektive die Freiheit und Verantwortung des Einzelnen ernst nimmt, indem er einfach im Sinne einer deskriptiven Ethik[45] die Phänomene des

---

[43] Vgl. Ph. Gut, Thomas Manns Idee einer deutschen Kultur, 275.

[44] W. D. Hartwich, Religion and Culture: *Joseph and his Brothers*, in: The Cambridge Companion to Thomas Mann, Cambridge 2002, 151–167.

[45] Vgl. auch M. Mayer, Thomas Mann ‚Heute'. Ethik und Ironie der Menschlichkeit, 9–22.

Lebens beschreibt und nicht zu einer ästhetischen Weltflucht aufruft. Kunst versteht Thomas Mann letztlich immer existentiell und entlastet sich zugleich vom Pathos einer normativen Verbindlichkeit.[46] Indem Joseph die Rolle des weltlichen, immanenten Ernährers (V, 1686) und nicht die des religiösen Heilsbringers spielt, wendet sich Thomas Mann gegen den Anspruch, im Künstler-Ich eine letztgültige Wahrheit zu formulieren. Er erweist sich damit als resistent gegen Allmachtsphantasien, die seine faschistischen Gegner für sich in Anspruch nehmen. Eine selbstbewusste Bescheidenheit zeichnet diese Haltung aus, die mit den Mitteln der Ironie nicht die Strenge und Ernsthaftigkeit der Wahrheit ausstrahlt, sondern lediglich ein Interpretationsangebot unterbreitet als Alternative zum dumpfen mythischen Aberglauben. Und so kann sie auch Raum lassen für einen transzendenten Messias, also den Heil bringenden Erlöser. Thomas Mann wandelt mit dieser Haltung gleichwohl unbewusst in den Spuren einer sapientalen Theologie, wie sie sich in den biblischen Weisheitsüberlieferungen findet. Denn er verwehrt sich in seinem aufgeklärten und vernünftigem Umgang mit dem Mythos gegen anthropologische Einseitigkeiten und Präzisierungen, da er die mythisch-religiösen, wissenschaftlich-rationalen und ästhetisch-poetischen Strukturen des Menschseins miteinander in Beziehung setzt und gleichberechtigt miteinander gelten lässt. Die vorrationalen, unbewussten und dämonischen Strukturen werden in ihrer Wirksamkeit anerkannt. Thomas Manns Theorie einer mythischen Identität bewahrt auch vor einer Überzeugung grenzenloser Selbstmächtigkeit des Menschen. Sie ruft eher zu einer Selbstbescheidung auf, wie sie sich insbesondere bei

---

[46] „Eben damit ist die Kunst das Paradigma und Vorbild der Menschlichkeit überhaupt, denn es gibt kein wahres Menschentum ohne jenen doppelten Segen, ohne daß das Vitale und das Geistige, Kraft und Sittlichkeit einander die Waage halten und sich zu der Ganzheit durchdringen, die wir Kultur nennen und die noch viele andere Gegensätze der gleichen Ordnung wie Ehrfurcht und Freiheit, Glauben und Denken, Überlieferungssinn und Liebe zur Zukunft sich vereinigt." (XIII, 205)

Kohelet finden lässt. Denn wir finden uns immer nur in einem Ineinander von Selbst- und Fremdbestimmung vor. Menschen tragen das, was Generationen vor ihnen erlebt und erfahren haben, mit und in sich weiter. Sie sind gewissermaßen immer wieder gezwungen, ihre Erfahrungen zu wiederholen, aber solche Wiederholungen müssen nicht die Wiederkehr des musterhaft Gleichen sein, sondern Modifikationen sind möglich, und es gibt Spielräume für neues Handeln und neues Leben, denn Menschen können sich im Laufe ihres Lebens ändern.[47] Im Josephsroman wird deutlich, dass das handelnde Ich und die unverfügbaren Umstände, die Selbstmächtigkeit und die Ohnmacht, das identitätskonstruierende Zitat und das überindividuelle Muster immer zusammengehören. Diese Zusammengehörigkeit verbirgt sich in dem Doppelsegen aus der Tiefe herauf und von oben herab. Ohne ihn ist kein geordnetes, gesittetes Leben möglich.

Es ist allerdings nicht immer klar, welche Dimension beim In-Spuren-Gehen die Oberhand hat, das handelnde Ich oder die unverfügbaren Umstände. Aber deutlich ist, dass der Mensch nicht ohne die Vorstellung von Sinnstrukturen und Deutungsmustern leben kann, die beides kennen: das menschliche Bedürfnis nach Anleitung und Entlastung und das Moment des freiheitlichen Handelns. So kann Joseph auch der Begegnung mit seinen Brüdern unter „Tränen und Lachen" entgegensehen, weil die Vergangenheit nicht mehr belastend ist, die Gegenwart sich nicht nebulös entzieht und die Zukunft keine Bedrohung darstellt. Aus dieser klaren Durchsichtigkeit heraus wird der Mensch, der in Spuren geht, zu einem heiteren Menschen. Er weint zwar Tränen, weil er sich seiner Schuld gegenüber seinen Brüdern bewusst ist. Er verliert sich aber nicht in Schuld- und Sinnfragen, „denn ein heilig Spiel war es doch, und du littest und konntest verzeihen." (V, 1804). Und er kann lachen, weil er sich seiner Würde und des Trostes[48] bewusst ist. Zudem hat er die gott-

---

[47] Vgl. J. Ebach, Genesis 37–50, 46.
[48] F. Nietzsche bezeichnet das Lachen als Kunst des diesseitigen Trostes (KSA 1, 22).

gegebene Gabe der Heiterkeit erhalten, die das „verwickelte, fragwürdige Leben zum Lachen bringen kann. Er kann sich einfach über das Wiedersehen mit seinen Brüdern freuen."[49] Dieses „erlösende Lachen" kann man mit Peter L. Berger[50] auch in diesem Kontext als ein Signal, mitnichten als einen Beweis, der Transzendenz deuten, das das Leben für Augenblicke zu erleichtern vermag. Es ist das Zeichen, dass Gott alles gefügt hat im heiligen Spiel (V, 1686), auch wenn er zugleich als Zuschauer dabei bezeichnet werden kann. (V, 1676; 1684) Das Lachen ist ein universales Phänomen und ein Wesenszug des Menschseins. Es drückt den Widerspruch zum Erwarteten und Geplanten aus und mehr noch den Widerspruch des Lebens, dass der Mensch beständig glaubt, Herr seines Geschickes zu sein, während er in Wahrheit dem Spiel höherer Mächte ausgeliefert ist. Insofern setzt es dem Menschen auch Grenzen seiner eigensinnigen Weltbemächtigung und seines einseitigen Wissensdrangs. Wie das Lachen und der Humor will auch der Glaube diese Welt mit einem anderen Blick sehen und sie letztlich überwinden. Insofern kann man den Humor auch als ein Existential des christlichen Lebens[51] bezeichnen und mit Thomas Manns ironischer und humorvoller Weise auch dem Christenmenschen mehr Freude am Leben im Diesseits einflößen, weil es immer wieder die Erwartungen enttäuschen und Neues entstehen lassen kann. Sein Leben und Dasein der Welt mit Heiterkeit, Lebensfreundlichkeit und Gelassenheit zu leben, ist das Angebot dieser Wiedersehensszene für die Humanisierung des eigenen Lebens des Lesers. „[D]ie Fragen, wie sie das Leben stellt" und derer sich der Roman angenommen hat: „Man kann sie im Ernst nicht beantworten. Nur in

---

[49] Vgl. auch zum Folgenden T. Dürr, Mythische Identität und Gelassenheit in Thomas Manns Joseph und seine Brüder, in: Thomas Mann Jahrbuch 19 (2006), 125–157; 156.
[50] P. L. Berger, Erlösendes Lachen. Das Komische in der menschlichen Erfahrung, Berlin/New York 1998, 241.
[51] K. Hübner, Glauben und Denken. Dimensionen der Wirklichkeit, Tübingen 2. Aufl. 2004, 339.

Heiterkeit kann sich der Menschengeist aufheben über sie, daß er vielleicht mit innigem Spaß über das Antwortlose Gott selbst, den gewaltig Antwortlosen, zum Lächeln bringt." (V, 1597)

Schließlich einen Halt suchend, endet diese theologisch-literarische Erkundung nicht dort, wo der „Roman der Seele" begonnen hat, am Ort, der den Leser der Josephstetralogie in seine Tiefe zieht: am Brunnen. Denn die unergründlichen Tiefenschichten dieses am „weitesten ausholenden Kommentars zu dem Topos ‚Glück im Unglück'"[52] führen uns zwar aus unserer Gegenwart nicht nur in die Vergangenheit, wo wir Neues über das Rätselwesen Mensch entdecken können, sondern stellen uns auch vor eine offene Zukunft, in der diese historischen und kulturellen Schichten präsent bleiben, aber die auch von der Hoffnung eines Fortschritts auf eine soziale und friedvolle Humanisierung der Lebenswelt getragen wird, die sich in Fortführung von Sigmund Freud so formulieren lässt: „Das ‚Wo Es war, soll Ich werden' wird zum ‚Wo Ich bin, sollen wir werden.'"[53] In diesen Spuren zu gehen und in diesem „mythisch-humoristische[n] Menschheitslied" (Sk, 253) Eigenes zu finden, ist das „zungenschnalzende Glück"[54] der Leser dieses Sprachkunstwerkes und heimlichen Hauptwerkes der modernen Theologie.

---

[52] P. Sloterdijk, Derrida ein Ägypter, 30.
[53] W. Wienand, Größe und Gnade, 364.
[54] H.-J. Ortheil, Das Verlangen nach Liebe, München (2007) 2009, 249: „Es ist nämlich ein Glück, das einem etwas auftut oder in dem einem etwas aufgeht, es ist eine Art Ernte-Glück, [...], es ist der blitzhafte Moment der Intuition und einer Empfindung von Stimmigkeit, Richtigkeit [...], mitten im haarsträubendsten Chaos."

„Moses hat den Juden gemacht."
Der Gottesmord als historische Wahrheit der Religion? Freuds These dargestellt und kritisch betrachtet[1]

Hans-Jürgen Benedict

1. Einleitung: Freud als religionskritischer Aufklärer und „gottloser Jude"

Sigmund Freud war Atheist, ein ungläubiger „gottloser Jude", wie er selbst sagte. Er war, wie er in seiner Schrift „Die Zukunft einer Illusion" 1927 erklärte, davon überzeugt, dass die Zeit der Religion zu Ende gehe. „Die Kritik hat die Beweiskraft der religiösen Dokumente angenagt, die Naturwissenschaft die in ihr enthaltenen Irrtümer aufgezeigt, der vergleichenden Forschung ist die fatale Ähnlichkeit der von uns verehrten Vorstellungen mit den geistigen Produktionen primitiver Völker und Zeiten aufgefallen."[2] Zwar macht der wissenschaftliche Geist „vor den Dingen der Religion eine Weile halt, zaudert, tritt aber endlich auch hier über die Schwelle."[3] Der Abfall vom religiösen Glauben wird sich verbreiten. Allerdings konzediert Freud, dass dieser Kampf der Wissenschaft gegen Religion noch nicht an sein Ende gekommen sei: „(Sollte) die Erfahrung nicht mir, sondern anderen nach mir, die ebenso denken, zeigen, (…) daß wir uns geirrt haben, so werden wir auf unsere Erwartungen verzichten."[4] Und versuchen, so setze ich fort, die gegenwärtige Renaissance von Religion, etwa den religiösen Fundamentalismus christ-

---

[1] Dieser Vortrag ist die überarbeitete, erweiterte und aktualisierte Fassung des Vortrags, den ich in der Akademie Sankelmark und an anderer Stelle gehalten habe.
[2] Sigmund Freud, Die Zukunft einer Illusion in: ders., Gesammelte Werke Bd.14, Frankfurt 1999, 362
[3] Ebd.
[4] Freud, Zukunft, 376

licher und islamischer Provenienz und die päpstliche Eventreligion, mit Mitteln der Wissenschaft zu erklären. Denn wissenschaftliche Anschauungen sind anders als die religiösen nicht wahnhaft und deswegen korrigierbar.

Jedenfalls war Freud als kämpferischer Aufklärer in der Nachfolge Diderots davon überzeugt, dass Wissenschaft und Religion zwei unvereinbare Denkweisen seien. Er verstand die Psychoanalyse als Naturwissenschaft. In einem berühmten Brief an Oskar Pfister, den Schweizer Pfarrer und Laienanalytiker, fragt er: „Ganz nebenbei, warum hat keiner von all den Frommen die Psychoanalyse geschaffen, warum mußte man da auf einen ganz gottlosen Juden warten?"[5] Ich verweise auf die messianische Konnotation des Begriffs warten. Hat Gott sogar seine Hand im Spiel gehabt, als ein ungläubiger Abkömmling des erwählten Volkes den Mut hatte, aufs offene Meer des Unbewussten hinauszufahren, in das Unheimliche hinabzusteigen?

Positiv gesagt: Nur als Atheist konnte Freud die Psychoanalyse schaffen, als loyaler Sohn der religionskritischen Aufklärung. Mag sein, dass ihm Aufklärung und Wissenschaft so etwas wie Religionsersatz waren (wie der Schweizer Pfarrer Pfister ihm einmal schrieb). Doch Freud hielt unbeirrbar fest an der Unvereinbarkeit des religiösen Weges mit dem wissenschaftlichen. „Es gibt keine andere Quelle für die Kenntnis der Welt als die intellektuelle Verarbeitung von sorgfältig angestellten Beobachtungen." „ Unser Gott Logos ist vielleicht nicht sehr allmächtig, kann nur einen kleinen Teil von dem erfüllen, was seine Vorgänger versprochen haben."[6]

---

[5] Zit. in P.Gay , Ein gottloser Jude. Sigmund Freuds Atheismus und die Entwicklung der Psychoanalyse, Frankfurt 1999, 37
[6] Freud, Über eine Weltanschauung in: ders., Gesammelte Werke, Frankfurt 1999, Bd 15, 171

„Wir haben keine Instanz über der Vernunft."[7] Das ist der Stab, mit dem er das Rote Meer des Unbewussten teilt. Als ein solcher neuer Moses bahnte er den Weg für die neue Wissenschaft der Seele und des Unbewussten (in religiösen Fragen durchaus vorsichtig taktierend, damit die mächtige römisch-katholische Hierarchie der Psychoanalyse in Österreich nicht schaden konnte). Im übrigen war er gegenüber interessierten Seelsorgern ganz einladend. Er schrieb an Pfister: „Die Psychoanalyse ist ein unparteiisches Instrument, dessen sich der Geistliche wie der Laie bedienen kann, wenn es nur im Dienste der Befreiung Leidender geschieht."[8]

Darauf schreibt Pfister an Freud: „Sie sind nicht gottlos. Wer für die Befreiung der Liebe kämpft, bleibt nach 1 Jo 4,16 in Gott."[9] Mit solchem Lob ließ sich Freud aber nicht christianisieren. Allerdings war er bereit zuzugestehen, dass es eine Nähe zwischen dem Eros in der Psychoanalyse und der Liebe in der Seelsorge gibt – Heilung durch zielgehemmte Liebe, also mehr als therapeutische Mechanik.

Noch einmal ein Zitat aus „Zukunft einer Illusion": „Nein, unsere Wissenschaft ist keine Illusion. Eine Illusion wäre es zu glauben, wir könnten anderswoher bekommen, was sie uns nicht zu geben vermag".[10] Aber die Religion interessierte ihn brennend, weil es sich bei ihr um „die Erfüllung der ältesten dringendsten Wünsche der Menschheit" handelt. Das Geheimnis ihrer Stärke ist die Stärke dieser Wünsche. Die stärkste archaische Erbschaft ist die Vatersehnsucht, der Wunsch den Vater zu töten und sich gleichzeitig mit ihm zu identifizieren. Das verbindet sich bei Freud mit seinem hartnäckigen Glauben an die Vererbung erworbener Eigenschaften, sprich: dem Leiden an dem Urverbrechen der Tötung des Urvaters, wie er es in „Totem und Tabu" entfaltete (fast wie ein au-

---

[7] Freud, Zukunft, 350
[8] Gay, Ein gottloser Jude, 59
[9] Zit. ebd. 65
[10] Freud, Zukunft, 380

gustinisch eingestellter Christ, der hartnäckig an die Vererbung der Erbsünde über die Sexualität glaubt).

So sehr er sich von der jüdischen Religion distanzierte, so sehr hielt er an seinem Judentum fest. Die Sabbatfrömmigkeit seiner Frau ertrug er mit leisem Spott, „sie *ist* ein Aberglaube", bemerkte er 1938 gegenüber einem Besucher, als seine Frau am Freitagnachmittag unruhig wurde.[11] Sein Judentum ist gewissermaßen Teil eines stammesgeschichtlichen Erbes. 1922 grübelt er über seltsame geheime Sehnsüchte nach, die in ihm aufsteigen, „vielleicht aus meinem Ahnenerbe nach dem Osten, dem Mittelmeer, nach einem Leben ganz anderer Art: der Realität unzulänglich angepaßte Wünsche aus meiner späteren Kindheit." Seine Leidenschaft für Antiquitäten gehört auch dazu. Was es genau ist, war ihm noch nicht klar. „Es wird aber sicherlich später einmal wissenschaftlicher Einsicht zugänglich sein."[12] Und 1932 schreibt er an Arnold Zweig: „Und wir stammen von dort, (…) und es nicht zu sagen, was wir vom Leben in diesem Land als Erbschaft in Blut und Nerven (wie man fehlerhaft sagt) mit genommen haben. Oh, das Leben könnte sehr interessant sein, wenn man mehr davon wüßte und verstände."[13] Typisch Freud, er will ein Rätsel lösen. Was sagt uns der Traum? Was will das Weib? Was macht den Juden aus? Damit bin ich endlich bei der Schrift Freuds „Der Mann Moses und die monotheistische Religion."

2. „Moses hat den Juden gemacht."

Der Gottesmord als historische Wahrheit der Religion?
Freuds These dargestellt und kritisch betrachtet.

Wir schreiben das Jahr 1999. Ich bin mit einer Studierendengruppe in Israel unterwegs. Wir fahren von Jerusalem hinab nach Jericho und dann ans Tote Meer. Qumran, die Oase En Gedi, die Festung Massada. Und

---

[11] Zit. Gay, Ein gottloser Jude, 110
[12] Zit. Gay, Ein gottloser Jude, 96
[13] Briefwechsel Sigmund Freud/Arnold Zweig, Frankfurt 1984, 51f

drüben, jenseits des Meeres, das Ostjordanland. Von dort hat Moses auf das gelobte Land geschaut, das er nach der biblischen Erzählung nicht mehr betreten hat. Nur sein Grab soll dort noch sein. Sonst keine geschichtlichen, archäologischen Spuren. Außer dem Volk Israel, das hierhin zurückgekehrt ist nach 2000 Jahren Diaspora, diejenigen, die dem Völkermord in Europa entfliehen konnten, seit 60 Jahren befeindet von seinen arabischen Nachbarn. Statt Pyramiden meißelte Moses „Menschen-Obelisken", schrieb Heinrich Heine, eben das Volk Israel.[14] Wer war dieser Moses? War er ein Midianiter? War Mose ein Ägypter? Mose-Bilder kenne ich viele: Ich sehe Charles Heston als Mose vor mir in dem Film *Die 10 Gebote*, ich sehe die Statue des Michelangelo, Barlachs beeindruckenden Mose, den Mose Chagalls. Aber gab es ihn überhaupt als geschichtliche Figur? Ich lese mich in einem Buch fest. Es traktiert die Frage: Wer war Moses? Woher stammt der Monotheismus? Warum werden die Juden verfolgt? Der Verfasser meiner Lektüre: Sigmund Freud, der Begründer der Psychoanalyse. Der Titel: *Der Mann Moses und die monotheistischen Religion*, erschienen im Todesjahr Freuds, 1939.[15] Freud hat in seinen letzten fünf Lebensjahren seine wissenschaftliche Arbeit fast exklusiv diesem Thema gewidmet, das sowohl gemessen an den zentralen Inhalten der Psychoanalyse wie an den Zeitläufen, in denen es entstand, ein wenig abseitig erscheint.

Von 1934 bis zum Juni 1938, nun im sicheren Londoner Exil, quälte sich Freud, neben dem ermüdenden Kampf mit seinem „lieben Karzinom", wie er es nannte, in immer neuen Anläufen mit dieser imposanten Gestalt der jüdischen Religionsgeschichte ab. „Moses, der mich plagt wie ein ghost not laid", schreibt er noch im April 1938 an Ernest Jones.

---

[14] H. Heine, Sämtliche Schriften, hrsg. v. K. Briegleb, Bd V/1, München 2005, 481

[15] Ich zitiere im folgenden nach der Taschenbuchausgabe Frankfurt/M. 1975, mit Seitenangaben im fortlaufenden Text.

Dabei hatte es so harmlos angefangen. Im September 1934 schrieb er an den befreundeten Schriftsteller Arnold Zweig, der nach Palästina ausgewandert war: „Ich habe nämlich in einer Zeit relativer Ferien aus Ratlosigkeit, was mit dem Überschuß an Muße anzufangen, selbst etwas geschrieben, und das nahm mich gegen meine ursprüngliche Absicht so in Anspruch, daß alles andere unterblieb."[16] „Angesichts der neuen Verfolgung fragt man sich immer wieder, wie der Jude geworden ist und warum er sich diesen unsterblichen Haß zugezogen hat. Ich hatte bald die Formel heraus. Moses hat den Juden geschaffen und meine Arbeit bekam den Titel: Der Mann Moses, ein historischer Roman. Das Zeug gliedert sich in drei Abschnitte, der erste romanhaft interessant, der zweite mühselig und langwierig, der dritte gehalt- und anspruchsvoll."[17] Dann erklärt Freud Zweig, dass er wegen der Theorie der Religion in diesem dritten Teil das Werk im katholischen Österreich nicht veröffentlichen könne, weil er Nachteile, ja ein Verbot der Analyse in Wien befürchte.

Doch zwei Monate später korrigiert er sich: „Ärger ist, daß der historische Roman vor meiner eigenen Kritik nicht besteht. Ich verlange doch mehr Sicherheit und mag nicht, daß mir die wertvolle Schlußformel des Ganzen durch die Montierung auf eine tönerne Basis gefährdet wird. Also legen wir es beiseite."[18] Nun, Freud tat dies nicht. „Der Moses gibt meine Phantasie nicht frei", schrieb er im Mai 1935 an Arnold Zweig.[19] Zugleich blieb der Zweifel, ob seine historischen Auslassungen zu Moses stichhaltig seien. Zweifelsfrei schien ihm, dass Moses ein Ägypter war und seine Religion vom ägyptischen Monotheismus abgeleitet sei. Und doch war er sich wieder unsicher und suchte nach historisch zuverlässigen Beweisen. So schreibt er an Zweig: „In einem Bericht über Tell

---

[16] Briefwechsel Freud/Zweig 2.5.35, 116f

[17] Ebd. 30.9.34, 102

[18] Ebd. 16.12.34, 109

[19] Ebd. 2.5.1935, 117

el Amarna, das noch nicht halb ausgegraben ist, habe ich eine Bemerkung über einen Prinzen Thotmes gelesen, von dem sonst nichts bekannt ist. Wäre ich ein Pfundmillionär, so würde ich die Fortsetzung der Ausgrabungen finanzieren. Dieser Thotmes könnte mein Moses sein, und ich dürfte mich rühmen, dass ich ihn erraten habe."[20] Und Zweig berichtet ihm von einer Begegnung mit einem deutschen Juden in Palästina, Verfasser eines Moses-Dramas, der behauptet, man habe in Amarna ein Täfelchen mit einem Verzeichnis der Schüler von Re-Aton Tempels ausgegraben, das die Namen von Moses und Aaron enthalte. Es sei im Besitz eines reichen koptischen Christen gewesen und von diesem an den Vatikan weitergegeben worden.[21]

Doch zurück zu dem Ausgangspunkt: Freud schrieb, beunruhigt durch die neuen Judenverfolgungen: „Wie ist der Jude geworden und warum (hat) er sich diesen unsterblichen Haß zugezogen. Ich hatte bald die Formel heraus: Moses hat den Juden geschaffen...". Anders gesagt: Moses, der Ägypter, hat durch seine Religionsstiftung den Gedanken der Auserwähltheit beim jüdischen Volk grundgelegt, was bis heute zu immer neuen Verfolgungen Anlass gegeben hat.

Wie Moses das tat und welche grundsätzliche religionspsychologische Wahrheit dadurch beim jüdischen Volk zum Tragen kam, das ist es, was Freud im besonderen fasziniert und was ihn vom Moses nicht loskommen lässt. Es ist die Behauptung, dass die Religion ihre Stärke nicht einer wirklichen, wörtlich zu nehmenden Wahrheit verdankt (also: es gibt einen Gott), sondern dem in ihr liegenden historischen Fundament (wie er in einem Brief an Lou Andreas-Salomé vom 6.1.1935 schreibt). Freud meint, am Beispiel des Moses und der Entstehung der monotheistischen Religion seine Hypothese beweisen zu können, „daß es in Urzeiten eine einzige Person gegeben hat, die damals übergroß erscheinen mußte und die dann zur Gottheit erhöht in der Erinnerung der Menschen wiederge-

---

[20] Ebd. 111.
[21] Briefwechsel Freud/Zweig, 125f

kehrt ist." „Als Moses dem Volk die Idee des einzigen Gottes brachte, war sie nichts Neues, sondern sie bedeutet die Wiederbelebung eines Erlebnisses aus den Urzeiten der menschlichen Familie, das dem bewußten Gedächtnis der Menschen längst entschwunden war..." (127 f). Noch genauer gesagt: Freud sieht durch seine Moses-Studie die 1912 von ihm in *Totem und Tabu* entwickelte Hypothese bestätigt, „daß Gottvater dereinst leibhaftig auf Erden gewandelt und als Häuptling der Urmenschenhorde seine Herrschermacht gebraucht hat, bis ihn seine Söhne im Verein erschlugen."[22] In der von Freud angenommenen Ermordung des Religionsstifters Moses wiederholte sich der Urvatermord. Das daraus resultierende Schuldbewusstsein führte zwar zu einer besonderen Geistigkeit des Judentums, aber nicht zur Anerkennung des Urfrevels.

Doch mit dieser Bemerkung bin ich schon zu weit vorausgeeilt. Sie wird nur verständlich, wenn Freuds Neuinterpretation der Gestalt des Moses und damit der jüdischen Religionsgeschichte im Zusammenhang dargestellt wird. (Nebenbei bemerkt: Die Gestalt des Moses faszinierte Freud auch deswegen, weil er sich mit ihr in gewisser Hinsicht identifizierte. Das wird deutlich an seiner kleinen Arbeit zum Moses des Michelangelo - zeigt die Statue in St. Pietro in Vincoli, wie Mose nach dem Herabsteigen vom Sinai nicht des Zorns mächtig ist oder den höchsten Grad der Selbstbeherrschung? Freud beweist das letztere sogar mit eigens dafür angefertigten Zeichnungen und damit sich die gewünschte Haltung gegenüber C. G. Jungs Abfall, der gerade stattgefunden hatte.)

Im 1. Teil seiner Studie fragt Freud, welchem Volk Moses ursprünglich angehörte, wo doch sein Name so eindeutig ägyptischen Ursprungs sei. Das ägyptische Wort Mose bedeutet Kind und findet sich in Zusammensetzungen wie Amun-Mose, Ptah-Mose, Thot-Mose, wobei der Gottesname oft wegfiel. Er kommt zu dem frappierenden Schluss, dass Moses einfach deshalb einen ägyptischen Namen trug, weil er ein Ägypter war.

---

[22] Vorrede zu: Probleme der Religionspsychologie, in: Freud, Der Mann Moses, 18

Besonders die Aussetzungsgeschichte legt diesen Schluss nahe. Aus einem Vergleich mit den in der Antike weitverbreiteten Sagen über die Aussetzung berühmter Helden als Kinder (Sargon von Agade, Kyros, Romulus), in denen in der Regel die erste Familie, von der es ausgesetzt wird, die erfundene ist, die spätere aber, in die es aufgenommen wird und aufwächst, die wirkliche, folgert Freud: „Moses ist ein wahrscheinlich vornehmer Ägypter, der durch die Sage zum Juden gemacht werden soll." (31)

In dem 2. Teil seiner Arbeit fragt Freud: „Was bewegte einen vornehmen Ägypter, vielleicht Prinz, Priester oder hoher Beamter, sich an die Spitze eines Haufens von eingewanderten, kulturell rückständigen Fremdlingen zu stellen und mit ihnen das Land zu verlassen?" (34) Und zweitens, wenn Mose ihr Erzieher und Religionsstifter war, wie konnte das geschehen, da doch die strenge monotheistische Religion der Juden kaum von der der Ägypter mit ihrer unübersehbaren Schar von Gottheiten abstammen kann? Des Rätsels Lösung findet Freud darin, dass Moses ein Anhänger des monotheistischen Aton-Kultes unter König Amenhotep IV. (1375-1357 v. Chr.) war, der sich später Echnaton nannte und der die ausschließliche Anbetung eines fast bildlosen Gottes, des Sonnengottes Aton, durch entsprechende Maßnahmen förderte. Nach dem Tode des Königs, seine Herrschaft dauerte nur 17 Jahre, wurde die neue Religion hinweggefegt, der Amonskult wiederhergestellt. Moses nun, ein überzeugter Anhänger der Atonreligion, fasste nach dem Tode des Pharao den kühnen Entschluss, sich selbst ein neues Volk als Träger des ihm so wichtigen Glaubens zu wählen, nämlich die semitischen Stämme im Grenzgebiet, und er besorgte selbst „mit starker Hand", wie es in der Bibel in Bezug auf Jahwe heißt, ihre Abwanderung. Der jüdische Glaube von der Erwählung hat hier seinen realen Grund. Freud sagt: Wenn das jüdische Volk sich von Gott auserwählt glaubte, so darum, weil Moses, ihr Führer und Schöpfer es erwählte. Er wollte es den Ägyptern ebenbürtig machen. Daher lehrte er es die reinste aller Religionen und führte auch den Brauch der Beschneidung bei ihm ein. All das ging nicht ohne

Widerstand von Seiten des jüdischen Volkes vonstatten. Vom Murren des Volkes ist des Öfteren die Rede, die Rotte Korah wagt sogar den offenen Aufstand. Und hier nun führt Freud die für seine Deutung wichtigste Annahme ein. Mit dem Alttestamentler Ernst Sellin nimmt er an, dass Moses in einer dieser Revolten von den Juden getötet wurde. Sellin hatte dies 1922 in seinem Buch *Mose und seine Bedeutung für die israelitisch-jüdische Religionsgeschichte* unter Hinweis auf einige Aussagen im Buch des Propheten Hosea behauptet und Schittim im Ostjordanland als Ort dieser Gewalttat bezeichnet. Für Freud wird die Tötung des Moses durch sein Judenvolk „so ein unentbehrliches Stück unserer Konstruktion, ein wichtiges Bindeglied zwischen dem vergessenen Vorgang der Urzeit und dem späten Wiederauftauchen in der Form der monotheistischen Religion". (95) Aus diesem Mord folgt zunächst eine starke Reaktion des Schuldbewusstseins und der Reue, sodann das Verleugnen der Tatsache, dass der Monotheismus von Moses stammt, er habe schon bei den sagenhaften Patriarchen begonnen, und schließlich die Entstehung der Wunschphantasie vom Messias, der den Frevel eines Tages ungeschehen machen wird, indem er seinem Volk die Erlösung bringt.

Freud war schmerzlich bewusst, dass seine historische Konstruktion „auf tönernen Füßen" stand, weswegen er auch lange Zeit Skrupel hatte, sie überhaupt zu veröffentlichen.[23] Wie reimte sich z. B. seine These mit der Auffassung der neueren Alttestamentler, dass das Volk Israel zwar eine neue Religion, aber die des Gottes Jahve in Meribat-Qades von den Midianitern übernommen hatte und dass Moses, der Schwiegersohn des Jethro, wahrscheinlich ein midianitischer Priester war? Freud denkt nach und behauptet, dass in der sagenhaften Gestalt des Moses eigentlich zwei Männer verschmolzen seien: der Ägypter, der den Juden seine monotheistische Religion und Gebote aufzwang und der sanftmütige Priester, der Hirte bei den Midianitern, der mehrere Generationen später leb-

---

[23] Briefe an A. Zweig v. 16.12.34 und 14.3.35, in: Briefwechsel 108f, 114f

te. Innerhalb eines Jahrhunderts nach Moses gewaltsamen Ende kam es zu einem Kompromiss zwischen der Religion des Moses und der Jahve-Religion, zwischen den Juden, die in Ägypten gelebt hatten, und denen, mit denen sie sich nach dem Exodus vereinten. Zunächst stand die Jahvereligion im Vordergrund; sie war aggressiver und passte besser zu der Eroberung des Landes Kanaan. Aber die reine Religion des Moses geriet trotz ihrer Verwerfung durch das Volk nicht ganz in Vergessenheit. Unermüdlich von den großen Propheten verkündet, war sie zunächst nur Glaube einer Minderheit, erhob sich mit der Zeit immer mehr, bis sie schließlich allgemeine Anerkennung fand. Am Ende dieses Teils seiner Studie resümiert Freud: „Zwei Religionsstiftungen, die erste durch die andere verdrängt und später doch siegreich hinter ihr zum Vorschein gekommen, zwei Religionsstifter, die beide mit dem gleichen Namen Moses benannt werden und deren Persönlichkeit wir voneinander zu sondern haben. Und alle diese Zweiheiten sind notwendige Folge der ersten, der Tatsache, daß der eine Bestandteil des Volkes ein traumatisch zu wertendes Erlebnis gehabt hatte, das dem anderen fern geblieben war." (63)

Nach seiner Emigration nach England im Mai 1938 veröffentlicht Freud den dritten Teil seiner Moses-Studie. In dieser verbindet er seine historischen Voraussetzungen mit den Erkenntnissen seiner psychologischen Theorie, religiöse Phänomene seien nach dem Muster der uns vertrauten neurotischen Symptome des Individuums zu verstehen. (68) In der Abfolge: `Frühes Trauma – Abwehr – Latenz – Ausbruch der neurotischen Erkrankung – teilweise Wiederkehr des Verdrängten.´ Also: Auf der einen Seite ergreift die monotheistische Idee nach einer langen Zeit der Latenz Besitz von dem jüdischen Volk und hält dieses Volk am Leben, indem sie ihm den Stolz der Auserwähltheit schenkt. Auf der anderen Seite gibt es eine mächtige Reaktion des Schuldbewusstseins, herrührend von dem schlechten Gewissen, den Vater getötet bzw. diese Tötung an Moses wiederholt zu haben. Jedes Missgeschick, das die Juden traf, wurde zu einer willkommenen Entschuldigung für Gottes Strenge: „Man verdiente nichts Besseres als von ihm bestraft zu werden, weil man seine Gebote nicht hielt, und im Bedürfnis, dieses Schuldgefühl, das unersättlich war und aus so tiefer Quelle kam, zu befriedigen, mußte man diese Gebote immer strenger und auch kleinlicher werden lassen." (131). Man legte sich immer neue Triebverzichte auf, erreichte so aber eine ethische Höhe, die den andern Völkern unzugänglich war.[24] Zugleich verengten sich die Vorschriften, besonders bei der Gruppe der Pharisäer (der Abgesonderten),d eren angebliche Kleinlichkeit und Heuchelei dann, so ergänze ich, in Teilen der Evangelien von Jesus scharf attackiert wird (s. besonders Jesu Schmährede Mt 23). Hieraus resultiert das verzerrte Bild des engstirnig-gesetzestreuen Judentums, das durch die christliche Predigtgeschichte bis heute virulent ist und zum großen Teil für den christlichen Antijudaismus verantwortlich zeichnet.

Die Überwindung dieses Dilemmas, so Freud, bereitet sich ebenfalls im Judentum vor: „Paulus, ein römischer Jude aus Tarsus, griff dieses Schuldbewußtsein auf und führte es richtig auf seine urgeschichtliche Quelle zurück. Er nannte diese die Erbsünde, es war ein Verbrechen gegen Gott, das nur durch den Tod gesühnt werden konnte (...) In Wirklichkeit war dies todwürdige Verbrechen der Mord am später vergötterten Urvater gewesen. Aber es wurde nicht die Mordtat erinnert, sondern anstatt dessen ihre Sühnung phantasiert, und darum konnte diese Phantasie als Erlösungsbotschaft (Evangelium) begrüßt werden: Ein Sohn Gottes hatte sich als Unschuldiger töten lassen und damit die Schuld aller auf sich genommen. Es mußte ein Sohn sein, denn es war ja ein Mord am Vater gewesen." (93)

---

[24] Vgl. Heine, der in *Geständnisse* bekennt: er „könnte stolz darauf sein, daß seine Ahnen dem edlen Haus Israel angehörten, daß er ein Abkömmling sei der Märtyrer, die der Welt einen Gott und eine Moral gegeben (…) haben." (Sämtliche Schriften Bd.VI/1, 481)

Freud nimmt an, der von den Propheten immer wieder wachgehaltene Glaube an den Messias habe seinen Ursprung in dem Wunsch, der ermordete Vater, gleich Moses, möge wiederkehren. „Wenn Moses dieser erste Messias war, dann ist Christus sein Ersatzmann und Nachfolger geworden, dann konnte auch Paulus mit einer gewissen historischen Berechtigung den Völkern zurufen: Sehet, der Messias ist wirklich gekommen, er ist ja vor euren Augen hingemordet worden." (96) Die Annahme der Erbsünde und die Erlösung durch den Opfertod wurden die Grundpfeiler der neuen durch Paulus begründeten Religion. (132 f)

Dann kommt Freud auf den Judenhass und den Vorwurf des Gottesmords zu sprechen: „Das arme jüdische Volk, das mit gewohnter Hartnäckigkeit den Mord am Vater zu leugnen fortfuhr, hat im Laufe der Zeit schwer dafür gebüßt. Es wurde ihm immer wieder vorgeworfen: ihr habt unsern Gott getötet. Und dieser Vorwurf hat recht, wenn man ihn richtig übersetzt. Er lautet: ihr wolltet nicht zugeben, dass ihr Gott (das Urbild Gottes, den Urvater, und seine späteren Reinkarnationen) gemordet habt." (96) Der Antisemitismus habe mehrere Gründe, offenkundige und tieferliegende. Der Vorwurf der Landfremdheit sei der hinfälligste, denn die Juden waren mit den Römern zum Beispiel in Trier und Köln, lange bevor das Gebiet von den Germanen besetzt wurde. Dass sie als eine Minderheit dazu einluden, das Gemeinschaftsgefühl der Masse durch ihre Unterdrückung zu stärken, liegt auf der Hand. Ihre Verschiedenheit zu den Wirtsvölkern ist zwar eher klein, denn die Juden sind keine Asiaten, sondern aus Resten der mediterranen Völker zusammengesetzt, aber, so Freud, „die Intoleranz der Massen äußert sich merkwürdigerweise gegen kleine Unterschiede stärker als gegen fundamentale Differenzen." (97)

Zur Verfolgung Anlass gab auch ihre Fähigkeit zur Selbstbehauptung im Wirtschaftsleben und in der Kultur. Das tiefere Motiv des Judenhasses liegt nach Freud jedoch im Unbewussten der Völker. Es ist die Eifersucht auf das Volk, das von sich behauptet, von Gott auserwählt zu sein. Die Beschneidung erinnert als ein etwas unheimlicher Ritus an die gefürchtete Kastration. Schließlich, und das ist sehr wichtig: „Alle Völker, die sich heute im Judenhass hervortun, sind ‚schlecht getauft', unter einer dünnen Tünche von Christentum sind sie geblieben, was ihre Ahnen waren, die einem barbarischen Polytheismus huldigten." (98) Den Groll gegen das ihnen aufgedrängte Christentum haben sie verschoben auf die Quelle, von der die neue Religion zu ihnen kam. Der Judenhass ist eigentlich Christenhass. Freud verweist darauf, dass im Nationalsozialismus „die innige Beziehung der beiden monotheistischen Religionen in der feindlichen Behandlung beider so deutlichen Ausdruck findet." (ebd)

Allerdings, so ergänze ich, mit großem Unterschied in der Intensität. Weil sich die beiden großen Konfessionen mit der Rückdrängung ihres öffentlichen Einflusses abfanden, sofern sie als Institutionen überleben konnten, ließen die Nazis sie in Ruhe (bis auf einige Ausnahmen, die weiter Widerstand leisteten). Nach Kriegsbeginn gab es so etwas wie einen Burgfrieden. Nach dem Krieg, so Hitler, sollte es aber auch den Kirchen an den Kragen gehen. Für die Juden in Europa aber bedeutete der Krieg den Beginn der Vernichtung (Wannsee-Konferenz 1941). Man könnte auch sagen, die Juden mussten umso mehr leiden, weil die Nazis die Christen nicht so unterdrücken konnten, wie sie gerne wollten. Und sie mussten umso mehr leiden, weil die als Kirchen institutionalisierte Sohnesreligion der älteren Religion die Solidarität aufgekündigt hatte. Das lag vor allem daran, neben menschlicher Schwäche und Feigheit, dass ihre Hierarchie wie ihre einfachen Mitglieder in der Regel aufgrund der antijüdischen Stimmung ihrer Evangelienberichte geborene Antijudaisten oder aber Antisemiten waren. Bonhoeffer stand mit seinem Votum „Nur wer für die Juden schreit, darf auch gregorianisch singen" fast allein, nur der Pfarrernotbund wandte sich im November 1933 gegen Arierparagraphen in der Kirche, die Barmer Theologische Erklärung von 1934 erwähnte die Judenverfolgung mit keinem Wort.

Am Schluss seiner langen Abhandlung bleibt Freud nur die ausweichende Auskunft: „Warum es den Juden unmöglich gewesen ist, den Fortschritt mitzumachen, den das Bekenntnis zum Gottesmord bei aller Entstellung enthielt, wäre Gegenstand einer besonderen Untersuchung. Sie haben damit gewissermaßen eine tragische Schuld auf sich geladen; man hat sie schwer dafür büßen lassen." (133)

Diese besondere Untersuchung kann ich an dieser Stelle natürlich nicht leisten. Aber ein paar Vermutungen kann ich mitteilen.

3. Kritische Auseinandersetzung mit Freuds These

A) Der monotheistische Bund mit dem einen Gott als umstrittener, verdrängter und doch lebbarer Weg

Die erste und naheliegendste Erklärung für das Nicht-Bekenntnis der Juden zum Gottesmord wäre die, dass es die Ermordung des ägyptischen Moses nicht gegeben hat. Eine Wiederholung der Ermordung des Urvaters hat also nicht stattgefunden und insofern gab es auch kein Schuldbewusstsein, das nach einer Lösung rief. Und folgerichtig musste die Mehrheit der Juden die von dem Judenchristen Paulus zuerst formulierte frohe Botschaft ablehnen: „Wir sind von aller Schuld erlöst, seitdem einer von uns sein Leben geopfert hat, um uns zu entsühnen." (132)

Stattdessen wäre an dem festzuhalten, was uns auch die viel später redigierten biblischen Schriften überliefern. Trotz aller Konflikte zwischen Mose und dem Volk Israel kam es zu einem Vertragskompromiss, biblisch gesprochen zu einem Bund zwischen dem von Mose verkündigten Gott und dem aus Ägypten befreiten Volk. In diesem Bund wurde die Einzigkeit Gottes anerkannt, ihm alleinige Verehrung gelobt. Aber was theoretisch anerkannt war, wurde praktisch immer wieder von neuem in Frage gestellt, vor allem durch die Verehrung der anderen Gottheiten im Lande Kanaan, in dem das Volk Israel nun mit anderen Völkern lebte. Vermutlich war es eher so, dass die starke Neigung, die älteren weiblichen Gottheiten (wie die in Jer 44, 17 erwähnte Himmelskönigin) weiterhin zu verehren, durch die rigiden Verbote der nunmehr patriarchalen Gesellschaft zu einem Schuldbewusstsein führte, aber in einer seltsamen

Mischung: als Schuldgefühl sowohl gegenüber den verratenen Müttern als auch gegenüber dem strengen, alleinige Anbetung verlangenden Vater. Es kann auch Schuldgefühle gegeben haben, weil das jüdische Volk nicht genug Widerstandkraft gegenüber den Gottheiten der Großmächte entwickelt hatte – der rigide Monotheismus unter Berufung auf Mose wird im Alten Testament ja erst in der Auseinandersetzung mit Assyrien (Deuteronomium um 630 v. Chr.) und Babylon (Priesterschrift nach 580 v. Chr.) entwickelt. Diese beiden Schriften benutzen die Autorität des Mose, um den Monotheismus auf einem höheren Niveau, einmal sozial, zum andern kultisch-ethisch, abzusichern. Und hier ist auch die von Freud benannte Latenz zu entdecken: Das Deuteronomium mit seinem strengen Monotheismus war nach einem Bericht von 2 Kö 22 ein lange verstecktes Gesetzbuch, das bei Renovierungsarbeiten im Tempel zur Zeit des Königs Josia gefunden wurde. Als der König es liest, zerreißt er seine Kleider als Zeichen der Buße, weil er erkennt, dass Israel „nicht den Worten dieses Buches gehorcht habe"(V.13), also den Worten, die sich auf die Alleinverehrung Jahwes und die entsprechende soziale Praxis beziehen. Auch Jan Assmann hat das von Freud beschriebene, ins Unbewusste abgedrängte Vergehen Israels in diesem Abfall (nicht in der Tötung Moses) gesehen.[25] Dass die geschichtlich immer fragwürdiger werdende Mose- und Exoduserfahrung einschließlich ihrer aggressiven Anteile ein Schema ist, das auf spätere geschichtliche Erfahrungen des jüdischen Volkes gelegt wurde, konnte Freud bei seinem Stand der Kenntnis der alttestamentlichen Wissenschaft, auf die er sich ja sonst bezieht, nicht wissen. Hier setzt Jan Assmann mit seinem „Moses der Ägypter"[26] an mit seiner Benennung von Mose als Figur der Erinnerung, nicht der Geschichte - eine solche Figur war hingegen der monotheistisch eingestellte Pharao Echnaton, der dann aus der Geschichte getilgt

---

[25] Jan Assmann, Sigmund Freud und das kulturelle Gedächtnis, in: Psyche 58, 2004, 1ff

[26] Jan Assmann, Moses der Ägypter. Entzifferung einer Gedächtnisspur, München 1998

wurde. Mit der von ihm behaupteten 'mosaischen Unterscheidung' wahr/falsch, die den Monotheismus aggressiv gemacht habe, im Unterschied zum toleranten antiken Kosmotheismus, der das eine Göttliche in allen Religionen voraussetzte, hat er sich nicht nur Freunde gemacht. Assmann sieht hier etwas Richtiges, was er aber überbetont (aggressiver Eingottglaube), vor allem würdigt er die ethische Qualität des jüdischen Monotheismus nicht angemessen.[27]

In der neueren Diskussion um Freuds Moses ist die Beschneidung als kulturell-religiöses Unterscheidungszeichen als Trauma Israels gedeutet worden. 1991 hat der Historiker Yosef H. Yerushalemi in *Freuds Moses* Freud vorgeworfen, er habe das Problem auf die Zwangsalternative von bewusster Tradition oder genetischer Codierung reduziert. Angesichts dieser Alternative habe Freud sich für die zweite Option entschieden und Lamarcks Theorie der biologischen Vererbbarkeit erworbener Eigenschaften auf die Psychohistorie ausgedehnt. Diese Behauptung blieb nicht unwidersprochen. R. Bernstein hat in *Freud und das Vermächtnis des Moses* 2003 versucht zu zeigen, dass Freud ein drittes im Auge gehabt habe: unbewusste Erinnerungsspuren, die nicht biologisch, sondern kulturell übertragen werden. Und zwar in einem Zusammenspiel von bewusster Überlieferung, vorbewussten Einstellungen und unbewussten Erinnerungsspuren. Darin spiegeln sich die dynamischen Konflikte von Ich, Es und Über-Ich. Die Religionsgeschichte ist Spiegelung dieser psychischen Konflikte. Bernstein sieht die Freud umtreibende Frage nach der historischen Wahrheit der Religion nicht im Urvatermord und auch nicht in der Ermordung des Moses, sondern in der ödipalen Erfahrung des Schuldgefühls. Der Monotheismus als Vaterreligion erzwingt Sublimierungsleistungen, das ist der von Freud aufgezeigte „Fortschritt in der Geistigkeit". Freud kennt aber noch kein kulturelles Gedächtnis, bleibt bei dem ontogenetischen und phylogenetischen stehen.[28]

---

[27] S. dazu H.-J. Benedict, Ägypten-Heimat des Monotheismus? in: Junge Kirche H.10/1998

[28] S. J. Assmanns Kritik in einer Rezension von Bernsteins Buch, in: FR 1.7. 2003

Was waren die „tönernen Füße" des Kolosses, die „jeder Narr umstürzen" könne, wie Freud befürchtete? Es waren Freuds historische Konstruktionen, für die er sich auf fragwürdige Gewährsmänner bezog. Gibt es bessere Gewährsmänner? Ist die Abfolge von ʿFrühem Trauma, Abwehr, Latenz, Ausbrechen der Symptome, Wiederkehr des Verdrängtenʾ nicht in der biblischen Tradition selbst zu erkennen? Eben in dem Kampf um die rechte Gottesverehrung im exilischen und nachexilischen Judentum, die ich eben geschildert habe?

Jedenfalls war der Bund zwischen Gott und dem Volk in der Sicht der nachexilischen Theologie trotz aller Ambivalenz ein lebbarer Kompromiss. Deswegen wurden die Regeln, die Gott seinem Volk gab, sprich die Gebote, als Weg zum Leben angesehen. Und so hat ja das Judentum bis heute die Behauptung des Paulus, das Gesetz führe zum Tod, abgelehnt. Für den frommen Juden sind die Weisungen Gottes Ermöglichung von Leben vor Gott und mit Gott. „Wenn jemand sich um die Tora bemüht, dann ist es als stünde er auf dem Berg Sinai und nähme sie in Empfang." Die Tora, die ja nicht nur die Gebote enthält, sondern vor allem die Berichte von Gottes Taten, ist im Judentum mit Leben, Liebe und Freude verbunden. Sie ist der Weg, den der Mensch mit Gott geht und Gott mit den Menschen. Und dieser Weg führt bis ins Leiden, nicht mehr „um unsrer Sünden willen", sondern „um deines Namens willen" (Kiddusch ha schem). Er endet nicht einmal im Vernichtungslager, wo einmal, wie Elie Wiesel berichtet, die ins Gas geführten jüdischen Häftlinge das Kaddisch, das jüdische Totengebet anstimmen, das beginnt: Sein großer Name sei gepriesen in Ewigkeit. Was ähnlich die zu den Gaskammern transportierten Juden in Schönbergs Kantate *Ein Überlebender aus Warschau* tun, als sie nach dem Zählappell das Schema Jisrael zitieren.

Diese Dimension jüdischer Leidensfrömmigkeit war dem Realisten und Atheisten Freud weitgehend fremd. Er sah bei aller Betroffenheit (durch

Understatement erträglich gemacht) auf die neue Welle des Antisemitismus mit dem Blick des psychoanalytischen Religions`historikers´ auf Judentum und Christentum. Um die Entwicklung dieser beiden Religionen mit seiner Theorie vom Urvatermord zu kombinieren, musste er eine Fortentwicklung zwischen beiden konstatieren.

Noch einmal: Freud nimmt an, der von den Propheten immer wieder zum Ausdruck gebrachte Glaube an den Messias habe seinen Ursprung in dem Wunsch, der ermordete Vater, sprich Moses, möge wiederkommen. Als Jesus ermordet wurde, brach in Paulus die Erkenntnis durch, er sei der Messias, der die Schuld aller, die Erbsünde (eigentlich den Mordwunsch) freiwillig auf sich genommen habe. „Das Judentum war eine Vaterreligion gewesen, das Christentum wurde eine Sohnesreligion. Der alte Gottvater trat hinter Christus zurück, kam an seine Stelle, ganz so, wie es in jener Urzeit jeder Sohn ersehnt hatte." (94) Und doch war das Christentum religionsgeschichtlich, das heißt in Bezug auf die Wiederkehr des Verdrängten, ein Fortschritt, die jüdische Religion von da ab gewissermaßen ein Fossil. (95) Und ich zitiere noch einmal jenen merkwürdigen Satz zum christlichen Vorwurf des Gottesmordes: „Und dieser Vorwurf hat recht, wenn man ihn richtig übersetzt. Er lautet dann, auf die Geschichte der Religionen bezogen: Ihr wollt nicht zugeben, dass ihr Gott gemordet habt. Ein Zusatz sollte aussagen: ‚Wir haben freilich dasselbe getan, aber wir haben es zugestanden, und wir sind seither entsühnt'." (96)

B) Das für mich Skandalöse des von Freud bestätigten Gottesmordvorwurfs

Für mich war dieser Satz wie ein Schlag ins Gesicht. Da bemühte ich mich jedes Jahr zu Passionszeit wieder, den Frommen in der Gemeinde, die die Leidensgeschichte Jesu als geoffenbarte Wahrheit lesen und deswegen die Schuld am Tode Jesu allein den Juden geben, klarzumachen, wie tendenziös diese Berichte der Evangelisten sind und dass ein

Satz wie "Sein Blut komme über uns" ein Ergebnis antijüdischer Propaganda ist. Und dann finde ich den schrecklichen Gottesmordvorwurf, dessen Wirkungsgeschichte bis Auschwitz reicht, ausgerechnet von dem `neuen Moses´ Freud, dem großen Helfer der Menschheit, bestätigt. Nun könnte ich mich mit der Auskunft beruhigen: Meine Gemeindeglieder kennen Freuds Moses-Studie nicht, noch weniger seine Hypothese vom Mord an dem Urvater, der in dem Mord an Mose und in der Ermordung Jesu, des Moses redivivus, wiederholt wurde. Insofern wäre es nicht schlimm, wenn die traditionelle Lektüre der Passionsberichte durch Freud ins Recht gesetzt würde.

Aber trotzdem sah ich durch Freuds Behauptung mein Bemühen um historische Gerechtigkeit desavouiert, und die hieß: Freispruch der Juden vom Vorwurf des Gottesmordes. Denn der Mord an Jesus war ein Justizmord des römischen Statthalters Pilatus. Selbst wenn er von der kleinen sadduzäischen Oberschicht gewollt war, war er doch niemals den Juden oder dem jüdischen Volk als ganzem anzulasten. Der Vorwurf des Gottesmordes hätte nie gemacht werden dürfen, führt seine schreckliche Blutspur doch bis hin zu Auschwitz und Treblinka und demaskiert zumindest das deutsche Christentum als eine mörderische Religion, die ihre eigenen aggressiven Anteile auf ihre älteren Geschwister abwälzte.

Mit dem jüdischen Rabbi Pinchas Lapide versuchte ich zu zeigen, dass nach der offiziellen christlichen Doktrin wir die Gottesmörder (aufgrund unsrer Entfremdung von Gott) seien, dass wir diese Einsicht aber nur gelegentlich in Sündenbekenntnissen und Passionsliedern („ich, ich und meine Sünden, die sich wie Körnlein finden des Sandes an dem Meer" sind es, die Jesu Opfertod notwendig machen) zu Wort kommen ließen, statt dessen mit den Evangelisten den Juden die Schuld am Tode Jesu zuschoben. Dabei unterschlagen wir die Tatsache, dass für die jüdische Oberschicht Jesus ebenfalls ein Abweichler wie viele andere war, nicht aber der Sohn Gottes.

Zum Sohn Gottes, zur 2. Person der Trinität machte ihn erst die altkirchliche Christologie. (Allerdings gibt es den vaterersetzenden Zug bereits in der frühen adoptianischen Christologie der Jesus-Nachfolger, wie Erich Fromm in „Das Christusdogma" gezeigt hat. Kannte Freud diesen Text?) Sie machte ihn gewissermaßen ʻnachträglichˊ zu Gott und konnte so behaupten, in Christus sei Gott selbst gestorben. Zusammen mit der antijüdischen Stimmung in der Schilderung des Prozesses Jesu ergab dies die brisante Mischung für den Vorwurf des Gottesmords. Selbst die erhabenen Matthäus- und Johannespassionen von Johann Sebastian Bach können mit ihrer musikalischen Kraft in den Turba-Chören diesen Antijudaismus provozieren oder bestärken. Die fromme mit Christus leidende Seele wird von ihnen mitgerissen im Zorn auf das jüdische Volk und die Oberen, die den Unschuldigen sterben lassen. Noch im 19. Jahrhundert, so wird aus Frankfurt berichtet, ist das christliche Volk mit Hep-Hep-Rufen (Abkürzung für: Hierusalema est perdita) aus den Passionsgottesdiensten in das Judenviertel gestürmt.

Durch die Lektüre von Freuds Schrift ist mir zumindest verständlicher geworden, wieso die bloße Aufklärung über das tatsächliche Geschehen vor 2000 Jahren, wie sie z. B. auch P. Lapide betreibt, nicht an die psychische Tiefendimension heranreicht, an den Wunsch nämlich, denjenigen bestraft zu sehen, der eine eigene wichtige Einsicht (Jesus ist der die Schuld sühnende Messias) konsequent ablehnt. Mit der rapiden Abnahme existentieller Verankerung christlichen Glaubens wird sicher auch der antisemitische Vorwurf des Gottesmords verschwinden. Wobei, was psychisch hinter ihm steht, an anderer Stelle wieder auftaucht, etwa in Vorurteilen gegenüber den nicht in unsere Kultur passenden Moslems und anderen Fremden (z.B. Asylbewerbern). Inzwischen werden immer mehr Brandanschläge auf Moscheen verübt.

C) Ist die christliche Erlösungsreligion wirklich ein Fortschritt?

Aber eines beunruhigt mich dennoch weiter: Freuds Annahme, dass die von Paulus zuerst formulierte Erlösungsbotschaft ein Fortschritt gegenüber dem jüdischen Schuldbewusstsein sei. Noch einmal Freud:

„Das Schuldbewußtsein jener Zeit war längst nicht mehr auf das jüdische Volk beschränkt, es hatte als ein dumpfes Unbehagen, als eine Unheilsahnung, deren Grund niemand anzugeben wußte, alle Mittelmeervölker ergriffen. Die Klärung der bedrückten Situation ging vom Judentum aus. Ungeachtet aller Annäherungen und Vorbereitungen ringsum war es doch ein jüdischer Mann, Saulus aus Tarsus, der sich als römischer Bürger Paulus nannte, in dessen Geist zuerst die Erkenntnis durchbrach: Wir sind so unglücklich, weil wir Gottvater getötet haben. Und es ist überaus verständlich, daß er dies Stück Wahrheit nicht anders erfassen konnte als in der wahnhaften Einkleidung der frohen Botschaft: Wir sind von aller Schuld erlöst, seitdem einer von uns sein Leben geopfert hat, um uns zu entsühnen (...) Mit der Kraft, die ihm aus der Quelle historischer Wahrheit zufloß, warf dieser neue Glaube alle Hindernisse nieder, an die Stelle der beseligenden Auserwähltheit trat nun die befreiende Erlösung." (132)

Ich habe meine Zweifel, ob die christliche Erlösungsreligion ein Fortschritt ist, weil sie mit ihrem Entsühnungsgedanken als Staatsreligion sehr schnell die Rechtfertigung von Gewalt und Unterdrückung beförderte. Das `Ein für alle Mal´ des Sühnetodes Christi entlastete von der ständigen Selbstbefragung, wie sie das jüdische Schuldgefühl auszeichnete. Während das jüdische Schuldbewusstsein dazu führte, auch noch die schlimmsten Situationen geduldig hinzunehmen, weil man ja nichts Besseres verdient habe, hat die christliche Sühnebotschaft zur Entschuldigung schlimmster Untaten geführt, von den Kreuzzügen über die Massenmorde an Frauen in Europa und den Indianern in Amerika bis hin zum Völkermord an den Juden. Die im Sinne der antiken Tragödie kathartische Funktion der Kreuzigung Christi - wir werden inne, was wir zu tun imstande sind und lassen deswegen von den realen Kreuzigungen ab (zumal angesichts der evidenten Unschuld Christi) - setzte sich gegenüber der exkulpierenden Funktion des Opfers Christi nicht durch. Das ist die Fehleinschätzung in Renee Girards interessanter Deutung, Christi selbstgewähltes Opfer sei das Ende des sakrifiziellen Opfergeschehens, das nach einem mimetischen Gewaltstau jeweils eine zeitweilige Lösung im Opfer suchte.[29] Wir wissen: Die Passionsfrömmigkeit fristet eine für die Alltagsethik weithin folgenloses Winkeldasein – nach Karfreitag bzw. Ostern ist die Erschütterung vorbei und die rücksichtslose Durchsetzung dominiert wieder das Alltagsgeschehen. (Aber vor Ostern häufen sich in Deutschland auf jüdischen Friedhöfen die Grabschändungen.)

Wenn ich 72 Jahre nach Freuds Tod frage, was seine Hypothese eines von der Tötung des Urvaters und seiner späteren Reinkarnationen herrührenden allgemeinen Schuldbewusstseins, das im Judentum noch lebendig, im Christentum durch die Phantasie des Sühnetodes Jesu aufgehoben sei, für die Gegenwart bedeuten kann, so ist die Antwort: Eher wenig. Was Freud nach eigenem Bekunden so faszinierte: Die Großartigkeit der Einsicht, dass „der Religion historische Wahrheit zukommt", interessiert heute im Zeitalter tiefenpsychologischer Interpretation der Bibel nur wenige, und dann zumeist die falschen (etwa die katholische Amtskirche bei ihren Angriffen auf Eugen Drewermann). Was hätte Freud wohl zu Drewermanns Ansatz gesagt, dass Jesus durch sein Beispiel und sein Vertrauen von der menschlichen Angst befreit wie keine andere Erlösergestalt? Und dass in der Resymbolisierung biblischer Geschichten (sozusagen als Therapieergänzung etwa im Bibliodrama) Aufhebung von Angst geschieht?!

---

[29] S. dazu H.-J. Benedict, Die dunkle Seite Gottes, in: H. Düringer (Hrsg), Monotheismus – eine Quelle der Gewalt?, Frankfurt/M 2004

Ein bisher nicht bekannter Freud-Text[30] gibt darauf die überaschende Antwort, dass die Identifizierung mit Christus, die eine Doppelidentifizierung zugleich mit männlichen (machtvoll und gebieterisch) und weiblichen Strebungen (passiv) ist, sich für die Lösung der ödipalen Konflikte besonders eignet. Männlich dominant werden wie Gottvater durch passive Hingabe: „Die Menschen werden nicht so bald geneigt sein, das aufzugeben, was ihnen die Erlösung von dem schwersten Konflikt bringt, mit dem sie zu ringen haben. Sie werden sich der Identifizierung mit Christus noch durch lange Zeit bedienen."[31] Hier finde also eine Wandlung der aggressiven Anteile durch Hingabe, ja Liebe statt. Darin liege der Fortschritt des Christentums, so Freud. Er ist aber, so ergänze ich, auch ein jüdisches Erbe, insofern sich dort schon der leidende Gottesknecht findet. Dass die fundamentalistische Identifizierung mit Christus nun gerade wieder gewaltförmigen Lösungen zuneigt (s. Bushs Politik gestützt von den Wiedergeborenen bzw. der fundamentalistische Islam der Gotteskrieger) zeigt, wie gewaltanfällig unaufgeklärte Glaubensformen sind.

D) Der Ausstieg aus der Schuldgeschichte - Israel als ʻnormaler Staatʻ

Ein anderer Aspekt ist mir noch wichtig, und ich betrete dies Terrain nur zögerlich. Freuds Mythos von dem durch den Urvatermord hervorgerufenen und sich forterbenden Schuldbewusstsein ist nach Auschwitz und der Gründung des Staates Israel anders zu sehen. Die jüdische Glaubens- und Leidensbereitschaft ist durch den Holocaust an eine Grenze des

---

[30] Sigmund Freud (Ohne Titel) Ein bisher unbekannter Text, abgedruckt in: Neue Rundschau (117) 2006, 9-26. Dieser Text ist wohl 1931 im Zuge der Vorarbeiten für ein Buch über den amerikanischen Präsidenten Woodrow Wilson entstanden und wird in der NR von Ilse Gubrich-Simitis kommentiert.
[31] Ebd.23

Grauens und Gotteszweifels geführt worden, in der die Erwägung irgendeiner prähistorischen Schuld völlig gegenstandslos wird. Hätte Freud von Auschwitz gewusst, er hätte seine Mosesstudie wohl nicht mehr veröffentlicht, jedenfalls nicht mit dem Akzent auf der 'tragischen Schuld' der Juden wegen ihres nicht eingestandenen Urvater- und Mosesmords.

Was ich sagen will, ist folgendes: Mit der Gründung des Staates Israel beginnt der Ausstieg der Juden aus ihrer, mit Freud gesprochen, Geschichte des Schuldbewusstseins, die ja vor allem eine Leidensgeschichte war. In gewisser Weise war die Gründung eines jüdischen Staates das Ende einer besonderen Gottesbeziehung, wie er sich in dem Gedanken der Auserwählung manifestierte. (Man kann allerdings auch mit Emil Fackenheim sagen, es ist die logische Fortsetzung, insofern sich im Überleben des Volkes und der Gründung des Staates Israel der kategorische Imperativ Gottes zeigt, zu überleben und so Hitler nicht nachträglich recht zu geben.) Die Rückkehr Israels zu staatlicher Normalität sagt Nein zur ständigen Opferhaltung und Leidensbereitschaft, wie sie vor allem das Ostjudentum auszeichnete. Es ist dies nach dem Grauen des Holocaust eine notwendige Reaktion. Dass der Staat Israel nicht gewaltfrei gegründet wurde und sich in der Folgezeit mit Gewalt behaupten musste bis hin zu Präventivkriegen und der Besetzung fremder Gebiete, mag für den Sympathisanten des Judentums ein Grund zur Enttäuschung sein. Aber er muß sich daran gewöhnen, dass der jüdische Staat wie alle anderen Staaten zur eigenen Selbstbehauptung nach innen und nach außen auf das Mittel der Gewalt zurückgreift. Mit Gottvertrauen und Leidensbereitschaft allein, das muß auch gegen die großen Propheten Israels gesagt werden, ist kein Staat zu machen.

Dass der Staat Israel dabei in den letzten 30 Jahren überproportionale Gewalt angewendet hat und auch gegenwärtig mit seiner Politik oft den eigenen Interessen zuwiderhandelt, weil nur ein Kompromiss mit den Palästinensern zum Frieden in dieser Region führen kann (den aber der

Iran, Hamas und Hisbollah noch? nicht wollen), steht auf einem anderen Blatt. Dass die orthodoxen religiösen Kräfte an dieser kontraproduktiven Politik führend beteiligt sind, ist vielleicht tragisch zu nennen. Und dass sie damit Schuld auf sich laden, ist gewiss. Sie haben ihr Pendant in den Selbstmordattentätern auf der andern Seite. Die Schüsse der Sicherheitskräfte an der Klagemauer, die 22 Palästinenser töteten (1991), die Kriegszüge gegen die Hisbollah im Libanon in den 90er Jahren und gegen die Hamas im Gazastreifen (2006, 2009, 2012, und 2014 ausgelöst durch die Ermordung dreier jüdischer Schüler), die willentlich die Zerstörung des Lebens „Unbeteiligter" in Kauf nehmen und die jeweils politisch Verantwortlichen durch Bombenangriffe zur Vernunft bringen wollen, sind nicht mehr nur staatliche Überreaktion brutalster Art, wie sie auch woanders vorkommen.[32] Denn es ließe sich mit Freuds Interpretationsschema fragen: Kehrt nicht in den Falken Israels der aggressive Jahwe wieder, der bei der ersten Landnahme eine führende Rolle spielte, in den auf Ausgleich gestimmten Kräften aber der friedliche Gott ägyptischen Ursprungs, den Mose den Juden verkündete und der später mit Jahwe verschmolz? Und könnte es sein, dass notwendigerweise die Falken schließlich Friedenspolitiker werden, wie es sich selbst bei Scharon andeutete? Dass erst über den viel zu vielen Gräbern, wie bei der Initiative israelisch-palästinensischer Eltern, deren Kinder infolge von Terroranschlägen umgekommen sind, Versöhnung ermöglicht wird? Die religiöse Aufladung eines ursprünglich säkularen Konflikts hat Hans G.Kippenberg[33] überzeugend analysiert. Wäre nicht die endlich umfassend durchgeführte Zwei-Staaten-Lösung die staatliche Form der Ver-

---

[32] Dass Israels Existenzrecht und seine militärische Absicherung zum Bestandteil deutscher Außenpolitik gehört, wie Kanzlerin Merkel betonte, ist angesichts der deutschen Schuld an dieser Nahost-Konstellation durch den Holocaust völlig verständlich. Trotzdem muss Kritik an überzogener Vergeltung wie in den beiden letzten Gaza-Kriegen möglich sein, ohne dass sogleich der Antisemitismus-Vorwurf laut wird. Zugleich muss die jüdische Bevölkerung in Deutschland gegenüber antisemtischen Attacken, etwa von muslimischer Seite, besonders Jugendlichen und von einzelnen Gruppen der antiimperialistischen Linken in Schutz genommen werden.

[33] Hans G. Kippenberg, Gewalt als Gottesdienst. Religionskriege im Zeitalter der Globalisierung, München 2008

söhnung der beiden Anteile im jüdisch-arabischen Gottesbegriff – Gott ist gerecht-ahndend und barmherzig?

Im übrigen wirft die Lektüre von Freuds Studie gegenwärtig viel für das Verständnis des islamischen Fundamentalismus und seiner Verletzbarkeit wie seiner Aggressivität ab. Ich verweise nur auf die Erkenntnis: „Eine Tradition, die nur auf Mitteilung gründet, konnte nicht den Zwangscharakter erzeugen, der den religiösen Phänomenen zukommt (...) Die Tradition muß erst das Schicksal der Verdrängung, den Zustand des Verweilens im Unbewussten durchgemacht haben, ehe sie bei ihrer Wiederkehr so mächtige Wirkungen entfallen und die Massen in ihren Bann zwingen kann, wie wir es an der religiösen Tradition mit Erstaunen und bisher ohne Verständnis gesehen haben." (105) Aber das ist bereits ein weiteres Thema.

Meine Verunsicherung durch Freuds Studie ist nicht geringer geworden. Seine prähistorische Spekulation mit wichtigen aktuellen Bezügen hat mich gefesselt. Als Theologiestudent hat man mir mit Bezug auf Mose den "Tod des Religionsstifters" (C. Koch) in dem Sinne erklärt, dass Israels religiöse Errungenschaften sich auch in seiner Umwelt finden. Das hatte mich desillusioniert, aber auch ratlos zurückgelassen.

Ich sitze am Toten Meer und blicke auf das gegenüberliegende Ufer. Wo ist denn nun die Wahrheit, wenn die Mosesgestalt im Nebel orientalischer Religionsgeschichte verschwindet? Freuds Mordthese lichtet den Nebel wenig, bringt mir aber Mose wieder näher. Seine historische Ableitung des Schuldbewusstseins, die doch wie die der Sündenfallgeschichte eher mythologisch ist, ruft immerhin existentielle Bezüge wach. Über meine Schuldgefühle musste ich nachdenken und darüber, was sie wohl mit meinen aggressiven Wünschen gegenüber meinem Vater zu tun haben. Und wieso kann ich nicht mehr an den Sühnetod Jesu glauben, der für mich als junger Mann ganz wichtig war?

Meine Skepsis gegenüber Freuds Spekulation bleibt. Aber dass es in dem Unbewussten der Völker und des einzelnen archaische seelische Regungen gibt, die immer wieder hervorbrechen können und je mehr, umso weniger sie angeschaut und durchgearbeitet werden, das ist mir deutlich geworden. „Moses" bzw. die Moses-Tradition „hat den Juden gemacht", damit das Gefühl der Auserwähltheit, die Geistigkeit und das Schuldgefühl – und letztlich auch die Ambivalenz der christlich „schlecht getauften" Gastvölker gegenüber den Juden, die in ihren Gefilden wohnen. So hat sich der kranke Greis in seinen letzten Lebensjahren nicht umsonst mit dem Mose gemüht.

Hiob in der großen Stadt
„Berlin Alexanderplatz" von Alfred Döblin

Frauke Dettmer

Alfred Döblin wurde am 10. August 1878 in Stettin geboren. Der Vater, Inhaber eines Schneiderateliers, verließ die Familie und ging mit seiner jungen Geliebten nach Amerika. Die Mutter zog mit ihren fünf Kindern nach Berlin-Friedrichshain, in den Osten der Stadt. Ein Leben in Armut folgte, ein „Bettelexistenz", schrieb Döblin in seinem Erinnerungsbuch „Schicksalsreise".[1] Eine einschneidende Erfahrung für sein ganzes Leben.

Die jüdische Religion war zu Hause kaum wahrnehmbar. Seine Eltern besuchten an Rosch Haschana und Jom Kippur die Synagoge. Seine Mutter las manchmal in einem ihrer hebräischen Bücher. Mit dem zeittypischen humanistischen und preußischen Bildungskanon kam Döblin vor allem im Gymnasium in Berührung, wo er eine Freistelle hatte. Was ihn aber eigentlich begeisterte und bewegte war die Literatur, und zwar besonders die von Heinrich von Kleist und von Hölderlin.[2] Später entdeckte er Dostojewski und dessen Raskolnikow.

Döblin studierte Medizin, weil er „die Wahrheit" wollte, eine Wahrheit, „die aber nicht durch Begriffe gelaufen und hierbei verdünnt und zerfasert war. Ich wollte keine bloße Philosophie und noch weniger den lieben Augenschein Kunst."[3] Den Ersten Weltkrieg machte er als Freiwilliger mit, als Militärarzt diente er im Elsass. 1919 eröffnete er eine Kas-

---

[1] Alfred Döblin, Schicksalsreise. Bericht und Bekenntnis. Flucht und Exil 1940-1948. München, Zürich 1986, S. 106.
[2] a.a.O., S.107 f.
[3] a.a.O., S. 109.

senarztpraxis für Nerven- und Gemütsleiden in Berlin-Friedrichshain, dem Stadtteil, den er so gut kannte und der vom Alexanderplatz nur ein paar Tramstationen entfernt liegt. Hier im Berliner Osten der kleinen Leute spielt denn auch der erfolgreichste Roman des damals 51jährigen schreibenden Arztes, 1929 erschienen.

Schon während des Studiums begann er zu schreiben. Sein Erstling „Jagende Rosse" blieb unveröffentlicht. Der Roman „Der schwarze Vorhang", 1902/03 geschrieben, erschien 1912 in Herwarth Waldens einflussreicher Zeitschrift „Der Sturm".[4] Die Bekanntschaft mit Walden um 1902 brachte ihm den Kontakt mit der literarischen Szene. Er lernte Else Lasker-Schüler kennen, Peter Hille, Richard Dehmel und andere. Er schrieb eine Vielzahl von Essays und Rezensionen, Erzählungen und auch einige Theaterstücke, zum Teil unter Pseudonym. Seinen Durchbruch erlebte er mit dem Erzählband „Die Ermordung einer Butterblume" (1913 erschienen) und den Romanen „Wadzeks Kampf mit der Dampfturbine" (1918) und „Die drei Sprünge des Wang-Lun", für den er 1916 den Fontane-Preis erhielt. Sie etablierten seinen Ruf als einer der führenden Vertreter des literarischen Expressionismus.

Nach dem Krieg erschien der Roman „Wallenstein", dem wie dem Roman „Die drei Sprünge des Wang-Lun" historische Vorgänge zugrunde liegen. Ging es in „Wang-Lun" um die Frage des widerständigen Handelns gegen einen totalitären Herrscher, so setzte sich der Autor in „Wallenstein" unter dem Eindruck des Ersten Weltkriegs mit der den einzelnen und die Gesellschaft deformierenden Gewalt des Krieges auseinander, ein Thema, das ihn auch in „Berlin Alexanderplatz" beschäftigte.

1924 erschien der Roman „Berge, Meere und Giganten", angesiedelt in der Zeit um 2700-3000. Superstädte haben die Landschaft, die Natur

---

[4] Roland Links, Alfred Döblin. München 1981. Lizenzausgabe Berlin/DDR 1980, S. 17

weitgehend ausgelöscht. Ungeheure Maschinen dominieren jedes Leben – eine heute wieder sehr aktuelle Kritik an der Ideologie der „totalen Naturbeherrschung" durch die Technik und damit durch den Menschen.[5] In dem Versepos „Manas" (1927), angeregt durch das indische Nationalepos „Mahabharata", steht dagegen das Individuum im Mittelpunkt, als leidender, aber auch mitleidender Mensch, und die Begegnung mit dem Tod[6] – auch dies ein Thema, das Döblin in „Berlin Alexanderplatz" wieder aufnahm.

Nach all den literarischen Ausflügen zu Schauplätzen der Vergangenheit und der Zukunft, zu fernen Ländern und utopischen Orten wandte sich Döblin mit dem Roman „Berlin Alexanderplatz" seiner unmittelbaren täglichen Umgebung zu. „Die Geschichte von Franz Biberkopf"[7] ist im Milieu der kleinen und kleinsten Leute angesiedelt, in dem Armut und Arbeitslosigkeit, dunkle Geschäfte und Verbrechen zu Hause sind. Es ist die Zeit der Goldenen Zwanziger Jahre, in denen Berlin glitzert und funkelt, Theater, Konzertleben, Varieté, bildende Kunst und Literatur einen Höhenrausch an Kreativität von Weltniveau erleben. Aber es gibt zugleich eben auch die Abseite, die durch die Katastrophe des Krieges traumatisierten, verkrüppelten und entwurzelten Menschen, die Opfer der ökonomischen Krisenzeit, die sich bewusstlos saufen, kriminell werden oder sich rot oder braun radikalisieren, denen der sichere Boden entzogen ist und die sich in einem Sumpf von Lebensgier, Gewalt, Armut und Verbrechen bewegen. Für all das ist die Stadt Berlin die Bühne, „die Hure Babylon". Mit dieser Allegorie spielt der Erzähler immer wie-

---

[5] Otto Klein, Das Thema Gewalt im Werk Alfred Döblins. Ästhetische, ethische und religiöse Sichtweisen. Hamburg 1995, S. 162 f.
[6] Klein, a.a.O., S. 184.
[7] Alle im Folgenden genannten Seitenzahlen beziehen sich auf die Ausgabe des Deutschen Taschenbuch Verlags München, 27. Aufl., 1988. (Hier zitiert: Döblin 1988.)

der auf die biblische Stadt als Bild für diesen „Sumpf" und schließlich seine Vergänglichkeit an.

Zusammen mit Franz Biberkopf, dem 30jährigen früheren Zementarbeiter, dann Transportarbeiter, der vier Jahre wegen Totschlags an seiner Geliebten in Tegel hinter Gittern gesessen hat, betreten wir den Moloch Berlin, sehen ihn mit seinen Augen, die vier Jahre hinter Mauern buchstäblich nur Zucht und Ordnung gesehen haben. Jetzt stürzt diese Stadt auf ihn und den Leser ein. Am Alexanderplatz rammt sich die Stadt in die Erde hinein – die U-Bahn wird ausgebaut, der Boden wankt, zugleich entsteht etwas Neues, ein Motiv, das den Weg Biberkopfs durch die Stadt begleiten wird. Die Dächer stemmen sich in den Himmel und scheinen von den Häusern rutschen zu wollen – eine instabile Welt voller Menschenmassen, voll bedrohlichen Verkehrs und einer Kakaphonie beunruhigender Geräusche. Die Großstadt mit ihren ganz neuen Dimensionen, anziehend, aufregend, aber auch bedrohlich (man denke an den Film „Metropolis" von 1927) und die Menschen, die sie bevölkern und die Döblin auftreten lässt, erkennen wir wieder in der Bilderwelt der Künstler des Expressionismus und der Neuen Sachlichkeit wie George Grosz, Otto Dix, Jeanne Mammen, Ernst Ludwig Kirchner, Max Beckmann, Ludwig Meidner und andere. All die Döblinschen Armen und Arbeitslosen, die Bettler, Herumtreiber, Huren und Halbweltexistenzen, Hausierer und Straßenhändler, Säufer, Diebe, Schieber, Betrüger und Verbrecher, die sich auf der Straße drängen, in dunklen Ecken und Hauseingängen, Hinterhöfen und Treppenhäusern, überfüllten schäbigen Mietwohnungen, Absteigen, Kneipen und Spelunken könnten ihren Bildern entstiegen sein. Dazwischen, im Scheunenviertel bei der Oranienburger Straße, die aus Galizien vor der Armut, den Pogromen und der Polonisierung geflohenen Ostjuden, wieder eine Welt für sich, wie aus dem 18. Jahrhundert der Chassidim mit Kaftan, Schläfenlocken und langen Bärten in die Moderne katapultiert, Welten entfernt vom zeitgenössischen deutschen Judentum.

Es ist eine Welt, die aus den Fugen geraten ist – das erleiden die einen und gestalten die anderen, die modernen bildenden und schreibenden Künstler ganz besonders – und manche wie Ludwig Meidner mit seinen apokalyptischen Bildern ahnen bevorstehende noch größere Katastrophen. Und es ist eine Welt, in der der Glaube an eine gottgewollte Ordnung, eine – trotz allen Leids – verlässliche sinnvolle Werteordnung auf den Schlachtfeldern des Krieges getötet worden ist. (Siehe das Bild von George Grosz „Christus am Kreuz mit Gasmaske und Soldatenstiefeln" von 1928, mit der Unterschrift: „Maul halten und weiter dienen".) Es ist eine Welt nicht ohne Liebe und menschliche Nähe, aber eine Welt ohne Gott.[8] Hier gilt nur das „11. Gebot", sagt Biberkopf, und das heißt: „Laß Dir nicht verblüffen." [9] Nimm einfach alles hin. Der Mensch kann nicht mehr geben, als er hat.

Gott kommt nur noch in Sprüchen und Liedern vor. „Es ist ein Schnitter, der heißt Tod, hat Gewalt vom großen Gott." „Der Mensch denkt, Gott lenkt."[10] Franz Biberkopf sinniert ziemlich rüde: „Der liebe Gott hat die Erde gemacht, das soll mir ein Pfaff sagen, wozu. Aber er hat sie doch noch besser gemacht, als die Pfaffen wissen, er hat uns erlaubt, auf den ganzen Zauber zu pissen."
Oder als sarkastischer Scherz, ebenfalls Franz: „An jedem Finger einen (Revolver) und wenn der liebe Gott fragt, warum, dann sagst du: ich komm mit ner großen Equipage, wat man unten nich gehabt hat, kann man oben haben."[11] Das ist der Schlüssel oder zumindest ein wichtiger Schlüssel zum Verständnis der Variante der Hiobsgeschichte, die Alfred Döblin mit Franz Biberkopf in der großen Stadt Berlin geschrieben hat.

---

[8] Georg Langenhorst, Hiob, unser Zeitgenosse. Die literarische Hiob-Rezeption im 20. Jahrhundert als theologische Herausforderung. Mainz 1994, S. 103.
[9] Döblin 1988, S. 115 f.
[10] a.a.O., zum Beispiel S. 163 und S. 372.
[11] a.a.O., S. 358 und S. 367.

Stilistisch und formal ist Döblin auf der Höhe der Zeit oder seiner Zeit in Deutschland sogar voraus. Der Roman ist ein fulminantes Gebilde, das einerseits aus dem Erzählstrang um Franz Biberkopf und seiner Entwicklung besteht, der andererseits umgeben und durchwirkt, begleitet und durchbrochen wird durch eine Vielzahl einmontierter Passagen aus Zeitungen, Reklame, Amtsblättern, physikalischen und medizinischen Lehrbüchern und durch Zitate aus der Bibel, aus Gedichten, Oper, Schlager, der griechischen Mythologie, aus der hohen wie trivialen Literatur. Nicht immer sind diese Bruchstücke und Zitate eins zu eins wieder gegeben, sondern oft genug eigenwillig verändert, umgedeutet, verzerrt, parodiert, ironisiert, oft auseinander gerissen und zersplittert, ein buntes Kaleidoskop von Bildungsgut und sozusagen „Unbildungsgut" und Realitätsfetzen. Mit dem „lieben Anschein Kunst", die dem Leser eine einfache ethische oder ästhetische Orientierung an die Hand gibt, hat das alles nicht viel zu tun. Eher schon mit einer Art Verstörung, die aber den Leser nicht ohne eine Botschaft des Autors zurück lässt.

Eine ganz ähnliche Technik wandten zwei Zeitgenossen Döblins an, James Joyce in seinem Roman „Ulysses" und John Dos Passos in „Manhattan Transfer". Die deutsche Übersetzung von „Ulysses" erschien 1927 und Döblin las sie, als er mitten in seiner Arbeit am „Alexanderplatz" war, mit Entzücken „und es war ein guter Wind in meinen Segeln".[12] Er fühlte sich in seiner Schreibweise bestätigt, wenn er auch stets darauf bestand, er sei nicht von James Joyce beeinflusst worden. Vielmehr könne „dieselbe Zeit ... unabhängig voneinander Ähnliches, ja Gleiches" erzeugen.[13] Jedenfalls unternahmen alle drei Autoren den Versuch, eine literarische Totalperspektive der Großstadt zu entwerfen. Dies also der Schauplatz. Döblin hat sich dagegen gewehrt, seinen Roman auf einen Großstadtroman zu reduzieren. Es sei vielmehr auf eine

---

[12] a.a.O., S.413.
[13] a.a.O.

„philosophische, ja metaphysische Linie" zu achten, die in jedem großen Roman zum Fundament gehöre.[14]

Biberkopf betritt also im Ersten Buch (= Kapitel) 1927 Berlin und fühlt sich nach den Jahren der dumpfen und engen, aber geregelten Gefängniswelt erschlagen von der chaotischen Gewalt der Stadt. Biberkopf ist von eher abstoßendem Äußeren, „ein grober, ungeschlachter Mann", fast zwei Zentner schwer (jedenfalls vor der Gefängnishaft), stark wie eine „Kobraschlange".[15] Aber die Frauen sehen auch seine Augen, braun, tierisch, treuherzig.[16] Doch jetzt, bei seiner Entlassung packt den starken Mann die große Angst. Er flieht in einen Hinterhof und beginnt zu singen, wie ein Kind, das sich im Dunkeln fürchtet. „Es braust ein Ruf wie Donnerhall..."[17] Ein Anwohner, ein Ostjude mit Schläfenlocken und rotem Bart, nimmt den offensichtlich Angeschlagenen, Hilfsbedürftigen mit ins Haus. Nach einiger Zeit verlässt Biberkopf die Wohnung gestärkt und ermutigt. Was ist geschehen? Nicht die Weisheit und Weisung von Tora und Talmud haben ihm einen Weg gezeigt. Nein, der Jude Nachum hat ihm die Geschichte eines jüdischen Hochstaplers und Betrügers erzählt, der keine Angst vor der Welt hatte.[18] Und obwohl dieser Hochstapler im Gefängnis endete, wo er sich das Leben nahm, zieht Biberkopf eine positive Lehre daraus: Es gibt noch mehr solcher wie er es ist. Und: „Es können alle wieder auf die Beene kommen."

Bei der zweiten Begegnung, als Franz Biberkopf sich schon wieder wie ein Mensch fühlt, ganz obenauf, nur weil sein Bauch voll ist und er sich ausgerechnet bei der Schwester der von ihm erschlagenen Ida als Mann

---

[14] a.a.O., S. 412.
[15] a.a.O., S. 36, 84.
[16] a.a.O., S. 227.
[17] a.a.O., S.13: Aus dem patriotisch gemeinten, aber chauvinistisch vereinnahmten Lied „Die Wacht am Rhein".
[18] a.a.O., S. 19.

bestätigt hat[19], bei dieser Begegnung nun erzählt Nachum die Geschichte von einem Mann, der einen Ball wirft, aber der Ball fliegt nicht so, wie er es will. Sein Rat für Franz: „Seid geduldig auf der Welt. Weiß ich, wies in Euch aussieht und was Gott mit Euch vorhat. Der Ball, seht, der fliegt nicht, wie Ihr ihn werft und wie man will ..." Nachums Mahnung kommt aus einer anderen Welt, in der es einen Gott gab und vielleicht noch gibt. Franz fehlt die Grundlage für eine solche Erkenntnis, die das Scheitern menschlicher Bemühungen angesichts einer übergeordneten Macht von vornherein einbezieht. „Mein Ball fliegt gut, Sie! Mir kann keener!" Er ist sowohl naiv – er hat sich nämlich vorgenommen, anständig zu bleiben[20] und genau so anständig soll sein Ball fliegen, was soll ihn daran hindern? – als auch von krasser Unwissenheit darüber, was eigentlich das moralische Fundament für ein anständiges Leben sein könnte.

Zwar mahnt ihn eine innere Stimme, die ebenfalls aus einer anderen Welt zu kommen scheint, in der einmal die Zehn Gebote als ethischer Leitfaden existierten. Diese Stimme fordert ihn auf: „Bereuen sollst du; erkennen, was geschehen ist; erkennen, was nottut!"[21] Doch er hat die vier Haftjahre nicht genutzt, sich mit seiner Tat, dem Totschlag aus Eifersucht an seiner Freundin Ida, auseinander zu setzen, zu bereuen und zu erkennen, dass er sein Verhalten, sein Leben ändern muss. „Was bereuen! Luft muss man sich machen! Drauf losschlagen! Dann liegt alles hinter einem, dann ist alles vorbei, Angst und alles."[22]

Warum hat Döblin gerade diesen unschönen, dicken Arbeiter und Totschläger, naiv und brutal zugleich, „frech, dabei feige und voller Schwäche" und von begrenzter Erkenntnisfähigkeit, zum Helden seines Ent-

---

[19] a.a.O., S. 32.
[20] a.a.O., S. 36.
[21] a.a.O., S. 17.
[22] a.a.O., S .22.

wicklungsromans gewählt? Zu seinem Hiob, der durch verschiedene Leidensstufen hindurch gehen muss, ehe ihm zum Schluss „der Star gestochen wird" und sein Leben, „das furchtbare Ding", doch noch einen „Sinn bekommt", so der Erzähler in der Vorrede zum Roman. Der Grund ist wohl der gleiche, der seine bildenden Künstlerkollegen bewogen hat, solche Menschen vom Ende des sozialen Spektrums auf Leinwand und Papier zu bannen. Sie sahen diese prekären Existenzen als Chiffre der Zeit der Weimarer Republik [23], die weder politisch, noch ökonomisch, noch als ethisches Wertesystem zur Ruhe kam; in der der Wertekanon des bürgerlichen 19. Jahrhunderts, auf Bildung, Aufklärung, und ja, auch immer noch auf Religion beruhend, allmählich zerbröckelte. Etwas Unberechenbarem ausgesetzt, „das wie ein Schicksal aussieht", ist Biberkopf eine Art moderner armseliger „Jedermann"[24]. Seine Geschichte sei für jeden lohnend zu hören, „der wie Franz Biberkopf in einer Menschenhaut" wohnt[25], so der Erzähler. „Ich habe ihn hergerufen zu keinem Spiel, sondern zum Erleben seines schweren, wahren und aufhellenden Daseins."[26]

Biberkopf sucht sich verschiedene Tätigkeiten, er verkauft Schlipshalter, dann Zeitungen. Er hat eine Freundin, die schlampige, herzige Lina aus Czernowitz. Er verkauft auch völkische Zeitungen. „Er hat nichts gegen die Juden, aber er ist für Ordnung."[27] In der Kneipe kommt es deswegen zum Streit mit linken Genossen. Doch Franz Biberkopf sind politische Inhalte vollkommen gleichgültig. Ruhe und Ordnung sollen herrschen, „damit man arbeiten und leben kann." Zugleich graut ihm:

---

[23] Ähnlich auch bei Langenhorst, S. 103: „Hiob wird in Franz Bi-berkopf zum Stellvertreter des modernen Großstadtmenschen über-haupt."
[24] a.a.O., S. 102.
[25] Döblin 1988, Vorrede, S.7.
[26] a.a.O., Vorrede zum Zweiten Buch, S. 37.
[27] a.a.O., S. 69.

„Es ist etwas nicht in Ordnung in der Welt."[28] Und auch in ihm spiegelt sich die Unordnung der Welt, er bekommt einen Tobsuchtsanfall, das Gewalttätige seiner Persönlichkeit gewinnt – fast – die Oberhand. Die dunkle Wolke zieht noch einmal vorüber. Und der Leser ahnt, der Vorsatz vom „anständigen" Leben, der wird wohl bald an dieser Unordnung um ihn und in ihm scheitern.

Im Dritten Buch erlebt Biberkopf den „ersten Schlag". Er hausiert inzwischen mit Schnürsenkeln, bändelt dabei mit einer Witwe an und wird von seinem Kumpel Otto Lüders, ebenfalls Hausierer, betrogen, so dass er Witwe und Geschäft verliert. Das wirft Biberkopf, der doch nach der Haft gerade erst wieder Fuß fasst, völlig aus der Bahn; er verkriecht sich, trinkt oder schläft. Er ahnt, dass das anständige Leben nicht so simpel zu bekommen ist, wie er es sich dachte.[29] Der Ball rollt eben doch nicht so, wie er es wollte. Sein kleines, naiv erdachtes Paradies mit Ruhe und Ordnung ist eine Illusion. „Die Schlange war vom Baum geraschelt. Verflucht sollst du sein mit allem Vieh ..."[30], heißt es im Vierten Buch, das mit der Ankündigung des Erzählers beginnt: „Franz Biberkopf ist für schlimmere Dinge aufbewahrt."[31] Zunächst sucht er noch einmal Hilfe bei Nachum und dessen Schwager Eliser, doch umsonst: Die vernünftigen Ratschläge, sich als kräftiger Mensch, der er ist, irgendeine Arbeit zu suchen, stoßen auf seine „eiserne Brechstange": „Wir arbeiten nicht mehr, es lohnt nicht." „Der Mensch kann nicht mehr hergeben, man ist keine Maschine."[32]

Es folgt ein Einschub über den Berliner Schlachthof mit allen technischen Fakten bis hin zum detaillierten Tötungsvorgang; diesem Montagestück kommt schon durch seine Länge von sieben Seiten eine beson-

---

[28] a.a.O., S. 80 f.
[29] a.a.O., S. 129: „Er wollte anständig sein, aber da sind Schufte ..."
[30] a.a.O., S. 116.
[31] a.a.O., S. 105.
[32] a.a.O., S. 115 f.

dere Bedeutung zu. Es nimmt den zuvor gefallenen Satz auf : „Verflucht sollst du sein mit allem Vieh" und es weist auf die ungeschönte Wahrheit hin, wie sie im Buch Kohelet (Prediger Salomo) steht: „Denn es geht dem Menschen wie dem Vieh; wie dies stirbt, so stirbt er auch." [33] Das Geschehen im Schlachthof wird von jetzt an noch einige Male in den übrigen Text montiert, [34] zum Beispiel, um das Abschlachten eines Kälbchens zu demonstrieren, durch einen sanften alten Mann, „ohne Zorn, ohne große Aufregung, auch ohne Wehmut, nein, so ist es, du bist ein gutes Tier, du weißt ja, das muß so geschehen."[35] Die Schlachthausszene leitet über in den Text, der zum ersten Mal ganz direkt den Bezug Hiob-Franz herstellt. Danach folgt die Fortsetzung des Kohelet-Zitats: „Und haben alle einerlei Odem, und der Mensch hat nichts mehr denn das Vieh."

Dieser Schlachthof mit den menschlichen „Henkern", den „Totschlagbuchten", dem bewusstlos Schlagen, Abschlachten, den Strömen von Blut, dem Röcheln, Rasseln und Zittern der Tiere, ist eigentlich die Hölle. Aber so wie die Welt draußen vor der Tür des Schlachthofes eine Welt ohne Gott ist, so ist auch diese Hölle keine Gegenwelt des Büßens, der Strafe und des Fegefeuers, sondern des Fressens und Gefressen-Werdens.[36] Hier herrscht kein Hass beim Töten, aber auch kein Mitleid mit der Kreatur.[37] Es ist eine gnadenlose, aber vollkommen banale Hölle, die in zunächst nüchternem, dann immer sarkastischer werdendem Stil des Erzählers vorgeführt wird und zum Schluss zum Schlachtfest mutiert, Gäste, Festjubel, „schwarzes schönes jubelndes Blut". Und „der Akt der Verwandlung" („Es (das Tier) ist tief bewußtlos, wir sind in die Metaphysik, die Theologie eingetreten, mein Kind, du gehst jetzt nicht

---

[33] a.a.O., S. 117.
[34] a.a.O., S. 152, 257. - Siehe auch S. 317, als Reinhold Mieze tötet. –
[35] a.a.O., S. 128.
[36] Vgl. Langenhorst, S. 100.
[37] Vgl. Klein, S. 196.

mehr auf der Erde, wir wandern jetzt auf Wolken… Jetzt läßt das Zucken nach. Jetzt liegst du still. Wir sind am Ende von Physiologie und Theologie, die Physik beginnt." [38]) dient nichts anderem als der Versorgung der Menschen mit Fleisch. Und so endet diese bluttriefende, gewalttätige Szenerie, konsequenterweise und ganz sachlich-nüchtern, im „gut beleuchtete(n) Fleischerladen."[39]

Es folgt das „Gespräch" einer Stimme mit Hiob.[40] Ob es seine eigene Stimme ist, die ihn zu einer bisher nicht gewollten Erkenntnis drängt oder die des Satans, wie die Stimme selbst behauptet,[41] bleibt offen. Da aber im Laufe der Biberkopf-Geschichte und besonders am Ende der Tod und die Stimme des Todes so eine zentrale Rolle einnehmen, könnte man sich hier auch den Tod als Sprecher, als quälenden Provokateur und Mahner vorstellen, ähnlich wie im Mysterienspiel vom „Jedermann". „Heile mich", sagt Hiob verzweifelt. Die Stimme entgegnet: „ Hiob, überlege dir gut, du kannst mich nicht sehen. Wenn du die Augen aufmachst, erschrickst du vielleicht vor mir. Vielleicht laß ich mich hoch und schrecklich bezahlen."

Das Hiob-Thema ist schon einige Male durch den Erzähler angedeutet worden, so, wenn Biberkopf als „edler Dulder" bezeichnet wird, ein Topos, der traditionell auf Hiob angewendet wird, oder wenn ihm eine christliche Broschüre mit dem Titel „Durch Unglück zum Glück" in die Hände fällt. Auch die Ankündigung eines Vortrages „Wer ist vor Gott gerecht?"[42] gehört zu den Hinweisen. Durch die Vorrede auf das „furchtbare" Leben des Franz Biberkopf vorbereitet, ist der Vergleich

---

[38] Döblin 1988, S.121.
[39] a.a.O., S. 124.
[40] a.a.O., S. 124 – 127.
[41] So auch Helmut Bernsmeier, Alfred Döblin, Berlin Alexander-platz. Stuttgart 2002, S. 46.
[42] Döblin 1988, S. 64, 83 und 111. – Siehe dazu Langenhorst, S. 99.

mit Hiob nicht ganz überraschend. Auch wenn der Leser zu diesem Zeitpunkt noch nicht konkret weiß, was auf Biberkopf zukommen wird, Andeutungen eines fatalen Schicksals gab es schon mehrere. Das Gespräch des Hiob-Franz mit einer Stimme, frei nach der biblischen Hiobgeschichte, ist die Vorausschau auf das, was erst noch kommen wird. Die Freiheit, die sich der Autor gegenüber dem biblischen Stoff nimmt, lässt jedoch an seiner Intention keinen Zweifel. Hiob-Franz muss bis zu seinem bitteren Ende gehen, „muß bis auf die innerste Seele verbrannt werden ...". Dann erst, als er gebrochen auf das Gesicht fällt, wie es hier heißt, wird seine Heilung beginnen. Ich werde darauf noch zurück kommen.

Im Fünften Buch wagt sich Biberkopf aus seiner Bude heraus und handelt wieder mit Zeitungen. Er gerät in eine dunkle Gesellschaft, lernt Reinhold, den Stotterer mit den traurigen Augen kennen, betätigt sich für ihn als eine Art Zuhälter. Durch ihn kommt er zu einer neuen Freundin, Cilly. Ebenso zufällig nimmt er an einem gewalttätigen Einbruch teil – der Ball rollt auch hier wieder einmal in die falsche Richtung, aber nicht, weil eine höhere Gewalt es so will, sondern weil Franz nach wie vor naiv [43] ist, nichts durchschaut, nichts durchschauen will, nichts an seinem Leben geändert hat. „Verflucht ist der Mann, spricht Jeremia, der sich auf Menschen verläßt ..."[44] und nicht auf Gott. Zumal, wenn er sich auf solche Menschen wie Reinhold verlässt. Der stille Stotterer, den Franz als Freund betrachtet, entpuppt sich als das Böse schlechthin, besitzt auf einmal enorme Kraft, stottert nicht mehr, wirft Franz nach dem Einbruch brutal vom Wagen, so dass er von dem sie verfolgenden Auto überfahren wird und einen Arm verliert. Auch dieses Böse, das Reinhold verkörpert, „die dunkle Macht"[45], hat eine lediglich banale Qualität, ist ohne tieferen Sinn – es überkommt ihn, wenn er Alkohol

---

[43] Döblin 1988, S. 164.
[44] a.a.O., S. 175.
[45] a.a.O., S. 191.

trinkt .[46] „Mausgrau in mausgrau", eine unscheinbare Gestalt, ähnlich dem blassen jungen Mann, der im Schlachthof die Axt nimmt..." [47] Mit Reinhold tritt der „ Schnitter, der heißt Tod, hat Gewalt vom großen Gott"[48] auf: Dieses Volkslied (das später Eingang in das kirchliche Gesangbuch fand) wird von nun an leitmotivisch den Weg Franz Biberkopfs begleiten.

Im Sechsten Buch kommt der jetzt einarmige Biberkopf allmählich wieder auf die Beine, aber er bleibt in seiner Sicht doch nur ein „halber Mensch". Auch moralisch ist es nun endgültig vorbei mit dem Wunsch nach einem anständigen Leben. Er verdient sein Geld als Hehler und Lude durch die Arbeit anderer. Er trotzt: Dass er nun wieder Verbrecher sei, tue ihm gar nicht weh, im Gegenteil. Aber es gibt auch eine Scham, nämlich die, dass er sich von Reinhold hat betrügen und nach der bösen Tat auch noch hat erniedrigen lassen. Diese Scham kann umschlagen: „Vielleicht, wer weiß, wie es bei so einem im Kopf aussieht, vielleicht will Franz sich von Reinhold seinen Arm wieder holen."[49]

Er überwindet sein tierisches Zittern vor Reinhold und fühlt sich danach wie „neugeboren".[50] Er will kein Opfer sein, so wie die zitternden Tiere im Schlachthof und auch nicht wie Isaak, dessen Geschichte um die beinahe vollzogene Opferung eingeschoben wird. Diese Geschichte, sehr frei erzählt, wird am Ende ironisch aufgehoben durch die Aneinanderreihung von Hallelujah-Rufen, die kein Ende nehmen wollen. Die Botschaft, so muss der Leser aus dieser Ironisierung entnehmen, lautet daher: Glaubt ja nicht, dass das Messer – durch eine höhere Macht - rechtzeitig vom Hals genommen wird. Döblin meinte später (1955), dass das

---

[46] a.a.O., S. 194.
[47] a.a.O., S. 173, 152.
[48] a.a.O., S. 163.
[49] a.a.O., S. 269 f.
[50] a.a.O., S. 269.

innere Thema des Romans laute, sich selbst zum Opfer bringen und dabei nannte er auch diese Szene – hier widerspricht er seinem eigenen Erzählton, möglicherweise aus der Sicht des inzwischen zum Katholizismus Konvertierten.[51]

Immerhin ist Franz Biberkopf jetzt soweit, dass er erkennt, dass der Mensch im Gegensatz zum Vieh einen Kopf und Augen hat. Doch wo bleibt die Anwendung dieser Erkenntnis? Er lebt weiter seinen Trott, wie die immer wieder zitierte Fliege, die stumpf durch den Sand nach oben krabbelt und zu brummen anfängt.[52]

Im Siebten Buch „saust der Hammer", wie der Erzähler ankündigt. Franz hat mit seinem linken Arm soviel Stärke und Ansehen in Pums Einbrecherbande gewonnen, dass er Reinhold aus der Anführerposition verdrängt. Er hat die Bestie, die ihm den Arm „abgebissen" hat, „gestaucht".[53] Dafür wird Reinhold sich rächen, an Biberkopfs neuer Freundin. Er bringt Mieze um, die gegen seine Gewalt keine Chance hat, so wie das Kälbchen im Schlachthaus umgebracht wurde.[54] Die Worte aus dem Buch Kohelet begleiten wie Hammerschläge den Mord: Ein „jegliches hat seine Zeit, würgen und heilen, brechen und bauen, suchen und verlieren ... behalten und wegwerfen ... zerreißen und zunähen..." Immer wieder werden diese unerbittlich realistischen Worte wiederholt, manchmal nur noch als dröhnende Satzfetzen: Ein jegliches, ein jegliches. Hier läuft Döblin mit seiner Montage- und Zitiertechnik nicht nur literarisch zur Hochform auf – es rieselt dem Leser kalt den Rücken herunter. Er führt ein Lebensgesetz drastisch vor Augen, das eigentlich nur

---

[51] a.a.O., S. 414. - Vgl. Diskussion der Interpreten dazu bei Timothy Casey, Alttestamentliche Motive in Döblins Berlin Alexan-derplatz: Die Rezeption des Romans und der Streit um sein Schlußbild, in: Franz Link (Hrsg.), Paradeigmata. Literarische Typologie des Alten Testaments. 2. Teil: 20. Jahrhundert. Berlin 1989, S. 527-541.
[52] Döblin 1988, S. 257.
[53] a.a.O., S. 291.
[54] a.a.O., S. 316 f.

zu ertragen ist, wenn man es als von einer übergeordneten Kraft in einen Sinnzusammenhang gestellt sehen kann. Ohne diesen Zusammenhang ist es das Prinzip des Schlachthauses. „Sie (Mieze) wurde zerschlagen, weil sie dastand, zufällig neben dem Mann, und das ist das Leben..."[55]

Im Achten Buch wird Miezes Leiche gefunden. Reinhold kann sich zunächst absetzen. Franz sieht nichts und hört nichts, aber er ahnt etwas. Er weiß nicht, ob er stark genug ist, der Wahrheit ins Gesicht zu sehen. Wieder wird eine Hiob-Sequenz eingeschoben. Dann heißt es: „Du wirst keine Gelder verlieren, Franz, du selbst wirst bis auf die innerste Seele verbrannt werden."[56] Franz erfährt nun vom Mord an Mieze und er wird in diesem Zusammenhang von der Polizei gesucht. An Mieze hat er gehangen, wenn auch bei ihr mehrmals seine gewalttätige Natur die Liebe verdrängte, so auch noch kurz vor ihrem Tod, als er so eifersüchtig war, dass er sie blutig schlug. Nun kann er nicht leben und nicht sterben.[57]

Warum beteuert er so heftig seine Unschuld?[58] Gerade deswegen, weil er an ihrem Tod mit- schuldig ist. Bis er das erkennt und eingesteht, wird noch eine schmerzhafte Entwicklung nötig sein. Worin besteht seine Schuld? Er hat Reinhold, dem Abstinenzler, das Trinken beigebracht, das erst die gewalttätige Natur, das Böse, den „Stier" in Reinhold herauslockt. Und er hat in dessen Gegenwart das Verbrechen quasi vorgemacht – „wie ein Tier" Mieze nicht nur blutig geschlagen, sondern gedroht: „Die -bring- ich- um."[59] Franz und Reinhold sind wie Brüder in ihrer gewalttätigen Seite, nicht zufällig fühlt sich Franz von Anfang an zu ihm hingezogen, betrachtet ihn trotz allem als seinen Freund, liebt ihn

---

[55] a.a.O., S. 341.
[56] A.a.O. S. 342.
[57] a.a.O., S. 352.
[58] a.a.O., S. 347.
[59] a.a.O., S. 301. – Vgl. auch Klein, S. 205.

sogar. Aber Franz darf eine Entwicklung durchmachen, die Reinhold verwehrt ist. Die Würfel werden über ihn (Franz) geworfen und alles wird seinen Sinn bekommen, „einen unerwarteten schrecklichen Sinn."[60]

Anders als Hiob bekommt Franz nun auf seinem sich allmählich dem Ende nähernden Weg zwei Engel zur Seite gestellt, Sarug und Terah.[61] Schon mit den fünf Sperlingen, die auf dem Bayrischen Platz über Franz fliegen - die Geister von fünf erschlagenen Bösewichten, die Biberkopf kannten und die über ihn sprechen und zanken - verlässt Döblins Erzähler die Realität und geht ins Märchenhafte und Surreale,[62] ins „Meta-Physische". Die Engel sind ein weiterer Schritt in die Richtung.

Vielleicht ist es an dieser Stelle notwendig, den Leser schon einmal vorzubereiten auf den Einbruch der „metaphysischen" Welt in die reale Welt, damit er das Ende und den Neubeginn des Franz Biberkopf versteht. Biberkopfs irdischer Weg ist bald zu Ende, wie es in der Vorrede des letzten Buches heißt.[63] Während die Vögel-Bösewichter Gift und Galle über Biberkopf ausgießen, hören die Engel sein stummes, wildes Heulen. Sie werden ihn eine Weile beschützen, denn er ist kurz davor „sehend" zu werden, also mit dem Kopf, Verstand seine Schuld zu erkennen, und „fühlend" zu werden, das heißt, den Schmerz, die Scham über sich auszuhalten. Die Engel haben die Hoffnung, dass er nicht vorher ausweichen, also zu früh sterben wird.[64] Diese Engel sind offenbar keine Boten des Himmels, zumindest wird nichts dergleichen angedeu-

---

[60] a.a.O., S. 353.
[61] a.a.O., S. 355 f. – Gabriele Sander, Alfred Döblin, Berlin Alexanderplatz. Erläuterungen und Dokumente. Stuttgart 1998, S. 65: Die Namen sind wohl alttestamentlich inspiriert. In 1. Mose 11, 20 wird ein Serug genannt, aus dem Geschlecht Sems, der ein Sohn Noahs war. In 1. Mose 11, 24 -26 Tharah, der Erzeuger Abrahams.
[62] Döblin 1988, S. 348. – Sander, S. 64.
[63] Döblin 1988, S. 371.
[64] a.a.O., S. 355 f.

tet. Sie sind eher Engel des Todes, der ja Franz Biberkopf in eben diesen Prozess treiben wird.

Sie verlassen ihn, als er die Waffen streckt (ganz buchstäblich – einen Polizisten verwundet er immerhin mit der Pistole), als er sein Versteckspiel mit künstlichem Arm, Hut und Perücke aufgibt. Er wird festgenommen und in die Irrenanstalt Buch bei Berlin eingeliefert. Er verfällt in eine Starre, muss künstlich ernährt werden und reißt sich die Kleider vom Leib. An diesem Tiefpunkt seiner buchstäblich nackten Existenz angelangt, beginnt endlich seine Seele zu suchen und zu fragen,[65] während der Tod sein Lied anstimmt und das Beil schwingt (das Beil, das auch im Schlachthaus geschwungen wurde). Wie in der Hiob-Sequenz schreit Hiob-Franz Tag und Nacht. Und während vor ihm die Hauptfiguren seines Lebens erscheinen – Ida, die er erschlug, Lüders, der ihn betrog, Reinhold, dem er vertraute und Mieze, die er liebte – fordert „die Stimme" des Todes: "Erkenne, bereue." Und während sein alter Adam – symbolisch - verbrennt – dies ist sein „Akt der Verwandlung" - und er endlich weint: „Ich bin schuldig, ich bin kein Mensch, ich bin ein Vieh, ein Untier", darf er sterben. Die Hure Babylon zieht sich keifend zurück, der Tod triumphiert: „... weil er (Franz) stark und gut ist, soll er ein neues Leben tragen." Biberkopf hat eine neue Chance bekommen, so wie Hiob von Gott ein neues Leben geschenkt bekommt.

Über die Rolle des Todes haben sich die Interpreten viele Gedanken gemacht. Dieser Hiob befindet sich ja ganz offenbar nicht in Gottes, sondern in Todes Hand. Die Theologin Dorothee Sölle schreibt, der Tod bedeute hier nicht den Exitus selbst, sondern die Fähigkeit des Menschen, sich preiszugeben, seine Endlichkeit anzunehmen.[66] Wir sind alle unter einem Beil, wie es im Text mehrfach heißt. Ähnlich Walter Schulz, der darauf verweist, dass Döblins Verständnis vom Tod hier mit dem

---

[65] Alles Folgende a.a.O., S. 386 ff.
[66] Zitiert bei Casey, S. 536.

Heideggers korreliert, denn auch er verlangt vom Menschen das Wissen vom Tod und seine Annahme, „um ganz Mensch werden zu können".[67]

Als Franz Karl[68] Biberkopf darf sich der so „verwandelte" Biberkopf aus dem Bett erheben. Er sagt in dem Prozess aus, der nun gegen Reinhold wegen Mord angestrengt wird, aber nichts zu dessen Ungunsten. Er besucht mit der alten Freundin Eva Miezes Grab. Eva, die unbedingt ein Kind von Franz haben wollte und von ihm schwanger war, hat das Kind „gekippt"[69]. Das neue Leben soll eben ausschließlich mit Franz Karl Biberkopf weiter gehen. Eva bemerkt einen neuen Blick an Franz, still, dunkel, suchend.[70] Er wird Hilfsportier in einer Fabrik. Das ist nun nicht gerade eine Erfolgsgeschichte, wie sie zum Schluss dem biblischen Hiob geschenkt wird. Für Franz, der nie reich und erfolgreich war, spielt hier allein das Kriterium eine Rolle, dass er damit der Welt der Kriminalität und der Gewalt, der „Hure Babylon" entzogen ist. Damit endet die Geschichte von Franz Biberkopf Der Roman ist aber noch nicht ganz zu Ende. Darauf komme ich noch.

Ich habe bereits auf einige Ähnlichkeiten, aber auch Unterschiede zwischen dem biblischen Hiob und dem Döblinschen Hiob hingewiesen. Der wohlhabende, allseits geschätzte biblische Hiob, der ein Leben ohne Fehl und Tadel geführt hat, muss alles verlieren, ehe er erkennt, dass er das von Gott ihm auferlegte Schicksal nicht zu befragen, nicht zu hinterfragen hat und er sich bedingungslos diesem Gott anheim zu geben hat. Was verliert Hiob-Franz? Vertrauen in einen Menschen (Lüders), seine körperliche Unversehrtheit, schließlich einen angeblichen Freund (Rein-

---

[67] Zitiert bei Klein, S. 199, Anm. 5.
[68] Bei der Tagung in Sankelmark machte Dietrich Schuhmann aus Flensburg darauf aufmerksam, dass die Namenswahl Franz und Karl womöglich durch Schillers „Räuber" inspiriert sei.
[69] d.h. abgetrieben, Döblin 1988, S. 407.
[70] a.a.O., S. 404.

hold) und seine Freundin Mieze. Die Fallhöhe scheint eine ganz andere zu sein als die des biblischen Hiob. Letzten Endes verliert Franz aber genau so viel, nämlich das Einzige, was er besaß. Er verliert außerdem die scheinbaren Gewissheiten, die bisher sein Leben bestimmt haben: jenes schon zitierte 11. Gebot und das Gebot der Gewalt: Luft muss man sich machen ... .

Wer hinter seinem Unglück steht, das erkennt Biberkopf erst in einem mühsamen schmerzlichen Prozess. Für ihn scheinen es zunächst einmal anonyme „sie" zu sein, die ihn quälen. Als er das erste Mal brutal und völlig überraschend von Reinhold geschlagen wird, sinniert er: „Die Welt ist von Eisen, man kann nichts machen, sie kommt wie eine Walze an, auf einen zu, da ist nichts zu machen, da kommt sie, da läuft sie, da sitzen sie drin, das ist ein Tank, Teufel mit Hörnern und gühenden Augen drin, sie zerfleischen einen, sie sitzen da, mit ihren Ketten und Zähnen zerreißen sie einen. ... da kann keiner ausweichen. Das zuckt im Dunkeln; wenn es Licht ist, wird man alles sehen... wie es gewesen ist."[71] Das Teufelsbild, das nicht wieder aufgenommen wird, erscheint hier in dieser fatalistischen, resignativen Sicht eher als konventionelle Floskel. Dass Biberkopf Teil dieser Gewalt ist, kann er noch nicht erkennen.

Aber wie beim biblischen Hiob gibt es Licht am Ende des Leidensweges, und dieses Ende wird bei beiden durch die je spezifische, sehr unterschiedliche Erkenntnis herbei geführt. Der biblische Hiob gelangt durch göttliche Offenbarung [72] zur Erkenntnis, dass nur das absolute Vertrauen in Gottes, für den Menschen nicht zu entschlüsselnde und nicht zu bewertende, Wege ihn erlösen wird. Die Erkenntnis des Franz Biberkopf besteht darin, seine begrenzte Lebensspanne zu akzeptieren und in dieser ihm zugemessenen Zeit seine Schuld zu erkennen. Hatte er

---

[71] a.a.O., S. 187.
[72] Langenhorst, S. 103.

noch, nachdem er von Miezes Tod erfuhr, zweimal seine Unschuld beteuert, hatte er zuvor seine Schuld an Idas Tod klein geredet (jedem kann mal die Hand ausrutschen und: die Tat beging ja sein rechter Arm, den er dann verlor [73]) – jetzt endlich kurz vor seinem Tod wird ihn das Eingestehen seiner Schuld in ein neues Leben führen. Und daraus resultiert eine weitere Erkenntnis: Durch eigene Schuld, mindestens aber Mitschuld ist er ins Unglück geraten, nicht durch anonyme „sie" und nicht durch ein unbeeinflussbares Schicksal zu einem Hiob geworden, das ist wohl die wichtigste Botschaft des Autors.

Und so besteht das Elend dieser Hiob-Existenzen, von denen Franz ja nur eine unter vielen ist, darin, dass sie sich kaum über das Niveau von Tieren erheben – siehe oben die zunächst folgenlose Erkenntnis Biberkopfs, dass der Mensch sich vom Tier unterscheidet, wenn er nur einmal seinen Kopf und seine Augen benutzen würde. So lange dies nicht geschieht, so lange werden sie nicht anders als das Vieh vegetieren. So wie Hiob im Kohlgarten auf der Erde liegt, nahe bei der Hundehütte, auf einem Niveau mit dem angeketteten Hund.

Schauen wir uns den thematischen Strang „Tier" oder „Vieh" genauer an.[74] Schon der Nachname des Helden hat symbolische Bedeutung: Franz heißt ja nicht Schulze, sondern „Biberkopf". Halb Tier, halb Menschenkopf. Die Anlage in beide Richtungen ist vorhanden, die animalische ebenso wie die der Vernunft und des Mitgefühls. Seine Augen blicken, wie oben zitiert, treuherzig, aber auch tierisch. „Biber" mag zudem auf den plumpen Körperbau unseres Helden anspielen, der sich, wie ein Biber an Land, etwas schwerfällig und langsam bewegt. Ganz nebenbei klingt hier auch der Titel des Theaterstücks an, mit dem Gerhart Hauptmann 1893 das Berliner Bürgertum schockierte: „Der Biberpelz", in dem es um Diebstahl im ebenfalls ungeschönt dargestellten Berliner

---

[73] Döblin 1988, S. 281.
[74] Auch Klein weist auf die Bedeutung des Themas des Animali-schen hin. S. 201.

Milieu der kleinen Leute geht und um die Verlogenheit der „großen" Leute.

Die Vergleiche von Menschen mit Tieren durchziehen den gesamten Text. Biberkopf wird vom Erzähler besonders am Anfang mit einer Kobraschlange verglichen, die stark, kraftvoll, aber auch gefährlich ist. Nun sitzt er da in der Sicht seines Freund-Feindes Reinhold, „dick wie ein Schwein"[75] ; „dieses freche dicke Schwein"; „das Rindsvieh".[76] Sich selber, seine gewaltsame Seite, bezeichnet Reinhold als „Stier".[77] Franz über andere Kneipengänger: Sie saufen wie die Schweine und der Chef der Einbrecherbande, Herr Pums, ist „das dickste aller dicken Schweine" mit seinen „Schweinsäugelein".[78] Weitere durchgängige Bezeichnungen, immer abwertend gemeint: Hund, Töle, Aas (auf Frauen gemünzt), Vieh, Bock, Ochse, Hornochse, Kamel, Affe. Und auch Emilie wird nicht bei ihrem Namen genannt, auch nicht bei ihrem Wunschnamen „Sonja", sondern wird von Biberkopf in „Mieze" umbenannt. Wegen dieser Nähe des Menschen zum Tier muss Franz Erkenntnis kurz vor seinem Tod nicht nur lauten: „Ich bin schuldig", sondern weiter: „Ich bin kein Mensch, ich bin ein Vieh, ein Untier."[79]

Immer neue Bilder fallen dem Autor zu diesem Thema ein, etwa das schon angesprochene Bild der Fliege: „Die Fliege krabbelt hoch, der Sand fällt von ihr ab, bald wird sie wieder brummen."[80] Ein Bild für das Überleben, aber auch für die Blindheit, Sinnlosigkeit des Weitermachens; immer wieder wird man im Sand versinken, wenn man nichts erkennt und auf dem geistigen Niveau einer Fliege bleibt. Noch tiefer

---

[75] Döblin 1988, S. 265.
[76] a.a.O., S. 188.
[77] a.a.O., S. 163.
[78] a.a.O., S. 172.
[79] a.a.O., S. 399.
[80] a.a.O., S. 257, 258, 262.

das Niveau der Würmer: „Denn wenn auch die Würmer Erde fressen und die hinten immer wieder rauslassen, so fressen sie sie immer wieder von neuem." Ein hirnloser, aber lebenserhaltender Vorgang. Auch der Mensch muss fressen, heißt es in diesem Zusammenhang, wie das Feuer; wenn es nichts zu fressen hat, geht es aus. [81]

Diese Vergleichsebene gipfelt in der Schlachthausszene, dem großen Abschlachten, zum Zweck des Gefressen-Werdens, untermalt von dem zentralen Leitmotiv: „Es geht dem Menschen wie dem Vieh..." Aber dieses bluttriefende Schlachtfest bezieht sich nicht nur auf die primitive Ähnlichkeit Mensch - Tier, die tagtägliche Dummheit, Dumpfheit und Gewalt. Es spielt darüber hinaus auf ein anderes Abschlachten an, das des Krieges, besonders des vergangenen, verlorenen Krieges und ebenso das möglicher kommender Kriege. Nicht umsonst entstammt das andere Leitmotiv: „Es ist ein Schnitter, der heißt Tod" aus der Zeit, als der Dreißigjährige Krieg große Teile Europas in ein Schlachthaus verwandelte.[82] Nicht umsonst spielt die Kriegsthematik [83] auf vielerlei Weise eine Rolle: die Kriegsinvaliden - auch der einarmige Franz wird ganz selbstverständlich für einen solchen gehalten -, die Erinnerungen an Kriegsschauplätze, die Zitate aus Marsch- und Kriegsliedern, und immer wieder: Er marschiert, wir marschieren, sie marschieren... Nicht zufällig trägt der gewalttätige Reinhold einen alten Soldatenmantel. Der Krieg ist ebenso wie das Animalische im Menschen ein zentrales Thema. Und beides hängt miteinander eng zusammen.

Der zum Schluss auferstandene Franz Karl erkennt: „Dem Mensch ist gegeben die Vernunft, die Ochsen bilden stattdessen eine Zunft."[84] Soll

---

[81] a.a.O., S. 268.
[82] www.wikipedia.org: Der früheste Beleg des Liedes stammt aus dem Jahr 1637/38, also mitten aus der Zeit des Dreißigjährigen Krieges.
[83] Vgl. Klein, S. 203.
[84] Döblin 1988, S. 410.

heißen, die Ochsen sind keine denkenden und handelnden Individuen, sie trotten hinter dem Leittier her und folgen ihrem Instinkt, ihrem dumpfen Interesse: zu fressen und zu überleben. Jetzt zieht Franz die Konsequenz aus seiner früheren Weisheit: „Ein Mensch aber, der hat Ihnen Augen, in dem steckt viel drin und alles durcheinander; der kann den Deibel denken und muß denken (der hat einen schrecklichen Kopf), was ihm passieren wird."[85]

Und weiter erkennt er, wozu der Mensch seine Augen und seinen Kopf nutzen soll. Diese fundamentale Erkenntnis bezieht sich, wie oben gesagt, einerseits auf das individuelle Schuldeingeständnis, hier aber, an dieser Stelle, ganz zum Schluss des Romans, auf den Krieg, als das große Leid, das Menschen Menschen antun, das Millionen ins Elend, man könnte auch sagen, in eine Hiobs-Existenz stürzt, die größte Schuld, die Menschen auf sich laden. Franz' letzte Worte lauten nämlich: „Wach sein, wach sein, ... Wenn sie Gasbomben werfen, dann muß ich ersticken, man weiß nicht, warum sie geschmissen haben, aber darauf kommts nicht an, man hat Zeit gehabt, sich drum zu kümmern. Wenn Krieg ist, und sie ziehen mich ein, und ich weiß nicht warum, und der Krieg ist auch ohne mich da, so bin ich schuld, und mir geschieht recht. Wach sein, wach sein, man ist nicht allein." „Dann werde ich nicht mehr schrein wie früher: das Schicksal, das Schicksal. Das muß man nicht als Schicksal verehren, man muß es ansehen, anfassen und zerstören." [86]

So weiß Biberkopf schließlich, dass er selber es sein muss, der sein Schicksal in die Hand nimmt. Wenn möglich nicht allein, sondern gemeinsam mit anderen Menschen, die nicht mehr „Ochsen" sein wollen. „Er steht nicht mehr allein am Alexanderplatz. Es sind welche rechts von ihm und links von ihm, vor ihm gehen welche, und hinter ihm gehen

---

[85] a.a.O., S. 257.
[86] a.a.O., S. 410.

welche." ⁸⁷ Und wenn die „Internationale" mehrfach im Text zitiert wird, so ganz gewiss nicht in einem parteipolitischen Sinne, sondern im Sinne eines generellen Appells, wenn es darin heißt: „Es rettet uns kein höheres Wesen, kein Gott, kein Kaiser, kein Tribun. Uns aus dem Elend zu erlösen können wir nur selber tun."⁸⁸

Das dürfte die Lebensauffassung des Autors zu dieser Zeit gewesen sein (er ist ja erst nach 1945 zum Katholizismus und damit zu einer anderen Anschauung konvertiert), die er mit Autoren wie zum Beispiel Bert Brecht teilte, in dessen Drama „Antigone" etwa nicht die Götter das Schicksal der Menschen lenken, sondern die Menschen selber verantwortlich sind für ihre Taten und für ihr Geschick. Ein vorsichtig hoffnungsvolles Motto, dessen Verwirklichung aber zu allen Zeiten und so auch zur Zeit des Weimarer Republik schwierig, vielleicht sogar unmöglich ist, das weiß der Skeptiker Döblin. Und so erscheint die Erlösung des modernen Hiob im Licht des allerletzten Schlusswortes auch lediglich als Utopie. Denn: Der Roman endet ganz anders, nämlich mit kursiv gesetztem Freiheits- und Kriegsgeschrei: „*Es geht in die Freiheit, die Freiheit hinein, die alte Welt muß stürzen, wach auf, Morgenluft. Und Schritt gefaßt und rechts und links, und rechts und links, marschieren, marschieren, wir ziehen in den Krieg, es ziehen mit uns hundert Spielleute mit, sie trommeln und pfeifen, widebum, widebum, ... der eine rennt weiter, der andere liegt stumm, widebum, widebum.*" ⁸⁹

Dieses Ende hat zu Ratlosigkeit und mancherlei Spekulationen Anlass gegeben. Wird hier vielleicht angeknüpft an die Menschen, die gemeinsam mit Biberkopf einen neuen Weg gehen könnten? So sehen es einige Interpreten, die den Schluss, wohl verleitet durch die Zeile „Es geht in die Freiheit...", als einen Aufruf zum Mitmarschieren, zu Revolution und

---

[87] a.a.O., S. 409.
[88] a.a.O., z.B. S. 243.
[89] a.a.O., S. 411.

Befreiungskrieg verstehen. Oder ist es die „abstoßende Stimme des kriegerischen Gemeinschaftsrausches", die hier ertönt? [90] Gerade im Kontext der kurz zuvor von Biberkopf geäußerten Reflektionen über den Krieg, ist dieses Schlusswort wohl kaum anders zu verstehen. Dazu kommt das „widebum, widebum" (aus dem Kinderlied: „Es tanzt eine Bi-Ba-Butzemann"), das jede positive Auslegung dieses Absatzes mit seinem Sarkasmus zunichte macht.

In einem Brief schrieb Döblin 1931, er hätte Biberkopf zum Schluss gern ein „aktives Element, das mehr optimistisch ist" zugedacht. Doch es ging nicht. Aus der Logik der Handlung trat ein „passiv-receptives Element mit tragischer Färbung" hervor. „Der Schluß müßte eigentlich im Himmel spielen, schon wieder eine Seele gerettet, na, das war nicht möglich, aber ich ließ es mir nicht nehmen, zum Schluß Fanfaren zu blasen, es möchte psychologisch stimmen oder nicht. Bisher sehe ich: der Dualismus ist nicht aufzuheben."[91] So sind es keine optimistischen Fanfarenklänge, die sein letztes Wort in diesem Roman begleiten.

Man kann sich denken, dass den Nazis die Botschaft des Romans gar nicht gefiel. Für sie gehörte Döblins Werk zur „Asphaltliteratur", sein Autor zu den „entarteten" Künstlern. Dass er auch noch Jude war, verschärfte die Bedrohung. Am Tage nach dem Reichstagsbrand, am 28. Februar 1933, floh Döblin über die Schweiz nach Frankreich, und 1940, als die Wehrmacht einmarschierte, weiter über Portugal in die USA.

---

[90] Verschiedene Interpretationen ausführlich zusammen gestellt von Casey, S. 537 ff.
[91] Alfred Döblin, Briefe. Freiburg/Br. 1970, S. 165 f.

„... heilig ist nur das Leben"
Das Drama „Jeremias" von Stefan Zweig (1917)

Dieter Andresen

Spielball der Mächte - Juda zwischen Ägypten und Babylon
Jerusalem um die Wende vom 7. zum 6. Jahrhundert v. Chr.: Die `Davidstadt´ hat viel von ihrer alten Herrlichkeit eingebüßt. Sie ist nicht mehr Metropole und Sakralzentrum eines Gesamtstaats, der „Israel" heißt. Das Königreich Davids und seiner Nachfolger gibt es schon lange nicht mehr. Auch das Rest-Israel im Norden ist als politische Größe verschwunden. Es gibt nur noch den Kleinstaat Juda im Süden, mit Jerusalem als Hauptstadt - aber auch nicht mehr selbständig, sondern als Vasallenstaat des Assyrischen Reiches. Nach dem Niedergang Assyriens wird Juda zum Zankapfel zwischen den Großmächten: Ägypten im Süden und den Chaldäern im Osten. Der letzte bedeutende jüdische König Josia will mit seiner Kultusreform (622 v. Chr.) an Israels frühere Größe anknüpfen. Er macht den Jerusalemer Tempel zum Zentralheiligtum des Landes und das "Gesetzbuch des Mose" (5.Mose 12-26) zur Richtschnur des sozialen Lebens. Aber er wird im Kampf gegen Pharao Necho von Ägypten getötet. Sein Sohn Jojakim - Vasallenkönig erst von Nechos, dann von Babylons Gnaden - ist in allem das Gegenbild seines Vaters: berüchtigt durch Prunksucht, soziales Unrecht und politischen Unverstand. Sein Abfall von Nebukadnezar endet mit einer Strafexpedition, bei der Jojakim umkommt. Jerusalem wird erobert, die Elite des Volkes nach Babylon deportiert. Der letzte König von Juda, Zedekia setzt auf Ägypten als Schutzmacht und wiederholt - ungleich schlechter gerüstet - die Torheit des Vorgängers. Sein Aufstand gegen Nebukadnezar wird furchtbar gerächt. Jerusalem wird anderthalb Jahre belagert, ausgehungert, geplündert und dem Erdboden gleichgemacht. Das Heiligtum wird zerstört. Zedekia muss die Hinrichtung seiner Söhne mit anse-

hen, bevor er geblendet und nach Babylon verschleppt wird. Es ist die zweite Welle des Exils: Was von den Leistungsträgern im Volk noch übrig war, muss die Heimat verlassen und ein Leben in der Fremde beginnen, über 900 Kilometer entfernt, ohne Aussicht auf Wiederkehr. Mit Juda als selbständigem Staat ist es für immer vorbei.

Ein Außenseiter aus Anatot - Jeremia in Jerusalem

Einer, der all diese Ereignisse hautnah durchlebt und durchleidet, ist Jeremia (hebr. jirmejahu = JHWH möge aufrichten). Er stammt aus Anatot, einem kleinen Dorf, etwa 5 Kilometer nordöstlich von Jerusalem, lebt aber schon seit Jahrzehnten in der Hauptstadt. Er ist Teil des Volkes, fühlt sich ihm zugehörig und innig verwandt - und steht doch seltsam abseits - schmerzlich getrennt von der Lebenswelt der meisten seiner Landsleute. Er wirkt wie ein Sonderling, ein Außenseiter, phantasiebegabt, übersensibel für das Leiden Anderer, schutzlos ausgesetzt seinen Ängsten und Ahnungen. Etwas Befremdliches geht von ihm aus. Alles, was Freude und Farbe ins Leben bringt, scheint er zu meiden: das bunte Markttreiben, den Umgang mit Freunden, die Liebe einer Frau. Als ob über seinem Leben ein Schatten hängt, ein dunkles Verhängnis. Als ob er Dinge sieht, die allen andern verborgen sind. Aber sein Reden ist machtvoll und greift ans Herz. Wenn er den Mund auftut, muss man zuhören, ob man will oder nicht – z.B. bei seiner Strafpredigt im Tempel, wo er die religiös-politische Selbstsicherheit seines Volkes anprangert:

Verlasst euch nicht auf Lügenworte, wenn sie sagen: der Tempel des Herrn, der Tempel des Herrn, der Tempel des Herrn ist hier! Sondern bessert euer Leben und euer Tun, dass ihr Recht übt untereinander, den Fremden, die Waise und die Witwe nicht unterdrückt, nicht unschuldiges Blut vergießt an diesem Ort und nicht anderen Göttern nachlauft zu eurem Unheil, dann will ich euch an diesem Ort, in dem Land, das ich euren Vätern gegeben habe, wohnen lassen immer und ewig. (Jer. 7,4-7)

Eine Frömmigkeit, die sich in kultischer Anbetung und korrektem Opfervollzug gefällt, die Konkretion in sozialer Praxis aber verweigert, wird von JHWH verworfen. Ihm ist es ... nicht um `Religion´ zu tun. Die anderen Götter brauchen ein Haus, einen Altar, einen Opferdienst, weil sie ohne dies nicht sind... der „lebendige Gott und König der Weltzeit"... braucht nichts von alledem, weil er ist. Er will keine Religion, er will ein Menschenvolk, Menschen mit Menschen lebend, die Entscheidungsmächtigen den Gerechtigkeitsbedürftigen ihr Recht verschaffend, die Starken die Schwachen schonend, Menschen mit Menschen Gemeinschaft habend.[1]

So kennen seine Landsleute den Jeremia seit Jahren, seit dem merkwürdigen Ereignis, das sein Leben verändert hat. Das war im 13. Amtsjahr Josias' - exakt im Jahr 622 v. Chr. Da passiert etwas mit ihm, was er sich nicht gewünscht und nicht aus- gesucht hat. Da ergreift ihn ein Wort, eine Erkenntnis, ein Wissen, das sich ihm schwer auf die Seele legt. Er kann es nicht verdrängen, nicht abschütteln, aber auch nicht bei sich behalten. Nicht wie irgendein Menschenwort, das man schnell wieder vergessen kann. Also nicht ohnmächtig, nicht Meinung, Mahnung, Ermutigung oder so etwas - sondern ein Machtwort, das nicht nur etwas mitteilt, sondern selber wirkt, was es sagt! Und es sagt leider nichts Gutes, sondern Unheil in höchstem Grad. Es ist keine religiöse, sondern eine höchst realistische Botschaft - ein `Wort zur Lage´, das einfach sagt, wie es ist, ohne Beschönigung, ohne Vertröstung. Dies Wort soll nun hin zu den Menschen, die es betrifft, und er, Jeremia, soll Organ und Träger dieser Botschaft sein - nicht nur mit dem Mund, sondern mit Leib und Seele, mit seiner ganzen Existenz. Dagegen sträubt sich der empfindsame junge Mann, verweist auf seine Uner- fahrenheit, seine Jugend. Aber es hilft ihm schon nichts mehr. Der Auftrag ist über- mächtig. Er hat ihn schon mit Beschlag belegt, ist ein Stück von ihm selbst geworden.

---

[1] Martin Buber, Der Glaube der Propheten, Heidelberg 1984, S. 214f

Pazifist im Waffenrock - Stefan Zweig in Wien
Etwa 2500 Jahre später, nach Ausbruch des 1. Weltkriegs 1914, sitzt im Presse-Archiv des Kriegsministeriums in Wien ein Mann - Mitte dreißig - in österreichischer Uniform. Sein Name: Stefan Zweig. 1881 geboren in Wien, aus großbürgerlich-jüdischem Elternhaus. Obwohl dienstuntauglich gemustert und zutiefst pazifistisch gesinnt, hat er sich als österreichischer Patriot zum Militärdienst gemeldet. Aus Solidarität mit den ins Feld rückenden Truppen will er seine Arbeitskraft der Sache Österreichs zur Verfügung stellen. Denn (wie Jeremia) fühlt auch er sich als Teil seines Volkes, ihm zugehörig und innig verwandt. Mit allen Fasern seines Wesens hängt er an Österreich-Ungarn, an der k.u.k. Monarchie, an der geistigen Atmosphäre Wiens, in der er selber schon Spuren gelegt hat: mit ersten Gedichten, Theaterstücken, Übersetzungen u.a. Seine Arbeitskraft ist literarischer Natur. Seine Aufgabe: Journalistische Aufbereitung von Kriegsberichten - möglichst optimistisch gefärbt. Sehr schnell erfährt er den Widerspruch zwischen dieser Tätigkeit und dem, was er wirklich empfindet. Einige Äußerungen aus seinem Tagebuch im Kriegsjahr 1914:

Mir ist ganz grauenhaft zumute bei solchen Nachrichten: mein innerstes Empfinden glaubt nicht an einen österreichischen Sieg, ich weiß nicht warum. Und mir graut für Deutschland, das jetzt mitgerissen wird... Ich bin ganz zerbrochen, ich kann nichts essen, meine Nerven flimmern, ich vermag nicht zu schlafen, ich spüre mit zu viel Phantasie das Grauen der ganzen Stadt, Haus um Haus. Ich sehe die armen Burschen ferne und das Elend, von dem hier noch niemand weiß.[2]

Zu spüren ist hier schon die Identifikation mit der Hauptgestalt des Dramas, an dem er zur gleichen Zeit schreibt: der Tragödie „Jeremias". In den Freistunden, die sein Job ihm gewährt, arbeitet er daran – nicht als Ablenkung vom täglichen Grauen, sondern als Versuch, es geistig zu

---

[2] Stefan Zweig, Gesammelte Werke in Einzelbänden: Tersites – Jeremias. Zwei Dramen, Frankfurt/M. 1982 (2006), zit. im Nachwort des Herausgebers Knut Beck, S. 339

bewältigen. Zugleich erlebt er diese Arbeit als Auseinandersetzung mit seiner jüdischen Herkunft. Er schreibt darüber an Martin Buber:
Es ist die Tragödie und der Hymnus des jüdischen Volkes, des auserwählten – aber nicht im Sinn des Wohlergehens, sondern des ewigen Leidens, des ewigen Niedersturzes und der ewigen Erhebung und der aus solchem Schicksal sich entfaltenden Kraft (...) Der Krieg hat mir, der ich das Leiden als Macht liebe, als Tatsache aber schaudernd fühle, diese Tragödie aufgetan.[3]

Er beschreibt dann im gleichen Brief, wie alles Einengende, Gegensätzliche, Abgrenzende am Judentum seiner Herkunft entgegen sei, ... aber - so heißt es dann weiter: *...ich weiß, daß ich doch ruhe darin und nie ihm abtrünnig sein will und werde. Ich bin nicht stolz darauf, weil ich jeden Stolz auf eine Leistung ablehne, die nicht von mir selbst aus ward (...) Alles, was Stolz in den jüdischen Bekenntnissen ist,...scheint mir eine aufgetane Unsicherheit, eine umgewendete Angst, ein gedrehtes Minderwertigkeitsgefühl.*[4]

Im Unterschied zu Buber lehnt Zweig zionistische Hoffnungen auf einen Judenstaat im realen Palästina instinktiv ab – auch aus Abscheu vor den Exzessen des deutschen Nationalismus im Weltkrieg. Dagegen bejaht er die Diaspora als das Beste am jüdischen Schicksal, *als seine weltbürgerliche allmenschliche Berufung. Und ich wollte keine andere Vereinung als im Geist, in unserm einzigen realen Element.*[5]

Noch zum Ende seines Lebens, in der 1942 erschienenen Autobiographie „Die Welt von gestern", heißt es im Rückblick auf die Arbeit am „Jeremias":

---

[3] Zit. im Nachwort, S. 347f (s. Anm. 2)
[4] Zit. im Nachwort, S. 348f (s. Anm. 2)
[5] Zit. im Nachwort, S. 349f (s. Anm. 2)

...unbewußt hatte ich, indem ich ein Thema der Bibel wählte, an etwas gerührt, das in mir bisher ungenützt gelegen: an die im Blut oder in der Tradition dunkel begründete Gemeinschaft mit dem jüdischen Schicksal. War es nicht dies, mein Volk, das immer wieder besiegt worden war von allen Völkern, immer wieder, immer wieder, und doch sie überdauerte dank einer geheimnisvollen Kraft – eben jener Kraft, die Niederlage zu verwandeln durch den Willen, sie immer und immer wieder zu bestehen? Hatten sie es nicht vorausgewußt, unsere Propheten, dies ewige Gejagtsein und Vertriebensein, das uns auch heute wieder wie Spreu über die Straßen wirft, und hatten sie dies Unterliegen unter der Gewalt nicht bejaht und sogar als einen Weg zu Gott gesegnet? War die Prüfung nicht ewig von Gewinn für alle und für den Einzelnen gewesen? Ich fühlte dies beglückt, während ich an diesem Drama schrieb, dem ersten, das ich von meinen Büchern vor mir selbst gelten ließ. (...) Für mich ist es der Ruhm und die Größe des jüdischen Volkes, das einzige zu sein, das nur eine geistige Heimat, ein ewiges Jerusalem anstrebt. (...) Für mich ist es die Größe des Judentums, übernational zu sein, Ferment und Bindung aller Nationen zu seiner eigenen Idee, er[6] wünscht die jüdische Nation, und ich sehe in jedem Nationalismus die Gefahr der Entzweiung, des Stolzes, der Eingrenzung und der Eitelkeit.[7]

Nicht lange nach Erscheinen der Autobiographie kann Zweigs Vertrauen in die Leid überwindende Kraft seines Volkes ihn selbst nicht mehr trösten. Im Februar 1942 nimmt er sich im Exil in Rio de Janeiro das Leben. Thomas Mann, ein Freund und Verehrer Zweigs, erinnert sich 10 Jahre später:

Liest man sein großes Erinnerungsbuch „Die Welt von gestern", so begreift man ganz, wie sehr dieser so expansive wie zarte, ganz auf Frieden, Freundschaft, Liebe, freien geistigen Austausch gestellte Mensch heimatlich gebunden war an die entschwundene Welt, deren Endstunde

---

[6] Gemeint ist Martin Buber
[7] Zit. im Nachwort, S. 350f (s. Anm. 2)

schon 1914 geschlagen hatte; wie ganz seine Existenz durch sie bedingt war und wie wenig es ihm zur Schande gereicht, daß er in einer Welt voller Hassgeschrei, feindlicher Absperrung und brutalisierender Angst, die uns heute umgibt, nicht fortleben wollte und konnte ... die Verbreitung des Guten war ihm Herzenssache.[8]

Ich versuche nun an Hand ausgewählter Abschnitte eine summarische, notwendig verkürzende Vorstellung des Dramas „Jeremias" von Stefan Zweig - jeweils ergänzt durch Zitate aus dem biblischen Buch `Jeremia´, die den Lesebeispielen entsprechen.

Priester und Opfer zugleich – Die Berufung

Zu Beginn der biblische Bericht von der Berufung Jeremias
(Jer.1,4-10:)

Und das Wort des Herrn geschah zu mir so: Ehe ich dich im Mutterschoß bildete, habe ich dich erkannt, und ehe du aus dem Mutterleib hervorkamst, habe ich dich geheiligt: zum Propheten für die Nationen habe ich dich eingesetzt. Da sagte ich: Ach Herr, HERR! Siehe, ich verstehe nicht zu reden, denn ich bin zu jung. Da sprach der HERR zu mir: Sage nicht: Ich bin zu jung. Denn zu allen, zu denen ich dich sende, sollst du gehen, und alles, was ich dir gebiete, sollst du reden. Fürchte dich nicht vor ihnen! Denn ich bin mit dir, um dich zu erretten, spricht der HERR. Und der HERR streckte seine Hand aus und rührte meinen Mund an und sprach zu mir: Siehe, ich lege meine Worte in deinen Mund. Siehe, ich bestelle dich an diesem Tag über die Nationen und über die Königreiche, um auszureißen, zugrunde zu richten und abzubrechen, um zu bauen und zu pflanzen.

---

[8] Thomas Mann, Stefan Zweig zum zehnten Todestag 1952, in: Miszellen. Das essayistische Werk, Ausgabe in acht Bänden, Frankfurt/M. 1960, S. 226

Ein unheimlicher Auftrag! Er übersteigt menschliches Maß. Das Wort Gottes – als fremde Gewalt dem Empfänger in den Mund gelegt! Es kommt nicht aus ihm selbst, nicht aus eigenem Antrieb und Willen, aber es lässt ihn über sich selbst hinauswachsen, macht ihn nicht nur zum Verkünder, auch zum Vollstrecker der Botschaft, die ihn beherrscht. Prophetie, die nicht nur Politisches kommentiert, sondern selbst Politik macht.

Mit einer sehr anderen, eigenwilligen Version der Berufungsgeschichte beginnt das Drama von Stefan Zweig. Die Szene spielt auf dem Flachdach eines Jerusalemer Hauses. Es ist Nacht. Mondschein. Reglose Stille. Plötzlich kommt Jeremia, keuchend und polternd die Treppe heraufgestürmt, wie im Fieberwahn redend. Nacht für Nacht wird er von schrecklichen Träumen geplagt, deren Sinn er ahnen, aber nicht deuten kann. Immer geht es um Brand, Feuersturm, Überfall, stürzende Mauern: die Vision einer Feuersbrunst, die ihn im Innersten aufwühlt und quält. Ein Ruf: „Jeremias" ertönt, wird immer lauter, kommt immer näher. Er hört ihn als Anruf Gottes, vor dem er zu Boden stürzt, *....zerschmettert...*, *erbebend vor Leidenschaft, Unterwerfung und ekstatischer Bereitschaft: Ich höre, Herr, ich höre! Mit meiner ganzen Seele horche ich dir zu! Aufgetan sind die Quellen meines Blutes und strömen, ausgereckt jede Faser meines Leibs, dich zu fassen, offen bin ich, unwürdig Gefäß deiner Verkündigung. Rede mir deine Rede, befiehl deine Befehle! (...) Brich ein in mich, Herr, mein Herz birst vor Schauer deiner Nähe schon! (...) Wirf dein Joch über mich, siehe, gebeugt schon ist mein Nacken, - dein bin ich, dein für immerdar.*[9]

Es erscheint jetzt die Mutter Jeremias´, voll ängstlicher Sorge um ihren Sohn. Jeremias, enttäuscht und gebrochen, begreift, wer ihn wirklich gerufen hat: Er bittet die Mutter, sich keine Sorgen zu machen. Darauf die Mutter:

---

[9] Stefan Zweig, Jeremias, S. 122 (s. Anm. 2)

Wie soll ich deiner nicht sorgen? Bist du denn meiner Tage Tag nicht und meiner Nächte Gebet? (...) Es ist ein Schatten auf dein Antlitz gefallen und eine Sorge in deine Seele. Du bist fremd geworden deinen Freunden und abseits der Fröhlichen, den Markt meidest du und der Menschen Haus. In Gedanken vergräbst du dich und des Lebens versäumst du dich. Jeremias, besinne dich...![10]

Sie eröffnet ihm dann, sie habe ihn schon bei der Geburt – wie seine Vorfahren – zum Priesterdienst bestimmt:

Zum Priester bist du gezogen, dein harrt des Vaters Gewand (...) So löste ich mein Wort, und wir zogen dich auf, daß du lerntest die Schrift, und lieblich klang deine Stimme zum Psalter. Jeremias, nun weißt du: zum Priester bist du geweiht von Anbeginn und zum Lobkünder des Herrn. Zerreiß deiner Träume Netz und tritt in den Tag![11]

Die Bestimmung zum Priesterdienst hört Jeremias wie einen Auftrag zur Veröffentlichung seiner nächtlichen Visionen, an denen er die Mutter jetzt teilhaben lässt. Sie deuten auf einen König, der mit einem mächtigen Heer aus dem Osten kommt, um Jerusalem zu zerstören:

Wehe! Wehe! Gewaltigen Rauschens / Wächst er empor, / Sturmwind von Gott. / Aus dem Geklüfte / Der Mitternacht/Kommt er gefahren, / Schrecknis schwingt er / Über die Stadt (...) Es nahet, es nahet, / Fremd' Volk,/Mächtig und alt / Aus dem Osten der Erde, / Unendliche Fülle / Rauschen sie an (...) Und inmitten ausfähret / Mit blutiger Krone / Der Stürzer der Städte, / Der Zünder der Brände, / Der Zwingherr der Völker, / Der König, der König der Mitternacht. (...) Den Er erweckte, / Den Er erwählte, / Als harten Vollstrecker / Härtesten

---

[10] Ebd., S. 124
[11] Ebd., S. 124/129

Spruchs, / Daß er strieme das Volk um all seiner fehle, / Daß er mahle die Mauer und berste die Türme, / Daß er lösche das Licht und das Lachen der Häuser, / Daß er tilge die Stadt und den Tempel von Erden / Und pflüge die Straßen Jerusalems.[12]

Die Mutter ist von dieser Botschaft entsetzt, hält sie für Lüge und Phantasterei:

Jerusalem, von Feinden zerstört? Unvorstellbar! Nie wird Gott so etwas zulassen! Sie will den Sohn davon abhalten, seine schlimmen Traumbilder bekannt zu machen. Priesteramt heißt für sie: ein Leben in ruhigen Bahnen, geordneter Opferdienst, Psalmengesang, Lesen der Heiligen Schrift. Jeremias sagt Ja zum Opferdienst, versteht diesen aber ganz anders als die Mutter. Er will Priester sein, aber so, dass er zugleich auch das Opfer ist:

Nein Mutter, nicht Opferers Dienst hab' ich genommen – selbst will ich das Opfer sein. Ihm bluten entgegen meine Adern, ihm brennt mein Fleisch, ihm flammt meine Seele. Ich will ihm dienen, wie keiner gedient, seine Wege sind meine Wege nunab.[13]

Noch einmal beschwört ihn die Mutter. Als sie weiss, dass sie ihn nicht mehr umstimmen kann, schreit sie in Verzweiflung:

Jeremias! Über mich geht dein Schritt! Du zertrittst mir das Herz![14]

Wer ist der `Lügenprophet´? – Jeremia und Hananja

Das öffentliche Auftraten Jeremias bringt ihn sofort in Konflikt mit dem Volk und dessen Führern und Sprechern. Einer von ihnen ist Hananja, ein hauptberuflich am Heiligtum angestellter Kultprophet – beamteter Verkünder des Willens von JHWH. Zum Gegensatz zwischen professioneller Kultprophetie und `echter´ Prophetie schreibt Martin Buber:

---

[12] Ebd., S. 126f
[13] Ebd., S. 130
[14] Ebd., S. 131

Psalmdichtung und Predigt (...) ist im wesentlichen wohl eine Sache der Tempelpropheten. Aber das Gotteswort, als dessen Träger Jeremias sich (...) weiß, ist von ganz anderer Art (...) das Gotteswort, das plötzlich, vom Menschen nicht erwartet und nicht gewollt, in eine menschliche Situation niederfährt, ist frei und neu wie der Blitz (...) Dieser Gott ist... ein Unfassbarer, Regelwidriger, Überraschender, Überwältigender, Selbstherrlicher. Das Verhältnis zu ihm ist ergebnisoffener Dialog (...) ein verwegenes, frommes Lebensgespräch.[15]

Hananja, der Kultprophet, prophezeit den baldigen Zusammenbruch Babylons. Jeremia verkündet das Gegenteil. Er tritt auf mit einem Joch auf dem Nacken - als Zeichen der Fremdherrschaft, die unausweichlich über das Volk kommen wird. Unterwerfung ist die einzige Rettung. Wer etwas anderes sagt, ist ein Lügner – heißt es im biblischen Jeremiabuch:

Ihr aber hört nicht auf eure Propheten, auf eure Wahrsager, auf eure Träume, auf eure Zauberer und auf eure Beschwörer, die zu euch sagen: Ihr werdet dem König von Babel nicht dienen! Denn sie weissagen euch Lüge, um euch aus eurem Land wegzubringen, dass ich euch vertreibe und ihr umkommt... Die Nation aber, die ihren Hals in das Joch des Königs von Babel steckt und ihm dient, die werde ich in ihrem Land lassen, spricht der HERR; und sie werden es bebauen und darin wohnen. (Jer. 27,9-11).

Das ist offener Aufruf zum Landesverrat! Auf öffentlichem Platz kommt es zum Showdown der beiden Gottesmänner.
Zuerst redet Hananja: So spricht der Herr der Heerscharen, der Gott Israels: Ich zerbreche das Joch des Königs von Babel.
Darauf Jeremia: Ob ein Prophet, der vom Frieden weissagt, in Wahrheit von Gott gesandt ist, wird man daran erkennen, dass sein Wort sich erfüllt. Hananja wird nun handgreiflich:

---

[15] Martin Buber, Der Glaube der Propheten, S. 206f

Da nahm der Prophet Hananja das Joch vom Hals des Propheten und zerbrach es. Dann sagte er vor den Augen des ganzen Volks: So spricht der Herr: Ebenso werde ich nach zwei Jahren das Joch Nebukadnezars vom Nacken der Völker nehmen und zerbrechen. (Jer. 28,10-11)
Darauf räumt Jeremia zunächst das Feld, kehrt aber bald mit einer Gegen-Botschaft zurück:
So spricht der HERR: Ein hölzernes Joch hast du zerbrochen, aber an seiner Stelle hast du ein eisernes Joch gemacht. Denn so spricht der HERR der Heerscharen, der Gott Israels: Ein eisernes Joch habe ich auf den Hals all dieser Nationen gelegt, damit sie Nebukadnezar, dem König von Babel dienen, und sie werden ihm dienen, und auch die Tiere des Feldes habe ich ihm gegeben. (Jer. 28,13-14)
Jeremia treibt den Konflikt auf die Spitze, indem er seinem Gegner sogleich antwortet und offen die Legitimität des Prophetenamts abspricht:
Höre doch, Hananja! Der HERR hat dich nicht gesandt, sondern du hast dieses Volk auf eine Lüge vertrauen lassen. Darum, so spricht der HERR: Siehe, ich werfe dich vom Erdboden weg. Dieses Jahr wirst du sterben; denn du hast Ungehorsam gegen den HERRN gepredigt. (Jer. 28,15-16)
So steht Aussage gegen Aussage, Gottesspruch gegen Gottesspruch! Welcher kommt wirklich von JHWH, dem Gott Israels? Welcher Autorität soll das Volk nun vertrauen? Wer ist hier der `Lügenprophet´?

Den gleichen Konflikt im Drama von Stefan Zweig gestaltet: Auf dem Platz vor dem Tempel und der Königsburg ist eine erregte Volksmenge versammelt. Die Meinungen wogen hin und her. Stimmen der Angst vor der drohenden Invasion – grell übertönt von lärmendem Patriotismus. Eine Delegation ägyptischer Gesandter wird erwartet. Sie soll dem König Zedekia eine Koalition gegen Babylon anbieten. Man hofft, mit ägyptischer Hilfe das babylonische Joch abzuschütteln. Die Menge schwankt zwischen Furcht und Begeisterung. Der Ruf nach Hananja wird laut. Er soll sagen, was in dieser Situation der Wille JHWH´s ist.

Hananja erscheint in pompös-pathetischem Auftritt, mit fanatischen Jubelschreien begrüßt. In aufreizender Rede schürt er die vaterländischen Emotionen der Menge. Israel soll sich erheben und seine Feinde vernichten. Gott wird auf seiner Seite sein. Seine Stimme ertönt durch Hananjas Mund:

Erhebe dich, Israel, wappne deine Lenden, fasse froh den Schild und die Speere, auf, tummle deine Rosse, denn Assur ist dein Wild und Babel deine Beute (...) In deine Hand habe ich Assur gegeben, so balle sie zur Faust, Israel, und knicke seine Knochen! Tritt unter die Fersen, die dich bedrückten! (...) Wirf weg, die dir widerraten, tilge aus, die dich zäumen, nicht höre die Schwachmütigen, nur meinen Boten erhöre! Höre, Israel, höre auf ihn![16]

Mitten in diese Rede bricht, wild aufschreiend, der andere Prophet, Jeremias: *Nicht höret auf ihn! (...) nicht höret denen zu, die euch nach dem Munde reden, tut ab die Schlingen seiner Worte! Nicht höret die Gleisner, die euch ins Schlüpfrige stoßen, nicht tappt in die Netze der Vogelsteller, nicht lausche, Jerusalem, den Lockpfeifern des Krieges!*[17]

Hananja, auf's Höchste erbost über diese Störung, pocht auf sein Amtsmonopol als Prophet des Herrn: Ich bin Gottes Prophet und keiner sonst in Israel!
Aber das Volk will jetzt auch den anderen hören. Jeremia setzt an zu einer gewaltigen Predigt gegen den Krieg:

Sagt wahrhaft, ihr Brüder: ist Krieg ein so kostbar Ding, daß ihr ihn lobpreiset? Ist er so gütig, daß ihr ihn ersehnt, ist er so wohltätig, daß ihr ihn grüßt mit der Brunst eures Herzens? Ich aber sage dir, Volk von Jerusalem, ein bös' und bissig Tier ist der Krieg, er frißt das Fleisch von

---

[16] Stefan Zweig, Jeremias, S. 142
[17] Ebd., S. 143

den Starken und saugt das Mark von den Mächtigen, die Städte zermalmt er in seinen Kinnladen, und mit den Hufen zerstampft er das Land (...) Was weckt ihr auf das reißende Tier mit eurem Gejauchze, (...) was ruft ihr zum Kriege, Männer Jerusalems? Habt ihr dem Mord eure Söhne gezeugt, und der Schande eure Töchter? (...) Besinne dich, Israel, halt ein, eh' du rennest ins Dunkel, Jerusalem![18]

Es folgt ein Disput zwischen den Kontrahenten, in dem beide sich auf die Bibel berufen. Jeremia zitiert seinen großen Vorgänger Jesaja:
Durch Stillesein und Hoffen werdet ihr stark sein (Jes. 30,51)
Darauf Hananja: Das sei nur vom ...unheiligen Krieg, vom Zwist der Geschlechter Israels gesagt. Dagegen sei dies jetzt ...*ein heiliger Krieg, ein Gotteskrieg ist es, Jerusalem, um deines ewigen Namens willen, ein Gotteskrieg!*[19]

Das weckt noch einmal den leidenschaftlichen Protest Jeremias´. Gegen Hananjas nationalreligiöse Heiligsprechung des Krieges, gegen Hassgesänge und Blutdurst der Volksmenge beschwört er den Frieden als innerste Absicht Gottes. Es ist die Kernaussage des Dramas – zugleich das zentrale Bekenntnis seines Autors, des Pazifisten Zweig:

Sage, Israel, sage, ist es nicht schön in Zions Mauern, ist es nicht lind in Sarons Talen, nicht selig in des Jordans blauem Gefäll? Oh, laß es dir genug sein, friedsam zu wohnen unter Gottes beruhigtem Blick, und halte den Frieden, halte ihn fest in deinen Mauern, Volk von Jerusalem, halte den Frieden! (...) Abtut Gottes Namen vom Kriege, denn nicht Gott führet Krieg, sondern die Menschen. Heilig ist kein Krieg, heilig ist kein Tod, heilig ist nur das Leben.[20]

---

[18] Ebd., S. 145f
[19] Ebd., S. 147
[20] Ebd., S. 146/147

Aber sein Wort erreicht die Massen nicht mehr. Die Stimmung wendet sich jetzt eindeutig gegen Jeremias. Er wird als Landesverräter und Wehrkraftzersetzer beschimpft. Die kriegsbesessene Menge wälzt sich zum Palast. Jeremias tritt ihr entgegen und wird von einem besonders fanatischen Mann namens Baruch mit dem Schwert niedergeschlagen. An der Haltung des Propheten erkennt aber Baruch, dass nicht er, sondern Jeremias der eigentlich Tapfere ist, weil er als Einziger sich der tobenden Masse entgegenstellt. Er wird zu seinem überzeugten Anhänger.
(Nach der Überlieferung Jer.36,2 soll Baruch die Niederschrift der Reden des Propheten besorgt haben.) Auf Baruchs Frage, ob es nicht unmännlich sei, einen `sanften Frieden´ zu fordern, antwortet Jeremias:

Meinst du, der Frieden sei eine Tat nicht und aller Taten Tat? Tag für Tag mußt du ihn reißen aus dem Maule der Lügner und aus dem Herzen der Menschen: Als einer mußt du stehen gegen sie alle, denn immer ist das Lärmen bei den Vielen und die Worte bei der Lüge. Stark müssen die Sanftmütigen sein, und die den Frieden wollen, stehen im ewigen Streit![21]
Noch einmal ist hier die innerste Überzeugung des Dichters ausgedrückt – zugleich das Motiv, das ihn mitten im Grauen des Weltkriegs zu diesem Dramenstoff trieb.

„Nie war ich dir feind!" – Jeremia und Zedekia

Die Konfrontation wiederholt sich auf der politischen Ebene: zwischen Jeremia und dem König. Zedekia schwankt zwischen beiden Lagern. Nur widerstrebend hat er dem Bündnis mit Ägypten zugestimmt – der herrschenden Meinung zuliebe. Mit seinen Zweifeln behält er recht. Statt die Babylonier zu schlagen, schließt Pharao Necho mit ihnen Frieden. Die gefürchtete Belagerung kommt nun erst recht. Im Volk wech-

---
[21] Ebd., S. 154

selt trotzige Zuversicht mit Angst und Depression. Zedekia, im Zweifel, ob es nicht besser sei, sich zu ergeben, um die Stadt zu retten, sucht das Gespräch mit Jeremia. Der rät zur Unterwerfung. Nur dadurch sei die Rettung der Stadt und ihrer Bewohner möglich.

So spricht der HERR: Siehe, ich gebe diese Stadt in die Hand des Königs von Babel, dass er sie mit Feuer verbrennt! Und du, du wirst seiner Hand nicht entrinnen, sondern ganz bestimmt ergriffen und in seine Hand gegeben werden. (Jer. 34,2-3)

Zedekia ignoriert die Warnung, nachdem die Chaldäer bei Herannahen des Ägyptischen Heeres von Jerusalem wieder abgezogen sind. Jeremia weiß, dass diese Entspannung trügerisch ist und verkündet als Wort von JHWH:

So sollt ihr dem König von Juda sagen, der euch zu mir gesandt hat, um mich zu befragen: Siehe, das Heer des Pharao (...) wird in sein Land nach Ägypten zurückkehren. Und die Chaldäer werden wiederkommen und gegen diese Stadt kämpfen, und sie werden sie einnehmen und mit Feuer verbrennen. So spricht der HERR: Täuscht euch nicht selbst und sagt nicht; Die Chaldäer werden endgültig von uns wegziehen! Denn sie werden nicht wegziehen. (Jer. 37,7-9)

Der Störenfried Jeremia wird eingesperrt und mundtot gemacht. Lange Zeit muss er in einer Zisterne zubringen, bis er auf Zedekias Befehl in den Wachthof verlegt wird. Dort befragt ihn der König heimlich, ob ein neues Gotteswort ergangen ist. Aber die Botschaft ist unverändert:

So spricht der HERR, der Gott Israels: Wenn du zu den Obersten des Königs von Babel hinausgehst, wird deine Seele am Leben bleiben, und die Stadt wird nicht mit Feuer verbrannt werden, und du wirst am Leben bleiben, du und dein Haus. Wenn du aber nicht zu den Obersten des

Königs von Babel hinausgehst, dann wird diese Stadt in die Hand der Chaldäer gegeben werden, und sie werden sie mit Feuer verbrennen, und du, du wirst nicht aus ihrer Hand entkommen...
Und Zedekia sagte zu Jeremia: Niemand darf von diesen Worten erfahren, damit du nicht stirbst! (Jer. 38,17-18;24)

Auch dies letzte Gespräch führt nicht zum Sinneswandel des Königs. Die Katastrophe nimmt ihren Lauf. Alle schlimmen Vorhersagen treffen ein: die Einnahme der Stadt, die Blendung des Königs, die Deportation. Jeremia wird aus dem Gefängnis befreit. Das Angebot, mit den Deportierten nach Babel zu ziehen, lehnt er ab. Er will den Daheimgebliebenen nahe sein.

Der entsprechende Abschnitt im Drama von Zweig betont ein Motiv, das der biblische Bericht nur ahnen lässt: die fast brüderliche Solidarität mit dem scheiternden Zedekia. Das entspricht einem Grundzug der Humanität Stefan Zweigs, der ohne den biblisch-jüdischen Hintergrund nicht zu denken ist: Distanz zur Macht und Parteinahme für die Unterliegenden.

Auch Zweigs Jeremias erfährt Niederlage und Scheitern. Niedergeworfen von der Erfolglosigkeit seiner Predigt, tief deprimiert von der eigenen Schwäche und Nichtigkeit wird er irre an seinem Auftrag. Seine Unheilsbotschaft hat ihn total isoliert, auch von seiner Familie. Es kommt zu einer herzzerreißenden Szene mit seiner Mutter, die in Verzweiflung stirbt, weil der Sohn sie nicht barmherzig belügen kann. Die Volksgenossen wenden sich mit Hass und Verachtung von ihm ab. Jeremias wird ins Gefängnis geworfen und sehnt das Ende herbei. Aus der Tiefe der Zisterne tönt sein schauerlicher Gesang. Zedekia, im Tiefsten verstört, lässt ihn noch einmal zu sich holen. Die bewegende Begegnung der Kontrahenten enthüllt eine letzte Verbundenheit beider in der Tiefe des Leids:
Jeremia: Nie war mein Herz wider dich, mein König, nur meine Rede

wider dein Tun. Zedekia: Und nie war ich dir feind, sei des' eingedenk in dieser Stunde![22]

Eine letzte Chance scheint sich zu eröffnen. Ein Bote Nebukadnezars ist gekommen, der den Untergang noch verhindern kann. Jeremias beschwört den König, auf dessen Forderungen einzugehen: Unterwirf dich und rette die Stadt! Aber es ist zu spät. Des Königs Wille ist nicht mehr frei, der Bote mit Zedekias: „Nein" schon beim Feind angekommen. Jeremias bleibt nur noch: hemmungslos erschütterte Klage über den Untergang seiner Stadt.

Weh! Ein Würger ist über dich kommen,/Ein arger Vollstrecker von Mitternacht.(...)
Weh! Gesunken sind all deine Mauern,/Geborsten die Türme und schmählich zerstoßen/
Das ewige Herz deines Heiligtums.[23]

Zedekia, außer sich vor Zorn, beschwört noch einmal die Unbesiegbarkeit Jerusalems:

Du lügst, Verfluchter! Hoch und heil sind Jerusalems Mauern!
Doch immer unerbittlicher schildert Jeremia das kurz bevorstehende Grauen, bis er nach seiner Vision: Ich sehe dein Leid, ich seh deinen Tod, ich sehe... von Zedekia gepackt wird:
Nichts wirst du sehen! Ich lasse dich blenden!
Jeremia – Zedekia anstarrend, grell auflachend, ausbrechend:
Mich?!
Du mich blenden, du Ruchloser!? Nein!
Anders hat Gottes Entschluß bestimmt!
Wohl wird einer geblendet sein,
Ehe der Tag noch sein Ende nimmt,
Doch jener, der längst schon verblendet war,
Als sein Auge noch blickte und sah: -

---

[22] Ebd., S. 245
[23] Ebd., S. 250

Höre mich, König Zedekia![24]
Und Zweig lässt seinen Jeremias in schauerlich drastischen Worten dem entsetzt zurückweichenden König dessen Schicksal enthüllen, endend mit:
Ein blinder Bettler, der Ärmste der Armen,
Durchstreifst du fremd dein eigenes Land,
Und tritt einer nah
Und sieht unter dem aschenwirrichten Haar
Das, was einstens König zu Zion war,
Dann hebt er die Hand
Und flucht dir, König Zedekia![25]

Der wie zerschmettert zusammen gesunkene König wendet sich noch einmal an seinen Propheten:
Jeremias! Muß es denn sein? Oh, Jerusalem, mein Jerusalem! Kannst du es nicht wenden?
Jeremias (düster) Es muß sein! Nichts vermag ich zu wenden. Verkünden ist mein Amt. Wehe den Ohnmächtigen!
Zedekia (schweigt, dann von innen) Jeremias, ich habe es nicht gewollt! Ich mußte Krieg künden, aber ich liebte den Frieden. Und ich liebte dich, weil du ihn gekündet hast. (...) Und sei bei mir, wenn dein Wort sich erfüllt.
Jeremias (ergriffen) Ich werde bei dir sein, mein Bruder Zedekia!
Als sich Jeremia zur Tür wendet, ruft Zedekia ihn zurück:
Tod ist über mir, und ich sehe dich zum letztenmal. Du hast mir geflucht, Jeremias – nun segne mich auch, ehe wir scheiden.
Und Jeremia spricht nach einem Zögern über ihn den altvertrauten aaronitischen Segen:
Der Herr segne dich und behüte dich auf allen deinen Wegen. Er lasse

---

[24] Ebd., S. 251
[25] Ebd., S. 253

dir leuchten sein Angesicht und gebe dir den Frieden.[26]

Im Drama kommt es, anders als im biblischen Bericht, noch einmal zu einer Begegnung mit dem gefesselten und geblendeten Zedekia. Jeremias huldigt ihm, tief ergriffen, als König der Leiden, dem er jetzt erst ganz nahe ist:

Doch des Leidens König bist du geworden, und nie warst du mehr königlich! Zedekia, mein Herr und König, starr stand ich vor dir, da die Macht in dir war und die Stärke, doch dem Gebeugten Gottes beuge ich mich, des Leidens niederster Knecht (...) Oh du König der Leiden, Gesalbter der Prüfung, Israels Herr, erheb deine Stirne, (...) führe, führe dein Volk![27]
Auch dies wieder ein Beleg für die Grundhaltung Stefan Zweigs, die er selbst später, 1939, so bezeugt – es sei an dieser Stelle wiederholt:

War es nicht dies, mein Volk, das immer wieder besiegt worden war von allen Völkern, immer wieder, immer wieder, und doch sie überdauerte dank einer geheimnisvollen Kraft – eben jener Kraft, die Niederlagen zu verwandeln durch den Willen, sie immer und immer wieder zu bestehen? Hatten sie es nicht vorausgewußt, unsere Propheten, dies ewige Gejagtsein und Vertriebensein, das uns auch heute wieder wie Spreu über die Straßen wirft, und hatten sie dies Unterliegen unter der Gewalt nicht bejaht und sogar als einen Weg zu Gott gesegnet? War Prüfung nicht ewig von Gewinn für alle und für den einzelnen gewesen -.[28]

Leiden, Klage und Fluch – Jeremia und das Volk

Die Situation in der Stadt ist verzweifelt. Eine Hungersnot hat allen

---

[26] Ebd., S. 254f
[27] Ebd., S. 317
[28] Zit. im Nachwort, S. 350 (s. Anm. 2)

Stolz und alle Zuversicht augelöscht. Die Stimmung der Volksmenge ist radikal umgeschlagen. Sie flucht jetzt den Priestern und Heilspropheten, denen sie eben noch zugejubelt hat. Sie fühlt sich von ihnen betrogen und getäuscht – außer von dem einen, den sie zuvor verfolgt und gelästert hat: Jeremias. Der soll nun ihr Führer und Retter sein. Sie erzwingen seine Befreiung aus der Haft. Er wird wie ein Messias begrüßt. Doch Jeremias tadelt sie, ihrer Wankelmütigkeit wegen. Haben sie nicht noch vor kurzem den Krieg enthusiastisch gefeiert?
Alle habt ihr ihn gewollt, alle, alle! Wankelmütig sind eure Herzen und schwanker denn Rohr. Die jetzt Friede schreien, hörte ich toben nach dem Kriege, und die jetzt den König schmähen, jauchzeten ihm zu. Wehe, du Volk! Doppelzüngig ist deine Seele, und jeder Wind wendet deine Meinung! Ihr habt gehurt mit dem Kriege, nun traget seine Frucht![29]

Jeremias verweigert sich den Hilferufen und Wünschen des Volkes. Das Rettungswunder, das sie von ihm fordern, kann und will er nicht tun. Er will nur noch dem Willen Gottes gehorchen. Wieder schlägt die Stimmung um in Enttäuschung und kreischende Wut: Steinigt ihn! ... Kreuzigt ihn! ruft jetzt die Menge.
Jeremias steht – die Arme wie ein Gekreuzigter ausgebreitet – vor ihnen und bittet um den Tod. Man kann diese Passagen nicht lesen, ohne an den Gekreuzigten des Neuen Testaments zu denken! Das Gelübde bei der Berufung Jeremias scheint sich zu erfüllen: der Priester, der selber das Opfer ist:

Dein Wille geschehe! Kommt her! Kommt her!
Die Lanze rammt mir ein und den Speer,
Oh, geißelt nur, speit und beschmähet mich,
Zum Kreuze schleppt und erhöhet mich,
Zerreißt meine Hände, zerbrecht mein Gebein. -
Ich will ja nur für euch alle und alle

---

[29] Ebd., S. 265

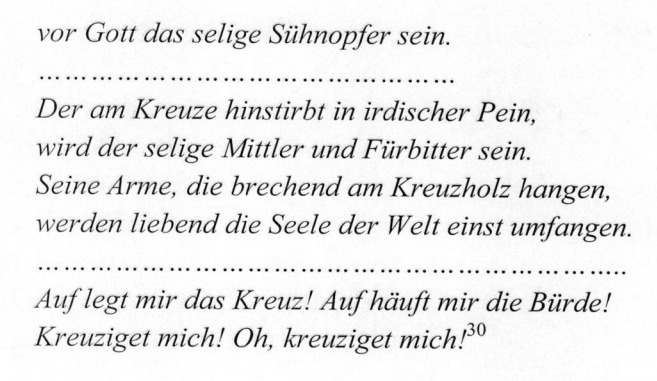

vor Gott das selige Sühnopfer sein.
..
Der am Kreuze hinstirbt in irdischer Pein,
wird der selige Mittler und Fürbitter sein.
Seine Arme, die brechend am Kreuzholz hangen,
werden liebend die Seele der Welt einst umfangen.
..
Auf legt mir das Kreuz! Auf häuft mir die Bürde!
Kreuziget mich! Oh, kreuziget mich![30]

In diesem Augenblick wird gemeldet: Die Mauer ist gefallen! Die Feinde sind in der Stadt! Alles ist verloren! Also die längst vorausgesagte Katastrophe: die Eroberung Jerusalems – im Jeremiabuch der Bibel nur kurz und lakonisch vermerkt (Jer. 38,28) – tritt jetzt ein. Alles, was der Prophet verkündet hatte, erfüllt sich: die Gefangennahme des Königs, die Tötung seiner Söhne, die Blendung, die Deportation.

Dann Szenenwechsel: In einem Kellergewölbe liegen Verwundete und Flüchtlinge in hoffnungsloser Lage. Sie versuchen, sich mit Lesungen aus der Heiligen Schrift zu trösten. Teilnahmslos abseits sitzt Jeremias. Als er endlich den Mund auftut, kommt nur noch wildes Klagen heraus, das sich steigert zum Fluch – auf sein Volk, auf sich selbst, endlich auf Gott.

Im biblischen Buch Jeremia klingt das so:

Wehe mir, meine Mutter, dass du mich geboren hast, einen Mann des Streites und einen Mann des Zankes für das ganze Land! (...) Sie fluchen mir alle, HERR, du weißt es ja (...) Nie saß ich im Kreis der Scherzenden und war fröhlich. Wegen deiner Hand saß ich allein, weil du mich

---

[30] Ebd., S. 269f

mit deinem Grimm erfüllt hast. Warum ist mein Schmerz dauernd da und meine Wunde unheilbar? Sie will nicht heilen. Ja, du bist für mich wie ein trügerischer Bach, wie Wasser, die nicht zuverlässig sind. (Jer. 15,10; 17-18)
Herr, du hast mich betört, und ich habe mich betören lassen. Du bist mir zu stark gewesen und hast gewonnen. Ich bin zum Gelächter geworden den ganzen Tag, jeder spottet über mich. Denn sooft ich rede, muss ich schreien, "Gewalttat" und „Zerstörung" rufen (...) Und sage ich: Ich will nicht mehr an ihn denken und nicht mehr in seinem Namen reden, so ist es in meinem Herzen wie brennendes Feuer, eingeschlossen in meinen Gebeinen. Und ich habe mich vergeblich abgemüht, es weiter auszuhalten, ich kann nicht mehr! (Jer. 20,7-9)
Verflucht sei der Tag, an dem ich geboren wurde; der Tag, an dem meine Mutter mich gebar, sei nicht gesegnet! Verflucht sei der Mann, der meinem Vater die frohe Botschaft brachte und sagte: „Ein Sohn ist dir geboren!" Wozu nur bin ich aus dem Mutterleib hervorgekommen? Um Mühsal und Kummer zu sehen? Und daß meine Tage in Schande vergehen? (Jer. 20,14-15;18)

Entsprechend im Drama von Stefan Zweig:

E... Er... Der Furchtbare... Der Mitleidlose... Sein Werkzeug bin ich nur... sein
Hauch... seiner Bosheit Knecht... Er hat mich beredet und ich ließ mich bereden (...)
Oh, wehe über die Gottesfaust... wen er faßt, der Furchtbare, den lässt er nicht wieder... oh, daß er mich freigäbe, den Verfluchten seines Worts(...) ich... ich... ich will nicht mehr, Gott... ich will nicht mehr... ich fluch' deinem Fluche... laß deine Hand von mir, tu das Feuer von meinem Mund... ich...ich...ich kann nicht mehr ...ich will nicht mehr![31]

---

[31] Ebd., S. 278

Nirgends ist Gott, in den Himmeln nicht und auf der Erde und in den Seelen der Menschen nicht! Nirgends, nirgends ist er!(...) Wehe, wehe, daß ich so treu gedient dem Treulosen!(...) Gott!... Nicht vermag ich mich zu freuen wie du an dem Jammer der Verschreckten und der Erschlagenen geruch düftet mir nicht. Deine Härte ist mir zu hart und zu schwer deine Hand! Ich diene nicht mehr deiner rasenden Rache, ich dien dir nicht mehr. Ich zerreiße den Bund zwischen dir und mir. Ich zerreiße ihn! Ich zerreiße ihn![32]

Aber ich sage mich los!(...)
Ich stürz' dich aus deinen Himmeln hinaus!
Wie du dein Volk, so hab ich dich verstoßen,
Den harten Hasser, den Mitleidlosen,
Denn ein Gott, der Hohn anstatt Hilfe gibt,
Ist nicht wert mehr, dass man ihn kündet und liebt!
Nur wer das Leiden wendet, ist Gott allein. (...)
Mich ruft dein Volk, das du hassend verbannt hast, (...)
Die Lebenden rufen, mich rufen die Toten,
Und mein Herz erhört sie – es hat sich gewendet: (...)
Zu ihnen, den Schwestern, zu ihnen, den Brüdern, (...)
Nur ihnen, nur ihnen
Tut auf sich mein Herz,
Blühn auf meine Arme,,
Und ich beug' ihrem Leid mich, ihm beug' ich die Knie –
Denn ich hasse dich, Gott, und ich liebe nur sie![33]

Solidarität mit den Leidenden, Liebe zu seinem Volk, Abkehr von einem mitleidlosen Gott, der zum Götzen erstarrt ist – das ist nun das Zeugnis des Jeremias. Immer mehr steigert er sich hinein in diese Haltung,

---

[32] Ebd., S. 282/283
[33] Ebd., S. 285f

möchte weg von Gott, um seinem Volk wieder nahe zu sein. Seine Landsleute nennt er nun Brüder, bittet sie um Vergebung für alle Härte, die er ihnen zugemutet hat. Sie aber weichen nun erst recht vor ihm zurück. Eine Nähe, die mit Hass gegen Gott erkauft wird, ist ihnen unheimlich, wie ansteckende Krankheit. Mit dem Ruf: Gottverfluchter! stoßen sie ihn von sich. Darüber bricht er zusammen, lässt sich aber in seiner Solidarität nicht beirren.

Das Ansinnen der Abgesandten von Nebukadnezar, den neuen Machthabern als Wahrsager und Schicksalsdeuter zu dienen, lehnt er schroff ab. Keinesfalls will er den Siegern zu Diensten sein, während sein Volk leidet! Dem König lässt er ausrichten: Ob du mich gleich ehrest, ich ehre dich nicht.[34]

Eine Ehrerbietung, wie er sie dem unglücklichen Zedekia erweist, kommt dem Gewaltherrscher aus dem Osten nicht zu:

Wer ist Nebukadnezar unter den Sternen, daß ich ihn fürchten soll? Ist er ein Menschenwurm nicht und wartet nicht Tod hinter seinem Schlaf und Fäulnis in seinem Leibe?(...) Weiß er seinen Ausgang schon, dass ihr ein Prahlen um ihn anhebt und kennet er sein Los, daß er sich erfrechet? Ich aber, Jeremias, sage dir: gebrochen ist der Stab über Nebukadnezar und zerrissen das Kleid seiner Macht. Tief hat er Israel geknechtet, aber siebenmal tiefer wird er geknechtet werden. Schon keimt sein Sturz, und seine Stunde, sie ist nah, sie ist da...[35]

Gedanken des Friedens – Der Umschwung

Die Verkündigung Jeremias' nimmt jetzt eine neue, überraschende Wendung: Gerichtspredigt nicht mehr gegen das eigene Volk, sondern gegen Babylon und die andern Gewaltregime der Völkerwelt. Für die Landsleute ist jetzt frohe Botschaft angesagt: Freude den Betrübten, Trost den

---

[34] Ebd., S. 291
[35] Ebd., S. 292

Zerschlagenen, Friede den Streitenden, Befreiung den Gefangenen, den Verschleppten Hoffnung auf Wiederkehr. Ein versöhnlicher Ton wird nun im biblischen Jeremiabuch laut:

Denn ich kenne ja die Gedanken, die ich über euch habe, spricht der HERR,
Gedanken des Friedens und nicht zum Unheil... Fragt ihr mit eurem ganzen Herzen nach mir, so werde ich mich von euch finden lassen, spricht der HERR.
Und ich werde euch sammeln aus allen Nationen und aus allen Orten, wohin ich euch vertrieben habe... (Jer. 29,11-14)
Mit ewiger Liebe habe ich dich geliebt; darum habe ich dir meine Güte bewahrt.
Ich will dich wieder bauen, und du wirst gebaut sein, Jungfrau Israel! (...) Du wirst wieder Weinberge pflanzen auf den Bergen Samarias... Siehe, ich bringe sie herbei aus dem Land des Nordens und sammle sie von dem äußersten Ende der Erde, unter ihnen Blinde und Lahme, Schwangere und Gebärende... Mit Weinen kommen sie und unter Flehen führe ich sie. Ich bringe sie zu Wasserbächen auf einem ebenen Weg, auf dem sie nicht stürzen. Denn ich bin Israel wieder zum Vater geworden (...) Und ich will ihre Trauer in Freude verwandeln und will sie trösten und erfreuen in ihrem Kummer... (Jer. 31,3-5;8-9;14)
In den Städten Judas und auf den Straßen Jerusalems, die öde sind, (...) dort wird wieder gehört werden die Stimme der Wonne und die Stimme der Freude, die Stimme des Bräutigams und die Stimme der Braut... (Jer. 33,11)
Und sie werden mein Volk und ich werde ihr Gott sein... Und ich werde meine Freude an ihnen haben, ihnen Gutes zu tun... (Jer. 32,37;40)

Im Drama von Zweig versetzt Jeremias' Gerichtsrede über Babylon das Volk in Ekstase. Wehklage und Fluch sind hymnischem Jubel gewichen:

O wie dunkel doch waren die Tage der Erde, da dräuend die Brauen Gottes sich ballten und sein Antlitz sich hüllte seinem Kinde! In Finsternis waren wir zergangen, schon meinten wir zu sterben in den Kerkern der Ängste. Aber, meine Brüder, seines Ingrimms Ende war seiner Liebe Anfang schon. Ein Wetter ist er hingefahren über unsern Häupten und hat uns zerschlagen, wie Rohr brach er die Kraft unseres Leibes, aber neu glänzt bald die Sonne seiner Gnade, (...) er heißt seine Donner schweigen, und im sanften Säuseln klingt seine Stimme (...)
Stehe auf, Jerusalem,
Stehe auf, du Gekränkte,
Und fürchte dich nicht,
Denn ich erbarmte mich dein.
Ich habe dir gezürnt
Und dich einen kleinen Augenblick verlassen,
Aber nicht immerdar will ich mit dir hadern,
Und ich zürne nicht ewiglich.
Und darum, daß du die Verlassene gewesen bist
Und die Verstoßene einen Tag,
Sollst du die Prächtige sein für und für
und die Erhobene in aller Ewigkeit.
Ich will dich schmücken mit meiner Liebe
und gürten mit meinem Frieden.
Mein Antlitz hat sich dir zugewendet,
Und mein Segen ist deinem Scheitel gesenkt.
So stehe auf, Jerusalem, stehe auf,
Denn ich habe dich erlöst![36]

Dichtersprache und biblische Prophetenrede klingen hier wieder fast wörtlich zusammen. (vgl. Jes. 54,7-9; 57,16; Jer.3,12 u.a.)
Als Jeremia aus der Ekstase erwacht, findet er seine Zuhörer getröstet und froh. Das verwirrt ihn zunächst, versetzt ihn dann aber in tiefe Freu-

---

[36] Ebd., S. 294f

de. Endlich darf er sein, was er im Innersten sein wollte: Tröster seines Volkes:

Oh, ihr Brüder, ihr Brüder, schaut das Wunder, das an mir geschehen: Ich habe Gott geflucht, und er hat mich gesegnet, ich habe ihn geflohen, und er hat mich gefunden, ich wollte ihm entweichen, und er hat mich erreicht. Denn es ist kein Entweichen vor seiner Liebe und kein Obsiegen wider seine Kraft. Er hat mich besiegt, meine Brüder, und nichts ist süßer, als von ihm besiegt zu sein (...) Oh, daß ich so spät ihn erkannte, so spät euch fand, meine Brüder! Doch ich will nicht klagen mehr. Ich will nur mehr danken, ich will nicht fluchen mehr, ich will nur mehr segnen. Dunkel liegt vor uns die Stadt, dunkel unser Schicksal, aber, meine Brüder, vertrauen wir, denn wunderbar ist das Leben, heilig die irdische Erde. In Liebe will ich umfassen, die ich im Zorn getreten, und die ich bespien mit meinem Fluch, will ich tränken mit meinen Tränen. (...)
Selig der Himmel, der dich rauschend umstellt,
Selig dein lauschender Spiegel, die Welt,
Selig die Sterne, die sie strahlend umschweben,
Selig der Tod und selig das Leben![37]

Wandervolk – Leidvolk - Das Ende

Schauplatz des letzten Bildes ist wieder der Tempelvorplatz. Die Volksmenge ist zum Aufbruch nach Babylon versammelt. Es herrscht Verzweiflung, Traurigkeit, Zynismus und Apathie. Man hört lautes Wehklagen über das Ende Israels und die Abwesenheit Gottes. Grölende chaldäische Krieger stoßen den geblendeten Zedekia vor sich her. Auch die Menge verhöhnt ihn. Jeremia erscheint und redet zum Volk, versucht, es zu trösten. In rhythmischem Wechselgespräch wird Israels Weg durch die Zeiten als Leidensweg rezitiert – vom Auszug aus Ägypten bis

---

[37] Ebd., S. 300f

zum neuen Exodus, der eben beginnt und ekstatisch begrüßt wird. Zweigs Jeremias deutet diesen Weg – weit über die biblische Vorlage hinaus – als Weg des „wandernden Gottesvolks", das in immer neuen Aufbrüchen, Verfolgungen, Leid- und Prüfungserfahrungen seine göttliche Bestimmung erfüllt. Auf Fragen aus der Menge: Warum prüft uns Gott? Warum gerade uns, seine Auserwählten? Warum ist so hart die Prüfung? antwortet der Prophet:

Damit wir ihn erkennen (...) Unser Gott, unserer Väter Gott, ein verborgener Gott ist er, und erst in der Tiefe des Leidens werden wir seiner gewahr (...) Wen er liebt, den stößt er hinab in die Tiefe des Lebens, daß er ihn erprobe, und, ihr Brüder, immer hat Gott sein Volk geliebt, immer hat er es hinabgestoßen (...) Nicht ward uns wie anderen Völkern Scholle gegeben, daran zu kleben, Heimat, darin zu verharren, nicht die Rast, darin unser Herz fett werde! Nicht zum Frieden sind wir erwählet unter den Völkern: Weltwanderschaft ist unser Zelt, Mühsal unser Acker und Gott unsere Heimat in der Zeit. (...) Lasset den andern ihr Glück und den Stolz, lasset ihnen Haus und die Heimstatt der Erde, du aber lasse dich prüfen, du Leidensvolk, und glaube, du Gottesvolk, denn das Leid ist dein heilig Erbe, und ihm einzig bist du erwählet um deiner Ewigkeit willen.[38]

Noch einmal zeigt sich hier Stefan Zweigs besondere Auffassung des Judentums: Das ewige Jerusalem des Herzens überdauert das reale, aus Steinen gebaute Jerusalem und ist jedem irdischen Königtum überlegen. Diese Deutung berührt die Zuhörer tief und verwandelt ihre Traurigkeit in starke, tief empfundene Freude. Unter mächtigem Posaunenschall ordnet sich die Menge schweigend zu einer gewaltigen Prozession. Die zuschauenden Chaldäer sind irritiert und voll Staunen über diesen Exodus, der mehr einem Siegesmarsch gleicht als einem Auszug der Geknechteten. Ihr Urteil am Schluss:

---

[38] Ebd., S. 310f

Nie sah die Welt ein Volk wie dieses!

Das persönliche Schicksal von Jeremias wird im Drama nicht mehr erwähnt. Nach biblischer Auskunft (Jer. 43,6) wird er mit anderen Daheimgebliebenen von Juda nach Ägypten verschleppt. Dort verliert sich seine Spur. Über sein Ende ist nichts bekannt.

Der Schlussteil des Dramas von Stefan Zweig:

Jeremias:
Steine bröckeln, es stürzen die Mauern
Irdischer Werke, die Reiche veralten,
Städte verschwemmen im Strome der Zeit,
Doch was die Seelen in Leiden gestalten,
Dauert in Gottes Allewigkeit.
Wer kann sie zerstören,
Die unsichtbaren,
Innen geschauten,
Tränenerbauien
Zinnen der heiligen Zuversicht?
Wer kann ihn uns rauben,
Den seligen Glauben,
Wer stürzet des Herzens Jerusalem? (...)

Wandervolk, Leidvolk – im heiligen Namen
Jakobs, der von Gott einst dir Segen entrang –
Hebe dich auf, in die Welt zu fahren,
Rüste und schreite unendlichen Gang!
Wirf deinen Samen
Willig ins Dunkel der Völker und Jahre,
Wandre dein Wandern und leide dein Leid!
Auf, du Gottvolk! Beginn deine wunderbare

Heimkehr durch Welt in die Ewigkeit![39]

Stimmen der Schreitenden:
*In fremden Häusern werden wir wohnen
Und brechen ein tränensalzendes Brot.
Auf Schemeln der Schande werden wir sitzen
Und ängstend schlafen am feindlichen Herd.
Dunkel der Jahre wird über uns fallen,
Des Königs Fron und der Herrschenden Haft.
Doch unsere Seelen entwandern der Fremde
Und ruhen allzeit in Jerusalem…
Aus weiten Wassern werden wir trinken,
Die bitter brennen dem sehnenden Mund (…)*

*Auf fremden Straßen werden wir fahren,
Durch Land der Länder stößt uns der Wind.
Heimat um Heimat reißen die Völker
Uns von den brennenden Sohlen fort,
Nirgends ist Wurzel dem stürzenden Stamme,
Wanderschaft stets unsere wandelnde Welt,
Doch selig, selig wir Weltbesiegten,
Denn wir sind auch nur Spreu aller Straßen,
Nirgends verschwistert und keinem genehm,
Ewig doch geht unser Weg durch die Zeiten
zu unserer Seelen Jerusalem!*[40]

Chaldäer:
Siehe… wie sie schreiten… wie die Sieger gehen sie einher… es leuchtet in ihren Blicken… Was ist mit diesem Volke… sind sie die Besiegten

---

[39] Ebd., S. 322f
[40] Ebd., S. 324

nicht... hat sie einer genarrt mit falscher Botschaft der Befreiung... hört, was sagen sie... was singen sie... seltsam ist dieses Volk... unverständlich in seinem Trotz und seiner Ergebung... wer begreift dies Volk... in dieser Milde ist eine Kraft, die gefährlich ist... ein Einzug ist dies eines Königs und nicht Auszug der Geknechteten... nie sah die Welt ein Volk wie dieses...

Stimmen, vereint sich ablösend, in immer neuen, weiterschreitenden Zügen, in die auch Jeremias unscheinbar eingegangen ist

 Wir wandern durch Völker, wir wandern durch Zeiten
 Unendliche Straßen des Leidens entlang.
 Ewig sind wir die ewig Besiegten (...)
 Doch die Städte, sie sinken, es gleiten
 Völker uns Dunkel wie stürzende Sterne,
 Und die hart unsere Rücken zerschlugen,
 Werden zuschanden Geschlecht um Geschlecht.
 Wir aber schreiten und schreiten und schreiten
 Tiefer hinein in die eigene Kraft,
 Die sich aus Erden die Ewigkeiten
 Und aus ihrem Leiden den Gott entrafft.

Der chaldäische Hauptmann: Sieh... sieh... wie die Tänzer schreiten sie her... ein Taumel ist über sie gekommen...haben wir sie denn nicht besiegt... sind sie nicht in Schande... Warum klagen sie nicht...

Ein Chaldäer: Ein Geheimnis muß in ihnen sein, das sie verwandelt, ein Unsichtbares, das sie verzückt...

Ein anderer Chaldäer: Ja... sie glauben an das Unsichtbare... das ist ihr
 Geheimnis...

Der chaldäische Hauptmann: Wie kann man das Unsichtbare schauen, wie glauben, was man nicht sieht... Ein Geheimnis muß in ihnen sein wie in unsern Sterndeutern... man müßte es lernen von ihnen...

Der Chaldäer: Man kann es nicht lernen. Man kann es nur glauben, und

sie sagen, es sei ihr Gott. (...)
Der chaldäische Hauptmann: Ihr Gott? Haben wir nicht seine Altäre zerbrochen? Haben wir nicht gesiegt über ihn?
Der Chaldäer: Man kann das Unsichtbare nicht besiegen! Man kann Menschen töten, aber nicht den Gott, der in ihnen lebt. Man kann ein Volk bezwingen, doch nie seinen Geist.

Die Posaune schallt zum dritten Male. Die Sonne ist aufgegangen über Jerusalem und strahlt über dem Auszug des Volkes, das aus der Stadt in die Zeiten schreitet.[41]

---

[41] Ebd., S. 325ff

Warnung in letzter Stunde
Franz Werfels Jeremia-Roman „Höret die Stimme"[1]

Hans-Jürgen Benedict

---

[1] Lassen Sie mich mit einer persönlichen Bemerkung beginnen. Vor fast 50 Jahren habe ich mein Hebraicum an der Universität Hamburg abgelegt, im Juli 1961, die Theologen residierten in einer Villa im Alsterglacis, die längst abgerissen ist. Damit begannen meine alttestamentlichen Studien. Eine orientalische Sprache notdürftig zu lernen, also Texte zu übersetzen und in die Abgründe der Geschichte und der Entstehung des Gottesverhältnisses des Menschen am Beispiel Israels genauer einzutauchen, das faszinierte mich mehr als ich erwartet hatte.1961 bekam ich von meinem Großonkel die Theologie des AT von Gerhard von Rad geschenkt. Zwei Jahre später in Heidelberg saß ich selber in der Vorlesung dieses großen Alttestamentlers. In das Jeremia-Kapitel habe ich jetzt noch mal reingeschaut. Wunderbar, wie Gerhard von Rad das Neue an Jeremias in Worte fassen kann. Gerichtsdrohungen gab es bei Hosea, Micha und Jesaja. Jetzt aber, sagt von Rad, dominiert „das Pathos des Leidens und der Klage, das Unheilsgeschehen wird durch das Medium der erleidenden Seele des Propheten deutlich. Er erleidet es bis an die Grenze seiner Tragkraft"(Jer 4,19.23-26) Und dann die Konfessionen Jeremias: „Das Dunkel frißt sich von mal zu mal tiefer in den Propheten hinein...Das Dunkle ist so entsetzlich, daß von ihm aus mehr als ein einzelnes Menschenleben bedroht ist; es droht damit der ganze Weg Gottes mit Israel wie in einem Abgrund metaphysischen Art zu enden." (v. Rad, Theologie des Alten Testaments, Bd. II, S. 215f) Das war beeindruckend zu lesen, und diese so intensiv beschriebene Dunkelheit erhielt dann 1963 durch das, was durch die Auschwitzprozesse über die vom NS-Regime unter dem Schweigen der Kirche vollzogene Judenvernichtung bekannt wurde, noch einmal eine ganz andere Dimension (davon allerdings hatte v. Rad wie keiner meiner theologischen Lehrer damals gesprochen).

1. Einige Informationen zu dem biblischen Propheten Jeremia vorweg

Von dem Propheten Jeremia wissen wir nur aus dem Jeremiabuch. Andere geschichtliche Zeugnisse über ihn gibt es nicht. Keine Scherbe oder Rollsiegel wurde gefunden, zu schweigen von einem Bildnis. Aber ein Bild machen wir uns doch. Das Jeremiabuch (Endredaktin um ca. 400 v.Chr.) berichtet so viel über seine Person, von Ereignissen seines Prophetenlebens und auch von seinen inneren Kämpfen, sodass wir mehr über ihn wissen als über jeden anderen Schriftpropheten des Volkes Israel. Angefangen von der Berufung über die erste Tempelrede, die Zerschmetterung des Krugs, die Misshandlung durch Paschur, seine verschiedenen Gefangenahmen, die Zeichenhandlung mit dem Joch usw. Gerade aus seinen letzten Jahren unter König Zedekia werden viele Ereignisse berichtet: hier nehmen die dramatischen Ereignisse noch zu – Gefangennahme, heimliche Befragung durch den König, schließlich seien Wegführung nach Ägypten. Die Jeremiageschichte, das ist die Geschichte der letzten Jahrzehnte Judas bis zur zweiten Deportation 587. Wer also ein bisschen in der hebräischen Bibel Bescheid weiß, hat schon einen kleinen Jeremia-Roman vor Augen, wenn er den großen Jeremia-Roman von Franz Werfel zu lesen beginnt.

Jeremia stammt aus einem Dorf ca. 5 km nordöstlich von Jerusalem, aus Anatot. Er ist der Sohn des Hilkia, der einem alten Priestergeschlecht entstammt, das dorthin verbannt wurde unter Salomo. Die biographische Notiz Jer 1,1-3 lässt Jeremias Prophetentätigkeit beginnen im 13. Jahr der Herrschaft des Reformkönigs Josia, sie endet demnach im elften Jahr des Königs Zedekias, des Sohnes Josias, als Jerusalem weggeführt wurde im 5. Monat, das heißt also etwa von 627 bis 587 v. Chr., das sind sage und schreibe 40 Jahre und umfasst die Herrschaftszeit von 5 Königen, wobei zwei, Joahas und Jojachin, nur sehr kurz regierten. In diesem Zeitraum finden große Umbrüche in Juda und Jerusalem statt, die mit der Veränderung der weltpolitischen Konstellation zusammenhängen – dem Niedergang der assyrischen Herrschaft, der die Reform des Josia

begünstigte, weil sich Juda zeitweilig aus dem Einflussbereich Assurs befreien konnte, dem kurzen Erstarken Ägyptens, das das Ende des Königtums Josias herbeiführte, der in der Schlacht von Megiddo gegen Pharao Necho fiel und dem unaufhaltsamen Aufstieg der neuen Großmacht Babylon unter Nebukadnezar, die das Schicksal Judas besiegelte. Mit diesem Schicksal ist die Prophetentätigkeit des Jeremia unauflöslich verwoben, seine Prophetenrede, aber auch das, was er als Unheilsprophet von den Mächtigen seiner Zeit erleidet, denen er mutig gegenübertritt und die gelegentlich sogar seinen Rat suchen.
Wenig wissen wir über seine Tätigkeit zur Zeit des Reformkönigs Josia, unter dem das zweite Gesetz aufgefunden wurde, das zur deuteronomischen Reform der Abschaffung der Höhenheiligtümer, zur Kultuszentralisation und zur Einführung sozialer Gesetze führte. Hier gibt es nur einen Spruch, der Juda der gleichen Abgötterei wie das zerstörte Nordreich Israel bezichtigt. In Jer 22,15f erwähnt Jeremia König Josia anerkennend: „Hat dein Vater nicht auch gegessen und getrunken und hielt dennoch auf Recht und Gerechtigkeit und es ging ihm gut? Er half den Armen und Elenden zum Recht, und es ging ihm gut. Heißt dies nicht, mich recht erkennen? spricht der Herr." Aus dieser langen Zeit unter Josia musste der Romanschriftsteller Werfel natürlich erfinderisch-anreichernd etwas erzählbar Spannendes machen; ob und wie das gelungen ist, werden wir gleich sehen. Mehr Anregung für den Romancier geben die Ereignisse und Konflikte mit den anderen Königen – mit Jojakim, besonders das vierte Jahr seiner Herrschaft, das mit der Schlacht bei Karkemisch im Jahr 605 und dem Aufstieg des neubabylonischen Reiches unter Nebukadnezar zusammenfällt. Dies ist das Jahr, in dem König Jojakim die Anweisung gibt, dass Baruch in einer Schriftrolle alle Worte, die Gott zu Jeremias geredet hat, aufschreiben soll. Jojakims Sohn, König Jojachin, der nach der ersten Eroberung Jerusalems 597 nach Babylon gebracht wurde (Jer 36), wird häufig erwähnt. Denn an seinem Geschick zeigt sich, dass Gott seine Drohungen wahr macht. Das Undenkbare, die Eroberung Jerusalems und des Tempels wird

schreckliches Ereignis. Gott benutzt seinen Knecht Nebukadnezar als Strafinstrument und lässt sein Volk im Stich. Schließlich König Zedekia, dessen Verhalten dazu führt, dass die Babylonier 587 ein zweites Mal kommen und Jerusalem und den Tempel zerstören. Alle diese über das Buch unregelmäßig und keinesfalls chronologisch verteilten Zeitangaben machen deutlich, dass es mehr um die heilsgeschichtliche Bedeutung dieser Ereignisse geht als um ihre Historizität. Jeremia gewinnt als prophetische Gestalt in dem Sinne Konturen, dass er so etwas wie die „Kontrastfigur für die Darstellung der letzen 40 Jahre der Königszeit samt ihrem Untergang und der damit verbundenen Erschütterung des ganzen gesellschaftlichen, politischen und religiösen Systems" ist.[2] Er ist Zeuge dafür, dass Juda sehend in seinen Untergang geht, dass es aber auch immer die Möglichkeit der Umkehr gibt und dass eine Zukunft bei entsprechender Wandlung nicht auszuschließen ist. Er steht für ein Konzept von alternativer Politik, das Geschichte unter dem Aspekt eines geschichtlich handelnden Gottes, der die politisch Verantwortlichen durch den Propheten zu einer den guten Geboten Gottes entsprechenden Politik aufruft.[3] Diese Idee hat Franz Werfel brennend interessiert und zu seinem Roman über Jeremia motiviert. Wer war dieser Franz Werfel?

---

[2] Religion in Geschichte und Gegenwart (RGG), 4. Aufl., Bd. III, Sp. 415

[3] Nun ist das biblische Buch Jeremia in seiner jetzigen Form in einem großen zeitlichen Abstand zu den berichteten Ereignissen entstanden, die Endredaktion erfolgte vermutlich erst im 4. Jahrhundert v. Chr.. Was wirklich von Jeremia ist, lässt sich schwer sagen, vieles ist bearbeitet oder eingefügt worden.

Was man wissen muss: Das Jeremiabuch bezieht sich vielfach auf andere alttestamentliche Literatur. Am deutlichsten zeigt sich das an den Beziehungen zum Deuteronium (also dem 5.Buch Mose) und zum deuteronomistischen Geschichtswerk. So entspricht 2 Kön 24,18-25,21 weitgehend dem Schlusskapitel Jer 52 und gekürzt auch dem ersten Abschnitt in Jer 39. Das Aufgreifen deuteronomistischer Sprache (`Meine Worte in den Mund legen´: Dtn 18,18; Jr 1,9.7) und Inhalte (wie die Sklavenbe-

2. Von Prag nach Wien – Werfels Weg zu einem jüdisch-christlichen Erfolgsautor

Franz Werfel ist einer der großen Autoren aus dem jüdisch-deutschen Prag der KuK-Monarchie um die Wende zum 20. Jahrhundert, deren berühmtester Franz Kafka wurde.[4] Er wird 1890 am 10.September als erstes Kind des Handschuhfabrikanten Rudolf Werfel und seiner Frau Albine, geb. Kussi geboren. Das Geburtshaus Reitergasse 10 steht noch. Die Erfahrung der Fremdheit steht am Anfang seiner Existenz und bestimmt ihn bis zu seinem relativ frühen Tod im August 1945 in Beverley Hills. *Fremde sind wir auf der Erde alle/ und es stirbt, womit wir uns verbinden*, heißt es in seinem Gedicht „Höhe des Lebens". Nicht *der Schöpfung heimatlich vertraut, sondern fremd, so urfremd, das mir graut*, steht das Ich im All. Fremd als deutsch sprechender Jude im tschechischen Prag. Es gab in seiner Kindheit antisemitische Kundgebungen tschechischer Arbeiter, auch in der Handschuhfabrik seines Vaters, im Dezembersturm 1897 wurden jüdische Geschäfte geplündert.

Die Mutter, eine schöne Frau, aber als Mutter doch distanziert, der als gut apostrophierte Vater, der die Kinder in an hohen Festtagen in die Synagoge mitnimmt – zu Hause ist das Judentum auf Pessach und Chanukkah beschränkt –, der aber auch mit den Kindern in die Oper und ins Theater geht, dann die gefürchtete Schule. Das ist die eine Seite. Auf

---

freiung Dtn 15 in Jer 34, die auch bei Werfel eine große Rolle spielt), geht aber auch bis zu expliziten Gegenpositionen – in Jer 30,1 im Gegensatz zu Dtn 13,17 soll die Stadt auf ihrem Hügel wiederaufgebaut werden. Auch zeigt das Jeremiabuch Jeremia als einen Nachfolger Mose. Von daher ist auch der mir seit evangelischer Jünglingszeit wichtige Text vom Neuen Bund zu verstehen (Jer 3,31ff), der überbietend den Bund nicht auf äußeren Tafeln, sondern in dasmenschliche Herz und in die innere Gotteserfahrung schreibt - schön, diese innere Wahrheit der Religion, die dann bei Lessing und Schleiermacher wiederauftaucht.

[4] Zum Folgenden vgl. N. Abels, Franz Werfel, Reinbek 1990, S. 7ff

der anderen Seite aber die Kinderfrau Barbara Simunkova als „die andere eigentliche Wirklichkeit", der er in seinem Roman „Barbara oder die Frömmigkeit" ein literarisches Denkmal gesetzt hat. Barbara, die Frau, die dem Kind stundenlang Märchen und Heiligenlegenden erzählt, ihn mit in die Kirche nimmt, ihm mit ihrer Frömmigkeit ein Gefühl der „tiefen und gleichmäßigen Ruhe" vermittelt. „Gott war der Schlaf, auf dem man dahingleitet, das warme Bett, in dem einem keine böse Macht etwas anhaben kann."[5] Durch `Babi´ wird Werfel mit der barocken, gegenreformatorisch geprägten Katholizität Prags vertraut gemacht, überall Kirchen, Kruzifixe, Heiligenstatuen, man denke nur an die Karlsbrücke. Barbara selbst wird zum Urbild der Marienverehrung: „Unter der Himmelsmutter stellte er sich nicht viel anderes vor als eine jüngere schön gekleidete Barbara, eine Barbara aller Menschen, die über den Wolken thronte."[6] Die Kirche erschien ihm als „Mutter aller Mütter". Anders als das Judentum seiner Zeit, das ihn zunehmend befremdete, wie er anlässlich eines Synagogenbesuchs notiert. Der Auftritt einer exaltierten Sängerin macht ihm den ganzen Gottesdienst peinlich, das Verhalten der ständig miteinander redenden Männer erinnert ihn an ein Caféhaus. Und die durchreisenden orthodoxen Juden „waren uns fremdartig und unheimlich...ihr Gebaren gehörte einem anderen Erdkreise an."[7] Später schreibt er: „Das Judentum war in meiner Kindheit kein Erlebnis geworden, sondern nur ein halbbewußter Vorstellungsinhalt, der kein großes Gefühl in sich schloß."[8] Erst der Krieg, die Beschäftigung mit Martin Buber, die Auseinandersetzung mit Max Brod bewirken später eine Wende, führen zur Entdeckung der Zusammengehörigkeit von Christus und Israel.

---

[5] Franz Werfel, Barbara oder die Frömmigkeit, Berlin-Wien-Leipzig 1929, S. 26
[6] Ebd., S. 72
[7] Franz Werfel, Zwischen Oben und Unten. Prosa-Tagebücher-Aphorismen-Literarische Nachträge, München-Wien 1975, S. 695
[8] Ebd., S. 692

Werfel lernt Willy Haas und Franz Kafka kennen, er beendet mit Mühe seine Schullaufbahn, schreibt expressionistische Gedichte, von denen einzelne veröffentlicht werden; der Vater zwingt ihn aber 1910 zu einer Kaufmannslehre in Hamburg - das war im übrigen eine glückliche Zeit: In dem Gedicht „Dampferfahrt im Vorfrühling" heißt es:
O Tanzlokale am Ufer, o Brüder, o Dampfer, Fährhaus, Erd und Himmelgeleit
Ich bin ein Geschöpf! - Ich bin ein Geschöpf!
und breite die Arme weit.
Das muß am ehemaligen Uhlenhorster Fährhaus gewesen sein, von Max Liebermann gemalt – wo ich auch immer noch sehr glücklich bin. Nach 8 Monaten kehrt Werfel zurück. 1911 wird sein erster Gedichtband veröffentlicht: `Weltfreund´. Und jetzt nur noch im Telegrammstil die weiteren Jahre: Er wird Lektor im Karl Wolff Verlag in Leipzig, sein Ruhm als Dichter mehrt sich. Erst zurückgestellt, wird er 1916 einberufen an die Ostfront; 1917 lernt er Alma Mahler-Gropius kennen, sie verlieben sich ineinander, Werfel, später einer Presseabteilung zugeordnet, entwickelt sich zum Pazifisten, 1918 wird der gemeinsame Sohn Martin geboren, der kaum einjährig stirbt. Werfel nimmt an der Novemberrevolution 1918 in Wien teil. Sein erster großer Prosatext „Nicht der Mörder, der Ermordete ist schuldig" wird 1920 veröffentlicht, er schreibt Theaterstücke, 1924 seinen ersten Roman „Verdi. Der Roman einer Oper", er erhält den Grillparzerpreis, wird in die Preußische Akademie der Künste aufgenommen. Ein europaweit bekannter Schriftsteller, allerdings auch umstritten. Musil stöhnt 1930: „Meine Schwierigkeit: Was habe ich in einer Welt zu schaffen, in der ein Werfel Ausleger findet!" 1925 unternimmt Werfel eine erste Nahostreise, die ihn nach Ägypten führt und in Palästina mit seinen jüdischen Wurzeln in Kontakt bringt. Er erlebt den Zionismus vor Ort und bekommt die Anregung zu dem Stück „Paulus unter den Juden". Der Held dieses Stücks fühlt sich unter seinen ehemaligen Glaubensgenossen so fremd wie der Dichter unter den Zionisten. Beide aber halten an dem unabdingbaren Zusammenhang von Judentum und

Christentum fest. In einem Brief an den das kritisierenden Sigmund Freud schreibt Werfel: „Kein Augenblick schien mir für das Judentum dialektischer, tragischer zu sein, als der, wo sich die antinomistische Richtung (Christus) von der Thora und der Nation ablöst, und in der Person des abtrünnigen Paulus die Welt erobert."[9] Shalom Ben Chorin lobt das heute vergessene Stück noch 1980 in seinem Paulus-Buch: „Eine intuitive jüdische Sicht des Paulus (…) Mit dem untrüglichen Gespür für unterschwellige geistesgeschichtliche Zusammenhänge betont Werfel den tiefen Lehrer-Schüler-Konflikt zwischen Gamaliel und Paulus."[10] 1930 gibt die zweite Orientreise den Anlass zu Werfels, wie ich finde, größtem Roman: „Die vierzig Tage des Musa Dagh" über die Verfolgung und Ermordung der Armenier durch das osmanische Reich im 1. Weltkrieg und den von dem europäisch assimilierten Armenier Bagadrian organisierten Widerstand dagegen auf dem Mosesberg, der eine kleine Schar rettet aus dem allgemeinen Verderben. (Der jüdische Gedanke des heiligen Rests spielt hier eine Rolle.) Ausgehungerte Kinder mit bleichen Gesichtern und dunklen Augen fallen Werfel in einer Teppichweberei in Damaskus auf. Das seien Kinder der von den Türken erschlagenen Armenier, sagt der Besitzer. Das ist die Initialzündung für den Roman, der am Vorabend des 3. Reichs einen Völkermord beschreibt, wie er acht Jahre später mit der Wannsee-Konferenz an den Juden vollzogen werden sollte. Der unfreiwillig prophetische Roman erscheint im November 1933 und wird Anfang 1934 nicht allein auf Intervention der Türkei in Deutschland verboten.

1929 heiratet Werfel nach zwölf Jahren gemeinsamen Zusammenlebens Alma Mahler (obwohl die Konflikte mit ihr zunehmen), sie macht zur Bedingung, dass er aus der jüdischen Kultusgemeinde austritt. Werfel ist ein erfolgreicher Autor im Wien der 30er Jahre. Seine Frau und er füh-

---

[9] Zit. nach Abels, S. 74 (s. Anm. 4)
[10] Schalom Ben-Chorin, Paulus. Der Völkerapostel in jüdischer Sicht, München 1970, S. 206

ren ein großes Haus auf der Hohen Warte, in dem sich die intellektuelle und politische Prominenz der Hauptstadt trifft. Auch der konservative Kanzler Schuschnigg ist ihr Gast. Besorgt beobachtet Werfel die politische Entwicklung in Deutschland. Er wird 1933 nach der Machtergreifung trotz einer fragwürdigen Mitarbeitserklärung aus der preußischen Akademie der Künste ausgeschlossen, auch seine Bücher werden verbrannt. Er hofft zuerst noch, dass der Spuk vorübergeht. 1934 kommt es in Österreich zu Kämpfen zwischen Regierungstruppen und dem republikanischen Schutzbund, es gibt viele Tote, Standgerichte, Kopflöhne und Denunziationen. Die Sozialdemokratische Partei wird verboten, Regimegegner wie Ernst Fischer und Fritz Wotruba finden in Werfels Haus Unterschlupf.

3. Zur Entstehung des Romans „Höret die Stimme"

Im Frühjahr 1936 macht Werfel sich erste Notizen zu einem neuen Plan. Er denkt daran, „den Roman des Propheten, des Künders Gottes zu schreiben, wahrscheinlich das Epos des Propheten Jeremiah, weil es dramatisch und geschehensmäßig am fruchtbarsten ist."[11] Die politischen Ereignisse dieser Zeit spielen in diesen Entschluss hinein - der Pakt zwischen Hitler und Schuschnigg, Hitler anerkennt zwar die Souveränität Österreichs, fordert aber als Gegenleistung eine Amnestie der inhaftierten österreichischen Nazis und ihre Beteiligung an einem Kabinett der nationalen Einheit. Gleichzeitig bricht in Spanien der Bürgerkrieg aus, als General Franco einen Militärputsch unternimmt. Hitler und Mussolini unterstützen Franco, schicken Waffen und Flugzeuge. Werfel ergreift öffentlich entschieden Partei für die Republikaner. Er ist sehr besorgt. Europa scheint auf einen erneuten Krieg zuzusteuern.

Aber literarisch wird er sozusagen biblisch-konservativ. Mit der Gestalt des Propheten Jeremia will Werfel literarisch angesichts dieser Polarisierung eingreifen, will in letzter Minute warnen. Denn die alttestamentliche Prophetie heißt ja nicht Schicksalsergebenheit, sondern vor allem

---

[11] Zit. nach Abels, S. 104 (s. Anm. 4)

Warnung. „Es ist beschlossen, doch noch nicht geschehen", lässt Werfel den Propheten Jeremias schon im Bibelspiel sagen.[12] Der geplante Roman gibt Werfel also die Gelegenheit, die Analogien zwischen dem Tyrannen in Deutschland und dem frevelhaften König Jojachin in Juda zu entfalten. Besonders die Verletzung der Rechtssatzungen des Mosesgesetzes spielt in Werfels Roman eine wichtige Rolle. Immer wieder klagt der Prophet Ausbeutung, Unterdrückung und Blutvergießen an. (Hitler wollte nach eigener Aussage den Fluch der Gebote des Berges Sinai, das teuflische `Du sollst nicht´, bekämpfen.) Man kann also einerseits sagen: „In äußerster Stunde greift ein jüdischer Schriftsteller auf eine der großen Warngestalten des Judentums zurück, um allen seinen Lesern den Ernst der Situation klarzumachen: Wenn es so weitergeht, ist der Untergang des deutschen und des österreichischen Volkes, berauscht vom Größenwahn nationalsozialistischer Verbrecher, so besiegelt, wie der Untergang des Volkes von Juda, das – als Ergebnis der Herrschaft frevelhafter Könige – besiegt und verschleppt wurde."[13] Ähnlich argumentiert Jungk, wenn er schreibt: „Der Roman geriet Werfel darüber hinaus zum verschlüsselten Aufruf, Widerstand zu leisten, die Figur des Jeremias zur Symbolfigur des Sich-Nicht-Unterordnens, des Aufbegehrens gegen die Staatsgewalt, gegen die Selbstzufriedenheit der Mächtigen."[14] Es gibt aber auch die andere Sicht, die in dem Roman vor allem Werfels Auseinandersetzung mit der metaphysisch-religiösen Frage sieht, wie er sie in dem Aufsatz „Können wir ohne Gottesglauben leben?" 1932 mit seiner Kritik am Materialismus entfaltet hatte[15] und besonders die literarische Umsetzung reflektiert. Eine Versöhnung beider

---

[12] Vgl. ebd., S. 105
[13] K. J. Kuschel, Erfüllt von Liebe zum jüdischen Volk, in: Kunst und Kirche, 1996, S. 247
[14] P. St. Jungk, Franz Werfel. Eine Lebensgeschichte, Frankfurt/M. 1987 (TB 1994), S. 237
[15] S. dazu J. M. Oesch, Prophetie aus vorexilischer und exilischer Zeit, in: H. Schmidinger (Hrsg.), Die Bibel in der deutschsprachigen Literatur des 20. Jahrhunderts, Bd. II, Mainz 1999, S. 177-204, hier S. 182f

Standpunkte liegt vielleicht darin, dass Israel seinen Glauben stets ethisch verstanden hat – weniger der Kult als vielmehr das rechte Tun, nicht die frommen Lieder, sondern Gerechtigkeit und Barmherzigkeit als Inbegriff von Gottes Wesen waren sein Kriterium.

Bei der Lektüre stellt sich der Eindruck ein, dass es sich weniger um ein politisches als um ein fast frommes, sehr biblisch orientiertes Buch handelt, ganz unironisch im Unterschied zum gleichzeitig entstehenden spielerisch-mythologischen Josephsroman Thomas Manns oder zum radikal skeptischen „Der Mann Moses und die Entstehung der monotheistischen Religion" von Sigmund Freud. Werfel greift in seiner Schilderung des Lebens Jirmijahs ständig auf den Bibeltext zurück, zitiert immer wieder die Prophetensprüche, baut sie geschickt in seine narrative Entfaltung und Erweiterung der eigentlichen Story ein – vermeidet Anstößiges selbst da, wo er den liederlichen Astarte-Kult auf den Höhen und das götzendienerische Ägypten schildert. Der Prophet muß das Ende von Jerusalem und Juda ankündigen, erleidet deswegen Verfolgungen, leidet aber vor allem selber an dem undurchschaubaren Verhalten Gottes und muss zum Schluss die Zerstörung des Tempels als des Zentralsymbols für die Anwesenheit Gottes unter seinem Volk erleben. Bei seinem letzten Gang durch das zerstörte Heiligtum, als er den unaussprechbaren Namen JHWE ruft, entdeckt er eine Scherbe, auf der steht: Damit du lebest. Mit diesem symbolgesättigten Bild endet dieser Bibelroman, der in dem Sinn fromm ist, dass er ernsthaft mit der höheren Macht Gottes rechnet, der jüdisch ist, weil er den Beitrag der jüdischen Prophetie zur Humanisierung der Menschheit in der Gestalt des Jeremia aufzeigt, der aktuell ist, weil er vor der aufziehenden Barbarei des Faschismus an die Menschenrechte und an die Fähigkeit zu widerstehen erinnert.

4. Ein Durchgang durch den Roman in Form einer Homilie

Der Roman hat eine Rahmenhandlung. Wir befinden uns am Toten Meer. Eine fünfköpfige Reisegruppe sitzt auf einer Terrasse einer Gast-

wirtschaft, blickt auf das unbestimmbare Element und philosophiert über dieses Land als einen religiösen Mittelpunkt der Welt, denn: „Der biblische Gott dieses Ländchens ist Weltsieger geblieben über alle anderen Götter".[16] Eine Anekdote von Marschall Allenby wird erzählt, der im 1.Weltkrieg in Megiddo eine wichtige Schlacht gegen die Osmanen gewonnen hat; Allenby fragt nach dem König, der bei Meggido die Übermacht Ägyptens angegriffen hat, „ König Josijah,... derselbe, unter dem der Prophet Jeremias seine Wirksamkeit begann"[17], man spricht über mythische Begründungsmuster, über Deja vu, über die vedische Vorstellung des Akasha, eine Art Bilder-Äther oder kosmisches Protokoll, das in unserem Geist zu Bewusstsein kommen will, man fährt zurück nach Jerusalem, und aus der Gruppe lösen sich zwei Gestalten, die Journalistin Dorothy und der englische Schriftsteller jüdischer Herkunft namens Clayton Jeeves, der vor kurzem seine Frau verloren hat und sich in einer Schaffenskrise befindet. Vor allem aber leidet er an der heiligen Krankheit, die sich weniger in Anfällen als in Absencen zeigt, all dies wird erzählt, während man biblische Schauplätze passiert, das Tal Kidron, den Ölberg, Gethsemane. Dieser Jeeves nun will Dorothy wie versprochen den Tempelberg zeigen, als sich wieder eine dieser Absencen meldet. Während er noch spricht: „Wo wir jetzt stehen, lag einst die Grenze zwischen dem äußeren Vorhof des Volkes und dem inneren Hof der Priester und des Opferaltars...Hier liefen die Säulen der Wandelhalle..."[18] sieht er, überfällt ihn die Geschichte Jeremias.
Und dann beginnt der eigentliche Roman mit dem ersten von 28 Kapiteln: Im Tempel, untertitelt: Incipit vita Hieremiae prophetae.

---

[16] Jeremias. Höret die Stimme, Frankfurt/M. 1981, S. 10. Der Roman erschien 1937 zunächst unter dem Titel „Höret die Stimme". Als Werfels Witwe Alma den Roman 1950 erneut herausbrachte, entfernte sie die Rahmenhandlung, gab ihm aber seinen Originaltitel zurück: „Jeremias. Höret die Stimme". Unter dieser Überschrift wurde er mit der Rahmenhandlung 1981 wieder aufgelegt.
[17] Ebd., S. 12
[18] Ebd., S. 40

Der junge Jeremia, Jirmijah genannt, Priestersohn aus Anatot kommt zum Passahfest nach Jerusalem, weil er auserwählt wurde, an der Ehrentafel des Königs Josia Dienst zu tun. Werfel nutzt diese Eröffnung, um den in der Bibel benannten aber nicht ausgeführten Erst-Kontakt zu Josia zu illustrieren und um gleichzeitig einen Einblick zu geben in die jüdische Religion und das Tempelwesen. Jirmijah wird ausgewählt, um dem König aus der Torah vorzulesen, Jirmijah liest aus den Kriegsgesetzen Dtn 20, die merkwürdig human Rücksicht nehmen auf solche Tatbestände wie Jungverheiratung und Ängstlichkeit der Krieger. Der als impulsiv geschilderte König lobt Jirmijah, sein ältester Sohn aber schilt ihn, damit ist schon der spätere Konflikt vorprogrammiert. Und dann wird Jirmijah eine weitere Auszeichnung zuteil – er gehört zu denen, die einen Blick ins Allerheiligste tun dürfen.

Werfel eröffnet diesen Abschnitt mit einer Passage über die Zeit nach dem Fest, wenn es Nacht wird. „Denn jetzt nahten die gefährlichsten Stunden des Weltalls, die Stunden der natürlichen Ohnmacht, die Zeit des Schlafes, da der Opferdienst und das Opfergebet unterbrochen waren, und die flehend emporgestreckte Hand des Volkes den Schöpfer nicht an seien Vaterschaft verpflichtend gemahnte."[19] Jüdischer Volksglaube, am Abend werden die Pforten des Himmels geschlossen und kein Gebet erhält mehr Einlass und allgemeine urmenschliche Angst vor dem Grauen der Nacht, wenn die Sonne hinterm Horizont verschwindet und mythisch beschworen werden muss wiederzukehren (ein Element der ägyptischen Religion), mischen sich hier mit der Angst vor der Unberechenbarkeit Gottes. „Jetzt beteten nur einzelne (...) Des Ewigen Sinn erfüllt sich durch Ordnung und einzig durch Ordnung wird der Mensch seiner Ebenbildlichkeit gerecht."[20] Schon nach wenigen Seiten ist erkennbar, wie Werfel in diesem Roman sich seines Judeseins vergewissert. Auch gerade in dem Abschnitt, der die Vorbereitung auf den Gang zum Allerheiligsten beschreibt. Selbst der Hohepriester Hilkijah durfte nur einmal im Jahr mit all seinem Mute, bebend, diese Schwelle

---

[19] Ebd., S. 58
[20] Ebd.

überschreiten und den Ort betreten, den die Finsternis vor dem ersten Schöpfungstage erfüllt."[21] Dort, wo die Lade steht mit den Gesetzestafeln, „die einzige Weltberührung des Ewig-Außerweltlichen, die einzige Verkörperung des Körperlosen in der größten Gemeinschaft zwischen Mensch und Gott: dem Wort."[22]

Jirmijah als der Jüngste wird auserwählt einen Blick ins Allerheiligste zu tun, doch „seine Augen sehen nichts als die tiefste aller Finsternisse, die der irdischen Nacht nicht gleicht, die Finsternis der Vorschöpfung, ehe denn es Licht ward. (…) Ein unfassbares Winken und Strömen bewegt sich auf Jirmijah zu, das ihn noch anhaucht, als der Vorhang schon längst wieder geschlossen ist."[23]
Sowohl die Rahmenhandlung wie das Eröffnungskapitel zeigen Werfel als einen jüdischen Schriftsteller, der sich in diesem Roman seines Judeseins vergewissert, wie er es vorher schon in dem Drama „Paulus unter den Juden" unter dem Eindruck der Palästina-Reise und in dem in den USA mit großem Aufwand aufgeführten Bibel-Drama „Der Weg der Verheißung" versucht hatte.

Jirmijahs Berufungserlebnis (Jer 1,4-10) im ersten Kapitel des Prophetenbuchs ist von großer Intensität, bringt eine religiöse Erfahrung auf den Begriff, dass die Berufung den Berufenen überfordert, sodass er versucht sie zurückzuweisen. Ich bin zu jung, sagt Jeremia. Doch die Antwort des Herrn ist: „ Fürchte dich nicht vor ihnen, denn ich bin bei dir und will dich erretten." Und dann die große Zumutung: „Ich setze dich über Völker und Königreiche, dass du ausreißen und einreißen, zerstören und verderben sollst und bauen und pflanzen." Fast wie der schöpferische und zerstörerische Gott selber wird sein Handeln beschrieben, nämlich beides zu sein und zu tun – das Gute und das Böse, und am Schluss des Kapitels dann die ersten, die Zerstörung Judas beinhaltenden Visionen: „Erschrick nicht vor ihnen (…), denn ich will dich

---

[21] Ebd., S. 60
[22] Ebd.
[23] Ebd., S. 63

heute zur festen Stadt, zur eisernen Säule, zur ehernen Mauer machen im ganzen Lande wider die Könige Judas, wider seine Großen, wider seine Priester, wider das Volk des Landes, daß, wenn sie auch wider dich streiten, sie dir dennoch nichts anhaben können; denn ich bin bei die, spricht der HERR, daß ich dich errette."(Jer 1,18f) Jeremia als Gegenprogramm in finsterer Zeit.

Werfel versucht in seinem Roman diese Berufungsszene, die so eindrücklich ist wegen ihrer Knappheit, in der die Sätze wie Schicksalsworte fallen, ein wenig narrativ zu verorten; Jirmijah ist wieder zu Hause, er sitzt in seiner Schlafkammer am Fenster, „die nach Honig schmeckende Nachtluft des Nissan-Monds strömt in freien übermütigen Wellen herein", er „stellt die Lampe auf die Fensterbrüstung, als wolle er dem Himmel ein geheimes Zeichen geben, daß er heimgekehrt sei",[24] Gedanken an seine Kindheit, als das Reiter-Volk der Skythen bedrohlich vorbei ritt, gehen ihm durch den Kopf, er schläft ein und ist sofort wieder wach, weil er ein Gesicht hat, weil ihn eine Stimme ruft: Jirmijah. `Hier bin ich. Rede Herr, dein Knecht hört´, entliehen aus der Berufung Samuels, ist dann die Einleitung zu den ersten Worten Gottes, die die vorzeitliche Wahl des Propheten begründen, zum ersten Gesicht von den Zweigen, schließlich zu dem Gesicht von dem siedenden Kessel von Norden her, der ersten Unheilsprophetie. Das hält sich einerseits an den Text, weitet ihn andererseits aus, erklärend, was schwer zu erklären ist, und doch versucht es der Erzähler, indem er das „Ich lege meine Wort in deinen Mund" umschreibt, als „Hauch, der den Innenraum des Menschen braucht", als „Stimme, die außen und innen zugleich ist", als kurzer Schlag auf den Mund, als „Schmerz der Berührung" - tastende Versuche, das von Gott gewirkte Prophetenwort zu umschreiben, dieser Raunung nahe zu kommen, zu der auch gehört: das eisklare Wissen, „nun und allzeit ein anderer zu sein."[25] Wie gesagt, tastend ist das, das

---

[24] Ebd., S. 68
[25] Vgl. S. 71f

Geheimnis der prophetischen Audition unserer natürlichen Erfahrung zugänglich machen zu wollen. Etwas, das wir vielleicht kennen aus blitzartigen Erkenntnissen, die uns klar eine kritische Haltung aufzwingen, die aber auch in jenen Zuständen zwischen Traum und Erwachen da sind, in denen uns ein Gedanke kommt, der etwas Unerhörtes beinhaltet, eine Melodie, die wir nie gehört haben und doch auf einmal kennen, wie es bei Proust heißt, und wenn wir dann erwachen, ist er, ist sie schon undeutlich geworden. Und es bleibt nur der Schmerz, die Sehnsucht nach der Ahnung, die uns da überfallen hat. Auch aus solchen Zwischenzuständen sind schon Prophetien entstanden.

Der historische Jeremia bewegte sich zwischen Anatot und Jerusalem, der Jirmijah Werfels, der zu Hause nur Kritik von den Brüdern erlebt und Kummer verbreitet (der Vater stirbt aus Gram über den Jüngsten, die Mutter aber hält weiter zu ihm), der geht auf Wanderschaft, erkundet die Lage in Juda, deutet das „Gürte deine Lenden und geh" als „geh zu den Menschen und sprich zu ihnen", geh unters Volk. Er sieht den Götzendienst auf den Höhen, deutet es als Unreinheit der menschlichen Erinnerung an den Einzigen[26], erinnert noch mal die Urgeschichte bis zu Abraham und der Erwählung Israels. Es sollte Gottes Volk werden, zog den Hass der Völker auf sich, wandte sich nach der Befreiung selbst von Gott ab, entdeckte die verlorene Lehre wieder, das Gesetzbuch im Tempel, schien aber auch diese letzte Chance zu verpassen, wie er bei seiner Wanderung zum „Wirklichen, dem Gott Abgewandten"[27] erfahren musste. Der Sabbath wird nicht geheiligt, auf den Höhen wird gebuhlt mit Aschera, der Arbeiter wird nicht am Abend entlohnt, der Sklave nicht freigelassen, dem Armen nicht geholfen. Er geht auf Gottes Geheiß in das Haus des Töpfers, sieht, wie ihm ein Topf missrät und der einen anderen macht und hört das Wort aus Jer 18: „Kann ich es nicht wie dieser Töpfer mit euch machen, Haus Israel? Wie der Ton in des Töpfers Hand

---

[26] Vgl. S. 101
[27] Ebd., S. 105

seid ihr in der meinen."[28] Und dann in Jerusalem in der Wandelhalle des Tempels kommt es zur ersten Gerichtsrede mit den Worten aus Jer 2 von der lieblichen Braut, die Israel für Gott war und wie sie dann Hurerei trieb und mit noch so viel Lauge sich nicht reinwaschen kann. Der zunehmend empörten und nach Bestrafung rufenden Menge entgeht Jirmijah, indem sein Schatten und Freund Baruch ihn rechtzeitig wegzieht.
Es ist noch die Zeit des gerechten Königs Josia. Der lässt ihn an den Hof holen und von seinen Raunungen sprechen, vom siedenden Kessel, der von Norden her überkocht. Josia ist beruhigt, denn er plant anderes. Er will dem Pharao Necho, der durch Palästina ziehen will, um den Neubabylonier zu bekriegen, entgegentreten, ihn besiegen und so das Land Juda zu neuer Größe führen, er glättet sich die Worte Adonais zurecht. Jirmijah aber leidet an den langen Dämmerungen der Undeutlichkeit: Was bereitet sich im Weltlauf vor? Werfel schildert dann ausführlich die Vorbereitungen und den Verlauf der Schlacht von Megiddo, in der Josias Heer dem Pharao Necho unterliegt und der König an seinen Verletzungen stirbt. Jirmijah ist verzweifelt, er beschließt außer Landes zu gehen, wo Adonais Stimme schwächer ist, nach Ägypten in die Stadt Noph, wo auch die Königin Hamutal mit ihrem Sohn Mathanja und dem verbannten Joahas lebt.
Dieses Kapitel muss uns nicht groß interessieren, obwohl es zuweilen interessant zu lesen ist. Werfel verarbeitet hier seinen Besuch im Tal der Könige und seine Kenntnis des ägyptischen Totenbuchs. Er erlebt die Heiterkeit Ägyptens, in der ihn trotzdem fröstelt, ist beeindruckt von dem Ritual, in dem der Schöpfergott Ptah am Abend die leidende Erscheinungsform des Osiris annimmt und so das Licht von der Gefahr des ewigen Untergangs befreit. Jirmijah verliebt sich in eine ägyptische Waise Zenua, die Interesse für seinen Gott zeigt und an ihn zu glauben beginnt, eine Liebesgeschichte, die aber nicht recht in Gang kommt - man vergleiche damit nur Thomas Manns herrlich erotische Mut Emenet in der Josephs-Geschichte –, denn sie stirbt vor Heirat und Hoch-

---

[28] Ebd., S. 117; Jer 18,5f

zeitsnacht, wird einbalsamiert und als Osiris auf die Reise in die Unterwelt geschickt, die auch Jirmijah als eine Art Seelenreise antritt, zuweilen vor Scham und Widerwillen vergeht wegen der Unreinheit und schließlich die Seligen erlebt als völlig auf sich selbst bezogene Wesen, „die das ausgelebte Leben ewig wiederkauen wie die fade Erinnerung an eine längst verzehrte Speise."[29] Das erinnert mich an die Geschichte mit den langen Löffeln über den Unterschied von Himmel und Hölle - Himmel ist dort, wo man sich gegenseitig mit langen Löffeln zu essen gibt und Hölle dort, wo jeder auf sich selbstbezogen den langen Löffel nicht zum Mund führen kann.

Die nächsten Kapitel aber haben mit der wahren Bewährungsprobe zu tun, dem Auftauchen der Babylonier. Jirmijah erfährt die provozierende Raunung des Herrn: „'Ich schicke Nebukadnezar, *meinen Knecht?*' Wie konnte ein Knecht sein, der nichts von ihm nichts wußte? (…) seinen Knecht, mit welchem Ehrennamen er nur Abraham, Isaak, Jakob und Moses ausgezeichnet hatte, sonst keinen, nicht einmal David?"[30] Jirmijah ist außer sich, nie zuvor war es so schwer, den göttlichen Heilsplan mit der geschichtlichen Wirklichkeit in Einklang zu bringen.

Und doch ist diese Volte die genialste Erfindung des Glaubens Israels, nämlich das, was mächtiger ist, Gott dienstbar zumachen. Gewissermaßen eine Dreistigkeit – ein kleines Völkchen behauptet, sein Nationalgott sei der Herr der Welt, der sich die Herrscher dienstbar macht, auch wenn sie sein Volk vernichten, und das dann darauf baut und hofft, dass ein anderer Herrscher – denn keine irdische Macht besteht erfahrungsgemäß sehr lange – das Volk wieder freilassen wird. Und damit letztendlich recht behält, wenn auch anders als gedacht – der ehemals jüdische Gott der Christen wird 700 Jahre später zum Herrn der damals bekannten Welt, das Christentum wird Reichsreligion und – schreckliche Dialektik: die Christen, die den Juden ihren Gott, den Vater Jesu Christi, verdanken, übernehmen die Rolle der Verfolger der Juden.

---

[29] Ebd., S. 253
[30] Ebd., S. 314

In Jerusalem treibt König Jojakim sein Unwesen, hält sich an keines der Gesetze, ist beschäftigt mit Essenzenmischung und Einbalsamierung. Jirmijah lässt von Baruch seine Unheilsworte aufschreiben, sie kommen König Jojakim zu Gesicht, der lässt sie verbrennen (Jer 36), Baruch schreibt sie erneut auf, diese Rolle gelangt in die Hände der anrückenden Babylonier, die vergleichen Prophezeiung von Jeremia mit den Weissagungen der Gestirne, er, Jirmijah, wird zu Nebukadnezar gebracht ,"eine kurze stämmige Gestalt in einer graugelben Kutte mit einer einfachen Kappe auf dem Kopf". Jirmijah sagt ihm: „Nichts wird dich hindern, auch der Herr nicht, Jerusalem zu vernichten und den Tempel des Herrn zu verbrennen." (…) Der König antwortet: „Die Tat des Königs fließt aus dem Gesetz der Sterne." Jirmijah kontert: „Doch das Gesetz der Sterne fließt aus der Tat des Herrn. (…) Er lässt dir Raum, zu tun oder nicht zu tun…"[31]

In Jerusalem wird Jirmijah, der Misshandelte und Verfolgte zum festen Pfahl, an den sich alle klammerten. Adonais Hauch blüht in ihm auf und er tröstet mit Worten aus Jer 31. Das Volk bekommt Mut und Kraft, zieht zum Königspalast, sie finden den König in der Mischkammer, wo er sich selbst gerichtet hat. Nebukadnezar zieht in Jerusalem ein, betritt, zum Schreck für alle Gläubigen, den Tempel und sogar das Allerheiligste, kommt heraus und sagt: „Nichts". „Dieses Nichts, die angenehme Enttäuschung einer heimlichen Furcht, stimmte den Großherrn so heiter, daß er auch nichts gegen den unsichtbaren Gott dieses Tempels unternehmen wollte."[32] Aber zehntausend der Oberschicht, die mit Jojakim paktiert hatten, werden nach Babel weggeführt.

Jirmijah zieht mit dem gefangenen und verletzten Königssohn Konjah nach Babel, den er pflegt. Die Aufforderung aus Jer 13: `Kauf dir einen Lendenschurz und geh an den Euphrat´ – wohl mehr eine symbolische

---

[31] Ebd., S. 349
[32] Ebd., S. 372

als eine reale Reise, sagt die Wissenschaft –, wird vom Erzähler dankbar aufgenommen. Er nutzt sie für eine zweite große, phantastisch erfundene Religionserkundungstour – sozusagen mit „Biblische Reisen F. Werfel, Wien" – ins damalige Babylon, dem heutigen Irak. Angekommen in Babylon, bewundert Jirmijah die sinnreich angelegte Stadt mit ihren Kanälen, der Prozessionsstraße und dem Turm Etemenanki. Und jetzt nehme ich Sie für einen Moment mit ins Pergamonmuseum in Berlin, wo das Ischtartor mit den Löwen steht und die Prachtstraße mit den blauen Kacheln. Jirmijah beobachtet das Treiben zum Fest der Schicksalserneuerung mit Erstaunen, sieht wie die Sonne untergeht und die Planeten aufleuchten und ihm wird dann die Ehre zuteil, als ausländischer Sternzeuge am Fest der Welterneuerung teilzunehmen und ich nehme Sie mit in ein Planetarium, damit wir uns die Zeremonie besser vorstellen können: den Sternenhimmel mit den vier Hauptplaneten Nergal (Mars), Ninurtu (Saturn), Ischtar (Venus) und Nabu (Merkur), die zwölf Sternkreise, die Milchstraße. Jirmijah ist von dieser Fahrt durch den Sternenhimmel überwältigt: „Die Milchstraße aber ist der Euphrat des Himmels (…) und der Name des Herrn selbst liegt nur mehr wie eine dumpfe Mahnung auf dem Grunde der Seele".[33] Doch dann, als Marduk-Nebukadnezar die Schicksalsbestimmung spricht, kommt die Ernüchterung. Die Empfindung, deren er inne wird ist: „Die Sterne sind eitel, sie lobsingen nur ihrem Eigenwahn".[34] Im Schicksalsgesetz der Sterne gib es kein Erbarmen – das ist die Einsicht, mit der Jirmijah zurückkehrt nach Juda, nicht ohne vorher nachzuschauen, was aus dem Lendenschurz am Euphrat geworden ist – er ist zerfallen. Auch hier im rechten Moment – ähnlich wie in Ägypten – die Befreiung aus dem Bann der verführerisch prächtig-mächtigen Gestirnsreligion.

---

[33] Ebd., S. 400
[34] Ebd., S. 403

Dort, in Jerusalem, ist inzwischen Mathanjah, der ehemalige Schüler Jirmijahs, zum König eingesetzt worden. Er erhält den Namen Zedekiah. Hat Juda seine Lektion gelernt, ändert es sich? Jirmijah bekommt vom Herrn den Auftrag, sich ein Rinderjoch auf die Schultern zu legen, um mit dieser Symbolhandlung das unausweichliche Joch Nebukadnezars ankündigen. Chananjah zerstört das hölzerne Joch, doch da legt Jirmijah sich ein eisernes auf. Zedekiah aber schmiedet mit den umliegenden Staaten einen Bund gegen Nebukadnezar mit der Auflage gegenseitiger Hilfsverpflichtung, falls ein Land angegriffen wird. Innenpolitisch gibt er endlich einer der Forderungen Jirmijahs nach, bringt die im deuteronomischen Gesetz vorgesehene Sklavenfreilassung nach sieben Jahren in Gang. Jirmijah erkennt aber, dass er es nicht ohne Nebenzweck tut. Er will sich Adonais Wohlwollen versichern und er will den Heerbann mit freigelassenen Sklaven auffüllen, die infolge der Befreiung beschäftigungslos herumsitzen. Ähnliches geschieht ja gleichzeitig mit der Niederschrift des Romans im benachbarten Dritten Reich, wo Arbeitsbeschaffungsprogramme Arbeitslosen Arbeit verschaffen etwa im Autobahnbau, der aber auch militärische Nebenzwecke hat, und in der Rüstungsindustrie. Alle jubeln und sehen nicht den Nebenzweck, der ins Verderben führt.

In der Tat rücken die Truppen Babylons wieder in Palästina ein, zunächst geht es gegen Tyrus, dann ziehen sie auf Jerusalem los. Es gelingt Zedekiah, die Babylonier durch einen geschickten Ausfall zurückzuschlagen. In Jerusalem herrscht Jubel, die Sklavenbefreiung wird aufgrund des Drucks der Reichen und Mächtigen zurückgenommen. Die Babylonier beginnen einen neuen Angriff, dem die Stadt schließlich erliegen wird. Jeremia wird als Verräter gefangen genommen und in die Zisterne geworfen. Dort lässt ihn Werfel eines der bewegenden ´Klagelieder Jeremias´ aus der Bibel sprechen. „Ich bin der Mann, der das Elend geschaut und seine Rute. Er hat mich geführt und gehen lassen in der Finsternis (…) Er hat mir das Fleisch und die Haut zerfetzt…"[35]

---

[35] Ebd., S. 492; Die Klagelieder Jeremias 3,1f

Wieder befreit aus der Tiefe versucht Jirmijah ein letztes Mal, den König von seinem falschen Weg abzubringen. Er soll in Sack und Asche vor Nebukadnezar treten, so der Spruch, dann wird das Haus Gottes verschont. Doch der König lehnt ab und wagt den sinnlosen Verteidigungskampf mit seinen halb verhungerten Kriegern. Der König wird mit seinen Söhnen gefangen genommen, die Söhne werden vor seinen Augen getötet, er wird geblendet und nach Babel geführt.

Jirmijah will mit ihm und den anderen gehen. Da stellt sich ihm Gott als eine „männliche Leuchtgestalt" in den Weg: Er soll in Jerusalem bei dem Rest bleiben. Nein, sagt Jirmijah, ich will gehen. Und dann eine theologisch tiefe Deutung: „ `Da du nicht umkehrst,´ raunte er (Gott), `so kehre ich um...Denn mein Wille war's, mit den Gefangenen Zions nach Babel zu ziehen und dort unter ihnen zu wohnen... Nun aber wanderst *du* mit ihnen und *ich* kehre um.´ `Nein, nein, Herr, tu dies nicht,´ schrie der wieder Besiegte verzweifelt auf, `sondern ziehe mit ihnen, und ich gehorche und kehre um...´"[36]

Gottes Schechinah geht mit den Geschlagenen ins Exil, so steht es beim Propheten Jeremia. Ein Gedanke, der das verfolgte jüdische Volk durch zwei Jahrtausende tröstlich begleitete, von Werfel hier aufgenommen. Aber ging er auch mit in die Vernichtungslager, die fünf Jahre nach Erscheinen des Romans für die Juden Europas eingerichtet wurden - Auschwitz, Treblinka, Maidanek?

Im letzten Kapitel geht Jirmijah durch die zerstörte Stadt.[37] Während Werfel diesen Schlusteil schreibt, bombardiert Hitlers Legion Condor die baskische Stadt Guernica und hinterlässt dort ein Bild des Grauens. „Werfels Beschreibung der von Trümmersturz und Steinschlag unkenntlich gemachten Stadt birgt in ihrer ungeheuren Plastizität aber auch das

---

[36] Ebd., S. 528

[37] Jirmijah warnt nach der Ermordung des Statthalters Gedaljah davor, nach Ägypten zu ziehen, aber abweichend von der Mitteilung Jer 40,6, wo Jeremia und Baruch nach Ägypten verschleppt werden, lässt Werfel Jirmijah mit dem Rest in Juda bleiben.

Bild der zukünftigen von Bomben zerpflügten Stadtlandschaften Europas. Jeremias, bei jedem Schritt stolpernd, weiß längst nicht mehr, `ob er innerhalb oder außerhalb der zerhämmerten Mauer wandert.´"[38] Ja, der Gang durch die Unterwelt der zerstörten Stadt ist wie eine Vorwegnahme des Gangs von Hans Erich Nossack durch das zerstörte ausgebrannte Hamburg nach der Operation Gomorrah Ende Juli 1943. „Der Untergang" heißt der Bericht, ein Gang, der auch getan wurde im Bewusstsein, auf uns schlägt zurück, was wir woanders angerichtet haben und doch im kaum zu bändigenden Schmerz, wie die geliebte Stadt mit ihren Häusern und Türmen nun in Schutt und Asche liegt und wie er, der die Stadt so gut kannte, oft nicht mehr weiß, wo er sich jetzt befindet.

Jirmijah redet und rechtet mit seinem Gott, dem er immer treu diente, auch wenn es Gefahr fürs eigene Leben bedeutete. „So oft du mich, den Knecht, zu deinem Dienste verwandtest, da hast du mit deiner Stimme klar und deutlich gesprochen. Doch wenn ich dich suchte, *ich, Jirmijah*, ein Hinfälliger und Bedürftiger, da entzogst du dich meiner Liebe und gabst mir keine Gemeinschaft. Hörst du mich, Herr, der ich hier schweige, aus dieser Vernichtung zu dir schreien!? Um eine Antwort, um ein Zeichen deiner Liebe schreie ich nach all diesem Strafgericht, das du über die Lebendigen bringst, die ohne ihren Willen ins Leben getreten sind!"[39]

Diese Klage klingt schon wie eine Vorwegnahme bohrender Fragen an den Gott Israels, der das Grauen der Vernichtung zulässt, erinnert an die Szene in Elie Wiesels „Nacht", die eine Hinrichtung in Auschwitz beschreibt. „Die SS erhängte zwei jüdische Männer und einen Jungen vor der versammelten Lagermannschaft. Die Männer starben rasch, der Todeskampf des Jungen dauerte eine halbe Stunde. Wo ist Gott? Wo ist er? fragte einer hinter mir. Als nach langer Zeit der Junge sich immer noch am Galgen quälte, hörte ich den Mann wieder rufen: Wo ist Gott jetzt? Und ich hörte eine Stimme in mir antworten: Wo ist er? Hier ist er...Er

---

[38] Abels, S. 107 (s. Anm. 4)
[39] Werfel, Jeremias. Höret die Stimme, S. 548

hängt dort am Kreuz." Jüdisch gesprochen ist es der der Welt mit seiner Schechinah einwohnende Gott, der hier leidet. Gott teilt das Leiden seines Volkes im Exil, in den Pogromen bis hin zu der Massenvernichtung. So kann man sagen, dass Gott in der Gestalt der Schechinah selbst in Auschwitz am Galgen hängt und darauf wartet, dass die Menschen an seiner Erlösung arbeiten. Unsere lebensrettenden Taten allein können verhindern, sagt Hans Jonas, dass Gott sich noch weiter aus der Welt zurückzieht.

5. Das Zeichen der Hoffnung - „damit du lebest".

Wie zu Beginn bereits angedeutet, bekommt Jirmijah dies Zeichen. Im zerstörten Tempel ruft er „den echten, den wahren, den unaussprechlichen Gottesnamen laut aus und an, den zu nennen der Welt verboten ist: J H W H." Und Jirmijah sammelt einen Steinsplitter auf, der in seiner Hand wie Feuer brennt. „Da weiß er: Babels Männer haben die Tafeln vom Sinai zerbrochen, in die der Herr selbst seine Gebote geritzt hat. Einen Splitter der verschwundenen Tafeln sendet er mir: die Antwort! (…) *Damit du lebest.*"[40] Der Splitter vom Sinai als gutes Omen. Damit schließt sich der Kreis, denn zu Beginn des Romans hatte der Erzähler, als Jirmijah vor dem Allerheiligsten steht, bereits formuliert: die Steintafeln in der Lade seien „die einzige Weltberührung des Ewig-Außerweltlichen, die einzige Verkörperung des Körperlosen in der größten Gemeinschaft zwischen Mensch und Gott: dem Wort."[41]

Der erfolgreiche jüdische Autor im katholischen Österreich, der Judentum und Christentum zusammenzuhalten versucht, wagt für sein Volk, die in Deutschland bereits verfolgte Minderheit, in der Gestalt Jirmijahs eine hoffnungsvollen Deutung: „Blick nicht umher in diesem Grauen! Blick auf das Zeichen, das ich inmitten des Grauens dir heute sende: Damit du lebest! Damit du mein seist, damit ich dein sei, hast du gelitten. Euer Sieg wächst von Niederlage zu Niederlage."[42] So war es ja

---

[40] Ebd., S. 550f
[41] Ebd., S. 60
[42] Ebd., S. 551

auch, trotz aller Verfolgungen hatte das jüdische Volk seit der Katastrophe von 587 v. Chr. und der von 70 n. Chr. überlebt, auch die Pogrome des Mittelalters und die in Russland im 19.und 20. Jahrhundert überstanden, im zivilisierten Europa und in den USA die bürgerliche Gleichberechtigung erlangt, die Welt des 19. und 20. Jahrhunderts mit einer Fülle von Genies beschenkt, Heine, Marx, Freud und Einstein, Mendelssohn, Mahler und Kurt Weill, Kafka, Proust und Schnitzler, schien assimiliert und anerkannt – und dann der schreckliche Zivilisationsbruch.

Der Schluss, ein Aufruf zur Hoffnung an seine Leserschaft, war zu optimistisch. Aber wer kann Werfel das vorwerfen? In der Berggasse, nicht weit entfernt saß Freud und dachte über das Verhängnis nach, das sich über den armen Juden zusammenbraute: Wo kommt der Hass nur her, ist es ihr Schuldbewusstsein und ihre Geistigkeit, ist daran Mose schuld (auch hier die Rückbindung an den Sinai), warum aber der Hass besonders von den Germanen? Sie sind schlecht getauft, sagte er, sie verschieben den Hass auf das Christentum auf die Ursprungsreligion. Bei Werfel noch Hoffnung nach dem Grauen, bei Freuds schon radikale Skepsis, die sich zwei Jahre später mit dem Einmarsch Hitlers in Österreich und kurz darauf in der Reichspogromnacht bewahrheiten sollte.

Werfel hält in seinem ernsten Bibelroman an der besonderen Sendung Israels, an dem prophetischen Erbe fest. Das „gehört zur eisernen Ration seiner Religiosität."[43]

Er kann nicht wie der ironische Thomas Mann spielerisch mit dem biblischen Material umgehen. Auch Thomas Mann schreibt, indem er ein alttestamentliches Thema wählt, gegen den Ungeist der Zeit, aber er tut es unterhaltsam, wenn er die Vaterreligion gegen das gefährliche Zurück zu den Müttern umschreibt. Das kann Werfel nicht. Zu sehr ist er vom Ernst der Lage durchdrungen. Der ernste Geist des Propheten und der Ernst der Lage, in der es um Leben oder Tod geht, bestimmt sein Schreiben, das biblisch-narrativ ist und mit der Transzendenz des Anrufs Gottes rechnet, auch wenn er diesen psychisch begreiflich machen will.

---

[43] K. J. Kuschel, S. 248 (s. Anm. 13)

Noch ist die Rahmenhandlung nachzutragen, Sie erinnern sich: Der Schriftsteller Jeeves auf dem Tempelplatz. Er wacht aus seiner Absence auf, blickt auf die Uhr, es ist 5.37, es gab keinen epileptischen Anfall, wie befürchtet, aber ihm sei etwas eingefallen, sagt er zu seiner Begleiterin, der Journalistin Dorothy. Etwas Biblisches?, fragt sie. Ja, der Prophet Jeremias. Und auf Nachfrage: „Dieser Prophet war ein empfindsamer Mann, der in schonungslosem Widerspruch stand zu seiner Welt und Zeit (...) Denn er gehorchte keinem anderen als der Stimme Gottes, die in ihm und zu ihm sprach."[44] Jeeves ist kein anderer als Werfel, der den Roman zu schreiben beginnt...

6. Werfels Weg in die Emigration

Es war bewegend und immer wieder mitreißend, manchmal auch ermüdend, diesen Roman (für mich und für Sie) zu lesen. Wie wenige deutsche Theologen und Kirchenmänner haben damals, 1936, dachte ich, Israel auf diese Weise verteidigt? Mag also der Roman literarisch nicht den höchsten Ansprüchen genügen (siehe Musil), zu sehr einer traditionellen Erzählweise verhaftet sein - verglichen mit Joyce, Döblin, Musil u.a., zu ausladend wie schon „Die 40 Tage des Musa Dagh" - trotzdem war es Werfel, der etwas zeitgeschichtlich Entscheidendes literarisch aufgriff, er wurde damit zum Warner und Propheten.

Zum Warner, der selbst gefährdet war in seiner Existenz, 1938 vor Hitler erst nach Frankreich floh, um dann, nach dem Sieg Hitlers über Frankreich, in einem Fußmarsch über die Pyrenäen nach Spanien zu fliehen, von Cerbere nach Port Bou, (Walter Benjamin beging in der Nähe Selbstmord), von dort nach Barcelona, Madrid, Lissabon, um dort das rettende Schiff nach New York zu besteigen: „Hier dieses Schiff ist so voll von Schicksalen, die das unsere noch weit an Schrecken übertreffen. Das Unglück ist so allgemein, dass man gar nicht klagen darf."[45] Das Ehepaar zieht nach Los Angeles, dort beginnt er das „Lied von Berna-

---

[44] Werfel, Jeremias. Höret die Stimme, S. 556
[45] Zit. bei Abels, S. 126 (s. Anm. 4)

dette" zu schreiben als Erfüllung eines Gelübdes, das er auf der Flucht in Lourdes getan hatte. Werfel, der hier die Marienerscheinung und den Wunderglauben als „Einbruch in den offiziellen Nihilismus" bezeichnet, sagt auf Vorhaltungen: „Ich glaube, daß sie mir geholfen hat, wo immer sie lebt."[46] Maria, die Unbefleckte Empfängnis, kein katholisches Dogma, sondern die „mütterliche Urkraft des Weltalls", die das Unten mit dem Oben verbindet.[47] Ein unorthodox katholischer Roman, der im Exil ein großer Erfolg war. 1944 erscheint ein Aufsatzband, in dem er sagt: „Israel verhält sich zum Messias, unabhängig von seinem Bewusstsein, de facto wie die Perlmuttermuschel zur Perle." Und „Was wäre Israel ohne die Kirche? Und was wäre die Kirche ohne Israel?"[48] Als er das schreibt, hat die Kirche aber Israel alleingelassen. Wie sie sich helfen könnten, der verfolgte Jude und der katholisch-antisemitische polnische Militär, das hat er in der Komödie „Jacobowsky und der Oberst" aufs schönste dargestellt.[49] Werfel litt schon lange einem Herzleiden, er schreibt noch den „Stern der Ungeborenen", einen Zukunftsroman, in dem das Grauen der KZ (auch ein Cousin von ihm wurde ermordet) und der Atombombe einen Reflex findet und stirbt am 26. August 1945 im Alter von 51 Jahren. Sein Nachruhm ist Schwankungen unterworfen.

7. Schlussüberlegung: Jeremias heute

Natürlich kann man sich fragen, und das habe ich mich als skeptischer Theologe immer mal wieder gefragt, ob die gesamte Unheilsprophetie nicht eine fragwürdige theologische Konstruktion ist, um das Schicksal der Beendigung der Staatlichkeit Judas, die Zerstörung des Tempels und das Exil durch die Großmacht Babylon zu verarbeiten. Denn die Eroberung Jerusalems wäre ja auch gekommen, wenn Juda die sozialen wie

---

[46] Zit. ebd., S. 128
[47] Zit. ebd., S. 130
[48] Zit. ebd., S. 136
[49] Diese Komödie wurde 1958 mit Curd Jürgens und Danny Kane verfilmt

die Kultusbestimmungen getreu eingehalten hätte. Oder wenn die Bündnispolitik der Könige Judas, ihr Lavieren geschickter ausgefallen wäre oder gar nicht stattgefunden hätte. Es war schlicht unabwendbar, dass die Kleinstaaten zwischen Neubabylon und Ägypten dem Herrschaftsbereich der jeweiligen Großmacht eingegliedert wurden.

Um einen Vergleich zu gebrauchen – man stelle sich vor, in Holland und Belgien wäre zu Beginn des 2. Weltkrieges ein Prophet aufgestanden, der Regierung, König und Volk gesagt hätte: Hört auf zu lügen, zu betrügen, Unrecht zu tun, auszubeuten, die Ehe zu brechen, den Gottesdienst zu versäumen, dann wird Hitler nicht in euer Land einfallen. Oder noch provozierender: Hört auf, Pläne zu schmieden gegen die Großmacht an euren Grenzen, denn die Vorsehung oder Gott hat alle Länder in die Hand dieses Herrschers gegeben, ihr müsst ihm untertan sein. Hitler allerdings kann nicht mehr in der Rolle des Nebukadnezar gesehen werden. Er ist das absolut Böse. (Ähnliches gilt für die Roten Khmer, für den Völkermord in Uganda.) Die deuteronomistische Geschichtstheologie ist auf solche Konflikte nicht mehr anwendbar.

Angesichts des globalen ökologischen Unheils scheint auch der Versuch einer deuteronomisch-jereminianischen Deutung von Technik-Katastrophen zu versagen.

Auf der andern Seite: Die Prophetie eines Jeremias hatte wichtige Folgen für das Ethos der Menschheit – die Gestalt des unabhängigen, für seine gotterfüllte Kritik leidenden Propheten, aber auch die der prophetischen Bewegungen, findet in der Geschichte der Menschheit bis in die Gegenwart immer wieder Reinkarnationen – ich nenne nur als einzelne Propheten Gandhi, Bonhoeffer, Martin Luther King, Nelson Mandela, Oscar Romero, deren leidensbereites Auftreten Politik veränderte. In demokratischen Zivilgesellschaften steht die Presse als unabhängige vierte Gewalt in der Nachfolge des prophetischen Einspruchs, ich nenne nur Watergate, die SPIEGEL-Affäre mit der Verhaftung von Augstein und Conrad Ahlers sind dafür Beispiele. Eine ihrer heutigen Formen ist Wikileads, Julian Assange wäre dann der Jeremia des Internet. Zu nen-

nen sind auf der Ebene der Bewegungen Amnesty, Greenpeace, Ausgestrahlt.
Es gibt eine kluge Aktualisierung der Prophetie Jeremias auf der philosophisch- wissenschaftlichen Höhe unserer Zeit, auf die ich zum Schluss hinweisen will.
1979 veröffentlichte der jüdische Philosoph Hans Jonas seine Schrift „Das Prinzip Verantwortung. Versuch einer Ethik für die technologische Zivilisation". In einer Zeit, in der ebenso faszinierende wie gefährliche technologische Errungenschaften, friedliche Atomenergie, Eingriff ins biologische Erbgut, Mikroelektronik die Diskussion bestimmten, versucht Jonas die Machtergreifung der Technologie kritisch zu beurteilen. Der neue kategorische Imperativ lautet: „Handle so, daß die Wirkungen deiner Handlung verträglich sind mit der Permanenz echten menschlichen Lebens auf der Erde." Aus der Unsicherheit unseres Wissens über zukünftige Wirkungen postuliert Jonas, dass der „Unheilsprognose" vor Heilserwartungen auch im Falle reiner Möglichkeiten der Vorrang zu geben ist. Mit einer „Heuristik der Furcht" müsse die Menschheit lernen, Schadensbegrenzung zu üben. Hätten die Industriestaaten auf Jonas oder andere Warner gehört, wäre die friedliche Atomenergie nicht eingeführt worden! Sie ist aber eingeführt worden und wird trotz schrecklicher Katastrophen (Harrisburg, Tschernobyl, Fukushima) weiter praktiziert werden.
Gegen den Neubau von Atomkraftwerken haben wir kleinen Propheten seit Ende der 70er Jahre immer wieder protestiert und vor der Verlängerung der Laufzeiten gewarnt, auf die Gefahren der Endlagerung hingewiesen. Die rotgrüne Regierung hörte unsere Warnung und beschloss den Ausstieg, die schwarz-gelbe Koalition missachtete sie und zog die Verlängerung der Laufzeiten 2010 durch. Nun hat die eingetretene AKW-Katastrophe in Japan unsere Regierung dazu gebracht, ihren Beschluss zu revidieren und einen Wechsel von der friedlichen Atomkraftnutzung zu alternativen Energieproduktionsarten vorzunehmen. Ein Jeremia unserer Tage würde das als Zeichen Gottes deuten und darin eine

letzte Umkehrmöglichkeit für die Herrschenden sehen. Ob sich die Atompolitik damit im globalen Maßstab wirklich ändert, ist aber leider sehr zu bezweifeln. Die politisch Verantwortlichen scheinen, wie schon zur Zeit Jeremias, nicht in der Lage, aus Katastrophen wirklich zu lernen. Hunderte von AKW sollen in den nächsten Jahren in China, Indien, Brasilien, den USA und Europa gebaut werden. Die Gesetze des herrschenden Kapitalismus mit seinem riesigen Energieverbrauch und hohen Konsumstandard scheinen es gerade in den aufholenden Ländern zu gebieten, auf Atomenergie nicht zu verzichten. Und selbst wenn bei uns alle AKW stillgelegt werden sollten, sind die in den Nachbarländern weiter am Netz. Das soll uns aber nicht hindern, weiter unsere Stimme zu erheben, ganz im Sinne von Werfels „Höret die Stimme".

„Eine knochige Jüdin mit schwer zu bändigendem Wollhaar"
Jüdische Gestalten und Karikaturen im Werk Thomas Manns

Hans- Jürgen Benedict

Ich muss diesen Vortrag mit einem Geständnis beginnen. Ich bin als Leser nicht groß darüber gestolpert oder empört gewesen, dass sich in Thomas Manns Erzählungen und Romanen auch Karikaturen jüdischer Gestalten finden. Erst der Artikel der jüdisch-amerikanischen Germanistin und Auschwitz-Überlebenden Ruth Klüger *Thomas Manns jüdische Gestalten* in ihrem Buch *Katastrophen. Über deutsche Literatur*[1] hat mich darauf gebracht. Ich bin als Kind der Tätergeneration selber ein Teil des von ihr behandelten Problems, nämlich dass die nachlässige, herablassende, karikierende und vorurteilsbehaftete Art, mit der man meinte in der deutschen Literatur Juden darstellen zu können, auch bei ihren hervorragendsten Vertretern, mit in die Vorgeschichte der Shoah gehört und in der Nachkriegsliteratur selbst dort, wo man meint, auf die Verbrechen einzugehen, fortlebt.[2] Die Juden, hat Ruth Klüger an anderer Stelle gesagt, hatten keine verlässlichen Freunde bei denen, die wie Thomas Mann ihnen so viel verdanken. Ich bin nicht auf den Gedanken gekomen, dass die an sich verzeihliche literarische Neigung zur karikierenden Darstellung von Zeitgenossen, die Thomas Mann gekonnt beherrschte - wer fühlte in den

---

[1] Ruth Klüger, Thomas Manns jüdische Gestalten, in: R. Klüger, Katastrophen. Über deutsche Literatur, Göttingen 1994, S. 39-58. Ich beziehe mich im Folgenden vor allem auf diesen Aufsatz.
[2] Vgl. R. Klüger, Gibt es ein `Judenproblem´ in der deutschen Nachkriegsliteratur?, in: Dies., Katastrophen, S. 9ff

Buddenbrooks sich nicht alles zu Unrecht karikiert –, bei der Darstellung jüdischer Zeitgenossen in Deutschland zumindest eine Grenze haben sollte. Und zwar allein wegen der Tatsache verbreiteter antijüdischer Einstellungen schon im Kaiserreich. Ich muss gestehen, ich habe über die jüdischen Karikaturen hinweg gelesen. Das kann ein Verdienst des Autors sein, weil die karikierte Gestalt so überzeugend ist, dass ihr Judesein nicht ins Gewicht oder gar nicht auffällt. Etwa in der Erzählung *Tristan* von 1903. Des Autors Neigung, Zeitgenossen literarisch auszubeuten und auf die Schippe zu nehmen, war damals ja wegen der *Buddenbrooks* kritisiert worden. Hochmütig hat er sich in *Bilse und ich* 1905 dafür gerechtfertigt. Berechtigt war daran die Verteidigung des Ästhetizismus gegenüber dem Ärger der Bürgerwelt, sich in ihrer Lächerlichkeit abkonterfeit zu finden. Fehl am Platze war die damit verbundene Arroganz – er käme damit immerhin in die Literaturgeschichte. Fragwürdig auch die Aussage, er würde sich nicht so sensibel verhalten. Er reagierte durchaus gekränkt (s. die scharfe Reaktion auf die Kritik Theodor Lessings, ein Ärger, der bis zu seiner bösen Freude über Lessings Ermordung reicht, er sei schon immer ein „falscher Märtyrer" gewesen) und zog auf Einspruch der Familie auch *Wälsungenblut* und später den Artikel *Zur jüdischen Frage* zurück.

Auch der in *Tristan* als der Schriftsteller Spinell dargestellte Arthur Holitscher hatte so unrecht nicht, sich durch das Porträt gekränkt zu fühlen. Es ist eine Geschichte über einen „dekadenten jüdischen Pseudo-Künstler, dem die Kunst, das Leben und die Liebe versagt sind."[3] Spinell, der Schriftsteller im Sanatorium, der die lungenkranke Gabriele zum ihr verbotenen Klavierspiel reizt, was mit für ihren Tod verantwortlich ist. Ich habe mich über Spinell, den „verwesten Säug-ling", amüsiert, auch eigene Anteile darin entdeckt, hochmusikalisch sein, aber kein Instrument spielen, immer wieder in den wenigen eigenen Werken lesen (Spinells einziger Roman, der im Titelblatt an George erinnert, liegt immer aufgeschlagen in seinem Sanatoriumszimmer), sich in der

---

[3] R. Klüger, Thomas Manns jüdische Gestalten, S. 49 (s. Anm. 1)

Liebe nicht wirklich hingeben können. Und sicher hat Thomas Mann eigene Ambivalenzen und Unsicherheiten über seinen Schriftstellerberuf selbstkritisch in die Figur hineingedichtet. Auch war außer dem Geburtsort Lemberg, also der ostjüdischen Abstammung, wenig über die jüdische Herkunft Spinells zu erkennen. Und die Tristan-Begeisterung, die Mann durch eine Paraphrase des Textes parallel zum Klavierspiel der schwindsüchtigen Klöterjahn-Gattin Gabriele inszeniert, soll Spinell als verhinderten Tristan lächerlich machen – und wirkte auf mich doch noch als Parodie.

In *Bilse und ich* heißt es, Shakespeare habe Shylock als einen „entsetzlichen und häßlichen" Juden geschildert. „Und doch kommt mehr als ein Augenblick, wo die Ahnung einer tiefen und furchtbare Solidarität Shakespeares mit Shylock sich auftut."[4] Auf diesen Augenblick muss man in Thomas Manns Werk lange warten. Als er kommt, ist er aber mehr als ein Augenblick, es wird der gewaltige Menschheitsroman *Joseph und seine Brüder*. Aber die Juden seines Romans sind weniger Israeliten bzw. Juden als exemplarische Gestalten der Gottes-und Menschheitsentwicklung - dazu zum Schluss mehr.

Eine Karikatur ist in gewisser Weise auch das Geschwisterpaar Siegmund und Sieglinde Aarenhold in *Wälsungenblut*. Auch bei *Wälsungenblut* habe ich wegen des Reizes des Themas Geschwisterinzest und Wagners Musik über das Antijüdische hinweggelesen. Die Beschreibung des 1. Akts der Walküre ist einfach großartig und mitreißend. Mann sagt in seinem unveröffentlichten Artikel über die unveröffentlichte Novelle von 1921: „Einmal habe ich eine ganze Judengeschichte geschrieben – die Novelle eines wild verzweifelten Zwillingspaares und seiner Gefühlsverwirrung aus Üppigkeit, Einsamkeit und Haß…'Wälsungenblut'. Es kommt darin die anspielungsreiche Beschreibung einer Aufführung von Wagners Walküre vor und wenn gelegentlich von dem ‚verhaßten, respektlosen und gotter-

---

[4] Thomas Mann, Bilse und ich, in: Thomas Mann, Altes und Neues, Frankfurt/M. 1961, S. 24

wählten Geschlecht' die Rede ist, das im Schoß des geretteten Weibes zähe fortkeimt"[5], so weiß der Leser nicht, so Thomas Mann weiter, ob die Wälsungen oder die dekadenten jüdischen Zwillinge aus neureichem Hause gemeint sind. Offensichtlich freute es den Verfasser, seine jüdische Frau aber erhob erfolgreich Einspruch gegen die Veröffentlichung der Novelle. Denn wie wird „der Jude" hier geschildert? Ruth Klüger hat es benannt: Woraus besteht Siegmund Aarenholds Leben? „Aus einem Katalog antisemitischer Sottisen, die Thomas Mann aber nicht als solche anbietet, über den zersetzenden jüdischen Geist."[6] Zum Beleg zitiert sie folgende Passage aus Siegmunds Selbstreflexion:„„Weichheit und Witz (…), Verwöhnung und Verneinung, Luxus und Widerspruch, Üppigkeit und Verstandeshelle, reiche Sicherheit und tändelnder Haß (…), kein Erlebnis, nur logisches Spiel, keine Empfindung, nur tötendes Bezeichnen."[7] Ich habe das Antisemitische darin nicht erkannt, eher mit Vaget Thomas Manns eigene Furcht vor künstlerischer Sterilität darin gesehen, wenn es mir überhaupt aufgefallen ist. Aber der Zerrspiegel des Judentums, der es auch sein könnte, transportiert doch immer noch die Vorurteile. Der Schluss der Novelle sah ursprünglich anders aus. Was ist nun mit Beckerath, ihrem christlich-langweiligen Bräutigam, fragt Sieglinde nach dem Inzest: „Nun, was soll mit ihm sein?... Beganeft (also betrogen, H-J. B) haben wir ihn, den Goj", antwortet Siegmund, „und einen Augenblick traten die Merkzeichen seiner Art sehr scharf auf dem Gesicht hervor".[8] In der veröffentlichten Fassung: „Dankbar soll er uns sein. Er wird von nun an ein minder triviales Dasein führen."

Was geschieht hier? Wieso lässt er ein jüdisches Geschwisterpaar den Inzest begehen? Ruth Klüger ordnet es in das kollektive europäische

---

[5] Thomas Mann, Gesammelte Werke, Bd. XIII: Nachträge, Frankfurt/M. 1974, S. 472
[6] Ruth Klüger, Thomas Manns jüdische Gestalten, S. 51 (s. Anm. 1)
[7] Thomas Mann, Erzählungen, Frankfurt/M. 1960, S. 404
[8] Ruth Klüger, ebd. S. 52 (s. Anm. 1)

Unbewusste über die Juden ein. Was tun die Juden, wenn das christliche Personal nicht mehr dabei ist, zum Beispiel am Pessachfest, fragt sie? Sie tun Unnatürliches, verüben Greueltaten, töten Christenkinder und backen deren Blut in Mazzen ein. „Juden brechen Tabus, wenn niemand zuschaut, sie benehmen sich widernatürlich. Nur gibt Mann der alten Frage einen fin de siecle-Anstrich."[9] Die unnatürliche Tat ist hier nicht Mord, sondern der Inzest. Und das Opfer ist der betrogene Beckerath, der Christ. Auch *Wälsungenblut* „steht in einer langen Tradition angstbesetzter christlicher Phantasien über die Juden."[10] Sicher - Ausgangspunkt ist der Inzest in Wagners Oper *Die Walküre*. Das ist der Tabubruch in der Kunst, der Reiz des Verbotenen, der gedanklich viele heimsucht, die in enger Geschwisterbeziehung leben. Aber zwischen der Kunst und der Wirklichkeit besteht eine Differenz. Auch Thomas Mann hebt sie nicht auf. Seine Homosexualität war für ihn nicht lebbar, das Nichtgelebte steigerte er beispielsweise künstlerisch-ästhetisch zum eigentlich homoerotischen Preis des männlichen Körpers in *Die Bekenntnisse des Hochstaplers Felix Krull* durch die Fabrikantengattin Madame Houpfle. Man darf nicht vergessen: Homosexuelle wurden damals gesetzlich verfolgt, im 3. Reich ins KZ gebracht. Hier hat Thomas Mann die Grenze beachtet, eine Minderheit nicht durch Karikatur bloßgestellt.

Der *Dr. Faustus*-Roman Thomas Manns, erschienen 1947, ist zunächst ein fiktiver
Künstler-Roman, der auf das Schicksal Nietzsches anspielt. Er ist sodann ein Deutschland-Roman, denn er handelt von der Kultur- und Gesellschaftskrise Deutschlands. Und er wird erzählt parallel zu den letzten beiden Jahren des Hitlerregimes. Der faustische Künstler, der in den irrationalen Schaffensrausch flüchtet, wird zum Sinnbild des faschistischen Deutschland. Der Roman entfaltet unter dem Einfluss

---

[9] Ebd., S. 53
[10] Ebd.

Theodor W. Adornos zugleich eine andere kritische Theorie der Moderne: gegen den falschen Schein der stimmigen Welt und eines richtigen Lebens kann der Künstler nur das hermetische Werkstellen (hier als Zwölfton-Musik); die konventionellen künstlerischen Mittel taugen nur noch zur Parodie. Als letztes Werk komponiert Leverkühn die Klage-Kantate *Dr. Fausti Wehklag* als Zurücknahme der 9. Sinfonie Beethovens, aber auch als leise Hoffnung auf einen Neubeginn.

Ich liebe diesen Roman wegen seiner großen Musikalität und habe ihn mehrmals intensiv gelesen. Aber auch hier habe ich über einiges Fragwürdige hinweggelesen. Vor allem habe ich als kritischer Leser nicht vermisst, dass der Antisemitismus, der doch in der erzählten Zeit des Romans eine wichtige und schließlich schreckliche Bedeutung hatte, im Roman kaum eine Rolle spielt. Zu Anfang macht der Erzähler Serenus Zeitblom eine kurze Bemerkung, dass er aufgrund der positiven Erfahrung mit dem Rabbiner Carlebach (Carlebach hieß der Lübecker Rabbiner aus Manns Jugendzeit und übrigens auch der letzte Hamburger Oberrabbiner, der mit seiner Frau und mehreren seiner Kinder deportiert und in Riga ermordet wurde) aus Kaisersaschern gerade „in der Judenfrage unserem Führer und seinen Paladinen nicht habe zustimmen können."[11] Ansonsten ist da noch die Bemerkung über die Gestapokeller, „tief unter dem Gehör Gottes", in dem Höllenkapitel, ansonsten Fehlanzeige.

Stattdessen wird ein jüdischer Privatgelehrter vorgestellt, in der Person des Dr. Chaim Breisacher, „eines hochgradig rassigen und geistig fortgeschrittenen, ja waghalsigen Typs von faszinierender Häßlichkeit, der hier (im Salon der Frau Schlaginhaufen) offenbar mit einem gewissen Vergnügen die Rolle des fermentösen Fremdkörpers spielte."[12] Breisacher vertritt seltsam atavistische Anschauungen vom alttestamentlichen magisch-blutigen Opferkult. Der große Sündenfall sei, dass

---

[11] Thomas Mann, Doktor Faustus. Das Leben des deutschen Tonsetzers Adrian Leverkühn erzählt von einem Freunde, Frankfurt/M. 1960, S. 11
[12] Ebd., S. 299

der reale Opfer fordernde, an Blut interessierte Nationalgott der Juden sich zum Gott des Himmels entwickelt habe. Der Pentateuch, so Breisacher, kennt „den Himmel als Sitz der Gottheit gar nicht: dort geht der Elohim dem Volk in seiner Feuersäule voran, dort will er im Volke wohnen, im Volke umhergehen und seinen *Schlachttisch* haben, -um das dünne und menschheitliche Spätwort Altar zu vermeiden."[13] Er kritisiert die Vergeistigung und Ethisierung des Opferbegriffs in den Psalmen, schwärmt von der zerstörerischen Kraft der Bundeslade und bezeichnet König Salomo als „entnervten Ästheten, typisch für die Rückbildung vom Kult des wirkend gegenwärtigen Nationalgottes, dieses Inbegriffs der metaphysischen Volkskraft, zur Predigt eines abstrakten und allgemein menschlichen Gottes im Himmel."[14] Kurzum: Volk und Blut und religiöse Wirklichkeit ist das längst nicht mehr, sondern „humane Wassersuppe."[15] Auf diese Weise wird der Jude Breisacher, eines der „recht ärgerliche(n) Beispiele dieses Geblüts"[16], zum Proto-Nazi gemacht. Anders gesagt: ein Jude verklärt Blut, Opfer und Volk, also nationalsozialistische Zentralbegriffe. An Breisacher habe er „Anti-Humanität kennengelernt", sagt der Erzähler Zeitblom. Das Opfer wird so zum Täter. Wieso ein Jude, wo es doch genug deutsche Intellektuelle gab (und auch deutsche Christen), die diese Ideologie vertraten?! Das fragt man sich in der Tat, darauf aufmerksam gemacht. Und das zur gleichzeitig geschehenden Judenvernichtung, die Thomas Mann in seinen Reden gegen die Nazis durchaus benennt. „Das Beste, was man darüber sagen kann, ist, dass es sich um einen Fall von pervers schlechtem Geschmack handelt."[17]

Thomas Manns Karikatur eines jüdischen Faschisten wird nicht dadurch besser, dass er sich hier auf eine Schrift des jüdischen Gelehrten Oskar

---

[13] Ebd., S. 302f
[14] Ebd.
[15] Ebd., S. 303
[16] Ebd., S. 305
[17] Ruth Klüger, Thomas Manns jüdische Gestalten, S. 41

Goldberg *Die Wirklichkeit der Hebräer* aus dem Jahr 1925 bezieht, die er schon für *Joseph und seine Brüder*, hier aber durchaus positiv benutzt hatte. Goldberg hatte die Reaktivierung der jüdischen Mythologie gefordert, weil das Judentum seinen Verfall dadurch eingeleitet habe, dass es Technik statt Metaphysik zuließ. 1949 schreibt Mann in einem Brief an Jonas Lesser, er habe es „gleich als das Werk eines typisch jüdischen Fascisten"[18] empfunden. Das mag ja sein, aber Goldbergs Buch gehört nun wirklich nicht in die Vorgeschichte des Faschismus. Auf diese Weise könnte man sogar Sigmund Freud, der von der Urhorde und dem Mord am Urvater theoretisiert und das Abendmahl kannibalisch (den Vater bzw. Gott essen) deutet, in diese Vorgeschichte einordnen. Im Übrigen hat Thomas Mann selbst Goldberg bzw. Breisachers These umgedreht benutzt, wenn er im *Vorspiel in den oberen Rängen* des Joseph-Romans die an Gott herangetragene Idee Samaels so formuliert: „Die etwas dünnleibige Erhabenheit geistiger Allgültigkeit herzugeben für die blutvoll-fleischliche Existenz als göttlicher Volksleib."[19]

Harmloser und liebenswürdiger ist im *Doktor Faustus* der polnisch-jüdische Musikagent Saul Fitelberg dargestellt, der Adrian Leverkühn aus seiner selbstgewählten Isolation herausholen und zu einer Pariser Konzertreise motivieren möchte. Es ist ein sprachlich brillantes Kapitel, in dem Mann Saul Fitelberg auch einiges Aufschlussreiche über das jüdische Verständnis der deutschen Kultur und das Verhältnis der Juden zur Volkstümlichkeit sagen lässt. „Und doch ist man als Jude im Grunde skeptisch gegen die Welt, zugunsten des Deutschtums, auf die Gefahr hin natürlich, Fußtritte einzuhandeln für seine Neigung. Deutsch, das heißt ja vor allem, volkstümlich und wer glaubte einem Juden seine Volkstümlichkeit? Nicht nur, daß man sie ihm nicht glaubt – man gibt ihm ein paar über den Schädel, wenn er die Zudringlichkeit hat, sich darin zu versuchen. Wir Juden haben alles zu fürchten vom deutschen

---

[18] GKFA 10.2, S. 614
[19] Thomas Mann, Joseph und seine Brüder, Bd. 2, 1288

Charakter, qui est essentiellement antisemitique!"[20] Das ist eine scharfe Kritik des Antisemitismus, die Klüger leider übergeht, im Unterschied zu Thomas Manns Aussage von 1943, „niemals könnte ein geistiger und kultivierter Mensch in Deutschland ein Antisemit sein", die sie natürlich zitiert. Will sagen: Klüger hätte manchmal auch etwas duldsamer bzw. gerechter mit Thomas Mann sein können.

Im Ganzen aber ist das Fitelberg-Kapitel geeignet, gewisse Vorurteile, Geschäftemacherei mit der Kultur, gegenüber Juden zu bestärken. In der *Entstehung des Doktor Faustus* verteidigt Thomas Mann Fitelberg als eine „jüdische Riccaut-Figur", sieht ihn also in der Tradition Lessings, der den französischen Kartenspieler Ricccaut de la Maliniere in *Minna von Barnhelm* als charmanten Schwindler entlarvt. Mit Recht wendet Klüger ein, dass Mann Lessing hier zu Unrecht beanspruche, denn dieser wollte an Riccaut die Privilegierung der Franzosen im Preußen Friedrich des Großen kritisieren, während die Juden in Deutschland am Anfang des 20. Jahrhunderts in der Mehrzahl ganz anders situiert waren. Die Fitelbergs, in der Weimarer Republik im Kulturgeschäft noch oft glänzend aktiv, mussten nach 1933 emigrieren und wurden, falls sie das nicht schafften oder in den besetzten Ländern aufgegriffen wurden, deportiert und umgebracht. „Eine erfrischende Episode und sehr dankbar vorzulesen" ist es wohl, aber zugleich doch fragwürdig angesichts dessen, was Juden wie Fitelberg angetan wurde. Der „Beifallsdonner", den Thomas Mann nach einer Lesung dieses Kapitels in Zürich 1948 erwähnt, macht doch sehr nachdenklich. „Geschmacksverirrung" ist auch hier das Urteil Klügers.[21]

Schließlich die Figur der Kunigunde Rosenstiel. Thomas Mann bzw. Zeitblom spricht einerseits von der „knochigen Jüdin mit schwer zu bändigendem Wollhaar" und andererseits gleich darauf einfühlsam von ihren „Augen, in deren Bräune uralte Trauer geschrieben stand darob, daß die Tochter Zion geschleift und ihr Volk wie eine verlorene Herde

---

[20] Thomas Mann, Doktor Faustus, S. 436
[21] Ruth Klüger, Thomas Manns jüdische Gestalten, S. 42

war."²² Sie sei melancholisch und musikalisch, wie viele Juden. Sie ist als „rüstige Geschäftsfrau" tätig in der Wurstdarm-Herstellung, also finanziell unabhängig und ledig. Wie Meta Nackedey und in Konkurrenz mit ihr verehrt sie den Meister. Sie schreibt Leverkühn wohlformulierte Briefe - „sie unterhielt eine viel reineres und sorglicheres Verhältnis zur deutschen Sprache als der nationale Durchschnitt" - ohne großen Inhalt, versorgt ihn mit Tabak und Leckerbissen in den Jahren nach dem 1. Weltkrieg; später besorgt sie ihm eine wichtige französischen Übersetzung aus dem 13.Jh. der griechischen Paulus-Vision für die Komposition *Apocalypsis cum figuris*. Diese Charakteristik zeige Thomas Manns „ganze Herablassung gegenüber seinen jüdischen Gestalten", meint Ruth Klüger. Das scheint mir ein wenig übertrieben, denn immerhin steht die Rosenstiel am Sterbebett des kleinen Nepomuk und ist bei Leverkühn, als dieser zusammenbricht. Wen hat Thomas Mann in der Rosenstiel dargestellt – es könnten wohl Ida Herz oder Käte Hamburger, eine jüdische Germanistin, gewesen sein, die beide wohlgesetzte Briefe schrieben und jüngferlich waren. Ida Herz, deren Hilfe er in den Jahren der Emigration oft in Anspruch nahm, musste er trösten mit dem Hinweis, die Rosenstiel gleiche ihr, „der feschen Londonerin wie ich dem Herkules." Käte Hamburger hat Thomas Manns *Das Gesetz* mit einem erhellenden Kommentar ediert. Sie erlaubte sich, den großen Autor gelegentlich auch kritisch zu sehen. Ihre abwägende Rezension des *Doktor Faustus*, er sei ein außerordentliches „Dokument der Kulturkrise unserer Zeit", fragte aber auch, ob das Thema der Musik dafür so angemessen sei, bezeichnete Thomas Mann völlig überzogen als „stupiden und giftigen Artikel."²³

An dieser Stelle möchte ich zum Beweis der These von der Herablassung Thomas Manns gegenüber Juden einige Stellen aus dem 1921 verfassten autobiographisch getönten Aufsatz „Zur jüdischen Frage" zitie-

---

²² Thomas Mann, Doktor Faustus, S. 337
²³ In: Thomas Mann, Große Kommentierte Frankfurter Ausgabe (GFKA) 10.2, S. 108f

ren, der auf Einspruch seiner Frau nicht veröffentlicht wurde, sich in den *Nachträgen* findet, erst 1966 in der FAZ veröffentlicht.[24] Da ist das „Knäbchen Carlebach, Rabbinersöhnchen, quick, wenn auch eben nicht sehr reinlich", der ihm in der Schule geschickt vorsagte. Und „ein Knabe namens Feher, Ungar, einem Typus prononciert bis zur Häßlichkeit", der für den Senatorensohn kleine Besorgungen und Geschäfte unternahm und ihm ein Taschenmesser für 30 Pfennige besorgte. In diesen Skizzen von jüdischen Schulkameraden dominiert das Merkwürdige. Hier zeigt sich unter dem Gestus der Bewunderung doch eine vorurteilsbehaftete Zeichnung von Stereotypen, wie sie Minderheiten immer wieder beigelegt werden. Als man Sündenböcke suchte, waren diese Stereotypen, weil man sonst nichts fand, sehr willkommen (ich denke an den Witz: Einer sagt: Die Juden sind an allem schuld. Darauf ein anderer: Nein, die Gärtner. Darauf der erste: Wieso die Gärtner? Der andere schlagfertig: Wieso die Juden?)

Thomas Mann betont die Hilfe und die kritische Sympathie, die ihm von Juden sein Leben lang widerfuhr, spielt auf seine Ehe mit einer Jüdin an, gibt sich also als Philosemit. Er erwähnt den Arzt Dr. Sammet aus *Königliche Hoheit*, der wie sein berühmterer Kollege Dr. Freud meint, dass ihn seine Sonderstellung zu besonderen Leistungen motiviert habe und er sein Judesein also als Auszeichnung sieht. Und doch rutschen ihm diskriminierende Bemerkungen heraus: „Am wenigstens angenehm waren mir immer jene Dissimulanten und Verdrängungskünstler unter den Juden, die bereits in der Tatsache, dass jemand ein so markantes Phänomen wie das jüdische nicht gerade übersieht und aus der Welt leugnet, Antisemitismus zu erblicken."[25] Und er weist darauf hin, „ daß die Juden wegen ihrer Liebe zum Geist... nicht selten zu Führern auf dem Sündenwege der Menschheit"[26] wurden. Man fragt sich sofort, wen er mit diesem Vorwurf gemeint haben könnte – Karl Marx etwa? Levine,

---

[24] Nachträge, 476f
[25] Ebd., S. 472
[26] Ebd., S. 475

einen Führer der Münchener Räterepublik? Oder sogar Trotzki? Jedenfalls bedient er damit auf geistreiche Weise ein antisemitisches Vorurteil.

Nicht ganz folgen kann ich Ruth Klüger in ihrer Kritik an Thomas Manns *Zum Problem des Antisemitismus*, einer Rede vor dem Zionistenkongress in 1937. Richtig ist sicher, dass Mann den Antisemitismus als „Aristokratismus des Pöbels"[27] eher verharmlost als erklärt. 1937 ging es längst nicht mehr um „antisemitischen Dünkel", sondern um eine strukturell ausgrenzende Politik gegenüber einem rechtlos gemachten Teil der deutschen Bevölkerung, wobei den Machthabern noch nicht klar war, wie sie weiter mit der Minderheit nach ihrer Rechtlosmachung umgehen sollten – Auswanderung, Abschiebung oder schlimmer: Folter und Vernichtung. Mann redet hier, als wäre es noch die Situation der Anfänge antijüdischer Politik 1933/1934. Er will noch warnen und erklären, wo doch längst der Zivilisationsbruch angefangen hatte und im nächsten Jahr mit der so genannten `Reichskristallnacht´ brutal offen zu Tage treten sollte. Bezeichnend dafür ist seine folgende Einlassung, die wiederholt, was er schon 1934 in *Meerfahrt mit Don Quijote* erklärt hatte: Wer das Christentum und die Antike aufgibt, fällt der Barbarei anheim.

„Sagt was ihr wollt, das Christentum, diese Blüte des Judentums, bleibt einer der beiden Grundpfeiler, auf denen die abendländische Gesittung ruht und von denen der andere die mediterrane Antike ist. Die Verleugnung einer dieser Grundvoraussetzungen unserer Sittlichkeit und Bildung oder gar ihrer beider durch irgendeine Gruppe der abendländischen Gemeinschaft würde ihr Ausscheiden aus dieser und eine unvorstellbare Zurückschraubung ihres humanen Status, ich weiß nicht wohin bedeuten."[28]

---

[27] Ebd., S. 481
[28] Thomas Mann, Adel des Geistes, S. 554

1937 sagt er noch etwas deutlicher: „Mit dem Christentum ist ein mittelmeerisch-orientalisches Element ins Germanentum eingetreten, dessen von Zeit zu Zeit von den Deutschen versuchte gewaltsame Verleugnung immer einen Rückfall ins Barbarische, ins vorgeschichtlich noch nicht Deutsche, sondern bloß Völkisch-Germanische bedeutet; und ein Merkmal dieses Rückfalls, zu dem bei den Deutschen die Neigung und Versuchung ebenso groß ist wie bei den alten Juden diejenige zum Rückfall ins Vor-Mosaische und bloß Kanaanitische, ist eben der Antisemitismus."[29] Die Juden seien die blutsmäßigen Repräsentanten des „erhellenden, formschenkenden, menschlichen, mediterranen Elements" in Deutschland und „der Judenhaß gelte gar nicht den Juden oder nicht ihnen allein, sondern diesem Element."[30] Wer das christlich-antike Fundament angreift, greift die oft pathetisch wirkenden Ideen der Freiheit, des Rechts, der Wahrheit und der Menschlichkeit an. „In strenger Zeit aber wie dieser gewinnen sie ihren fordernden Lebensernst zurück. Man muß sich zu ihnen bekennen."[31] Das tut Thomas Mann in seinen Reden, so wie es die BK in der Barmer Theologischen Erklärung 1934 getan hat.

Klüger dazu kritisch: „Als historische Einsicht ist diese Analyse wertlos. Der Haß auf die Juden ist nicht germanisch, sondern eine christliche Entwicklung und beginnt mit der Vorstellung von den Juden als Christusmördern. Doch diese christlichen Wurzeln der Judenfeindlichkeit waren wieder einmal kein Thema für Thomas Manns schöpferische Phantasie..."[32] So einfach ist die Sache nicht. Mann hat schon etwas Richtiges erkannt, das auch Heine, überraschend auch Wichern und Freud erkannt haben, nämlich dass die Germanen, wie Freud sagt, „schlecht getauft sind". „Alle Völker, die sich heute im Judenhaß hervortun, sind ,schlecht getauft', unter einer dünnen Tünche von Christen-

---

[29] Nachträge, S. 483
[30] Ebd., S. 484
[31] Ebd.
[32] Ruth Klüger, Thomas Manns jüdische Gestalten, S. 47 (s. Anm. 1)

tum sind sie geblieben, was ihre Ahnen waren, die einem barbarischen Polytheismus huldigten."[33] Den Groll gegen das ihnen aufgedrängte Christentum haben sie verschoben auf die Quelle, von der die neue Religion zu ihnen kam. Der Judenhass ist eigentlich Christenhass, weil bei der ausgeübten Christanisierung Zwang ausgeübt wurde. Hier wird die religionspsychologische Dynamik benannt, die hinter dem Antisemitismus steht. Natürlich hat Klüger mit ihrem Einwand insofern recht, als bereits die Passionsberichte der Evangelien undifferenziert eine Art Kollektivschuld der Juden behaupten (besonders Matthäus und Johannes, was uns die Bach-Passionen in den sog. Turba-Chorteilen schwer hören lässt), statt den jüdischen Hohen Rat als Schuldigen zu benennen, der Jesus an Pilatus auslieferte, welcher das Todesurteil sprach und vollstrecken ließ. (Der Hintergrund ist die Verfolgung der christlichen Gemeinde durch jüdische Behörden um 80 n. Chr.) Diese Verkürzung diente in Verfolgungszeiten immer als Rechtfertigung für das Pogrom-Handeln „guter Christen".

Thomas Mann drückt seinen Abscheu darüber aus, „daß die schlechten Instinkte (…) in die Lage gekommen sind, ihre miserablen Wunschträume hemmungslos in die Tat umzusetzen."[34] Das sei empörend angesichts der Verdienste der Juden für ihr Wirtsland. Gerade den Juden ʻals Volk des Buchesʼ hätte die Literatur in Deutschland viel zu verdanken. Diese Solidarität Thomas Manns mit den Juden darf man nicht unterschlagen. Man muss dann aber auch sagen, das ist alles gut gemeint und von interessanter Bedeutung. Es ist aber in der Situation von 1937/38 nicht mehr hilfreich. Ein Jahr später schwieg der von Thomas Mann beschworene, angeblich gegen den Antisemitismus gefeite „goethisch erzogene, kulturell gerichtete Deutsche"[35] ebenso wie die aus dem Judentum entstandene Christenheit in Gestalt der beiden großen Kirchen,

---

[33] Sigmund Freud, Der Mann Moses und die monotheistische Religion (1939), Frankfurt/M. 1987, S. 98
[34] Nachträge, S. 482
[35] Ebd., S. 484

schwieg zu dem schrecklichen Pogrom der ʹReichskristallnachtʹ. Das Verhängnis nahm seinen Lauf, denn die Nazis wussten jetzt, dass es gegen die Vernichtung der Juden keinen Widerstand geben würde.

So lässt Thomas Manns Argumentation in der Rede von 1937 erkennen, dass er die Gefahr des mörderischen Antisemitismus auch deswegen unterschätzte, weil er sich selbst leichtfertig an antijüdischen Karikaturen beteiligt hatte. Er meinte, der „kulturell gerichtete Deutsche", der er ja selber war, könne das Spielerisch-Antijüdische vertragen und sei immun gegen den aggressiven Pöbel-Antisemitismus. Der Dresdener Romanist Victor Klemperer hat in seinen Tagebüchern gezeigt, wie schnell diese Geisteshaltung angesichts des antisemitischen Drucks durch die Nazis in seiner nichtjüdischen Bekanntschaft zusammenbrach. Auf die „goethisch erzogenen" Bürger war eben so wenig Verlass wie auf die dem Herrn Jesus Christus nachfolgenden Christen. Das sage ich als einer, der sich, hätte er damals gelebt, dieselbe Feigheit angesichts der öffentlichen Einschüchterung auch selber zutraut.

Eine jüdische Gestalt Thomas Manns lobt Ruth Klüger, das ist Leo Naphta, „der häßliche kleine jüdische Jesuit aus Galizien, der dem jungen Hans Castorp" in dem Erziehungsroman *Der Zauberberg* als Gegenspieler von Settembrini „reaktionäres und terroristisches Denken beibringt."[36] Hier werde durch die literarische Phantasie eine zwar historisch unwahrscheinliche Symbiose zwischen Kirche und jüdischem Geist geschaffen, die erzählerisch aber überzeugt (auch wenn das Gefährliche der jüdischen Geistigkeit wieder etwas zu sehr betont wird).

Zum Schluss ein Blick auf den Josephs-Roman. An diesem Romanprojekt arbeitete Thomas Mann 16 Jahre, bis 1942 im amerikanischen Exil, wo er *Joseph der Ernährer* beendet. Neben dem *Ulysses* von James Joyce, *Auf der Suche nach der verlorenen Zeit* von Marcel Proust, dem *Mann ohne Eigenschaften* von Robert Musil, *November 1918* von Alfred

---

[36] Ruth Klüger, Thomas Manns jüdische Gestalten, S. 47f (s. Anm. 1)

Döblin eines der größten Romanprojekte der ersten Hälfte des 20. Jahrhunderts.

Rückblickend fragt er 1948 (zum Erscheinen der amerikanischen Buchausgabe in einem Band): „Ist es nicht verwunderlich, wie in diesen Jahren, von 1926 bis 1942, da jeder Tag Herz und Hirn mit wildesten Zumutungen bestürmte, ein Erzählwerk wie dieses, siebzigtausend geruhig strömende Zeilen, welche die Urvorkommnisse des Menschenlebens, Liebe und Haß, Segen und Fluch, Bruderzwist und Vaterleid, Hoffart und Buße, Sturz und Erhebung kündend dahintragen, ein humoristisches Menschheitslied..."[37],

wie konnte unter so turbulenten Umständen so etwas überhaupt ausgeführt werden, fragt er und erzählt die ineinander verschlungene Zeitgeschichte, die Werkgeschichte und die persönliche des Autors, der letztlich bekennt, dass ihm das Werk nicht nur eine ungeheure Anstrengung abverlangt hat - Schreiben war für Thomas Mann immer Abtragen der Lebensschuld -, sondern „Stab und Stütze" - man bemerke das Zitat aus dem 23. Psalm - „auf einem Wege, der oft durch so dunkle Täler führte – Zuflucht, Trost, Heimat, Symbol der Beständigkeit war es mir, Gewähr meines eigenen Beharrens im stürmischen Wechsel der Dinge."[38]

In der Tat, auch mich ergreift ein ehrfürchtiges Staunen, wenn ich zu *Joseph und seine Brüder* greife. Welch eine gewaltige Leistung, diese spielerisch-ausgreifende Nacherzählung der Vätergeschichten, diese weitgehend erfundene Gegenwelt zu der Welt am Ende der Weimarer Republik, zu Machtergreifung, Exil, Terror der Nazis und dem Grauen des 2. Weltkriegs, als „Bruder Hitler", wie er ihn wegen seines dämonisch-künstlerisch Strizzihaften nannte, erst Polen, dann Europa, dann die ganze Welt in das Inferno des Massenmordens hineinzog. Thomas Mann schrieb und schrieb und brachte das gewaltige Werk zu einem glücklichen Ende. Die Juden dieses Romans sind aber weniger Israeliten

---

[37] Thomas Mann, Altes und Neues, Frankfurt/M 1961, S. 636
[38] Ebd., S. 637

bzw. Juden als exemplarische Gestalten der Gottes-und Menschheitsentwicklung. Darin war Thomas Mann ein Christ, denn „das Christentum sieht die positiven Gestalten gerne als Hebräer und nur die negativen als Juden. Aus dieser Sicht ist Judas ein Jude und Jesus ist keiner."[39] Dieser Roman ist ein Menschheitsroman am Beispiel der Väter- und der Josephsgeschichte. Die Juden sind hier nicht länger Sonderlinge, geistige Krüppel, Extremisten und Narren, sondern Vertreter der Menschheit.

Aber auch hier finden sich noch versteckte jüdische Karikaturen, etwa in der Schilderung von Dudu und Gottliebchen, der beiden Diener im Haus Potiphars - sie erinnern an Theodor Lessing und Samuel Lublinski, die beiden jüdischen Kritiker, von denen der eine Thomas Mann heruntermachte (Lessing), der andere aber geradezu enthusiastisch seine *Buddenbrooks* rezensiert hatte. Der Potenzangeber Dudu hatte eine großwüchsige Frau. „Hatte nicht auch der Zwerg Lessing auf seine Art eine Großwüchsige geheiratet, nämlich eine blonde deutsche Adlige? Die ihn allerdings bald mit einem blonden deutschen Schüler betrog, weshalb es mit `Dudus´ Potenz vielleicht doch nicht zum besten bestellt war? Geschieht ihm recht, dem bösen Zwerg! Was hat er mich hänseln müssen wegen mangelnder Männlichkeit."[40] Schriftsteller sind überaus empfindlich, wenn sie kritisiert werden. (Siehe Martin Walser und Marcel Reich-Ranicki). Der Hass auf Theodor Lessing gibt Thomas Mann jedenfalls auch Gemeinheiten ein, bis zu dem bösen Satz nach der Ermordung Lessings durch Nazis in der CSSR 1938: „Mein alter Freund Lessing ist ja ermordet worden: War immer schon ein falscher Märtyrer."

Aber dass der berühmteste deutsche Schriftsteller sich gerade in Zeiten des Antijudaismus ausführlich mit einem alttestamentlichen Stoff beschäftigt, ist doch auch ein Zeugnis gegen den Ungeist dieser Zeit. Ein Teil der deutschen Christenheit wollte dieses jüdisch-menschheit-liche Erbe aufgeben, Thomas Mann rettet es auf großartige Weise. Hier

---

[39] Ruth Klüger, Thomas Manns jüdische Gestalten, S. 54 (s. Anm. 1)
[40] Hermann Kurzke, Thomas Mann. Das Leben als Kunstwerk. Eine Biographie, Frankfurt/M. 2001, S. 424

gelingt, als es zu spät ist, literarisch die Symbiose von deutsch-jüdischer Kultur von deutscher Seite, so wie Heine sie schon träumerisch beschrieb in dem wunderbaren Rhein-Kapitel des *Rabbi von Bacharach*. Vielleicht, sagt Klüger, spielte dabei auch eine Rolle, dass Thomas Mann einen Großteil dieses Werks als Exilant schrieb.

Gottesklugheit, sagt Mann, tut das der Weltstunde Angemessene und Vernünftige, Gottesdummheit das Barbarische und Rückständige, deutlich ist der Bezug zur Situation des Nationalsozialismus. „Man muß dem intellektuellen Fas(ch)ismus den Mythos wegnehmen und ihn ins Humane umfunktionieren. Ich tue längst nichts anderes mehr", schreibt Thomas Mann 1941 an Karl Kerenyi. *Joseph und seine Brüder* ist so gesehen auch ein Entwicklungsroman, was schon auf die weisheitlich getönte Josephsnovelle in der Bibel zutrifft. Josephs Bewusstwerdung fällt zusammen mit der Entwicklung der Menschheit und des Gottesbildes, des religiösen Bewusstseins. Der Josephsroman ist Entscheidung für den Vater. Der Gedanke des *Zauberbergs* wird klarer noch fortgeführt. Der Gott der Väter Josephs ist ein geistiger Gott, der nichts zu schaffen hat mit dem Unteren und dem Tode. Thomas Mann hält dem Faschismus ein vaterrechtliches Juden- und Christentum entgegen, das ist bei aller ausschweifenden Phantasie, aller Mythenverliebtheit und Ornamentik des Erzählens der Kern des Josephsromans. Die von Propagandisten wie Rosenberg ausgerufene Überwindung des Christentums weckt seinen Protest. „Das Bewußtsein meines Kultur-Christentums, das freilich ansteht, gläubig zu werden und sich der Offenbarung zu unterwerfen, ist in letzter Zeit sehr erstarkt."[41] Insgesamt geht es in dem Roman um das Experiment Menschheit, dessen Rettung gerade auch durch die Neuerzählung des Mythos bestärkt werden soll. Und zwar in dem Wissen um den unauflösbaren Zusammenhang von Theologie und Anthropologie.

Von dem Versagen des deutschen Bürger- und Christentums angesichts der Judenfrage kann auch dieser großartige Roman nicht ablenken.

---

[41] Tagebuch 23.8.1934

Dass in Deutschland nach dem Zivilisationsbruch und nach einer Phase des Verdrängens eine Demokratie entstehen konnte, die die Schuld an Auschwitz nach 1963, zu Beginn des Auschwitzprozesses nicht mehr leugnete, sondern diese Schuld und die Konsequenzen aus ihr zu ihrem Gründungsmythos machte und eine vorbildliche Aufarbeitung der Vergangenheit in Gang brachte, das war nicht zu erwarten. Thomas Manns Erschütterung über die Verbrechen an den Juden, wie er sie in den beiden letzten Kriegsjahren und in den Nachkriegsjahren öffentlich artikulierte[42], hat früh dazu beigetragen.

---

[42] Thomas Mann, Der Untergang der europäischen Juden, in: Nachträge, S. 498ff, und: Ein beharrliches Volk, in: ebd., S. 508ff

Die Autorinnen und Autoren

Dr. Dieter Andresen studierte Evangelische Theologie an mehreren Universitäten in Deutschland und in der Schweiz und war anschließend tätig als theologischer Ausbildungsleiter, Studentenpfarrer an der Universität Kiel und Gemeindepastor. Bis zu seiner Pensionierung etablierte und leitete er mit seiner Frau das Evangelische Bibelzentrum der Nordelbischen Kirche in Schleswig.

Prof. Dr. Hans-Jürgen Benedict studierte Evangelische Theologie, war anschließend Assistent und Friedensforscher an der Universität Bochum, später Pfarrer in Recklinghausen und Hamburg und von 1991 bis zu seinem Ruhestand Professor an der Evangelischen Fachhochschule für Sozialpädagogik in Hamburg. Er ist Mitherausgeber der Zeitschrift `Junge Kirche´.

Dr. Philipp David studierte nach einem Studienjahr in den USA Evangelische Theologie in Heidelberg, Berlin und Kiel. Seit 2001 ist er Wissenschaftlicher Mitarbeiter am Institut für Systematische Theologie und Sozialethik an der Universität Kiel und wurde 2006 zum Dr. theol. promoviert.

Dr. Frauke Dettmer studierte Slawistik und Kulturwissenschaften und promovierte über „Juden in Cuxhaven". Sie war seit 1989 als Kuratorin und von 2003 bis 2007 als Leiterin im Jüdischen Museum Rendsburg tätig. Sie ist Vorstandsmitglied in der Gesellschaft für Christlich-Jüdische Zusammenarbeit in Schleswig-Holstein.

Dr. Hans-Christoph Goßmann studierte evangelische Theologie, Erziehungswissenschaft, Judaistik und Semitistik mit dem Schwerpunkt Hebraistik in München, Kiel, Jerusalem, Münster und Tunis und war von 1992 bis 2005 Beauftragter der Nordelbischen Kirche für den christlich-islamischen

Dialog und Lehrbeauftragter am Fachbereich Evangelische Theologie der Universität Hamburg. Er ist Pastor der Jerusalem-Kirche und Direktor der Jerusalem-Akademie. Darüber hinaus ist er Vorstandsmitglied der Gesellschaft für Christlich-Jüdische Zusammenarbeit in Hamburg und Beauftragter des Kirchenkreises Hamburg-Ost für den christlich-jüdischen Dialog.

Dietrich Heyde studierte Germanistik und Evangelische Theologie. Nach längerem Studienaufenthalt in Jerusalem war er Pastor in Bremen, danach auf Hallig Hooge und anschließend bis zu seiner Pensionierung Propst im Kirchenkreis Schleswig. Er befasst sich intensiv mit den jüdischen Wurzeln des christlichen Glaubens und übertrug Psalmen in die Welt der Halligen.

Klaus-Dieter Kaiser studierte Mathematik in Dresden und Evangelische Theologie in Ost-Berlin, arbeitete von 1990 – 1996 als Generalsekretär der Evangelischen Studentengemeinden in Deutschland und von 1996 – 2004 als Oberkirchenrat für theologische Grundsatzfragen im Kirchenamt der EKD. Ab 2004 leitete er die Evangelische Akademie Mecklenburg-Vorpommern und ist seit 2012 Direktor der Evangelischen Akademie der Nordkirche in Rostock.

Joachim Liß-Walther, M. A. der Erziehungswissenschaften und der der Soziologie, Bildungsreferent in der Bundesgeschäftsstelle der Ev. Schülerarbeit 1976-1984, studierte Theologie und Philosophie und war ab 1991 als Gemeindepastor und von 1998 – 2003 als Stadtpastor in Kiel tätig sowie von 2008 bis zur Pensionierung als Studienleiter an der Akademie Sankelmark. Er ist Vorsitzender der Gesellschaft für Christlich-Jüdische Zusammenarbeit in Schleswig-Holstein.

Dr. Monika Schwinge studierte klassische Philologie, promovierte über die griechische Tragödie und nahm das Studium der Theologie in Tübingen auf. Sie war anschließend Pastorin in Kiel, danach Referentin der Kirchenleitung und bis zum Ruhestand Pröpstin im Kirchenkreis Pinneberg.

Jörgen Sontag studierte Evangelische Theologie und Geschichte in Tübingen und Heidelberg, war danach Schülerpastor, Fortbildungsreferent, Gemeindepastor in Kronshagen bei Kiel und anschließend Propst im Kirchenkreis Plön. Er ist seit Jahrzehnten im christlich-jüdischen Dialog engagiert, war bis 2007 Vorsitzender des Nordelbischen Arbeitskreises Christen und Juden und ist Vorstandsmitglied in der Gesellschaft für Christlich-Jüdische Zusammenarbeit in Schleswig-Holstein.

Jerusalemer Texte
Schriften aus der Arbeit der Jerusalem-Akademie
herausgegeben von Hans-Christoph Goßmann

Band 1: Peter Maser, Facetten des Judentums. Aufsätze zur Begegnung von Christen und Juden sowie zur jüdischen Geschichte und Kunst, 2009, 667 S.

Band 2: Hans-Christoph Goßmann; Reinhold Liebers (Hrsg.), Hebräische Sprache und Altes Testament. Festschrift für Georg Warmuth zum 65. Geburtstag, 2010, 233 S.

Band 3: Hans-Christoph Goßmann (Hrsg.), Reformatio viva. Festschrift für Bischof em. Dr. Hans Christian Knuth zum 70. Geburtstag, 2010, 300 S.

Band 4: Ephraim Meir, Identity Dialogically Constructed, 2011, 157 S.

Band 5: Wilhelm Kaltenstadler, Antijudaismus, Antisemitismus, Antizionismus, Philosemitismus – wie steht es um die Toleranz der Religionen und Kulturen?, 2011, 109 S.

Band 6: Hans-Christoph Goßmann; Joachim Liß-Walther (Hrsg.), Gestalten und Geschichten der Hebräischen Bibel in der Literatur des 20. Jahrhunderts, 2011, 294 S.

Band 7: Hans-Christoph Goßmann (Hrsg.), Geschichte des Christentums, 2011, 123 S.

Band 8:   Jonathan Magonet, Schabbat Schalom. Jüdische Theologie – in Predigten entfaltet, 2011, 185 S.

Band 9:   Clemens Groth; Sophie Höffer; Laura Sophie Plath (Hrsg.), „"... das habe ich nie vergessen, bis heute ..."". Jugendliche befragen Menschen, die die Zeit des Nationalsozialismus erlebt haben, 2011, 200 S.

Band 10:   Hans-Christoph Goßmann, Altes Testament und christliche Gemeinde. Christliche Zugänge zum ersten Testament der Bibel, 2012, 198 S.

Band 11:   Bernd Gaertner; Hans-Christoph Goßmann (Hrsg.), Der Glaube an den Gott Israels. Festschrift für Joachim Liß-Walther, 2012, 254 S.

Band 12:   Wilhelm Kaltenstadler, Maqāla fī al-rabw. Die Abhandlung des Maimonides über das Asthma, 2013, 171 S.

Band 13:   Hans-Christoph Goßmann; Joachim Liß-Walther (Hrsg.), Gestalten und Geschichten der Hebräischen Bibel im Spiegel der Literatur des 20. Jahrhunderts, 2015, 435 S.